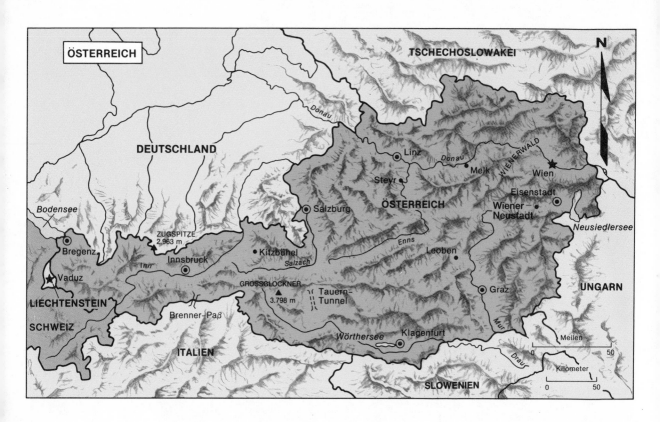

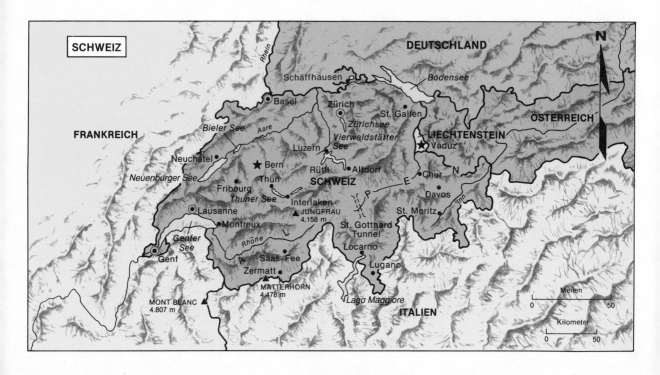

Sprechen wir Deutsch!

Sprechen wir Deutsch!

THIRD EDITION

Barbara S. Jurasek
EARLHAM COLLEGE

Richard T. Jurasek
EARLHAM COLLEGE

Kathryn A. Corl
THE OHIO STATE UNIVERSITY

Harcourt Brace Jovanovich College Publishers
New York   Chicago   San Francisco   Philadelphia
Montreal   Toronto   London   Sydney   Tokyo

Ted Buchholz   Publisher
Jim Harmon   Senior Acquisitions Editor
Barbara Baxter   Developmental Editor
Kenneth A. Dunaway   Senior Production Manager
Serena B. Manning   Design Supervisor
Kevin Thornton   Cover Design
Sok James Hwang   Computer Graphics
Rita Naughton   Text Designer

Photographic and other credits appear on page 512.

Library of Congress Cataloging-in-Publication Data
Corl, Kathryn A.
    Sprechen wir Deutsch!/ Kathryn A. Corl, Barbara S. Jurasek,
    Richard T. Jurasek.—3rd ed.
        p.   cm.
        Includes index.
        ISBN 0-03-055974-X. —ISBN 0-03-055977-4 (instructor's annotated
    ed.)
        1. German language—Grammar—1950–   2. German language—Textbooks
    for foreign speakers—English.   I. Jurasek, Barbara S.
    II. Jurasek, Richard T.   III. Title.
    PF3112.C67   1992
    438.2'421—dc20   91-40131
                                                                                          CIP

ISBN 0-03-055974-X

Requests for permission to make copies of any part of the work should be mailed to: Permissions
Department, Harcourt Brace Jovanovich, Publishers, 8th Floor, 6277 Sea Harbor Drive, Orlando,
Florida 32887.
Printed in the United States of America.

2 3 4 5· 0 3 9 9 8 7 6 5 4 3 2 1

Preface

Sprechen wir Deutsch! is a beginning German text that combines opportunity for the development of genuine proficiency in German with a comprehensive description of the language. The book has been written with concern for student attitudes, current instructional goals, and the humanistic value of language study.

Sprechen wir Deutsch! presents the essential patterns and vocabulary of German—those that provide the greatest communicative usefulness. It provides a sequence of practice for every grammar concept, each of which is applied functionally in communicative situations. Vocabulary is presented in contexts that are enriched by abundant use of realia, drawings, and photographs.

Sprechen wir Deutsch! also offers portraits of German-speaking cultures that lead to understanding and appreciation of differences and similarities between individuals and cultures in a pluralistic, interdependent world. Cultural information is integrated into all aspects of the chapter organization. Coverage of the three German-speaking countries is up-to-date and provides a useful framework for understanding the way of life in the German-speaking areas of Europe.

Organization of the book

Sprechen wir Deutsch! has a preliminary chapter, fourteen regular chapters that are thematically structured, and appendices. All fourteen chapters have a consistent structure and contain the following sections:

Kommunikationsziele
A preview of the practical language functions to be covered in the chapter.

Einführung
Varied topics and formats, based on realia and authentic materials, provide diverse contexts for the development of language skills and the acquisition of cultural insights.

Funktion: This section introduces basic expressions that students need to function within the context suggested by the chapter theme. Varied communication activities immediately follow and involve the student in the active use of the vocabulary presented.

Bausteine

Each chapter introduces four grammar topics that are presented, practiced, and expanded upon in several phases. Authentic visuals, such as realia and photos, introduce each *Baustein* and focus the student's attention on the chapter theme and the communication goal of the *Baustein.*

Situation: The short, situational dialogues that precede each structural topic not only show how a particular structure can be used in a real-life setting, but also depict numerous language functions, conversational patterns, and cultural settings that can be used by students.

The presentation of grammar: This section introduces the grammar topic with its functional use and presents sample sentences that illustrate the structure. The Instructor's Annotated Edition contains simple mechanical drills for each topic.

Schritte zur Kommunikation: The grammar is first practiced in structured situations and students are asked to manipulate the functions they are learning. Many situations are set in cultural contexts, thereby reinforcing the authenticity of the language used and its potential value for real-life communication. Students then are encouraged to communicate in open-ended situations and contexts. These communicative activities can also incorporate reading and writing skills.

Perspektiven

This section, designed primarily to develop students' reading skills, provides additional cultural insights and the opportunity to work with new vocabulary in the context of authentic German texts. The last two chapters each feature a short story and thus begin to integrate the use of literary texts in the language learning process. Each reading is preceded by prereading activities, *Vor dem Lesen,* which help students to improve reading skills. The readings are followed by *Fragen zum Text.*

Synthese

This final sequence of activities helps students to integrate the communication goals, grammar, and the thematic content of the chapter. A listening comprehension activity, *Hören wir zu!,* concludes this section.

Land and Leute

These cultural notes develop ideas alluded to in both the *Einführung* and the *Perspektiven* reading. They provide up-to-date information about national concerns, trends, and daily life in Germany, Austria, and Switzerland. Several notes deal specifically with Germany's unification.

So that students have access to this information right from the start of their German studies, these notes are in English in the first nine chapters. From chapter 10 on they are in German, and thus provide additional reading practice. New vocabulary is glossed in the margin and is not intended for active use.

Aktiver Wortschatz

Two vocabulary lists appear in each chapter intended for active use in that chapter and in subsequent chapters. They contain the most important noncognate and cognate vocabulary used in the lesson or page references for thematically grouped vocabulary. The first list contains active vocabulary introduced in the *Einführung* section; the second contains active vocabulary introduced in the *Situation* dialogues and *Perspektiven* reading. As appropriate, the words are organized into semantic clusters to facilitate retention.

Supplementary materials

Student workbook/laboratory manual and tape program

The combined workbook and laboratory manual (*Arbeitsheft: Zum Hören, Sprechen und Schreiben*) contains oral and written activities for each of the book's fourteen chapters. The first half of each chapter contains oral activities; the second half writing activities.

The tape program and laboratory section of the manual provide activities that are carefully sequenced in order to help students develop genuine oral proficiency. The activities include: (1) readings of the *Situation* conversations; (2) contextualized activities for each grammar topic, some of which occur in the textbook; (3) listening for vocabulary and structural cues; (4) global listening comprehension activities based on the chapter theme; and (5) personalized questions for oral and written response. In addition, a pronunciation section for chapters 1 through 7 is included.

The writing activities emphasize contextualized and integrative use of German. A series of exercises and communication activities ranging from simple to more complex is coordinated with each structural topic.

Acknowledgments

Special thanks are owed to Gilbert A. Jarvis, Therese M. Bonin, and Diane Birckbichler, all of The Ohio State University, for providing the model for *Sprechen wir Deutsch!*. We are also grateful to the students at Earlham College for their reactions and comments, and especially to Arianne Soltys for helping us meet manuscript deadlines. Additional thanks are owed to Barbara Caiti Baxter, the developmental editor for this project, Jim Harmon, Senior Acquisitions Editor, and Kenneth Dunaway, Production Manager.

Finally we acknowledge the tireless and creative work of Vee Sawyer and John Budz of Monotype, Inc., who turned our manuscript pages into a compact, user-friendly and visually rich textbook.

We would like to thank the following reviewers, whose comments helped to shape this revision of *Sprechen wir Deutsch!*:

(The appearance of their names does not necessarily constitute an endorsement of the text or its methodology.)

Sabine Atwell	Defense Language Institute
David P. Benseler	Case Western Reserve University
Barbara Bloomer	St. Cloud State University
Sigrun Braverman	California State University, Northridge
George Bridges	University of Idaho
Peter D. G. Brown	State University of New York, New Paltz
Raymond Burt	Loyola Marymount University
Jerry L. Cox	Furman University
William Crossgrove	Brown University
Lincoln Curtis	Monterey Peninsula College
Bruce Duncan	Dartmouth College
Sander De Haan	Hope College
Klaus D. Hanson	University of Wyoming
Frauke A. Harvey	Baylor University
Helmut Huelsbergen	University of Kansas
Dieter Jedan	Murray State University
Jörn Kiese	St. Cloud State University
Annette Kym	Hunter College
Charles Lutcavage	Harvard University
Kamakshi P. Murti	University of Pittsburgh
Lois J. Phillips	New Mexico Tech
Jim Reese	University of Idaho
Dona Reeves-Marquardt	Southwest Texas State University
Johannes Strohschänk	University of Wisconsin, Eau Claire
Myriam Swennen-Ruthenberg	Florida Atlantic University
Phyllis E. VanBuren	St. Cloud State University
Ingrid Wieshofer	Agnes Scott College
Mary Wildner-Bassett	University of Arizona, Tucson
Linda Zajac	Northwestern University
Reinhard Zollitsch	University of Maine

Contents

Preface iii

KAPITEL 2

KAPITEL 3

KAPITEL 4

KAPITEL 7

KAPITEL 8

KAPITEL 11

KAPITEL 12

KAPITEL 13

KAPITEL 14

APPENDICES

Einführung[1]

---

[1] Introduction

[2] Communication goals

Over 100 million people speak German as their native language, and millions more know German as a second language. It is the official language of Germany and Austria, and it is the primary language of Switzerland, where French and Italian are also spoken.

For speakers of English, German at first appears very foreign; it is different thanks to centuries of independent linguistic evolution. Yet English and German are closely related and also share many historical roots with other Germanic languages such as Danish, Swedish, Norwegian, and Dutch. As you study German, you will discover many similarities between German and English—in pronunciation, grammar, vocabulary, and sentence structure. Learn to recognize and take advantage of these similarities.

Use what you already know

As you learn to speak German, you will discover a great number of sounds—especially the consonants—that are almost identical to English. The German alphabet has the same twenty-six letters as English, plus the **ß, das Eszett,** which is pronounced the same as a double **s.** Written German also uses two dots, called **der Umlaut,** to indicate a different pronunciation of the vowels **a, o,** and **u. Umlaut** means *change in sound*; the sounds **ä, ö,** and **ü** do not exist in English, but close work with the tape program, the text, and your instructor will help you master them. Practice repeating the German alphabet with your instructor.[3] Then practice spelling the names of the famous German-speaking people given below.

Sigmund Freud	Albert Einstein	Steffi Graf
Katarina Witt	Boris Becker	Ferdinand Porsche

What you know about English can help you as you begin to study German. Try to get the general idea in this material from a German magazine.

Vorsprung
durch Technik

---

[3] Refer to the German alphabet in the Appendix on p. 449.

Echter Käse aus Holland

A good example of the "head start" you have in choosing German as a new language is the number of words you can already recognize when you see them written. Some German words like **Kindergarten, Gesundheit, Fest,** and **Sauerkraut** are used every day in English. Even hamburger and frankfurter have a German connection, referring to the cities of Hamburg and Frankfurt!

You will immediately recognize the meaning of such German words as **Hand, Arm, Finger, Student, Professor,** and **Sport.** Their pronunciation is different from the English pronunciation, but there is a close correspondence between the spoken sounds and their written equivalents.[4] The German spelling system quite accurately reflects the pronunciation of vowels and consonants; there are few exceptions to the rules. You can probably guess the meaning of the following words.

der Mann	das Haus	die Maus	der Garten
das Telefon	die Musik	das Radio	das Auto

The relationship of many other German words to English is less obvious because of shifts in sound and spelling, but with practice you will connect **hier** and *here,* **Weg** and *way,* **dick** and *thick,* **lernen** and *learn.* You can use what you already know to guess the meanings of words.

Gender

You may have guessed that the definite articles[5] **der, das,** and **die** are equivalent to *the* in English. Grammatical gender—a system of word categories used in many languages, including German—may at first puzzle a speaker of English. We think of humans, and often of animals, as being male or female and refer to them with words that express gender—he, she, him, her—but we do not usually think of inanimate objects as having gender. In

---

[4] See the Reference alphabet in the appendix on p. 449.

[5] As you learn German, you may come across grammar terms with which you are not familiar. *Refer to the Glossary of Grammar Terms* in the Appendix on p. 454 for definitions of unfamiliar terms.

German, the grammatical gender of nouns that refer to human beings usually corresponds to biological gender. However, the concept of masculine, neuter, and feminine gender also applies to words that designate things as well as people.

The pronouns **er, sie,** and **es** (*he, she, it*), which may be used in place of nouns, must match the gender of the nouns they replace. For example, **der Garten** is referred to as **er,** because its grammatical gender is masculine; **das Haus** is **es,** because it is neuter; and **die Musik** is **sie,** because it is feminine. The gender of each noun is indicated by the definite article used with it. Since you usually cannot predict the gender of nouns that refer to inanimate objects, you should always learn the definite article when you encounter a new noun. And remember that all German nouns are always capitalized.

You use the definite article to refer to specific things or people. To talk about a class of things (a table, a book) the indefinite articles **ein,** and **eine** are used. **Ein** is used for both masculine and neuter forms; the feminine form is **eine.**

Remember that a pronoun must match the gender of the noun it replaces, whether the noun is preceded by an indefinite article or a definite article. Study the following:[6]

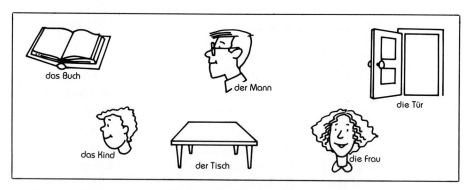

Masculine	Neuter	Feminine
der Mann	das Kind	die Frau
ein Mann	ein Kind	eine Frau
er	es	sie
der Tisch	das Buch	die Tür
ein Tisch	ein Buch	eine Tür

---

[6] The definite and indefinite articles and pronoun replacements are dealt with more specifically in subsequent chapters. This presentation serves only as an introduction to the concept of gender.

Das Klassenzimmer

1. die Tür
2. das Bild
3. das Fenster
4. die Landkarte
5. der Tisch
6. die Tafel
7. die Professorin
8. die Kreide
9. der Kugelschreiber
10. die Wand
11. das Deutschbuch
12. die Studentin
13. der Stuhl
14. der Bleistift
15. das Heft
16. das Buch

A. Was ist das auf deutsch? This illustration shows the kind of objects and people typically found in the classroom. Name them when your instructor or another student points to them and asks what they are.

BEISPIEL   Was ist das?
            Das ist der Stuhl.
            Das ist ein Stuhl.

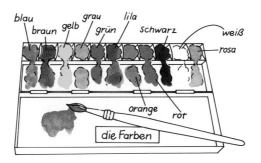

blau   braun   gelb   grau   grün   lila   schwarz   weiß   rosa

orange   rot

die Farben

B. Welche Farbe hat . . . ? Use the words for colors to ask questions about your classroom. Students will answer with pronouns.

BEISPIEL   **Welche Farbe hat die Tafel?**
            Sie ist schwarz.

Kleidung

A. Kleidungsstücke (*articles of clothing*) The illustration shows some clothing items that you and your classmates might be wearing. Name them when your instructor or another student asks what they are.

BEISPIEL   Was ist das?
> **Das ist die Bluse.**
> **(Das ist eine Bluse.)**

B. Ja oder nein? Your instructor will point to particular items of clothing. Using the words for colors, respond to your instructor's questions.

BEISPIEL   Ist die Bluse rosa?
> **Ja, sie ist rosa.**
> **(Nein, sie ist grün.)**

Singular and plural

Most English nouns form the plural by adding *-s* or *-es*. Others have stem-vowel changes (*man/men, foot/feet, mouse/mice*) or use different endings (*child/children*).

German nouns form their plurals by using various endings, by making internal vowel changes, or by doing both. Below are the plural forms of some of the words you have already practiced. Some patterns for the formation of German plurals exist, but at this point it is best to memorize the plural for each new noun you learn.

The vocabulary lists in this text will use symbols to indicate the plural forms of the new nouns you learn. For example, the symbol ¨ means that the stem vowel of the plural has an umlaut: **der Boden, die Böden.** Study the symbols in the list below. Note that the plural article for all subject nouns, whatever the gender, is **die.** The indefinite article has no plural form.

Symbol	Listing	Plural Form
-	das Fenster, -	die Fenster
	das Zimmer, -	die Zimmer
¨	der Mantel, ¨	die Mäntel
	der Boden, ¨	die Böden
-e	der Schuh, -e	die Schuh**e**
	der Tisch, -e	die Tisch**e**
¨e	die Wand, ¨e	die Wänd**e**
	der Rock, ¨e	die Röck**e**
-en	die Frau, -en	die Frau**en**
	die Tür, -en	die Tür**en**
-n	die Socke,-n	die Sock**en**
	die Tafel, -n	die Tafel**n**
-er	das Bild, -er	die Bild**er**
	das Kind, -er	die Kind**er**
¨er	der Mann, ¨er	die Männ**er**
	das Buch, ¨er	die Büch**er**
-nen	die Professorin,-nen	die Professorin**nen**
	die Studentin, -nen	die Studentin**nen**
-s	der Kuli,-s	die Kuli**s**
	der Pulli, -s	die Pulli**s**

Negation with **kein**

The word **kein,** which means *no, not a, not any,* is used to negate nouns that would be preceded by the indefinite article **ein** or no article at all.

Das ist **kein** Kuli.	*That's not a pen.*
Hier ist **kein** Fenster.	*There's no window here.*
Sie ist **keine** Professorin.	*She's not a professor.*

The gender endings for **kein** are the same as those for **ein.** The plural form is **keine.**

Masculine	Neuter	Feminine	Plural
ein	ein	eine	—
kein	kein	keine	keine

A. Ist das . . . ? Your instructor will point to some objects in the classroom and ask "Ist das ein(e) . . . ?" Answer according to the example.

BEISPIEL Ist das ein Bleistift?
Nein, das ist kein Bleistift, das ist ein Kugelschreiber.

Die Zahlen 0–100

0 null			
1 eins	10 zehn	11 *elf*	21 ei*n*undzwanzig
2 zwei	20 zwanzig	12 *zwölf*	22 zweiundzwanzig
3 drei	30 dreißig	13 dreizehn	23 dreiundzwanzig
4 vier	40 vierzig	14 vierzehn	24 vierundzwanzig
5 fünf	50 fünfzig	15 fünfzehn	25 fünfundzwanzig
6 sechs	60 sech*z*ig	16 sech*z*ehn	26 sechsundzwanzig
7 sieben	70 sieb*z*ig	17 sieb*z*ehn	27 siebenundzwanzig
8 acht	80 achtzig	18 achtzehn	28 achtundzwanzig
9 neun	90 neunzig	19 neunzehn	29 neunundzwanzig
	100 (ein)hundert		

A. Die Adresse: Straße und Hausnummer. Say the following addresses.

1. Beethovenstraße 47
2. Kolpingstraße 26
3. Uhlandstraße 58
4. Blumenstraße 63
5. Uferstraße 13
6. *your own address*

B. Was ist die Telefonnummer von . . . ? Refer to the following telephone listing and give the numbers.

BEISPIEL Diller Leonhard ⟶ **sieben-sechsunddreißig**

Diller Leonhard Haghof	7 36
Diller Reinhard	3 30
Diller Rudolf Holzwaren-fabrikation Haghof	2 36
Disch Hermann Heiligkreuz	2 49
Disch Marianne Heiligkreuz	3 35
Doert Konrad Baustoffe Heiligkreuz	3 31
Dorbath Leonhard Elektriker Modlos	10 64

C. Und Ihre (*your*) Telefonnummer? Tell another student your telephone number. The other student should write down the numbers he or she hears. Check for accuracy.

BEISPIEL **Meine Telefonnummer ist 347-9901.**

D. Wie viele . . . ? (*How many?*) State how many of the following items there are in the classroom.

BEISPIEL Heft ⟶ **zehn Hefte**
                Professorin ⟶ **eine[7] Professorin**

1. Deutschbuch	6. Bleistift	11. Tür
2. Tafel	7. Kugelschreiber	12. Landkarte
3. Wand	8. Bild	13. Schreibtisch
4. Studentin	9. Student	14. Uhr
5. Tisch	10. Fenster	15. Stuhl

E. Wie viele Studenten tragen (*are wearing*) . . .

BEISPIEL Wie viele Studenten tragen ein Hemd?
                fünfzehn

1. Jeans	3. Kleid	5. Bluse
2. Pulli	4. Rock	6. Jacke

Wichtige Ausdrücke

This drawing shows some expressions you will use in the classroom every day.

---

[7] **Ein** functions both as the indefinite article *a* and the number *one*. The number one is **eins** when not followed by a noun. When it precedes a noun, its forms are the same as the definite article (**ein, ein, eine**).

Other expressions that you will use or hear frequently in class include:

Antworten Sie bitte!	*Answer, please.*
Wie sagt man . . . auf deutsch?	*How do you say . . . in German?*
Man sagt . . .	*You say . . .*
Was ist . . . ?	*What is . . . ?*
Das ist . . .	*That is . . .*
Ich weiß das nicht.	*I don't know.*
Wie schreibt man das?	*How do you spell (write) that?*
Haben Sie eine Frage?	*Do you have a question?*
Nein, ich habe keine Frage.	*No, I don't have a question.*
Verstehen Sie das?	*Do you understand that?*
Ja, ich verstehe das.	*Yes, I understand that.*
Nein, ich verstehe das nicht.	*No, I don't understand that.*
Nicht so schnell.	*Not so fast.*
Langsam, bitte.	*Slowly, please.*
Bitte.	*Please; you're welcome.*
Danke.	*Thank you.*
Noch einmal, bitte.	*One more time, please.*
Hören Sie gut zu!	*Listen carefully.*
Gehen Sie an die Tafel!	*Go to the board.*
Beschreiben Sie das Bild!	*Describe the picture.*

A. Sagen Sie das auf deutsch! What would you say in the following situations?

1. You don't understand what your instructor has said.
2. You want to ask how to say "computer" in German.
3. You don't know the answer to a question.
4. You want your teacher to repeat something.
5. You want to tell your teacher to speak slowly.
6. You want to thank someone.

B. Was machen Sie? What would you do if your instructor asked you to do the following?

1. Stehen Sie auf!
2. Gehen Sie bitte an die Tafel!
3. Schreiben Sie Ihre Adresse an die Tafel!
4. Schreiben Sie auch Ihre Telefonnummer!
5. Bitte setzen Sie sich!

„Hallo!"

Land und Leute ✧ ✧ ✧ ✧ ✧

Sie oder du?

English has just one second-person pronoun, you, which is used to address everyone, without distinction. In German, however, a speaker chooses between informal forms of address, **du,** for one person, **ihr** for several persons, and a formal form, **Sie,** (which you have already learned) for one or several persons. The informal form is used for family members, close friends, children and animals, while the formal form is generally used with someone you do not know, casual acquaintances, and anyone you address as **Herr, Frau,** or **Fräulein.**

In recent years the **Sie/du** distinction has been eroded by new social attitudes among younger speakers of German. At school or the university, in social organizations, and in stores or gathering places frequented by young people, **Sie** is often immediately supplanted by **du.** Contemporary social interaction has become more relaxed and less formal, but one should not assume that the **Sie/du** distinction will soon disappear. Though in a state of change, the two forms will no doubt be used for generations to come.

Sich und andere vorstellen (Introducing yourself and others)

A. Sich vorstellen. With a partner practice reading the following conversational exchanges.

ROLF MÜLLER   Mein Name ist Müller.
RENATE SCHWARZ   Ich heiße Schwarz, Renate Schwarz.

ANNA   Monika, das ist Klaus Benge.
MONIKA   Freut mich, Klaus.

B. Variationen. Now use the following expressions to introduce yourself or someone else to another person.

Begrüßen und Verabschieden (Saying hello and good-bye)

C. Practice the following dialogues with a partner.

HERR SCHMIDT   Guten Morgen, Frau Kolb! Wie geht es Ihnen?
FRAU[8] KOLB   Guten Morgen, Herr Schmidt! Danke, gut. Und Ihnen?

---

[8] The words for *Miss, Mrs.* and *Mr.* are **Fräulein, Frau,** and **Herr.** In contemporary usage, **Frau** is often used for both **Miss** and **Mrs.** depending on age and circumstances. Thus it is similar to English **Ms.**

SONJA   Tag, Albert! Wie geht's[9]?
ALBERT   Hallo, Sonja! Es geht. Und dir?

FRAU KRAFT   Auf Wiedersehen, Frau Kleiner!
FRAU KLEINER   Auf Wiedersehen! Bis morgen.

ROLF   Wiedersehen, Helga!
HELGA   Tschüß, Rolf! Mach's gut!

D. Und Sie? Imagine that a German visitor has said the following. How would you respond?

1. Ich heiße Fischer, Marion Fischer.
2. Wie geht es Ihnen?
3. Auf Wiedersehen. Bis morgen.

E. Unter Freunden (*Among friends*). What would you say to another student in the following situations?

1. Greet and introduce yourself to the person next to you in class.
2. Ask another student and say that you will see him or her later.
3. Say good-bye to another student and say that you will see him or her later.

---

[9] German speakers ask **Wie geht es Ihnen?** (formal) and **Wie geht's?** (informal) only if they already are acquainted with the person, and not for introductions.

F. Verstehen Sie das? Can you understand this cartoon? Hint: **Heiße Würstchen** also means *hot dogs!*

AKTIVER WORTSCHATZ

Substantive (Nouns)

Dinge

die Adresse, -n	*address*
das Bild, -er	*picture*
der Bleistift, -e	*pencil*
das Buch, ¨-er	*book*
das Deutschbuch, ¨-er	*German book*
der Deutschkurs, -e	*German class*
die Farbe, -n	*color*
das Fenster, -	*window*
die Hausaufgabe, -n	*homework*
das Heft, -e	*notebook*
die Kreide, -n	*chalk*
der Kugelschreiber, -	*pen*
(der Kuli, -s)	
das Land, ¨-er	*country; state within Germany*
die Landkarte, -n	*map*
die Nummer, -n	*number*
der Schreibtisch, -e	*desk*
der Stuhl, ¨-e	*chair*
die Tafel, -n	*blackboard*
das Telefon, -e	*telephone*
die Telefonnummer, -n	*telephone number*
der Tisch, -e	*table*
die Tür, -en	*door*
die Uhr, -en	*clock, watch*

die Wand, ¨-e	*wall*
der Wortschatz	*vocabulary*
das Zimmer, -	*room*

Personen

die Frau, -en	*woman, Mrs., Ms., wife*
das Fräulein, -	*Miss, young lady*
der Herr, -en	*gentleman, Mr.*
das Kind, -er	*child*
die Leute (pl)	*people*
der Mann, ¨-er	*man, husband*
der Professor, -en	*professor (male)*
die Professorin, -nen	*professor (female)*
der Student, -en	*university student (male)*
die Studentin, -nen	*university student (female)*

Kleidung

die Bluse, -n	*blouse*
das Hemd, -en	*shirt*
die Hose, -n	*pants*
die Jacke, -n	*jacket*
die Jeans (pl)	*jeans*
das Kleid, -er	*dress*
der Mantel, ¨	*coat*
der Pullover, -	*sweater*
(Pulli, -s)	*sweater*

der Rock, ⁻e	*skirt*
der Schuh, -e	*shoe*
die Socke, -n	*sock*
das T-Shirt, -s	*T-shirt*

Wörter für Farben

blau	*blue*
braun	*brown*
gelb	*yellow*
grau	*gray*
grün	*green*
lila	*purple*
orange	*orange*
rosa	*pink*
rot	*red*
schwarz	*black*
weiß	*white*

Andere Wörter

falsch	*false, wrong*
ja	*yes*
langsam	*slow*
nein	*no*
oder	*or*
richtig	*right*
schnell	*fast*
sehr	*very*
und	*and*

Nützliche Ausdrücke

Machen Sie das Buch auf!	*Open the book.*
Machen Sie das Buch zu!	*Close the book.*
Schreiben Sie an die Tafel!	*Write on the board.*
Setzen Sie sich!	*Sit down.*
Stehen Sie auf!	*Stand up.*

> And don't forget:
> Nummern von 0–100 auf Seite 8
> Wichtige Ausdrücke auf Seite 10

Sich und andere vorstellen

Wie heißen Sie?	*What's your name? (formal)*
Wie heißt du?	*What's your name? (informal)*
Ich heiße . . .	*My name is . . .*
Und Sie?	*And you? (formal)*
Und du?	*And you? (informal)*
der Name, -n	*name*
Mein Name ist . . .	*My name is . . .*
Ich bin . . .	*I am . . .*
Das ist . . .	*This is . . .*
Angenehm.	*Glad to meet you.*
Freut mich.	

Begrüßen und verabschieden

Guten Tag.	*Hello. (formal)*
(Guten) Morgen.	*(Good) morning.*
(Guten) Abend.	*(Good) evening.*
Hallo!	*Hi! (informal)*
Grüß dich!	*Hi! (informal)*
Wie geht es Ihnen?	*How are you? (formal)*
Wie geht's?	*How's it going? (informal)*
Danke, gut.	*Fine, thanks, good, well*
Ganz gut.	*Pretty well.*
Sehr gut.	*Very well.*
Es geht.	*So-so.*
Schlecht.	*Not so well; bad, badly*
Und Ihnen?	*And you? (formal)*
Und dir?	*And you? (informal)*
(Auf) Wiedersehen.	*Good-bye.*
Tschüß!	*Bye. (informal)*
Adieu!	*Bye. (in Austria and Switzerland)*

Interessen und Hobbys

Kommunikationsziele	▪ Talking about interests and activities
	▪ Disagreeing or making negative statements
	▪ Asking questions
	▪ Expressing actions and opinions
Bausteine	▪ Verb conjugations and subject pronouns
	▪ Interrogatives
	▪ Verbs with stem-vowel changes; **wissen**
	▪ Negation with **nicht**
Land und Leute	▪ Berlin für junge Leute
	▪ Ein Porträt: Deutschland

EINFÜHRUNG

Was machen Sie gern?[1]

Fragen zum Text

According to the information in the photo, give the name of the person who said or would have said the following things.

1. Ich reise gern.
2. Meine Hobbys sind Tanzen und Singen.
3. Ich studiere Physik.
4. Meine Interessen sind Wandern und Tennisspielen.
5. Ich spiele gern Gitarre und Klavier.

---

[1] *What do you like to do.*

FUNKTION

The following expressions are useful to talk about interests and activities you like to do.

Was machen Sie gern?	*What do you like to do?*
Was machst du gern?	
Ich reise/schwimme gern.	*I like to travel/swim.*
Ich spiele (nicht) gern Tennis.	*I (don't) like to play tennis.*
Ich spiele Tennis, aber nicht sehr gut.	*I play tennis, but not very well.*
Ich spiele lieber Volleyball.	*I prefer to play Volleyball.*
Ich finde Sprachen interessant.	*I find languages interesting.*
Und Sie?	*And you?*
Und du?	
Sie auch?	*You, too?*
Du auch?	
Ich auch.	*Me, too.*
Ich persönlich . . .	*Personally, I . . .*

When you want to talk about a school subject you are either majoring in, taking for the first time, or studying for, you say:

Ich studiere Physik/Chemie/ Biologie/usw.	*I'm majoring in physics/ chemistry/biology/etc.*
Ich lerne Deutsch.	*I'm learning (studying) German.*
Ich lerne heute.	*I'm studying today.*
Ich arbeite heute.	*I'm studying/working today.*

A. **Gern oder nicht gern?** Use the vocabulary from the drawing and the scale below to tell about your preferences.

sehr gern	gern	nicht gern	gar nicht gern

BEISPIEL **Ich arbeite gar nicht gern.**
Ich singe gern, aber ich tanze nicht gern.

B. **Was mache ich gern?** Use the words below to tell about your preferences in music, sports, and school subjects.

BEISPIEL   Ich lerne gern Sprachen.
            Ich höre gern Jazz, besonders die Musik von Al Jarreau.

ICH LERNE . . .	ICH STUDIERE . . .	ICH SPIELE . . .	ICH HÖRE . . .
Sprachen	Physik	Tennis	Musik
Englisch	Chemie	Tischtennis	klassische Musik
Spanisch	Biologie	Fußball	Country-Musik
Französisch	Mathematik	Golf	die Musik von . . .
Deutsch	Philosophie	Volleyball	Jazz
	Literatur	Schach (*chess*)	Rockmusik
	Psychologie	Karten	Oper
	Soziologie	Computerspiele	Radio
		Gitarre	
		Klavier	

**Fußball-Nationalspieler Hans Müller
findet Fußball nicht besonders schwer!**

C. **Partnerarbeit: Wie findest du . . . ?** Using the following words, give your opinion of the school subjects, music, and sports listed in Activity **B.** Then inquire about your partner's.

BEISPIEL   **Ich finde klassische Musik gut. Und Sie?/Und du?**
            Ich auch, besonders die Musik von Mozart.
            Ich nicht. Ich finde klassische Musik langweilig.
            Ich auch, aber ich finde Jazz sehr interessant.

besonders	sehr	nicht	nicht sehr	gar nicht
schwer	interessant	toll	schlecht	unwichtig
gut	wichtig	leicht	langweilig	blöd

AKTIVER WORTSCHATZ 1

Substantive

das Deutsch	*German*
das Französisch	*French*
der Fußball	*soccer*
das Klavier, -e	*piano*
das Spiel, -e	*game*
die Sprache, -n	*language*

Verben

arbeiten	*to work*
finden	*to find*
hören	*to listen to, hear*
lernen	*to learn, study, take* (a course)
lieben	*to love*
machen	*to do, make*
rauchen	*to smoke*
reisen	*to travel*
schwimmen	*to swim*
singen	*to sing*
spielen	*to play*
studieren	*to study at a university; to major in*
tanzen	*to dance*
wandern	*to hike, go hiking*

Adjektive

blöd	*stupid*
(un)interessant	*(un)interesting*
langweilig	*boring*

leicht	*easy*
schwer	*difficult*
toll	*terrific, great*
(un)wichtig	*(un)important*

Andere Wörter

aber	*but*
auch	*also*
besonders	*especially*
gar nicht	*not at all*
heute	*today*

Besondere Ausdrücke

Ich auch.	*Me, too.*
Ich . . . gern	*I like to . . .*
Ich . . . lieber	*I prefer to . . .*

Verwandte Wörter (cognates)

das Computerspiel, -e	die Musik
das Englisch	Country-Musik
die Gitarre	klassische Musik
das Golf	die Musik
das Hobby, -s	von . . .
das Interesse, -n	Rockmusik
der Jazz	die Oper, -n
die Karte, -n	das Radio, -s
die Literatur, -en	das Spanisch
	das Tennis
	der Volleyball

Aussprache[2]: See page 449 for the Aussprache lesson for Kapitel 1.

---

[2] Pronunciation

Land und Leute

Berlin für junge Leute

In 1990 Berlin was probably viewed by much of the world as the most exciting city in Europe. For Germans, Berlin has always had a dynamic and cosmopolitan atmosphere. This atmosphere explains in part why the city is so attractive to young people—there are currently well over 100,000 students enrolled in Berlin's universities.

What do these Berliners do when they are not studying? There is an unparalleled richness of cultural opportunities in this city, but most young people would more likely choose activities like the ones below. Which diversions can you recognize? Which ones would be appealing to you?

Literatur

BAUSTEIN 1

TALKING ABOUT INTERESTS AND ACTIVITIES

Verb conjugations and subject pronouns

SITUATION
Was macht
Spaß?

Uwe and Anna, both students at the University of Heidelberg, are getting acquainted.

Das Wandern ist der beste Sport.

UWE   Ich wandere und reise gern. Und du?
ANNA Na ja, ich wandere nicht so gern. Aber Reisen macht Spaß!
UWE   Lernst du Englisch?
ANNA Ja, und auch Französisch. Sprachen sind mein Hobby.

Na ja oh well   **Das macht (mir) Spaß** That's fun

Struktur

In German, verb endings change according to the subject of the verb. The German subject pronouns and verb endings are:

spielen _to play_			
singular		**plural**	
_I_	**ich** spiele	_we_	**wir** spielen
you	**du** spiel**st** (informal)	_you_	**ihr** spiel**t** (informal)
_he_ _she_ _it_	**er** **sie** spiel**t** **es**	_they_	**sie** spielen
	you (formal) **Sie** spielen		

not bold (handwritten annotation)

A. The pronouns shown in the above chart can replace nouns as the subjects of sentences.

Anna lernt Französisch.   _Anna is learning French._
Sie lernt aber auch Spanisch.   _She's also learning Spanish._
Die Studenten spielen Fußball.   _The students play soccer._
Sie spielen aber auch Volleyball.   _They also play volleyball._

● In English, _it_ refers to all objects. Remember that in German the pronouns **er, sie,** and **es** may refer to persons or objects and must match the gender of the nouns they replace.

● The impersonal pronoun **man** is used frequently in German. It corresponds to the English _one, you, we, they,_ or _people._

Wie sagt **man** das auf deutsch?   _How do you say that in German?_
Man spielt Fußball in Europa.   _They play soccer in Europe._

B. The basic, or unconjugated, form of a German verb (the form found in the dictionary) is called the infinitive. It consists of the verb stem (**spiel-, sag-, mach-**), which conveys the verb's meaning (_to play, to say, to do_ or _make_). Endings are added to the verb stem to agree with the subject. The English equivalent is _to + verb._

● If the verb stem ends in **-d** or **-t**, as in **finden** or **arbeiten**, an **-e-** is inserted between the stem and verb endings **-st** and **-t** to aid pronunciation.

Du arbeit**est** gern.   Ulrike arbeit**et** gern.   Ihr arbeit**et** gern.

● If the verb stem ends in an **-s, -ss, -ß, -z,** or **-tz,** as in **reisen, heißen,** or **tanzen,** only a **-t** is added to the **du-** form.

Du rei**st** gern.   Wie hei**ßt** du?   Du tan**zt** gut.

● Nouns may be formed from the infinitives of German verbs. Their meaning corresponds to the meaning of the verb + English *-ing*. These nouns are always neuter.

Reisen macht Spaß.   *Traveling is fun.*
Mein Hobby ist Schwimmen.   *Swimming is my hobby.*

C. Unlike English, German has only one present tense form.

Ich lerne Deutsch.
$\begin{cases} \textit{I learn German. (habitual action)} \\ \textit{I am learning German. (ongoing event)} \\ \textit{I do learn German. (emphatic)} \\ \textit{I'm going to learn German. (if the context makes it} \\ \textit{\quad clear that events/actions refer to the future)} \end{cases}$

D. The meanings of German verbs can be modified by adverbs. The following will allow you to communicate more effectively.

nie	selten	manchmal	oft	immer

Wir spielen manchmal Domino.
Helga arbeitet selten.
Ich höre oft Radio.

Schritte zur Kommunikation

A. **Was machen sie?** Using the cues provided, tell how much or how often the following people do these activities.

BEISPIEL   Sie spielt Klavier. (always)
            Sie spielt immer Klavier.

   1. Wir tanzen. (sometimes)
   2. Ulrike arbeitet. (always)
   3. Erich spielt Tennis. (never)
   4. Du hörst Radio. (seldom)
   5. Ich wandere. (often)
   6. Ihr reist. (sometimes)

B. **Bei Familie Braun.** Paula is telling a friend about the family with whom she is staying. What does she say?

BEISPIEL   Die Familie/heißen/Braun
            Die Familie heißt Braun.

   1. ich / verstehen / die Brauns / immer
   2. Herr und Frau Braun / lernen / Englisch

3. Frau Braun / lernen / auch / Spanisch
4. sie (*sing*) / hören / gern / Oper
5. Herr Braun / finden / Oper / langweilig
6. er / hören / lieber / Jazz
7. die Kinder / spielen / oft / Fußball
8. Ich persönlich / finden / die Brauns / toll

C. **Wie oft?** Combine vocabulary you know with words from the scale and create six sentences telling how often you do certain activities. Then tell another student what you do, and ask if he or she does the same thing. Keep a record of what your partner says.

nie	selten	manchmal	oft	immer

BEISPIEL **Ich reise selten. Und Sie/du?**
Ich auch!
Ich nicht! Ich reise oft.

Now tell the rest of the class which activities that you and your partner do and do not share.

BEISPIEL **Wir spielen manchmal Volleyball.**
Ich reise selten, aber Bob reist oft.

Work with the class to provide a model.

*R*ollenspiel. Imagine that you are going to have a new German roommate and you are exchanging video cassettes to introduce yourselves and to tell each other what you like to do. What would you say?

„Ich sehe gern Filme."

BAUSTEIN 2

ASKING QUESTIONS

Interrogatives

SITUATION (*A survey*). An interviewer from SFB, a Berlin radio station, is polling
Eine listeners. He has just contacted Frau Strauss.
Umfrage

INTERVIEWER Was hören Sie lieber: klassische Musik oder Rockmusik?
FRAU STRAUSS Ich persönlich höre lieber klassische Musik, aber die
Kinder . . .
INTERVIEWER Wie oft hören Sie denn Musik im Radio?
FRAU STRAUSS Ich nur selten, aber die Kinder natürlich immer!

---

nur only   **natürlich** naturally

Struktur

A. In a simple *yes/no* question, the verb comes first in the sentence.

1	2	3	
VERB	SUBJECT	OTHER ELEMENTS	
Schwimmt	**Elke**	**gern?**	*Does Elke like to swim?*
Lernst	**du**	**Deutsch?**	*Are you studying German?*
Spielt	**ihr**	**oft Tennis?**	*Do you often play tennis?*

B. In questions that require an answer beyond *yes* or *no*, the question word (interrogative) comes first, the verb second, the subject third, and all other elements afterward.[3]

1	2	3	
QUESTION WORD	VERB	SUBJECT	OTHER ELEMENTS
Wie	heißen	Sie?	
Was	macht	ihr	denn heute?
Wie oft	hören	Sie	Radio?

The question words which will be most useful to you in this chapter are: **wer** (*who*); **warum** (*why*); **was** (*what*); **wie** (*how*); **wie oft** (*how often*); and **wo** (*where*).

C. You can also ask a confirmation question by adding the tag words **nicht wahr?** or **nicht?** to a statement.

Du lernst Deutsch, **nicht wahr?** ⟶ *You're taking German, aren't you?*
Mark schwimmt gut, **nicht?** ⟶ *Mark swims well, doesn't he?*

Note that confirmation questions are simpler in German than in English. In German the form is always **nicht wahr?** or **nicht?,** but it varies in English:

You're tired, aren't you?   *She doesn't speak German, does she?*

D. German speakers often use the particle **denn** in questions to express their attitude about what they are saying. It may express a special interest, surprise, impatience, doubt, or uncertainty, depending on the context and sometimes the tone of the voice. It also makes the speaker's question less abrupt.

Was machst du **denn** gern?   Wie oft spielt ihr **denn** Tennis?

E. German has two words for *yes*: **ja** and **doch**. **Doch** is an affirmative response to a negative question.

Spielst du **nicht** Volleyball?   *You don't play volleyball?*
Doch, ich spiele Volleyball.   *Yes, I play volleyball.*

---

[3] In Kapitel 4 you will learn that other sentence elements, such as adverbs, objects, or time expressions can stand at the beginning of the sentence for emphasis. In such cases the word order is the same as for question words: verb second, followed by the subject. **Manchmal spiele ich Tennis. Heute spiele ich Volleyball.** Learn to recognize this word order.

Schritte zur Kommunikation

A. **Was ist die Frage?** Monika is asking Detlef a lot of questions about his hobbies and those of his friends. Using Detlef's answers as a guide, tell what Monika asks.

BEISPIEL   Nein, ich höre nicht oft Musik im Radio.
            Hörst du oft Musik im Radio?

1. Doch, ich lerne gern Englisch.
2. Ja, Barbara lernt auch gern Englisch.
3. Nein, wir spielen Gitarre.
4. Ja, Albert spielt gut Karten.
5. Nein, ich spiele nicht gern Volleyball.
6. Ja, ich spiele lieber Tennis.

B. **Was für ein Mensch ist das?** (*What kind of person is he or she?*) Jane is translating for a friend who would like to find out more about the new Swiss teaching assistant. Use the English cues to tell what Jane says.

BEISPIEL   if he likes to dance ⟶ **Tanzen Sie gern?**
            what he likes to play ⟶ **Was spielen Sie gern?**

Jane's friend wants to know . . .

1. why he is studying here (**hier**)
2. if he understands English
3. if he likes to play cards
4. if he smokes
5. how often he travels
6. what he likes to listen to
7. where he is playing tennis

C. **Fragen, Fragen.** Write ten questions that you would like to ask someone in your class. Use these questions to interview another student.

BEISPIEL   **Was machst du gern?**
            Wie oft spielst du Karten?

 *R*ollenspiel.   Imagine that a student in your class has a German friend, Christina, and you want to find out more about her. You might want to ask your friend what Christina is studying, what sports she likes to play, if she likes to dance, swim etc. Another student will answer your questions.

BAUSTEIN 3

EXPRESSING ACTIONS AND OPINIONS

Verbs with stem-vowel changes; wissen

In einer Disko macht Tanzen Spaß.

SITUATION (*Family feud*). Herbert is having an argument with his sister Jutta.
Familienstreit

JUTTA Du ißt immer nur Schokolade und Süßigkeiten!
MARKUS Und du? Du natürlich nur Obst und Joghurt, nicht?
JUTTA Und du liest immer nur Automagazine und Comic-Hefte.
MARKUS Und du nur Zeitungen und Romane, nicht wahr?

Süßigkeiten[4] candy, sweets   **Obst** fruit   **Comic-Hefte** comic books
Zeitungen newspapers   **Romane** novels
Verwandte Wörter: Schokolade Joghurt   Automagazine

---

[4] The complete listing of these nouns will appear in the end vocabulary. Only the forms you will
need to complete the activities of this section are listed here.

Struktur

Not all German verbs follow the regular pattern of stem + ending. In particular, some verbs used commonly in everyday conversation undergo a stem-vowel change in the second- and third-person singular forms.

A. There are four stem-vowel change patterns you will encounter:
e ——→ i, e ——→ ie, a ——→ ä, and au ——→ äu

sprechen e ——→ i *to speak*	
ich spreche	wir sprechen
du sprichst	ihr sprecht
er/sie/es spricht	sie sprechen
	Sie sprechen

lesen *to read* e ——→ ie	
ich lese	wir lesen
du liest	ihr lest
er/sie/es liest	sie lesen
	Sie lesen

fahren *to drive; to go* (by vehicle) a ——→ ä	
ich fahre	wir fahren
du fährst	ihr fahrt
er/sie/es fährt	sie fahren
	Sie fahren

laufen *to run, to walk* au ——→ äu	
ich laufe	wir laufen
du läufst	ihr lauft
er/sie/es läuft	sie laufen
	Sie laufen

B. The third-person singular form of verbs with a stem-vowel change will be indicated in the vocabulary lists and glossary.

essen (ißt)	*to eat*
fahren (fährt)	*to drive; to go* (by vehicle)
laufen (läuft)	*to run; to walk*
lesen (liest)	*to read*
sehen (sieht)	*to see*
sprechen (spricht)	*to speak*

Max **ißt** immer Pizza.	**Liest** Jutta oft Romane?
Fährst du langsam?	Wie oft **spricht** sie Spanisch?
Läuft er schnell?	**Siehst** du gern Filme?

Ich spreche Deutsch, Du sprichst Deutsch, Er spricht Deutsch, usw.

C. The verb **wissen**[5] (*to know something as a fact*) is irregular in the singular forms of the present tense. Note that the first- and third-person singular are identical.

wissen *to know*	
ich **weiß**	wir wissen
du **weißt**	ihr wißt
er/sie/es **weiß**	sie wissen
Sie wissen	

Ich **weiß** das.   *I know that.*
Wir **wissen,** wer die Professorin ist.   *We know, who the professor is.*

---

[5] Note that German uses two verbs to express the idea of knowing. **Wissen** conveys the meaning to know as a fact or to know information. Later you will learn **kennen,** which is used to express familiarity or acquaintance with a person, place or thing, and always requires a direct object.

Schritte zur Kommunikation

A. **Immer positiv.** Even when she's criticizing someone, Tante Klara keeps a positive attitude. Use the cues to tell what she says.

BEISPIEL   Rudi / fahren / schnell, / aber / gut
   Rudi fährt schnell, aber gut.

1. Fräulein Wippert / lesen / nie Zeitungen, / aber / manchmal / Magazine
2. Herr Ziegler / fahren / nicht besonders / gut, / aber / immer / langsam
3. Professor Wolf / sprechen / schlecht / Spanisch, / aber / sehr gut / Deutsch
4. Du / sehen / immer / Horror-Filme, / aber / du / lesen / auch / Bücher
5. du / sprechen / Englisch / langsam, / aber / richtig
6. ihr / essen / immer / Schokolade, / aber / auch / oft / Obst

B. **Was machst du lieber?** Using the cues as your guide, interview someone to find out what he or she would rather do. Keep track of your partner's responses so you can report them back to the class.

BEISPIEL   essen: Pizza oder Obst?
   Ißt du lieber Pizza oder Obst?

1. lesen: Zeitungen oder Comic-Hefte?
2. sprechen: Deutsch oder Englisch?
3. essen: Fisch oder Hamburger?
4. lesen: Magazine oder Romane?
5. fahren: schnell oder langsam?
6. laufen: jeden Tag (*every day*) oder nur manchmal?

Wandern ist gesund und macht Spaß . . .

. . . mit bequemen und preiswerten Markenschuhen

aus dem

Schuhhaus **angerer**

BERCHTESGADEN, Marktplatz und Dr.-Imhof-Str.

 *R*ollenspiel.   Choose a partner and imagine that each of you is annoyed by the other's habits. Stage an argument in which you complain about each other. Be prepared to deny what the other claims to be true about you. Use some of the following words and expressions:

na ja   ich . . . lieber, aber du . . .   Du . . . nur . . .
laufen lesen essen hören sprechen fahren lernen
Das macht Spaß!

BEISPIEL   **Du sprichst immer nur Englisch—nie Deutsch!**
   Na und? Ich finde Deutsch sehr interessant, aber nicht leicht.

BAUSTEIN 4

DISAGREEMENT OR NEGATIVE STATEMENTS

Negation with nicht

Johannes in der Englischklasse:
Sprachenlernen ist besser als Computerspiele!

SITUATION Frau Müller is talking to Frau Dorn about her son's new hobby.
Spielen oder
Lernen?

FRAU MÜLLER	Unser° Johannes spielt nicht gern Fußball. Sein Hobby ist Computerspiele!
FRAU DORN	Und finden Sie das schlecht?
FRAU MÜLLER	Ich weiß es nicht. Aber er sagt, es macht Spaß und er lernt viel. Was meinen Sie?
FRAU DORN	Also, ich persönlich meine, Computerspiele sind nicht gut für Kinder.

---

also well   **meinen** to think, believe, have an opinion of; to mean

---

Struktur

One way to make a sentence negative is to use the word **nicht.** The placement of **nicht** varies depending on the elements in the sentence and the speaker's emphasis. Here are a few basic guidelines:

A. **Nicht** comes before the element it negates.

> Das Kind schwimmt **nicht** viel.
> Wir tanzen **nicht** gern.
> Ich finde das **nicht** interessant.
> Das ist **nicht** die Professorin.[6]
> Wir spielen **nicht** Klavier.
> Wir spielen **nicht** gut Klavier.
> Ich höre **nicht** Radio.

B. **Nicht** appears at the end of the sentence if the whole sentence is negated.

> Ich wandere **nicht.**
> Sie arbeitet heute **nicht.**
> Ich meine das **nicht.**
> Das Kind ißt das Obst **nicht.**
> Ich lese das Buch **nicht.**

Schritte zur Kommunikation

A. **Klagen, Klagen** (*Complaints, complaints*). Manfred is complaining about his roommate Arno, who doesn't seem to do anything right. Tell what Manfred says.

BEISPIEL Ich lerne gern Englisch . . .

> **. . . aber Arno lernt nicht gern Englisch.**

1. Ich finde Musik wichtig . . .
2. Ich höre gern klassische Musik . . .
3. Ich spiele gut Klavier . . .
4. Ich arbeite sehr oft . . .
5. Ich spiele gern Schach . . .
6. Ich wandere und laufe gern . . .
7. Ich finde Computerspiele blöd . . .
8. Ich finde meine (*my*) Hobbys und Interessen toll . . .

B. **Das macht keinen Spaß!** Heike is asking Andreas about his hobbies and interests. Unfortunately things are not going well for him today, and he always gives a negative answer. Ask Heike's questions and another student will give Andreas's answers.

---

[6] Note the following distinction in meaning: **Das ist nicht die Professorin** ⟶ *That's not the professor* (someone else is) and **Das ist keine Professorin** ⟶ *That is not a* (no) *professor.*

BEISPIEL Sport wichtig finden (*no . . . not especially*)
   HEIKE **Findest du Sport wichtig?**
   ANDREAS **Nein, ich finde Sport nicht besonders wichtig.**

1. immer laufen   (*no . . . not always*)
2. Fußball spielen   (*no*)
3. gern Englisch lernen   (*no*)
4. gut Englisch sprechen   (*no . . . not especially*)
5. Sprachen wichtig finden   (*no*)
6. wandern und reisen   (*no . . . not often*)

C. **Stimmt das?** (*Is that right?*) Based on what you now know about other students in your class, see if you can identify some of their activities or interests. Use **nicht wahr** in your questions. They will confirm whether or not you are right.

BEISPIEL Du liest gern Romane, nicht wahr?
   Ja, ich lese gern Romane.
   Nein, ich lese nicht gern Romane.

PERSPEKTIVEN

Vor dem Lesen

choice

opportunities

suggestions

Before reading any text, it helps to have some idea about the context. In this reading, four young people have responded to a video service and their responses have been summarized. 1. First, skim the ad. What words do you recognize? Briefly summarize, in English, what the intention of the ad is. 2. Then, read each person's sketch for the following information: (a) where each of them is from, (b) what they like to do, and (c) what they value.

Although you will not recognize every word in the text, try to guess the meaning of unknown words from the context. Also, the ability to recognize cognates (words that look alike in both languages) can help expand your reading vocabulary and comprehension. Make a list of German cognates and their English equivalents.

Hallo Partner: Vier Porträts

Cecile Zemp

Cécile Zemp kommt aus° der Schweiz und wohnt
jetzt° in Berlin. Sie arbeitet in einem eleganten
Restaurant, aber ißt lieber in Schnellrestaurants.
Sprachen sind interessant für sie: sie spricht
Französisch und Englisch und lernt jetzt Spanisch.
Der Kontakt mit Menschen ist besonders wichtig.
Ihre Hobbys: Reisen (allein und mit Freunden°)
und Politik.

from
now

friends

Gabriele Kast

Gabriele Kast ist aus Dresden und studiert
Architektur an der Technischen Universität in
Dessau. Sie fährt oft nach Berlin, denn sie liebt
dort die Museen und die dynamische und kos-
mopolitische Atmosphäre. Sie liest viel über Kunst
und Architektur und sieht gern Filme.

Ewald Chylik

Ewald Chylik is aus Österreich und studiert schon°
sieben Semester in Berlin. Er wandert gern, denn
er liebt die Natur, besonders die Berge. Er findet
Tradition wichtig und schön. Ewalds Hobby: Sport.
Er fährt Auto, aber er läuft lieber, sagt er. Er lernt
zur Zeit° Italienisch.

already

at the moment

Manfred Baum

Manfred Baum studiert Musik in München. Er liebt
die Opern von Mozart, aber gute Rockmusik hört
er auch gern. Er spielt viele Instrumente und singt
auch in einem Chor. Er meint, das Leben ist
immer interessant. Seine Hobbys: Tischtennis und
natürlich Musik.

Fragen zum Text

1. For each of the persons described in the reading, give the following information.
   a. Wie heißen sie?
   b. Was lernen oder studieren sie?
   c. Was machen sie gern?
   d. Was ist wichtig für sie?
   e. Welche (*which*) Sprachen sprechen sie?
2. With which of the four persons described do you share similar interests? Describe some similarities between them and you.

BEISPIEL **Ewald wandert gern, und ich auch.**

Land und Leute

Ein Porträt: Deutschland

Until October 3, 1990, Gabriele Kast and Manfred Baum, though both Germans, lived in two separate German states. What does their world look like today?

In 1949, two German states were founded: the **Bundesrepublik Deutschland** (Federal Republic of Germany) and the **Deutsche Demokratische Republik** (German Democratic Republic). The reality of two separate systems and societies within a single historical and cultural nation endured for 40 years, and gradually the originally antagonistic relationship between the two Germanys was replaced by a degree of cooperation. The status quo ended suddenly in 1989 when an exodus of GDR citizens to the West and a series of large spontaneous political demonstrations ended the power monopoly

Am Brandenburger Tor

held by the Socialist Unity Party. In March of 1990 the first open elections were held in the East, in July a currency union was established, and on October 3rd the formal integration of the five Eastern states into the FRG was celebrated. The 1990s will not be without challenges for the united Germany, for the work of transforming political culture and economic structures in the East has only begun.

■ The population of the FRG is nearly 80 million, yet its surface area is not much larger than that of Ohio and Pennsylvania combined.

■ Even before unification the relatively small FRG had become a giant as a trading nation and in recent years it led the world in total volume of exports. What effect will unification have on Germany's global economic role in this decade? How long will it take until residents in the new German states share the same standard of living as their countrymen in the West?

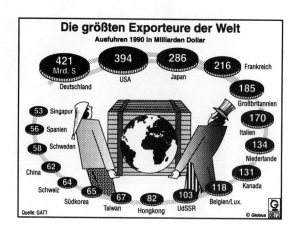

■ Since the founding of the European Community in 1957, the FRG has continued to champion a harmonious community of European nations. The Community's goal of a pan-European common market has become much more concrete, perhaps paving the way for even further integration. No matter how many imponderables there are in regard to Germany in this decade, all indications are that the Germans will continue to see themselves as members of a Common European House.

3. Oktober 1990: Der Tag der deutschen Einheit

SYNTHESE

A. **Porträts.** Choose from the words and phrases in the vocabulary list, or any others that you may know, to create sentences that describe the people in these drawings.

BEISPIEL   **Die Frau in Bild 1 denkt sehr viel.**

B. **Jetzt sind Sie dran!** (*Now it's your turn!*) Using the words and phrases you have learned in this chapter, create a portrait similar to the ones above, based on a magazine picture or on your own sketch.

C. **Was ich mache, was ich denke.** Using the *Perspektiven* reading as a guide and using the vocabulary you know, write a small portrait of yourself for **Hallo Partner.** Include information about your hobbies and interests.

Hören wir zu!

Am Telefon. Thomas and Katie are making plans for the day. Listen to their conversation, then check the appropriate box.

	KATIE	THOMAS
1. has a preference for indoor sports	☐	☐
2. is more accommodating to the other's wishes	☐	☐
3. seems to especially like listening to music	☐	☐
4. suggests taking the car	☐	☐

AKTIVER WORTSCHATZ 2

Substantive

der Berg, -e	mountain
die Bundesrepublik Deutschland (BRD)	Federal Republic of Germany (FRG)
die Deutsche Demokratische Republic (DDR)	German Democratic Republik (GDR)
das Comic-Heft, -e	comic book
die Kunst	art
das Leben -	life
der Mensch, -en	person, human being
das Obst	fruit
das Österreich	Austria
der Roman, -e	novel
das Schnellrestaurant, -s	fast-food restaurant
die Schweiz	Switzerland
die Süßigkeiten (*pl*)	candy
die Zeitung, -en	newspaper

Verben

denken	to think
essen (ißt)	to eat
fahren (fährt)	to drive; to go (by vehicle)
laufen (läuft)	to run, walk
lesen (liest)	to read
meinen	to think, believe
sagen	to say, tell
sehen (sieht)	to see
sprechen (spricht)	to speak
wissen (weiß)	to know (a fact)
wohnen	to live

Andere Wörter

allein	*alone*
also	*well; then, thus, therefore*
denn	*because, for; (also used as a flavoring word)*
doch	*yes, of course; on the contrary (positive response to negative question)*
man	*one, they, you*
natürlich	*of course, naturally*
nur	*only*
schön	*beautiful, nice*
viel, viele	*much, many*

Zeitausdrücke

immer	*always*
manchmal	*sometimes*
nie	*never*
oft	*often, frequently*
selten	*seldom*

Fragewörter

warum	*why*
was	*what*

> And don't forget:
> Subject pronouns, p. 23.

wer	*who*
wie	*how*
wie oft	*how often*
wo	*where*

Besondere Ausdrükce

Das macht (mir) Spaß.	*That's fun.*
na ja	*oh well*
na und?	*so what?*
nicht (wahr)?	*isn't it, doesn't he?, etc.*

Verwandte Wörter

die Architektur
das Auto, -s
der Film, -e
das Italienisch
das Joghurt
der Kontakt, -e
das Magazin, -e
das Museum, die Museen
die Natur
das Restaurant, -s
die Schokolade

2

Identität, Familie und Besitz

Kommunikationsziele	■ Telling who we are and what we have ■ Naming objects and indicating preferences ■ Talking about family members ■ Agreeing and disagreeing ■ Expressing possession
Bausteine	■ The verbs **sein** and **haben** ■ Case: nominative and accusative ■ Possessive adjectives and proper names showing possession ■ Prepositions with the accusative
Land und Leute	■ Ein Porträt: Österreich ■ Ein Porträt: Die Schweiz

„Und wie geht's Ihrer Familie, Frau Schmidt?"

ich denke, also bin ich.
ich bin, also denke ich.
ich bin also, denke ich.
ich denke also: bin ich?

Timm Ulrichs

EINFÜHRUNG

Was ich gern habe[1]

We can learn a lot about ourselves and others by noting what kinds of things we own and what our opinions and preferences are. Tests similar to this one, which offer insight into our personalities, are a popular item in some German-language publications.

---

[1] What I like

1 „Unter den Linden" in Berlin...

2 ...oder das moderne Leben?

Ihr Persönlichkeitstyp: ein Test

1

Musik. Ich habe...
a. einen Kassettenrecorder und viele Kassetten.
b. eine Stereoanlage und viele Platten.
c. eine Gitarre oder ein Klavier oder ein anderes Musikinstrument.

2

Kunst. Ich finde Bild 1...
a. interessant.
b. schön, aber zu traditionell und konservativ.
c. sehr romantisch. Ich habe es gern.

3

Haustiere. Ich habe...
a. keine Zeit für Haustiere.
b. einen Hund oder eine Katze.
c. einen Kanarienvogel.

4

Lesen. Ich lese lieber...
a. ein Comic–Heft.
b. die Zeitung oder ein Magazin.
c. einen Roman.

5

Pflanzen und Blumen. Ich habe...
a. Pflanzen und Blumen nicht sehr gern.
b. Kakteen besonders gern.
c. Rosen und Veilchen gern.

6

Das moderne Leben. Die Szene in Bild 2 ist...
a. typisch und lebendig.
b. realistisch, aber traurig.
c. unattraktiv und für Menschen ungesund.

Ihr your   **anderes** other, difference   **für** for   **Haustiere** pets   **Kanarienvogel** canary
Veilchen violets   **ungesund** unhealthy   **jedes** every   **Punkte** points

Fragen zum Text

Complete the personality test with the phrases that you feel best describe you. Then add up the points designated for each answer and see what your personality looks like.

Das Resultat:
für jedes A = 2 Punkte
B = 3 Punkte C = 4 Punkte

12-15 Punkte
Sie sind praktisch und unkompliziert. Sie sind sehr aktiv und haben nie genug Zeit. Sie lieben das moderne Leben und sind glücklich.

16-21 Punkte
Sie sind nicht zu optimistisch, aber auch nicht zu pessimistisch-Sie sind absolut realistisch. Sie sagen immer, was Sie denken. Politik und Probleme im Leben sind interessant für Sie.

22-24 Punkte
Sie sind romantisch und ziemlich idealistisch. Tradition, Natur und Kunst sind wichtig für Sie. Sie sind nicht materialistisch und haben das moderne Leben nicht so gern.

FUNKTION

To talk about things you like or don't like, you might say:

Ich habe Bücher (Kunst, Musik, usw.) gern.

I like books (art, music, etc.).

Tradition (Natur, usw.) ist wichtig für mich.

Tradition (nature, etc.) is important for me.

Ich finde moderne Musik (nicht) gut.

I find modern music (not) good.

Ich habe keine Zeit für . . . (Haustiere, Pflanzen, usw.)

I have no time for . . . (pets, plants, etc.)

You can use these words to talk about your family:

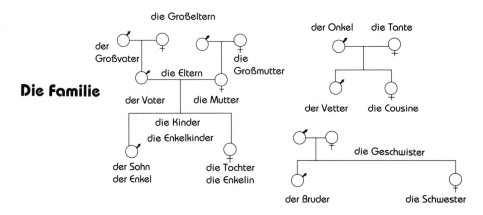

Die Familie

To describe yourself and others, you might say:

Ich bin . . .	ernst	*serious*
Mein Bruder ist . . .	nett	*nice*
Meine Schwester ist . . .	faul	*lazy*
Viele Studenten sind . . .	fleißig	*diligent, industrious*
	(un)freundlich	*(un)friendly*
	(un)glücklich	*(un)happy*
	(un)höflich	*(im)polite*
	traurig	*sad*

To describe possessions, you might use the following words:

alt/neu	*old/new*
billig/teuer	*cheap/expensive*
groß/klein	*big, tall/small*
laut/leise	*loud/quiet*
schön/häßlich	*beautiful, pretty/ugly*
sauber/schmutzig	*clean/dirty*

A. **Beschreibung.** Use the vocabulary and the scale below to describe yourself or a classmate.

BEISPIEL   Ich bin ziemlich idealistisch und gar nicht kompliziert.

sehr	ziemlich	zu	nicht zu	gar nicht

aktiv	(un)kompliziert	(un)praktisch
(un)attraktiv	materialistisch	(un)realistisch
(un)elegant	(un)modern	(un)romantisch
idealistisch	optimistisch	(un)traditionell
(un)intelligent	pessimistisch	(un)typisch

B. **Meine Familie.** Describe the members of your family. Tell what they are like and what they do. (Use **mein** for male members of your family, and **meine** for female members.)

BEISPIEL **Mein Bruder ist fünfzehn. Er ist sehr aktiv und oft laut.**
Meine Schwester ist zwanzig. Sie ist . . .

C. **Was haben Sie gern?** Use the scale and the words suggested by the drawings to tell your instructor or the class about some of the things you like or don't like.

BEISPIEL Ich habe Hunde gar nicht gern.

besonders	sehr	nicht sehr	nicht	gar nicht

der Computer

das Fahrrad,—er

die Gitarre,—n

die Kassette, —en

der Kassettenrecorder,—

die Pflanze,—n

die Stereoanlage,—n

der Kaktus,
die Kakteen

die Katze,—n

der CD–Spieler,—

das Geld

die Schreibmaschine,—n

das Parfüm,—s

der Hund,—e

der Taschenrechner

das Radio,—s

die Blume,—n

das Motorrad,—er

die Kamera,—s

AKTIVER WORTSCHATZ 1

Substantive

Familie

der Bruder, ⸚	brother
die Cousine, -n	cousin (female)
die Eltern	parents
die Familie, -n	family
die Geschwister	brothers and sisters
die Großeltern	grandparents
die Großmutter, ⸚ (Oma)	grandmother
der Großvater, ⸚ (Opa)	grandfather
die Mutter, ⸚	mother
der Onkel, -	uncle
die Schwester, -n	sister
der Sohn, ⸚e	son
die Tante, -n	aunt
die Tochter, ⸚	daughter
der Vater, ⸚	father
der Vetter, -n	cousin (male)

Andere Wörter

genug	enough
lebendig	lively
ziemlich	rather

Besondere Ausdrücke

Ich habe . . . gern	I like . . .
Ich habe . . . lieber	I prefer
(keine) Zeit haben	to have (no) time

Verwandte Wörter

absolut
das Musikinstrument, -e
die Rose, -n

And don't forget:
Nouns of possession, page 47
Adjectives, page 46

Ausprache: See page 450 for Aussprache lesson for Kapitel 2.

Land und Leute

Ein Porträt: Österreich

Population:	7.7 million
Topography:	nearly 90% of the country alpine; highest peak: Großglockner (3,797 meters)
Largest city:	Wien (1.7 million)
Political structure:	9 federal states (capital: Wien)

■ Until 1918 Vienna was the political, cultural, and economic capital of a multi-ethnic empire that encompassed most of Czechoslovakia, Hungary, and Yugoslavia. Today, as the East-West division of Europe passes into history, Vienna is again becoming the multi-cultural and cosmopolitan center of much of **Mitteleuropa**.

■ Austria's nonaligned neutral status explains in part why it has become the site for such important international organizations and conferences as the International Atomic Energy Agency, the United Nations Industrial Development Organization, OPEC, and the Conference on Security and Cooperation in Europe.

■ Viennese theaters and opera houses benefit from a state subsidy to the arts that is the highest in the world. This subsidy is partly explained by cultural tradition. It is also government policy to maintain the cultural image of Austria abroad and to provide this small country with world-class cultural institutions.

■ When the **Wiener Sängerknaben** (*Vienna Boys' Choir*) was formed in 1498, its repertoire was limited to sacred music performed in church services for the emperor. Today the choir members sing a wide range of music and are also full-time students in a private school that is financed by concert tours. One of its many singers who have gone on to a successful music career is Falco, the international pop star.

■ Austria has basically a manufacturing economy, with one feature that is unique among Western countries: nearly one-third of all Austrians work in state-owned enterprises.

Die Wiener Sängerknaben

BAUSTEIN 1

TELLING WHO WE ARE AND WHAT WE HAVE

The verbs sein and haben

1. What group is sponsoring this ad?
2. What is the gist of this ad?

SITUATION
Besuch

(*A visit*). Adrian has just arrived at Eva's house with his dog. He assumes that his "Fritzi" will be welcome while he's on vacation, but Eva is not so easily convinced.

EVA   Tag, Adrian! Was bringst du denn?

ADRIAN   Hallo, Eva! Oh, das ist Fritzi. Du hast doch Haustiere gern, oder?

EVA   Ja, ich liebe Tiere. Aber ich habe schon eine Katze. Und einen Goldfisch! Die Wohnung ist zu klein, Adrian.

really   ADRIAN   Nur für vier Tage. Ja? Danke, Eva! Du bist wirklich° nett.

---

bringen to bring   **die Wohnung, -en** apartment

Struktur

The verbs **sein** (*to be*) and **haben** (*to have*) are two of the most frequently used verbs in German.

sein *to be*	
ich bin	wir sind
du bist	ihr seid
er/sie/es ist	sie sind
Sie sind	

haben *to have*	
ich habe	wir haben
du hast	ihr habt
er/sie/es hat	sie haben
Sie haben	

A. The verb **sein** is used to describe people and things and is often followed by:

- A predicate adjective, which describes the subject of the sentence.

| Die Szene ist typisch und lebendig. | *The scene is typical and lively.* |
| Das Bild ist traditionell. | *The picture is traditional.* |

Predicate adjectives are negated by placing the word **nicht** in front of them.

| Die Szene ist **nicht** typisch. | *The scene is not typical.* |
| Die Blumen sind **nicht** schön. | *The flowers are not pretty.* |

- A noun. Nouns that follow **sein** are called *predicate nouns*. They qualify or are equivalent to the subject.

Eine Gitarre ist ein Musik- instrument.	*A guitar is a musical instrument.*
Der Hund ist ein Haustier.	*The dog is a pet.*
Die Professorin ist Dr. Lanz.	*The professor is Dr. Lanz.*

B. The verb **haben** is often used to show possession.

Haben Sie Kinder?	*Do you have children?*
Du hast Haustiere, nicht wahr?	*You have pets, don't you?*
Ihr habt Zeit.	*You have time.*

- As you already learned, **haben** is used with the adverb **gern (lieber)** to express liking (preference) for someone or something. The words **gern** and **lieber** usually follow the word for the person or thing that is liked or preferred, unless they are modified by other adverbs or **nicht**.

Ich habe Pflanzen **gern**.	*I like plants.*
Er hat Tiere **lieber**.	*He likes Monika a lot.*
Ich habe Jazz **nicht gern**.	*I don't like jazz.*
Sie hat Jazz auch **nicht gern**.	*She doesn't like jazz either.*

Schritte zur Kommunikation

A. **So sind die Menschen!** Uwe is describing himself and various people he knows. Using the cues provided, tell what he says.

BEISPIEL Paul/immer aktiv
Paul ist immer aktiv.

1. du/zu pessimistisch
2. ich/zu optimistisch
3. wir/ziemlich materialistisch
4. Anika und Thomas/sehr tra- ditionell
5. viele Professoren/unfreundlich
6. Peter/zu ernst und fleißig
7. ihr/nie nett
8. Sie/traurig/nicht wahr?

B. **Wer bringt was?** Several students are organizing a sale to raise money for a trip. Tell what each has to donate.

BEISPIEL   Bernd/Platten
           Bernd hat Platten.

1. Sofie and Klaus/zwanzig Bücher
2. ich/viele Pflanzen
3. Mark/Bilder
4. du/fünf Platten
5. wir/Blumen
6. ihr/zehn Kassetten

C. **Liebe Freunde!** Angie is spending a semester in Vienna with an Austrian host family. Complete the post card she is writing to her friends in her German class at home.

Viele Grüße aus Wien! Es _____ toll hier, und ich _____ glücklich. Herr und Frau Domany _____ sehr freundlich. Sie _____ viele Hobbys und Interessen und _____ immer aktiv. Sie _____ drei Kinder—sie _____ nett und höflich, aber manchmal ziemlich laut und lebendig! Die Wohnung _____ schön und die Zimmer _____ groß. Mein Zimmer _____ große Fenster; das _____ ich besonders gern.

D. **Partnerarbeit: Hast du das gern?** Tell your partner which of the items below you like a lot, which not very much, and which not at all. Then ask your partner if he or she likes the items listed.

BEISPIEL   **Ich habe Kakteen nicht besonders gern. Und du?**
           Hast du Kakteen gern?
           Ja, ich habe Kakteen sehr gern.

klassische Musik
Hollywood-Filme
moderne Kunst
Oper
Süßigkeiten
die Filme von . . .
die Romane von . . .

Sport
Volleyball
Schnellrestaurants
Autos
Kakteen
Tiere
Kinder
?

BAUSTEIN 2

NAMING OBJECTS AND INDICATING PREFERENCES

Case: nominative and accusative

1. Was hat Bergermann?
2. Lesen Sie die Adresse und Telefonnummer laut vor.

Wir bieten Qualität

für den Schreibtisch, die Schreibmaschine, den Computer, den Kopierer zum Sparpreis

büroteknik

bergermann

_____Universitätsstr. 15 · ☏ 0 64 21 – 2 50 64 · 3550 Marburg_____

SITUATION
Entschei-
dungen

(*Decisions*). Uwe can't decide whether to buy a motorcycle or a computer. Rolf is arguing in favor of the computer.

UWE   Ah, ich finde so ein Motorrad schön. Aber teuer, leider, leider . . .

ROLF   Aber du sagst doch², du brauchst einen Computer. Und du hast keine Schreibmaschine, oder?

UWE   Doch, aber das ist ein altes Ding.

ROLF   Meinst du nicht, ein Computer ist wichtiger?

UWE   Ja, du hast recht. Also, gehen wir zu Bergermann! Ich kaufe einen Computer.

---

so ein	such a	**leider**	unfortunately	**brauchen** to need
das Ding, -e	thing	**recht haben**	to be right	**kaufen** to buy

---

²As used here, **doch** has no exact translation in English. It emphasizes the statement, trying to make it more persuasive. Words like **doch** are often called *flavoring words.*

Struktur

One way of indicating the functions of words in a sentence is through the use of *case*.

A. The *nominative case* is used:

- When a noun or pronoun functions as the subject of the sentence.

  Das Buch ist interessant.
  Eine Gitarre ist ein Musikinstrument.
  Sie liest die Zeitung.

- For predicate nouns or pronouns.

  Eine Gitarre ist **ein Musikinstrument**.
  Die Rose ist **eine Blume**.
  Das ist **sie**.[3]

You have already learned the nominative case forms.

	Singular	Plural
Definite article	der, das, die	die
Indefinite article	ein, ein, eine	—
Negation with kein	kein, kein, keine	keine

B. The *accusative case* is used when a noun or pronoun is the direct object of a sentence. The direct object receives the action of the verb.

Er liest die Zeitung.	*He is reading the newspaper.*
Ich lese sie nicht.	*I'm not reading it.*
Sie hören die Musik.	*They hear the music.*
Wir hören sie nicht.	*We don't hear it.*
Sie hat den Roman gern.	*She likes the novel.*
Ich habe ihn nicht gern.	*I don't like it.*

- Here are the accusative forms of the definite and indefinite articles and **kein**. Note that except for the masculine singular, the accusative forms are identical with the nominative.

---

[3] In conversational English, the object pronoun is often used—That's her.

Masculine	Neuter	Feminine	Plural
den	das	die	die
einen	ein	eine	—
keinen	kein	keine	keine

- You already know the subject pronouns. The table below shows both nominative (subject) and accusative (object) pronouns.

Singular		Plural	
NOMINATIVE	ACCUSATIVE	NOMINATIVE	ACCUSATIVE
ich	mich (*me*)	wir	uns (*us*)
du	dich (*you*)	ihr	euch (*you*)
er	ihn (*him/it*)		
sie	sie (*her/it*)	sie	sie (*them*)
es	es (*it*)		
		Sie (*you*)	

- The question word **wer** (*who*) becomes **wen** (*whom*) in the accusative.

Wer spielt Klavier?　　*Who is playing the piano?*
Wen hören Sie?　　*Whom do you hear?*

- Certain nouns require an **-n** or **-en** in the singular accusative. These nouns, called *masculine N-nouns*, will be indicated in the chapter and end vocabularies by an **-n** or **-en** before the plural form. The masculine **n**-nouns you know so far are **der Herr, der Name, der Mensch,** and **der Student**.

Der Herr ist nett.　　Sehen Sie den Herr**n**?
Der Student singt.　　Wir hören den Student**en**.

Schritte zur Kommunikation

A. **Nein, nein, nein!** Ergänzen Sie die Sätze mit einem Pronomen (pronoun).

1. Bringst du die Gitarre? Nein, ich bringe _____ nicht.
2. Hast du den Hund gern? Nein, ich habe _____ nicht gern.
3. Liebst du mich? Nein, ich liebe _____ nicht.
4. Liest du den Roman? Nein, ich lese _____ nicht.
5. Siehst du den Film? Nein, ich sehe _____ nicht.
6. Ißt du das Obst? Nein, ich esse _____ nicht.

B. **Ich persönlich . . .** Herr Nicolai is always contradicting his co-workers. Use the cues to tell what he says.

BEISPIEL Der Roman ist langweilig. (gern lesen)
Was? Ich persönlich lese den Roman gern.

1. Die Platte ist schlecht. (gern hören)
2. Der Taschenrechner ist zu klein. (gern haben)
3. Das Motorrad ist toll! (häßlich finden)
4. Schokolade ist ungesund! (gern essen)
5. Computer sind praktisch. (gar nicht gern haben)
6. Computerspiele sind langweilig. (gern spielen)

C. **Ein unmögliches** (*impossible*) **Klassenzimmer!** Inge is complaining about the overcrowded, sparsely furnished room where she is taking an English class.

1. Based on the illustration below, tell whether the following items are found in the classroom.

BEISPIEL Tafel
Das Zimmer hat eine Tafel.
Bilder
Das Zimmer hat keine Bilder.

Fenster	Schreibtische	Stühle
Videorecorder	Landkarte	Tisch
Kugelschreiber	Bleistifte	Kassettenrecorder

2. **Beschreibungen.** Using the vocabulary you know, write a paragraph describing the classroom and some of the people in it.

Vorschläge *(suggestions)*

Der Professor _____ (Wie heißt er? Wie ist er [nett, freundlich usw.]? Hat er eine Familie?)
Die Studentin links *(to the left)* _____
Die Studentin rechts *(to the right)* _____
Das Zimmer ist _____; die Studenten sind _____

D. **Interview.** Answer the questions below. Then interview other students in your class until you find someone who has five things in common with you.

BEISPIEL   ein Hund oder eine Katze
        Haben Sie einen Hund oder eine Katze?
        Nein. Ich habe keinen Hund, und ich habe auch keine Katze.
   or **Ja, ich habe einen Hund.**

1. ein Hund oder eine Katze
2. eine Wohnung oder ein Zimmer
3. ein Fahrrad oder ein Auto
4. eine Schreibmaschine oder ein Computer
5. Platten oder Kassetten
6. ein Radio oder ein Fernseher
7. ein Klavier oder eine Gitarre
8. ein Bruder oder eine Schwester

> **Glück, wo man hinguckt**
>
> Familie Steiner ist restlos glücklich, sie hat einen Fernseher, Videogeräte, Stereoanlagen.
>
> Familie Roth ist restlos glücklich, sie hat einen Fernseher, Videogeräte, Stereoanlagen.
>
> Familie Schmidt ist restlos glücklich, sie hat einen Fernseher, Videogeräte, Stereoanlagen.
>
> Auch die Fernseher-, Video-, Stereoindustrie ist restlos glücklich.
>
> Hans Manz

 Rollenspiel.   Imagine that you have just arrived in Austria and your host family (played by two other students) wants to get to know you better. You want to tell them the following information. Then, ask questions to find out something about them.

1. Tell them three characteristics that describe you.
2. Tell them two things you like and two things you don't like.
3. Tell them three things you have at home (and perhaps will miss here).
4. Tell them something else about you that they should know.

BAUSTEIN 3

TALKING ABOUT FAMILY RELATIONSHIPS AND POSSESSIONS

Possessive adjectives and proper names showing possession

SITUATION
Meine Familie.

Two businesspeople at a convention are showing each other some photos of their families.

HERR FISCHER	Das ist meine Frau, und hier sind unsere zwei Töchter, Friederike und Marion.
FRAU BATHE	Haben Sie nicht auch einen Sohn?
HERR FISCHER	Doch, einen Moment . . . Hier habe ich Jochens Foto. Und das ist seine Freundin. Und hier sehen Sie unser Haus und unseren Garten.
FRAU BATHE	Ah, Sie wohnen aber schön! Ihr Garten ist so groß! Und so eine nette Familie.

der Freund, -e (male) friend   **die Freundin, -nen** (female) friend
verwandte Wörter: das Foto, -s   das Haus, ¨ er   der Garten, ¨

Struktur

A. Ownership or relationship is often indicated with a possessive adjective (like *my, your, their,* etc. in English.)

Singular		Plural	
mein	*my*	**unser**	*our*
dein	*your* (informal)	**euer**	*your* (informal)
sein	*his, its*		
ihr	*her, its*	**ihr**	*their*
sein	*its*		
		Ihr	*your* (formal)

- The possessive adjectives and **kein** are called **ein**-words because they take the same endings as the indefinite article **ein**.

	Masculine	Neuter	Feminine	Plural
Nominative	kein	kein	keine	keine
	mein	mein	meine	meine
	dein	dein	deine	deine
	sein	sein	seine	seine
	ihr	ihr	ihre	ihre
	sein	sein	seine	~~ihre~~ *seine*
	unser	unser	unsere	unsere
	euer	euer	eure	eure
	ihr	ihr	ihre	ihre
	Ihr	Ihr	Ihre	Ihre
Accusative	keinen	kein	keine	keine
	meinen	mein	meine	meine
	deinen	dein	deine	deine
	seinen	sein	seine	seine
	ihren	ihr	ihre	ihre
	seinen	sein	seine	seine
	unseren	unser	unsere	unsere
	euren	euer	eure	eure
	ihren	ihr	ihre	ihre
	Ihren	Ihr	Ihre	Ihre

Das ist **ihr** Hund.	*That's her dog.*
Sie liebt **ihren** Hund.	*She loves her dog.*
Dein Bild ist sehr schön.	*Your picture is very pretty.*
Wir haben **dein** Bild gern.	*We like your picture.*

B. A possessive structure similar to that in English is used for German proper names. In German as in English, possession is expressed by adding **-s** to the name. In German, however, no apostrophe is used unless the name ends in an **s** sound.[4]

Müllers Tochter heißt Lea.	*The Müller's daughter is named Lea.*
Ist das **Marias** Wohnung?	*Is that Maria's apartment?*
Ich lese **Jens'** Buch.	*I'm reading Jens' book.*

---

[4] The question word **wessen** (*whose*) is used for inquiring about possessions and relationships. **Wessen Roman ist das? Das ist mein Roman.** For now, learn this for recognition only.

Schritte zur Kommunikation

A. **Das Fotoalbum.** Eva and Brigitte are looking at Eva's photo album. Give Eva's answers to Brigitte's questions.

BEISPIEL   Ist das euer Haus?
            Ja, das ist unser Haus.

1. Sind das deine Eltern?
2. Und ist das ihr Auto?
3. Ist das dein Bruder?
4. Und ist das seine Frau?
5. Sind das ihre Kinder?
6. Ist das deine Schwester?
7. Und ist das ihr Freund?
8. Sind das deine Großeltern?

„Und hier sind
Onkel Hans,
Tante Maria, meine
Kusine Annie und
ihre zwei Kinder."

B. **Was brauchst du?** Uschi always wants to help out. Inge, however, doesn't need her help. What does Inge say?

BEISPIEL   Brauchst du Rolfs Kamera?
            Nein, ich brauche seine Kamera nicht.

1. Brauchst du meine Schreibmaschine?
2. Brauchst du Petras Fernseher?
3. Brauchst du Franks Bücher?
4. Brauchst du unseren Computer?

5. Brauchst du unser Auto?
6. Brauchst du meine Uhr?
7. Brauchst du mein Radio?
8. Brauchst du mein Magazin?

C. **Hast du das?** Uschi is calling Karl to try to get him to return the things he has borrowed from everyone. Complete the sentences with the cued words to tell what she says.

1. Du hast _____ Kassettenrecorder, nicht wahr? (*my*)
2. Du hast auch _____ Kassetten. (*our*)
3. Gisela findet _____ Taschenrechner nicht. (*her*)
4. Uwe und Erika sagen, du hast _____ Fahrrad. (*their*)
5. Hast du _____ Stereoanlage? (*Stefan's*)
6. Hast du _____ Platten? (*my*)
7. Bernd braucht _____ Bilder. (*his*)

D. **Was haben Sie?** Ask someone whether he or she has any of the following things listed on the left. If your partner answers yes, use the adjectives on the right to find out about the things he or she owns. Be prepared to report your findings to the class.

BEISPIEL   Haben Sie ein Motorrad?
                 Nein, ich habe kein Motorrad, aber ich habe ein Fahrrad.
                 Ist Ihr Fahrrad neu?
                 Nein, es ist nicht neu.
    or   **Es ist sehr alt.**

Motorrad	
Auto	alt
Kassettenrecorder	groß
Computer	häßlich
Kamera	klein
Radio	laut
Wohnung	neu
Fahrrad	sauber
Stereoanlage	schmutzig
Fernseher	schön
Zimmer	teuer
Taschenrechner	

Der neue BMW ist da.

*R*ollenspiel.   Imagine that a friend (played by another student) is visiting you for the first time and is asking about your possessions and photos. Some belong to you and some to your roommate. Answer your friend's questions.

BEISPIEL   Ist das dein (deine) _____; Hast du ein (eine, einen) _____;
                 Ja, das ist _____; Nein, das ist nicht mein _____; Das ist
                 Johns _____; usw.

BAUSTEIN 4

EXPRESSING AGREEMENT AND DISAGREEMENT

Prepositions with the accusative

SITUATION Julian and Christa are trying to find a record for her father.
Im Platten-geschäft.

ROLLING STONES
"Dirty Work"
Die größte Rock'n'Roll Band
aller Zeiten
LP MC CD

MÜNCHNER FREIHEIT
"Von Anfang An"
"Ohne Dich", "Tausendmal Du"
u.a. jetzt auch im Digital Sound.
LP MC CD

BANGLES
"Different Light"
Purer Girlbeat aus Los Angeles
– erfrischend und unver-
gänglich
LP MC CD

ANDREAS VOLLENWEIDER
"Down To The Moon"
"Down To The Moon", das neue
Werk des Schweizer
Harfinisten.
LP MC CD

JULIAN   Also, hier finden wir nichts für deinen Vater.
CHRISTA   Moment mal! Mein Vater hat nichts gegen moderne Musik.
JULIAN   Aber die Rolling Stones? Das ist doch keine Musik für ihn, das weiß ich.

else   CHRISTA   Das ist wahr. Kaufen wir etwas anderes.°

---

nichts nothing   **Moment mal!** Wait a moment!
wahr true   **etwas** something

Struktur

The following prepositions always require an object that is in the accusative case.

durch	*through*	Wir laufen durch die Stadt.
für	*for*	Sind die Rosen für mich?
gegen	*against*	Sie ist nicht gegen uns.
ohne	*without*	Sie reisen ohne ihre Kinder.
um	*around*	Wir brauchen Blumen um unser Haus.

- The neuter definite article **das** is frequently contracted with the prepositions **durch, für** and **um**.

durch das = **durchs**	Wir reisen **durchs** Land.
für das = **fürs**	Die Schokolade ist nicht **fürs** Kind.
um das = **ums**	Sie läuft **ums** Haus.

Schritte zur Kommunikation

A. **Was für wen?** Was kaufen Sie für die folgenden Personen?

BEISPIEL   Herr Bichsel: liebt Literatur
Für ihn kaufe ich einen Roman.

1. Frau Hofer: liebt Pflanzen
2. Ulrike und Bernd Harang: reisen gern
3. Marion und Wolfgang Bathe: haben ein neues Haus
4. Margarete und Rolf Kläger: sehen gern Filme
5. Roland Hackl, Student: hat nur eine alte Schreibmaschine
6. Melanie Schmidt, Studentin: hat Musik gern

B. **Und für Ihre Familie?** Sagen Sie, was Sie für Ihre Familie kaufen.

BEISPIEL   Für meine Großmutter einen Hund

1. für Ihren Großvater	6. für Ihre Tante
2. für Ihre Mutter	7. für Ihren Onkel
3. für Ihren Vater	8. für Ihre Kusine
4. für Ihren Bruder	9. für Ihren Mann
5. für Ihre Schwester	10. für Ihre Frau

C. **Was meinen Sie?** Using the vocabulary you know, reword any of the following statements so that they more accurately reflect your position. Remember that you have learned various ways in which to express agreement or disagreement:

Das ist richtig/falsch.
Das finde ich (nicht) richtig.
Das ist (nicht) wahr.
Das meine ich nicht.

BEISPIEL   Das Studentenleben ist leicht und unkompliziert.
Das ist richtig. Studenten haben nicht viele Probleme.
_or_ **Das meine ich nicht. Studenten arbeiten viel und haben nicht genug Zeit für ihre Interessen.**

1. Studenten haben keine Zeit für Hobbys.
2. Ohne Geld ist das Leben schwer.

3. Professoren haben immer Zeit für ihre Studenten.
4. Es macht Spaß, mit dem Fahrrad durch die Berge zu fahren.
5. Das moderne Leben ist für Menschen zu kompliziert und hektisch.
6. Die ältere Generation hat etwas gegen moderne Musik.

 Rollenspiel.   Imagine that you are in a German record shop and want to buy some records for members of your family. You and your brother or sister (played by another student) disagree on what is appropriate for each of the persons on your list. Resolve the disagreement.

PERSPEKTIVEN

Vor dem Lesen

1. This is the context of the following reading passage: Fred Miller met Susanne Hagen during his stay in Switzerland. He's back in New York now, but he and Susanne continue to exchange letters. In Kapitel 1, you learned that it helps to have some idea about the general subject of a reading before you actually begin to read. Before reading the text, look at the photos, and think about what information you might expect from a letter describing the writer's family.

„Meine Familie"

„Meine Großeltern"

2. You also learned that you should use contextual guessing skills. You can probably guess the meanings of many words before you look them up in the **Aktiver Wortschatz**. Skim through the text and make a list of the cognates that appear in the letter. When you combine these words with the photos, does it give you a good idea about some important details in the reading?

Ein Brief: Meine Familie

Lieber Fred,

also hier ist das Familienfoto! (Unser Hund und unsere zwei Katzen sind aber nicht auf dem Bild!) Mein Bruder Peter ist zwanzig Jahre alt und studiert Physik an der Universität in Zürich. In seiner Freizeit reist und fotografiert er gern––am liebsten in fremden° Ländern! Er war auch schon in den USA und hat sehr schöne Bilder von den Rocky Mountains gemacht. Das sind tolle Berge! Das nächste Mal° kann er Dich⁵ ja besuchen und die Wolkenkratzer° von New York fotografieren!

Meine Schwester Stephanie ist dreiundzwanzig. Sie hat Psychologie und Soziologie studiert und arbeitet jetzt in Bern. Wir sehen uns eigentlich° ziemlich oft; sie hat eine nette kleine Wohnung, und es macht Spaß, sie da zu besuchen. Sie ist ein ganz anderer Persönlichkeitstyp als° ich––sehr ernst, ruhig und organisiert. Und wie ich bin, das weißt Du ja! Trotzdem° haben wir nie Probleme.

Brigitte ist dreizehn Jahre alt und somit° offiziell ein Teenager! Das Leben mit ihren älteren Geschwistern ist nicht immer leicht für sie. Sie hat andere Interessen als wir und meint auch, man versteht sie, ihre Musik und ihre Freunde nicht. Und da hat sie wohl° auch manchmal recht.

Und ohne die lieben Eltern wäre° das Familienporträt undenkbar!° Sie sind beide super und meistens° auch tolerant und flexibel. Sie haben es gern, wenn die ganze Familie zusammen° ist, wie° auf dem Bild hier, aber das passiert° leider nicht mehr so oft.

Auf dem zweiten Foto siehst Du unsere Großeltern. Meine Großmutter schreibt Kinderbücher

foreign

next time
skyscrapers

actually

than

in spite of that
thus

probably
would be
unthinkable
most of the time
together/like
happens

⁵ Du, Dich, Dein, Ihr, Euch, Euer are capitalized in letter writing.

und ist auch sonst° sehr kreativ. Mein Großvater arbeitet nicht mehr und hat viel Zeit für seine Hobbys. Sie haben ein großes Haus, einen riesigen° Garten und viele Haustiere. Das ist schön für uns, vor allem° für Brigitte.

    Natürlich habe ich auch etliche° Tanten und Onkel und Vetter und Kusinen, aber das ist genug für heute, ich bin schon ganz müde! So, und jetzt möchte ich über Deine Familie hören. Und über Dich! Du gehst jetzt auf die Uni—geht alles gut? Was studierst Du? Sprichst Du viel Deutsch? Was macht Ihr (d.h., Du und Deine Freunde) in Eurer Freizeit? Du hast jetzt wohl nicht viel Zeit, aber schreibe bitte trotzdem.

otherwise

gigantic

especially
a number of

Viele Grüße,

Deine Susanne

PS: Danke für die Postkarten von New York!

Fragen zum Text.

Beantworten Sie die folgenden Fragen.

1. Wie viele Geschwister hat Susanne? Wie heißen sie?
2. Was sagt Susanne über ihren Bruder? Über ihre größere Schwester? Über ihre kleinere Schwester?
3. Wie beschreibt (*describes*) sie ihre Eltern?
4. Wer hat eine Wohnung? Wer hat ein Haus und einen Garten?
5. Was fragt Susanne Fred?

Land und Leute

Ein Porträt: Die Schweiz

Population:	6.4 million
Topography:	Jura mountains in the Northwest; Mittelland plateau; alpine
Largest city:	Zürich (384,000)
Political structure:	26 cantons (capital: Bern)

■ Exports ranging from watches to railway locomotives have helped make the Swiss standard of living nearly the highest in the industrialized world. Such manufacturing exports help pay for the nation's food imports which are extensive, since only 10% of the mountainous country can be cultivated.

Das Rathaus am Marktplatz in Basel

■ Although it is a politically neutral country, Switzerland is prepared to defend its neutrality with a civilian army of 600,000. All men 20–50 years old serve in the militia as citizen soldiers; they are allowed to keep their arms and equipment at home and have to report for mandatory summer training.

■ In contrast to most national railway systems, the Swiss rail network regularly makes a profit. Swiss trains—all electric—remain the most efficient way to travel or move freight across high mountain passes and through narrow alpine valleys.

■ Switzerland is the oldest democracy in the world, but it was not until 1971 that Swiss women won the right to vote. The first woman ever to hold a political appointment at the national level was named in 1982, and in 1985 the first female member of parliament was elected.

■ There are four official languages in Switzerland—German, French, Italian, and Romansch—and school children are expected to learn at least one, often two, of their country's other languages. For most Swiss (65%), German is the first language, but here, too, there is diversity. Swiss Germans hear **Hochdeutsch** (*standard German*) on radio and TV and speak it with foreigners, but use the **Schweizerdeutsch** (*Swiss German*) dialect in spoken communication.

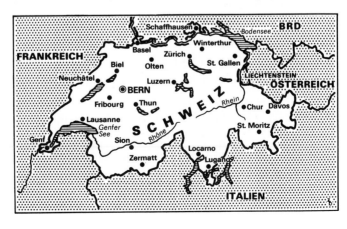

■ Political stability and banking laws that protect the privacy of customer accounts have attracted a great deal of wealth to Swiss banks and into the economy. Exceptions to the secrecy laws are possible only if an account holder is prosecuted in a court of law or declares bankruptcy.

SYNTHESE

A. **Ihre Familie.** If the members of your family were asked to say something about you, what would they say? What reasons might there be for their opinions?

BEISPIEL   Mutter zu faul
Meine Mutter sagt, ich bin zu faul. Ich mache nicht gern Hausaufgaben.

	Mutter			toll
	Vater			nett
	Eltern			(un)freundlich
	Bruder			romantisch
	Schwester			traditionell
	Onkel		immer	(un)glücklich
Mein	Tante	sagt, ich bin	manchmal	(un)praktisch
Meine	Großmutter	sagen, ich bin	oft	(un)kompliziert
	Großvater		zu	faul
	Großeltern		ziemlich	fleißig
	Freunde		sehr	langweilig
	Familie		gar nicht	ernst
	Frau (*wife*)			laut
	Mann (*husband*)			traurig
				lieb
				müde
				?

B. **Ein typischer Student.** Using the questions below as a guide, write a paragraph describing the typical American college student to a Swiss friend.

1. Wie ist er/sie? ([un]glücklich, optimistisch, usw.)
2. Was hat er/sie gern? Was sind seine/ihre Interessen und Aktivitäten?
3. Was hat er/sie? (Radio, Fernseher, usw.)

C. **Ein Brief.** Imagine that Susanne wrote to you. Prepare a letter to her, answering questions about your family, friends, interests, and what you like to do. Use the vocabulary you know to include other information about yourself. Include some photographs if you have them!

Hören wir zu!

Eine Frage der Perspektive. (*A matter of perspective*). Ingrid and Jörg Willer can't agree on the purchase of a new computer. Listen to their conversation, then decide whether the statements are **richtig** or **falsch**.

1. The Willers already have a computer.
2. Ingrid thinks they can't afford a new computer, but need one anyway.
3. Ingrid doesn't like all the machines they have at home.
4. Jörg doesn't want to buy anything new.

AKTIVER WORTSCHATZ 2

Substantive

der Brief, -e	*letter*
das Ding, -e	*thing, object*
der Freund, -e	*friend (male)*
die Freundin, -nen	*friend (female)*
das Jahr, -e	*year*
die Wohnung, -en	*apartment*

Verben

besuchen	*to visit*
brauchen	*to need*
bringen	*to bring*
fragen	*to ask*
haben	*to have*
kaufen	*to buy*
schreiben	*to write*
sein (ist)	*to be*

Andere Wörter

etwas	*something; somewhat*
hier	*here*
leider	*unfortunately*

lieber, liebe . . .	*dear . . .*
	(letter greeting)
müde	*tired*
nichts	*nothing*
ziemlich	*rather*

Besondere Ausdrücke

Das ist (nicht) wahr.	*That's (not) true.*
doch	*flavoring word (see footnote, p. 53)*
Moment mal!	*Wait a moment!*
(nicht) recht haben	*to (not) be right*
so ein	*such a*

Verwandte Wörter

das Foto, -s
der Garten, ⸗
das Haus, ⸗er
die Postkarte, -n
der Teenager, -

And don't forget:
Accusative forms of personal pronouns, p. 55
Prepositions that take the accusative, p. 62
Possessive adjectives, p. 59

In den Schweizer Alpen

Nationalität, Beruf und Reisepläne

Kommunikationsziele	■ Talking about nationalities and professions
	■ Expressing what you would like to be and do
	■ Talking about where you are and where you are going
	■ Expressing for or to whom you say or do things
	■ Talking about belongings, likes and dislikes
Bausteine	■ Möchte
	■ Dative case of indirect objects
	■ Dative prepositions
	■ Verbs with the dative
Land und Leute	■ Deutschland: Eine neue Heimat für Millionen
	■ Deutsche in Amerika

EINFÜHRUNG

Suchen Sie einen Job?

Not all of the words in the newspaper ads below have been glossed or listed in the **Aktiver Wortschatz** list. Use your contextual guessing skills to extract enough information to answer the Fragen zum Text.

can
newspaper carriers

rufen . . . an call up

should

Brauchen Sie Geld?

Finanzieren Sie Ihre Wünsche durch einen einträglichen Nebenverdienst.

Zeitungsträger(innen)°

Wir haben noch Zustellbezirke frei in

Mainz und Wiesbaden

Bitte rufen Sie unsere FR-Agentur, Jürgen Johann, Faulbrunnenweg 5, 6093 Flörsheim 4, Telefon 0 61 45 / 3 13 84, zwischen 8 und 12 Uhr und 19 und 20 Uhr an.°

Frankfurter Rundschau

Große Eschenheimer Straße 16—18
6000 Frankfurt am Main 1

1

Der KAUFhOF

hier können° Sie zeigen, was Sie können

Wir geben Ihnen die Chance
Wir brauchen Sie als

Verkäufer/in für die Fachabteilung Foto, Film und Optik

Sind Sie Hobby-Fotograf? Dann haben Sie bei und die perfekte Chance, Hobby und Beruf zu kombinieren. Ihre Aufgabe: Sie informieren unsere Kunden über das Kaufhof Angebot und helfen ihnen, die richtige Wahl zu treffen.

Rufen Sie Frau Hug an, Telefon 069 / 2 19 11. Oder kommen Sie direkt vorbei im KAUFhOF Frankfurt, An der Hauptwache, Zeil 116—126.

4

AUTOHAUS AM KURFÜRSTENPLATZ
HERWEG & CO

Wir suchen mitarbeitende

Kfz-Elektriker-Meister
und
Kfz-Mechaniker-Meister

für die Abteilung Kfz-Reparatur und Service.

V·A·G   Audi   VW

6000 Frankfurt/Main, Schloßstraße 41—49, Tel. 069 / 77 05 16

2

Fruchtimport-Firma mit Sitz auf dem Frankfurter Großmarkt sucht zum 1. 10. 1987 eine/n

Kauffrau/Kaufmann

Haben Sie Interesse an dem Einkauf und Verkauf von Obst und Südfrüchten? Sprechen Sie und schreiben Sie perfekt Spanisch? Möchten Sie gern und oft Geschäftsreisen in den Süden machen? Ist der Kontakt mit anderen Geschäftsleuten für Sie wichtig?

Sollten° Sie interessiert sein, so senden Sie bitte die üblichen Bewerbungsunterlagen unter ZF 548 6315 an die Frankfurter Rundschau.

5

STADA Arzneimittel AG   **Chemie-Ingenieur/in** oder
Chemie-Techniker/in
Programmierer/innen

Stadastraße 2-18 6368 Bad Vilbel 4 Telefon 0 61 01/60 30

3

Fragen zum Text

Answer the following questions in English.

1. Which ad would be of interest to someone who needs to earn some money immediately? What kind of job is it?
2. Which ad suggests that the job might accommodate the applicant's personal and professional interests?
3. Which job requires knowledge of a foreign language?
4. Which jobs probably require the highest level of education and high-tech familiarity?

FUNKTION

To find out about a person's nationality or profession, you might ask:

Woher kommen Sie?
Wo bist du zu Hause?   *Where do you come from?*
Wo kommst du her?

Was sind Sie von Beruf?   *What is your profession?*
Und was machen Sie?

The person might answer:

Ich komme aus Österreich (Japan,   *I come from Austria (Japan, England,*
England, usw.).   *etc.).*
Ich bin Österreicher(in) (Ja-   *I'm Austrian, (Japanese, British etc.).*
paner[in], Engländer[in], usw.).
Ich bin Geschäftsmann/frau[1] von   *I'm a businessman/woman by pro-*
Beruf.   *fession.*
Ich werde . . .   *I'm going to be a . . .*

To talk about vacation and travel, you might say the following:

Wohin fahren Sie denn?   *Where are you going (traveling) to?*
In den Ferien fliege ich nach/in   *I'm flying to . . . on vacation.*
die . . .
Ich mache eine Reise nach/in   *I'm taking a trip to . . .*
die . . .
Das weiß ich nicht genau.   *I don't know exactly.*
Ich bleibe dieses Jahr zu Hause.   *I'm staying at home this year.*

Some nouns for jobs and professions are:[2]

MÄNNER	FRAUEN	
Arzt, ¨ e	Ärztin, -nen	*doctor*
Dolmetscher, -	Dolmetscherin, -nen	*translator, interpreter*
Geschäftsmann, ¨ er	Geschäftsfrau, -en	*businessman/woman*
Ingenieur, -e	Ingenieurin, -nen	*engineer*
Kellner, -	Kellnerin, -nen	*waiter/waitress*
Krankenpfleger, -	Krankenschwester, -n	*nurse*
Lehrer, -	Lehrerin, -nen	*teacher*
Polizist, -en	Polizistin, -nen	*policeman/woman*
Rechtsanwalt, ¨ e	Rechtsanwältin, -nen	*lawyer*
Sekretär, -e	Sekretärin, -nen	*secretary*
Tierarzt, ¨ e	Tierärztin, -nen	*veterinarian*
Verkäufer, -	Verkäuferin, -nen	*sales clerk*
Wissenschaftler, -	Wissenschaftlerin, -nen	*scientist*

[1] When stating one's nationality or profession, the definite article is omitted.

[2] There are also a number of cognates that you will recognize: Architekt(in); Autor(in); Politiker(in); Mechaniker(in); Psychologe, Psychologin; Reporter(in); Soziologe, Soziologin; Techniker(in).

A. **Länder und Nationalitäten: ein Quiz.** Use the information given to guess the missing nationalities and country names. Check your answers with those printed at the bottom of the page.[3]

Amerikaner, -	Amerikanerin, -nen	USA	aus den Vereinigten Staaten aus den USA
?	Engländerin, -nen	GB	aus England aus Großbritannien
Schweizer, -	?	CH	aus der Schweiz
?	Japanerin, -nen	J	aus Japan
?	Kanadierin, -nen	CDN	aus Kanada
Österreicher, -	?	A	?
Italiener,-	?	I	aus Italien
Spanier,-	?	E	aus Spanien
Franzose, -n	Französin, -nen	F	aus Frankreich
Russe, -n	Russin, -nen	SU	aus der Sowjetunion aus der UdSSR
Deutscher , -e	Deutsche, -	D	aus der Bundesrepublik

B. **Woher kommen sie und was sind sie von Beruf?** Use the map and the international symbols to tell where the participants at an international conference come from and what their professions are.

BEISPIEL **Francois LeClair kommt aus Frankreich. Er ist Busfahrer.**

---

[3] The completed list is active vocabulary. Note that with feminine or plural names of countries the article is always used. In this case the article is in the dative. You will learn more about it in **Kapitel 3, Baustein 2.**

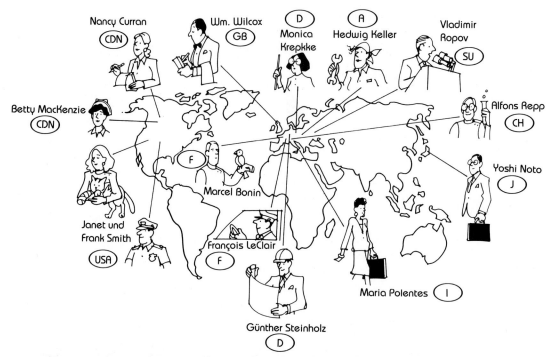

 *R*ollenspiel. Pretend that you are at a social hour during an international conference. Create a new name, nationality, and profession for yourself, using the words from activities A and B. Introduce yourself to other people, or introduce another person to someone you have just met. The following phrases may be helpful to you:

AKTIVER WORTSCHATZ 1

Substantive

der Beruf, -e	*profession; trade*
die Ferien (pl)	*vacation*
die Nationalität, -en	*nationality*
die Reise, -n	*trip*
die Stadt, ¨ e	*city, town*

Verben

bleiben	*to stay, remain*

fliegen	*to fly*
kommen (aus)	*to come (from)*
suchen	*to look for*
werden (du wirst, er/ sie/es wird)	*to become*

Besondere Ausdrücke

in den Ferien	*on/during vacation*
eine Reise machen	*to take a trip*

And don't forget:
Talking about nationality and profession, p. 72
Talking about vacation and travel, p. 72
Nouns for countries and nationalities, p. 73
Nouns of profession, p. 72

Aussprache: See page 451 for Aussprache lesson for Kapitel 3.

Land und Leute

Deutschland: eine neue Heimat für Millionen

Germans have never been a particularly homogeneous population. In fact, one could hardly imagine a greater range of cultural difference than when comparing, for example, Bavarians and Swabians to Saxons and Prussians. And in

Türkischer Gemüsehändler in Berlin

recent decades millions of other people have settled in Germany to make the overall population even more varied.

■ In 1954, labor shortages lured the first **Gastarbeiter** to West German factories and construction sites. Soon the families of these foreign workers arrived, and soon many of the "temporary" workers came to see Germany as their adopted home. There are now over four million foreigners in Germany who have given many urban neighborhoods, such as the Turkish areas of Berlin-Kreuzberg, a distinct un-German ambience.

■ By the late 1980s Germany had become the number one haven for refugees fleeing from war, persecution, and economic necessity. In 1990 there were nearly 200,000 such asylum seekers.

■ As East-West political tensions have relaxed, the number of immigrants to Germany from Eastern Europe has increased. In 1990 alone, nearly 400,000 people of German ancestry were allowed to leave countries such as Romania, Hungary, and the Soviet Union to begin new lives in Germany. Most of the newly arriving refugees are concentrated in the western part of Germany, and all of them face similar challenges: finding jobs and housing and, in most cases, learning a new language.

BAUSTEIN 1

EXPRESSING WHAT YOU WOULD LIKE TO BE AND DO

Möchte

to mean, signify

◆ 1. Was bedeutet° verkaufen?
2. Was bedeutet ein Telefonverkäufer?

Verkaufen per Telefon macht Spaß . . .

Nutzen Sie diese Berufschance und werden Sie

Telefonverkäufer

für unsere internationale Gesellschaft.

SITUATION
Kein Job für mich!

Alex is becoming frustrated as he looks through the job listings in the newspaper, and Marga is of little help.

ALEX   Also, hier finde ich nichts.

MARGA   Moment mal, sagst du nicht immer, du möchtest Verkäufer werden?

ALEX   Ja schon. Aber doch nicht per Telefon! Das ist doch kein Job für mich! Ich brauche Kontakt mit Leuten, ich möchte aktiv sein, ich . . .

I'm just kidding MARGA   OK., OK. Ich meine es ja gar nicht ernst!°

---

ja schon well yes   **der Job, -s** job

Struktur

Möchte means *would like*. It can be used to express polite requests or questions, or a desire to have, to be, or to do something.

möchte	*would like*
ich **möchte**	wir **möchten**
du **möchtest**	ihr **möchtet**
er/sie es **möchte**	sie **möchten**
Sie **möchten**	

Möchte may be used by itself or with a verb infinitive, which is placed at the end of the sentence.

Was **möchten** Sie?	*What would you like?*
Was **möchten** Sie **essen**?	*What would you like to eat?*
Ulli **möchte** eine Reise **machen**.	*Ulli would like to take a trip.*
Möchtest du Tennis **spielen**?	*Would you like to play tennis?*
Ich **möchte** glücklich **sein**.	*I would like to be happy.*
Alex **möchte** Verkäufer **werden**.	*Alex would like to become a salesclerk.*

Schritte zur Kommunikation

A. Berufswechsel (*Career change*). A group of people are attending a seminar on career assessment. Use the cues to tell what careers they are talking about.

BEISPIEL   Mein Mann ist Mechaniker. (*teacher*)
                 Mein Mann ist Mechaniker, aber er möchte Lehrer werden.

1. Meine Tochter ist Ärtzin. (*lawyer*)
2. Ich bin Automechaniker. (*businessman*)
3. Mein Sohn ist Reporter. (*policeman*)
4. Ihr seid Lehrer. (*translators*)
5. Du bist Krankenpfleger. (*doctor*)
6. Wir sind Psychologen. (*veterinarians*)

B. In den Ferien. Members of the Braun family are talking about what they would like to do today. Use the cues to tell what they say.

BEISPIEL   Rudi/Roman/lesen
                 Rudi möchte einen Roman lessen.

1. ich/Zeitung/kaufen
2. ihr/Tennis/spielen/nicht wahr?
3. Vater und ich/Museum/besuchen
4. du/Brief/schreiben/?
5. Anna und Rudi/Film/sehen
6. wir/heute/nichts/machen/!

C. Was möchten sie werden? Create sentences by combining elements from each column.

		Chemie		Musiker(in)
		Autos		Autor(in)
Ich		Architektur		Wissenschaftler(in)
Mein Bruder		Geld		Geschäftsmann/frau
Meine Schwester		Computer		Architekt(in)
Mein Freund	habe	Kinder	gern und möchte	Computertechniker(in) werden
Meine Freundin	hat	Physik	gern aber möchte kein(e)	Lehrer(in)
		Musik		Automechaniker(in)
		Hunde		Tierarzt(¨ in)
		Literatur		Dolmetscher(in)
		Menschen		?
		Sprachen		
		?		

Arbeiter bei Porsche, Stuttgart

*R*ollenspiel.   Listed below are three jobs and reasons a person might give for choosing (or not choosing) that particular job. With another student act out a conversation between two friends who are searching the newspaper ads for summer jobs. You try to convince your friend that one of the jobs is right for him or her, but your friend disagrees, giving counter arguments.

BAUSTEIN 2

EXPRESSING FOR OR TO WHOM YOU DO OR SAY THINGS

Dative case of indirect objects

 1. **Was ist Freundschaftspreis?**
2. **Welche Wörter erkennen Sie?**
   (Which words do you recognize?)

SITUATION   Sabine's friend Erich is trying to find out what's in a package she's sending.
**Die
Geschenk-**   ERICH   Ein Paket? Wem schickst du das?
Idee.   SABINE Meiner Freundin Claudia. Es ist ein Geschenk.
                  ERICH   Was gibst du ihr denn?
                  GERDA   Ich schenke ihr eine tolle Tasche. Möchtest du sie sehen? Ich
                          zeige sie dir.

---

das Paket, -e package   **schicken** to send
das Geschenk, -e present, gift   **geben (gibt)** to give
schenken to give (as a gift)   **die Tasche, -n** bag; purse; pocket
zeigen to show

Struktur

In Kapitel 2 you learned that the accusative case is used for the direct object of a sentence. The dative case is used to indicate the indirect object, that is, *to whom* or *for whom* something is done.[4]

---

[4] In English, the prepositions *to* or *for* may also be used to indicate an indirect object, but the only way to express an indirect object in German is to use the dative case: **Ich gebe ihr eine Tasche.** *I am giving her a bag. I am giving a bag to her.*

Ich schicke **meiner** Freundin ein Geschenk. *I'm sending my friend a present.*

Ich gebe **ihr** eine Tasche. *I'm giving her a bag.*

A. The definite articles and the **ein**-words—**ein, kein,** and the possessive adjectives—have endings to show dative case.

Masculine	Neuter	Feminine	Plural
dem Mann	dem Kind	der Frau	den Kindern
einem Mann	einem Kind	einer Frau	—
keinem Mann	keinem Kind	keiner Frau	keinen Kindern
meinem Mann	meinem Kind	meiner Frau	meinen Kindern

- An **-n** is added to the dative plural nouns, unless they already end in **-n,** or **-s.**
  die Verkäufer ⟶ den Verkäufer**n**
  die Österreicher ⟶ den Österreicher**n**
  die Ärztinnen ⟶ den Ärztinnen
  die Autos ⟶ den Autos
- Masculine n-nouns that require an **-n** or **-en** in the accusative singular (see Kapitel 2, p. 55) also take an **-n** or **-en** in the dative singular.

der Herr, **-n, en**   der Mensch, **-en, -en**
der Name, **-n, -n**   der Student, **-en, -en**
der Polizist, **-en, -en**

Die Professorin gibt **dem Studenten** das Heft.
Der Polizist zeigt **dem Herrn** die Stadt.

B. Use the question word **wem** to ask to or for whom something is done.

Wem gibst du die Süßigkeiten?   *To whom are you giving the candy?*

C. The dative forms of the personal pronouns are as follows:

Singular			Plural		
NOMINATIVE	ACCUSATIVE	DATIVE	NOMINATIVE	ACCUSATIVE	DATIVE
ich	mich	**mir**	wir	uns	**uns**
du	dich	**dir**	ihr	euch	**euch**
er	ihn	**ihm**			
sie	sie	**ihr**	sie	sie	**ihnen**
es	es	**ihm**			
Sie	Sie	**Ihnen**			
			Sie	Sie	**Ihnen**

D. When a sentence has both an accusative (direct) object and a dative (indirect) object, the following word order rules are observed.

- When the accusative object is a noun, it is preceded by the dative object.

	dative	accusative
Sie gibt	der Frau	das Buch
Sie gibt	ihr	das Buch

- When the accusative object is a pronoun, it precedes the dative object.

	accusative	dative
Sie gibt	es	der Frau
Sie gibt	es	ihr

E. **Nicht** generally follows both direct and indirect objects.
Der Student gibt dem Professor die Bücher nicht.
Der Student gibt sie ihm nicht.

Schritte zur Kommunikation

A. **Reisegeschenke.** Just back from an international conference, Gabi is showing her friend Bettina some of the souvenirs she bought. Give Gabi's answers to Bettina's questions.

BEISPIEL Wem gibst du den Kugelschreiber? (meine Mutter)
Ich gebe meiner Mutter den Kugelschreiber.

1. Wem schenkst du das Radio? (mein Bruder)
2. Wem schickst du die Postkarten? (meine Großeltern)
3. Wem bringst du die Jacke? (mein Freund)
4. Wem schickst du das Paket? (mein Hund „Struppi")
5. Wem gibst du das Parfüm? (meine Tante)
6. Wem bringst du die Uhr? (mein Cousin Karl)

B. **Ich gebe ihnen nichts!** Günther is angry at his family. Tell how he responds when a friend asks him about the presents he is planning to give this year.

BEISPIEL   Gibst du deinem Bruder ein Computerspiel?
Nein, ich gebe ihm kein Computerspiel.

1. Gibst du deiner Mutter Blumen?
2. Schenkst du deinem Vater eine Kamera?
3. Schickst du deinen Großeltern eine Karte?
4. Gibst du deiner Cousine Gabriele Schokolade?
5. Schickst du deinem Vetter Holger ein Buch?
6. Gibst du deiner Schwester einen Taschenrechner?

C. **Für meine Familie.** Tell which of the following gifts you would select for your friends and members of your family, and why. Then ask another student what he or she would select for the people listed.

BEISPIEL   Vater eine Platte
Ich kaufe meinem Vater eine Platte. Er hat Musik gern. Und was kaufst du deinem Vater?
Ich kaufe ihm Rosen. Er liebt Blumen!

		Vater	Süßigkeiten
		Hund	einen Pulli
		Mutter	eine Compact Disk
		Opa	Parfüm
		Oma	Schokolade
Ich kaufe		Großeltern	Postkarten
Ich schicke	mein-	Bruder	ein Buch
Ich gebe		Schwester	ein Bild
Ich schenke		Freund(in)	eine Pizza
		Frau	eine Kamera
		Mann	einen Taschenrechner
		Professor(in)	eine Stereoanlage
		?	nichts
			?

 *R*ollenspiel.   Imagine you are spending the year in Germany. Your host brother or sister (played by another student) is watching you prepare a Christmas package to send home to your family. What would he or she ask? What would you say?

BAUSTEIN 3

TALKING ABOUT WHERE YOU ARE AND WHERE YOU ARE GOING

Dative prepositions

SITUATION (*Customs*). A customs official is talking to a traveler at the border.
Beim Zoll

	BEAMTER	Guten Tag. Paßkontrolle. Woher kommen Sie? Und wohin fahren Sie?
	JOHN	Ich komme aus den Vereinigten Staaten. Ich fahre zuerst nach Salzburg, und dann nach Wien.
	BEAMTER	Sind Sie Tourist?
there	JOHN	In Salzburg, ja. Aber ich studiere in Wien. Da° wohne ich bei einer Familie. Moment mal, wo habe ich denn meinen Paß?

---

zuerst (erst)   first, at first   **dann**   then

Struktur

The dative case is used after the following prepositions:

aus	*out of (to come) from (city or country)*	Sie kommt aus dem Haus. Ich komme aus den USA.
außer	*except for, besides*	Wer arbeitet heute außer mir?
bei	*with (at the home of)*	Er wohnt bei seiner Großmutter.
	at (place of business)	Sie arbeitet bei IBM.
	near (proximity)	Das ist eine Stadt bei Wien.
mit	*with*	Er reist mit einem Freund.
	by means of (transportation)	Sie fahren mit dem Auto.
nach	*after (time and place)*	Wir essen nach dem Film.
	to (with country or city)	Sie fährt nach England.[5]
seit	*since, for (with time expressions)*	Ich bin seit einem Jahr hier.
von	*from*	Das Paket ist von meiner Mutter.
	by	Der Roman ist von Faulkner.
zu	*to (with people and some places)*	Wir gehen zu unserer Tante Anna.
gegenüber	*(von) across (from)*	Sie wohnt gegenüber vom Hotel

A. The following contractions are possible:

bei dem = **beim**   zu der = **zur**
von dem = **vom**   zu dem = **zum**

B. The preposition **seit** is used with time expressions and the present tense to indicate that an activity *has been going on* for a period of time. The question *how long? (since when?)* is **seit wann?** Note that in such cases English does not use the present tense.

Seit wann sind Sie Polizistin?	*How long have you been a policewoman?*
Ich bin **seit zehn Jahren** Polizistin.	*I've been a policewoman for ten years.*
Seit wann lernen sie Deutsch?	*Since when have they been learning German?*
Sie lernen **seit einem Jahr** Deutsch.	*They've been learning German for a year.*

---

[5] Use **nach** with names of countries that do not use an article. With names of countries that are feminine or plural, **in die** is used for to: **Wir fahren in die Schweiz (die Sowjetunion, die Türkei, die Vereinigten Staaten).**

C. Two <u>idioms</u> you have already seen that are used with dative prepositions are:

nach Hause	*home* (when going there)	Ich gehe nach Hause.
zu Hause	*at home*	Sie sind immer zu Hause.

Schritte zur Kommunikation

A. **Ergänzen Sie.**

1. Cecile Zemp ist Schweizerin. Sie kommt _____ Zürich.
2. Hier ist eine Postkarte für dich. _____ wem ist sie?
3. Franz ist nicht sehr aktiv. Er ist immer _____ Hause.
4. Wo wohnt John? _____ einer Familie in Wien.
5. Frau Lewis ist Geschäftsfrau. Sie reist _____ Rom _____ Paris.
6. Herr Blume ist Verkäufer. Er arbeitet _____ drei Jahren in München.
7. Das macht keinen Spaß! Ich möchte _____ Hause gehen.

B. **Reisepläne.** Several young people are getting acquainted at an international youth conference. Use the cues to tell where each of them is from and where they are traveling next.

BEISPIEL   Alois: München ⟶ Italien
Alois kommt aus München und reist nach Italien.

1. Ülfet: die Türkei ⟶ die Schweiz
2. Brigitte: Frankreich ⟶ Italien
3. Bill und Wendy: die USA ⟶ Spanien
4. Juanita: Mexiko ⟶ die USA
5. John: Kanada ⟶ Tokyo
6. Ivan and Dimitri: die Sowjetunion ⟶ Österreich
7. Manuel: Südamerika ⟶ Mexiko
8. Shang-Hwei: Taiwan ⟶ die Sowjetunion (UdSSR)

C. **Ich helfe Ihnen!** (*I'll help you!*) Katja finds that she often has to translate for English-speaking tourists on her tour bus. Use the cues to tell what she says.

BEISPIEL   Mit wem reist die Italienerin? (*with her girlfriend*)
Mit ihrer Freundin.

1. Mit wem spricht unser Busfahrer? (*with the Frenchwoman*)
2. Seit wann ist Herr Carstens so unfreundlich zu den Touristen? (*for a year*)
3. Woher kommt Herr Seidel? (*from a town near Salzburg*)
4. Wo ist unser Restaurant? (*across from the university*)
5. Herr Walthers schickt die Briefe nach Kanada, nicht wahr? (*no, to the United States*)
6. Finden die Touristen die Dolmetscherin gut? (*yes, except my brother*)

D. **Eine Reise.** Use the suggestions given, or others that you wish to add, to tell which sights you would like to see in various countries.

BEISPIEL **Ich möchte nach Ägypten fliegen. Ich möchte die Pyramiden sehen.**

Länder und Städte

Norwegen	
Ägypten	Athen
Mexiko	Österreich
Paris	die Schweiz
Italien	Südamerika
Kalifornien	die Sowjetunion
Deutschland	Holland
?	

Sehenswürdigkeiten (*sights*)

der Eiffelturm	die Pyramiden
Dresden	Disneyland
der Vatikan	die Fjorde
der Parthenon	Acapulco
Rio	die Alpen
der Kreml (*Kremlin*)	
Berlin	?

E. **Warum so höflich?** Warum sind die Zuschauer (*spectators*) so unfreundlich zu den zwei Fußballspielern? (Sie können das auf englisch sagen.) 2. Schreiben Sie einen Bildtext (*caption*) für den Cartoon.

Schiebung rigged   **Aufhören** stop   **Betrug** fraud

*R*ollenspiel.   You are working at the reception desk of a hotel in Frankfurt and are helping the guests to register. Other students will choose one of the nationalities and professions you learned on pages 72–73 and will play the role of hotel guests. What will you say?

BAUSTEIN 4

TALKING ABOUT BELONGINGS AND LIKES AND DISLIKES

Verbs with dative

SITUATION Ann is sharing a train compartment with another tourist.
Im Zug.

„Ach, Sie sind Schweizer, wie ich sehe ..."

EIN HERR	Ich helfe Ihnen mit Ihrem Koffer.
ANN	Das ist aber sehr nett von Ihnen. Der Koffer da, der braune,° gehört mir. Und die große Tasche.
EIN HERR	Sie sind Ausländerin, wie ich sehe. Gefällt es Ihnen hier bei uns?
ANN	Ja, sehr.
EIN HERR	Also dann, gute Reise!
ANN	Ich danke Ihnen.

the brown one (marginal note beside ANN's first line)

---

der Zug, ̈ e train   **der Koffer,** - suitcase   **der Ausländer, -**
die Ausländerin, -nen foreigner   **Gute Reise!** Have a nice trip!

Struktur

The dative case is always used with the following verbs.

antworten	*to answer (a person)*	Sie antwortet mir nicht.
danken	*to thank*	Sie dankt dem Polizisten.
gefallen (gefällt)	*to like* ~~to be pleasing to~~	Das gefällt mir nicht.
gehören	*to belong to*	Das Paket gehört der Frau.
glauben	*to believe*	Ich glaube dir nicht.
helfen (hilft)	*to help*	Hilfst du mir bitte?

- You already know how to use **gern haben** to say that you like something or someone. The **gern haben** construction usually indicates a stronger expression of liking than the verb **gefallen**, which means literally *to be pleasing to*, but has the English equivalent of *to like*. When using **gefallen**, the thing or person being liked is the subject of the sentence, and the person who does the liking is the dative object.

  Das Foto gefällt mir nicht.   *I don't like the photo.*
  Die Berge gefallen ihr.   *She likes the mountains.*

- The verb **antworten** is used only with persons. To say that you are answering a question or a letter, use the verb **beantworten** + a direct object.

  Der Student **antwortet** der Professorin nicht.
  Der Student **beantwortet** die Frage nicht.

Schritte zur Kommunikation

A. **Wem gehört was?** A group of students has returned from an outing, and two of them are trying to sort out the items they took along. What do they say?

BEISPIEL   Wem gehört die Gitarre? (ich)
Die Gitarre gehört mir.

1. Wem gehört die Kamera? (meine Mutter)
2. Wem gehören die Bücher? (unser Lehrer)
3. Wem gehört das Radio? (eure Großeltern)
4. Wem gehören die Koffer? (Angelika)
5. Wem gehören die Landkarten? (wir)
6. Wem gehört die Zeitung? (dein Freund)

B. **Wie gefällt ihnen das?** Frau Koch is on a tour. A person in her travel group keeps asking her how she and others like things. How does Frau Koch respond?

BEISPIEL Wie gefällt Herrn Schmidt das Museum? (sehr gut)
Es gefällt ihm sehr gut.

1. Wie gefällt euch das Restaurant? (nicht sehr gut)
2. Wie gefallen Frau Mast die Alpen? (sehr gut)
3. Wie gefällt den Kindern der Berg da? (besonders gut)
4. Wie gefällt den Ausländern die Stadt? (ziemlich gut)
5. Wie gefallen dem Busfahrer die Autos? (nicht)
6. Wie gefällt Ihnen die Reise? (gar nicht!)

C. **Situationen.** With a partner, choose from one or more of the options provided to tell what you would do in the following situations.

BEISPIEL Sie sind Tourist in der Schweiz. Was machen Sie?
viele Berge sehen
Ich sehe viele Berge. Und du?
Ich kaufe viel Schweizer Schokolade.

1. Sie sind Tourist in der Schweiz. Was machen Sie?
   a. viel Schweizer Schokolade und Süßigkeiten kaufen
   b. den Eltern und Freunden Postkarten schicken
   c. eine Reise von der Schweiz nach Italien machen
   d. amerikanische Touristen finden und mit ihnen Englisch sprechen
   e. ?
2. Ihre Tante schenkt Ihnen viel Geld. Was möchten Sie mit dem Geld machen?
   a. eine Reise in die Sowjetunion oder nach Spanien machen
   b. einen Mercedes oder einen BMW kaufen
   c. das Geld zur Bank bringen und zu Hause bleiben
   d. ihr danken, aber das Geld nicht akzeptieren (*accept*)
   e. ?
3. Ein(e) Ausländer(in) kommt zu Ihnen und möchte Information über Ihre Stadt. Was machen Sie?
   a. ihr/ihm gern die Stadt zeigen
   b. ihr/ihm nicht helfen
   c. ihr/ihm nicht antworten
   d. sie zu einem Polizisten schicken
   e. ?
4. Sie haben zehn Tage Ferien. Was machen Sie?
   a. nach Europa reisen und Deutsch sprechen
   b. zu Hause bleiben und nichts machen
   c. viele Briefe schreiben und beantworten
   d. zu Hause Deutsch lernen
   e. ?

D. **Was machen Sie?** Tell what you would do in the following situations. Explain your answers.

BEISPIEL   Ein Freund braucht Geld. Was machen Sie? (geben oder nicht geben?)
Ich gebe es ihm. Ich bin sehr nett.
Ich gebe es ihm nicht. Ich habe kein Geld.

1. Eine Freundin gibt Ihnen einen Kaktus. (danken oder nicht danken?)
2. Eine Professorin fragt: „Gefällt Ihnen Deutsch?" (antworten oder nicht antworten?)
3. Ihre Freunde sagen: „Wir fahren nach Südamerika. Kommst du mit uns?" (mit den Freunden fahren oder nicht?)
4. Sie studieren an einer Universität. Ihre Tante und Ihr Onkel fragen: „Möchtest du bei uns wohnen?" (bei ihnen wohnen oder nicht?)
5. Ihr Freund sagt: „Ich sehe ein UFO". (glauben oder nicht?)
6. Ihr Freund ist ziemlich faul. Er sagt: „Ich arbeite so schwer. Hilfst du mir?" (helfen oder nicht?)

 *R*ollenspiel.   Imagine that you are traveling to a German-speaking country. You are at the border and are having a conversation with a customs official, played by a partner.

1. He or she wants to know . . .
   a. your name
   b. where you are from
   c. what you do
   d. where you are going (traveling)
   e. whom you are visiting
   f. whom the suitcase belongs to
   g. what you have in the package
2. You are a little nervous, so you take all the gifts and souvenirs out of your package, show each one, and explain what it is and whom it is for.

PERSPEKTIVEN

Vor dem Lesen

1. Read the following interviews. As you read about each of the people who were interviewed, look for the answers to the three questions listed in the first paragraph.

2. In English there are many compound nouns such as *roommate, notebook,* or *blackboard.* German also has many compound nouns. The gender and number are always determined by the last component of the compound. Try to guess the meanings of the following words contained in the reading:

Geschäftsreise, Tagesreise, Ferienhaus; and be alert to compound nouns in subsequent chapters.

3. Make a list of cognates found in the text.

Reisepläne

Ein Reporter macht Interviews mit verschiedenen Deutschen. Er möchte wissen: (1) Machen Sie dieses Jahr eine Reise? (2) Wohin fahren Sie? (3) Was sind für Sie ideale Ferien?

Juanita Großmann, 30, Bad Ems, Architektin

Ich mache jedes Jahr eine Reise, oft auch allein. Dieses Jahr fliege ich mit meinem Mann und den Kindern nach Spanien. Ich komme ursprünglich aus Madrid, und ich möchte meiner Familie mal wieder meine Heimat zeigen. Aber typische Touristen wollen wir nicht sein, das ist klar! Wir wohnen bei einer Familie; moderne Hotels gefallen uns nicht. Wir möchten viel Spanisch sprechen—die Kinder lernen es jetzt auch—und die spanische Kultur genießen.

Gabriele Mayer, 21, Münchnerin, Vertreterin

Ich arbeite seit einem Jahr bei einer großen internationalen Firma, wo ich Büromaschinen verkaufe. Mein Leben ist immer sehr hektisch. Ich mache viele Geschäftsreisen, eigentlich zu viele. Meine Chefin schickt mich oft nach Italien, England und in die Schweiz. Ich sehe genug Ausländer, Touristen und fremde Städte in meinem Beruf; in meinem Urlaub möchte ich keine Koffer packen und in keinen Hotels übernachten, glauben Sie mir!

Mein Traum: genug Geld verdienen und dann ein kleines Ferienhaus in den Bergen kaufen—ein Haus ohne Telefon, ohne Fernseher und ohne Schreibmaschine!

Hans und Ingeborg Göbel, 45, Frankfurter, Geschäftsleute

Also dieses Jahr machen wir keinen offiziellen Urlaub. Von Zeit zu Zeit machen wir wohl mal eine Tagesreise zu einem Schloß oder einem See, aber richtige Ferien sind es nicht. Wir bleiben zu Hause, denn wir sparen Geld für eine Reise in die Vereinigten Staaten. Mein Bruder wohnt in einer Stadt bei Cleveland, und wir möchten ihn nächstes Jahr besuchen und die USA kennenlernen. Zuerst geht's mit dem Schiff nach New York und dann mit dem Flugzeug nach Cleveland. Das kostet viel Geld!

---

verschiedenen various, different	**dieses** this	**jedes** every	**ursprünglich** originally
Heimat homeland	**genießen** enjoy	**Vertreterin** sales representative	
eigentlich actually	**fremde** foreign	**Traum** dream	**wohl** probably
richtige real	**kennenlernen** get to know		

Fragen zum Text

1. According to the information given in the text, place a check mark where appropriate.

	J. GROSSMANN	G. MAYER	FAMILIE GÖBEL
Reisepläne für dieses Jahr			
a. macht eine Urlaubsreise	☐	☐	☐
b. fährt ins Ausland (foreign country)	☐	☐	☐
c. übernachtet in einem Hotel	☐	☐	☐

2. Check either **Ja** or **Nein** to indicate whether these statements can be found in the text.

	JA	NEIN
a. J. Großmann ist Spanierin.	☐	☐
b. G. Mayer macht oft Urlaub in England.	☐	☐
c. G. Mayer hat ein Haus in den Bergen.	☐	☐
d. G. Mayer meint, sie reist zu oft.	☐	☐
e. Familie Göbel möchte in die Vereinigten Staaten fliegen.	☐	☐

3. Summarize, in German, what the travel plans are for each of the persons interviewed.

4. Imagine that you have been interviewed. Write a paragraph that tells about your travel plans for this year.

Köln

Nürnberg

Berlin

Wien

Venedig

Paris

Land und Leute ✧ ✧ ✧ ✧ ✧

Deutsche in Amerika

The first German settlers to reach America were the thirteen families who, in 1683, founded Germantown near Philadelphia. By the 1750s there were 250,000 Germans and Swiss homesteading in the frontier areas of the colonies. In Pennsylvania the German-speaking settlers were so numerous and ambitious that Benjamin Franklin urged Parliament to limit German immigration to ensure that the Anglo-Saxons would be able to maintain their language and government.

From 1830 to 1900, the arrival of nearly five million immigrants from Germany gave cities like St. Louis, Cincinnati, and Pittsburgh a distinct German character. German-language newspapers, schools, churches, and theaters were abundant. A new immigrant could join the American mainstream or remain a part of the growing German-American ethnic community. In World War I, however, strong anti-German sentiment brought an abrupt and complete end to the attempt to maintain a distinct German identity in America.

The years 1933 to 1944 marked the arrival of nearly 130,000 victims and opponents of the Nazi regime. Among those arrivals were physicist Albert Einstein, theologian Paul Tillich, architect Walter Gropius, psychologist Erich Fromm, composer Arnold Schoenberg, writer Thomas Mann, and many others who were to have a profound effect on American thought and institutions. Today over fifty million Americans claim German ancestry, which makes German-Americans the largest group of ethnic descendants in the country.

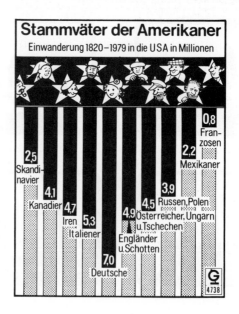

Stammväter der Amerikaner
Einwanderung 1820–1979 in die USA in Millionen

2,5 Skandinavier
4,1 Kanadier
4,7 Iren
5,3 Italiener
7,0 Deutsche
4,9 Engländer u. Schotten
4,5 Österreicher, Ungarn u. Tschechen
3,9 Russen, Polen
2,2 Mexikaner
0,8 Franzosen

SYNTHESE

A. **Der beste Beruf.** Imagine yourself in the position of job counselor. First read a description of each of your clients. Then, from the list below, choose a job or profession for each client and tell why it is the best choice. Discuss your choices with other students.

BEISPIEL **Der beste Beruf für sie/ihn ist _____, denn er/sie . . .**

Rechtsanwalt (¨ in)   Arzt (¨ in)
Kinderarzt (¨ in)   Verkäufer(in)
Techniker(in)   Biologielehrer(in)
Soziologe, Soziologin   Pilot(in)
Journalist(in)   Busfahrer(in)
Kindergärtner(in)   Polizist(in)
Politiker(in)   Chemiker(in)
Krankenschwester/pfleger   Verkäufer(in) in einem Blumengeschäft
Professor(in)

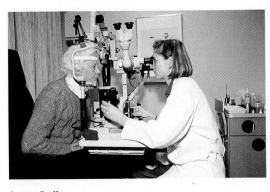

Augenärztin

Junge Wissen-
schaftlerin im
Labor

1. Marie arbeitet und spricht gern mit Menschen. Sie ist sehr höflich und freundlich und hat viel Energie. Sie hört gern Musik und hat Platten, CD-Spieler, Kassettenrecorder, Radios, Fernseher und Stereoanlagen sehr gern.
2. Richard liebt Kinder und möchte ihnen helfen. Er verbringt (*spends*) viel Zeit mit ihnen, liest ihnen gern Bilderbücher vor und bringt ihnen Spiele. Er ist sehr freundlich und seine Interessen sind Lesen, Sport und Musik. Biologie, Chemie und Anatomie gefallen ihm nicht. Er möchte viel Geld verdienen.
3. Alice hilft Menschen gern und hat viel Zeit für sie. Sie besucht seit zwei Jahren alte Leute in der Klinik und bringt ihnen Blumen oder Süßigkeiten. Sie ist flexibel, hat Chemie und Biologie gern, aber möchte keine Ärztin werden.
4. Angelika studiert politische Wissenschaft. Kontakt mit Menschen ist sehr wichtig für sie. Sie ist sehr aktiv und lebendig.

B. **Beruf und Persönlichkeit.** Choose three occupations from the list above and write profiles similar to the ones in Synthese A. Have other students guess the occupations you have in mind.

C. **Zwanzig Fragen.** Write down the name of a well-known personality. Have other students try to guess the name of the person by asking yes/no questions about the person, his or her nationality, occupation, and characteristics.

BEISPIEL   **Ist er/sie jung? Ist er/sie Amerikaner(in)? Ist er/sie Politiker(in)?**

*R*ollenspiel.   Imagine that you are planning to study in Germany. Another student will play the role of the clerk who is asking you questions in order to fill out the registration form given below.

Goethe – Institut
Postfach 80 07 27
8000 München 80

Anmeldung – Bitte in Druckschrift
oder mit Schreibmaschine

Herr _____   Frau _____   Fräulein _____

Familienname   Vorname (n)

_____   _____

Adresse   Land

_____   _____

Nationalität   Geburtsdatum

_____   _____

Geburtsort

_____

Ich wünsche die Unterbringung in:

Familie ❏   Wohnung ❏   Einzelzimmer ❏
Wohnheim ❏   Hotel ❏   Doppelzimmer ❏
Appartement ❏

Spezielle Bermerkungen (individual comments)

_____

Hören wir zu!

Bei der Rezeption. Herr Keuner is at the reception desk in the Hotel Berchtesgaden trying to get a room for his large family. Listen to his conversation with the desk clerk, and then decide whether the following statements are true or false.

	TRUE	FALSE
1. Herr K. says it doesn't matter how much the room costs, as long as it is big enough.	❏	❏
2. The reception clerk suggests they should look for a room in the hotel across the street.	❏	❏

	TRUE	FALSE
3. The reception clerk says that there is a large room, but that it has some disadvantages.	☐	☐
4. Herr K. says that he needs a room with a telephone.	☐	☐

AKTIVER WORTSCHATZ 2

Substantive

der Ausländer, -	*foreigner (male)*
die Ausländerin, -nen	*foreigner (female)*
das Büro, -s	*office*
der Chef, -s	*boss (male)*
die Chefin, -nen	*boss (female)*
das Geschäft, -e	*store, business*
das Geschenk, -e	*gift*
der Koffer, -	*suitcase*
das Paket, -e	*package*
das Schloß, ¨ er	*castle*
der See, -n	*lake*
die Tasche, -n	*bag, purse; pocket*
der Urlaub	*leave from work; vacation*

Transportmittel

der Bus, die Busse	*bus*
das Flugzeug, -e	*airplane*
das Schiff, -e	*ship*
der Zug, ¨ e	*train*

Verben

antworten + *dat*	*to answer (a person)*
beantworten	*to answer (a letter, question)*
danken + *dat*	*to thank*
geben (gibt)	*to give*
gefallen (gefällt) + *dat*	*to like*
Es gefällt mir.	*I like it.*

gehören + *dat*	*to belong to*
glauben	*to believe*
helfen (hilft) + *dat*	*to help*
packen	*to pack*
schenken	*to give as a present*
schicken	*to send*
sparen	*to save*
übernachten	*to stay overnight*
verdienen	*to earn*
verkaufen	*to sell*
zeigen	*to show*

Andere Wörter

dann	*then*
jetzt	*now*
zuerst (erst)	*first, at first*

Besondere Ausdrücke

Gute Reise!	*Have a nice trip!*
Ich bin seit + time	*I have been . . . for + time*
Ich möchte . . .	*I would like*
ja schon	*well yes*
nach Hause	*home*
zu Hause	*at home*

Verwandte Wörter

das Hotel, -s
der Job, -s
der Tourist, -en
die Touristin, -nen

And don't forget:
Dative prepositions, p. 85

Unterwegs[1]

Kommunikationsziele	■ Getting around in a new city
	■ Making requests and suggestions
	■ Giving commands
	■ Asking for and receiving directions
	■ Talking about places of interest
	■ Expressing time
	■ Giving and getting information

Bausteine	■ Imperatives
	■ Two-way prepositions
	■ Days, months, seasons
	■ Word order

Land und Leute	■ Deutsche Städte
	■ Urlaub: Wohin die Deutschen fahren

---

[1] on the way, en route

EINFÜHRUNG

Ein Stadtrundgang[1] durch Wien

Imagine that you are sightseeing in Vienna. Look at the city map, familiarize yourself with the points of interest indicated, and then answer the questions below.

Fragen zum Text

1. Sie möchten vier Kirchen besuchen. Welche Kirchen sehen Sie auf dem Stadtplan, und wie heißen sie?
2. Wie heißt der Dom in Wien?
3. Wo kann man Theater sehen oder ein Konzert hören?
4. Wie viele Museen sehen Sie?
5. Was ist dem Parlament gegenüber?

---

[1] walking tour

FUNKTION

To find your way around a new town, you may need to know the words for these places. Refer to the **Aktiver Wortschatz** list for the meaning of those places you do not recognize.

To ask for information, you might say the following:

Entschuldigen Sie! Wissen Sie, wo . . . ist?	*Excuse me, do you know where . . . is?*
Wissen Sie, ob es . . . in der Nähe gibt?	*Do you know if there is . . . nearby?*
Können Sie mir bitte sagen, wo . . . ist?	*Can you please tell me where . . . is?*
Wie komme ich zum/zur . . . ?	*How do I get to . . . ?*
Können Sie mir vielleicht helfen?	*Could you perhaps help me?*
Weißt du zufällig, wo . . . ist?	*Do you know by chance where . . . is?*
Wie kommt man von hier zum/ zur . . . ?	*How do you get from here to . . . ?*
Vielen Dank. Ich danke Ihnen/dir.	*Thank you.*

Die Staatsoper in Wien

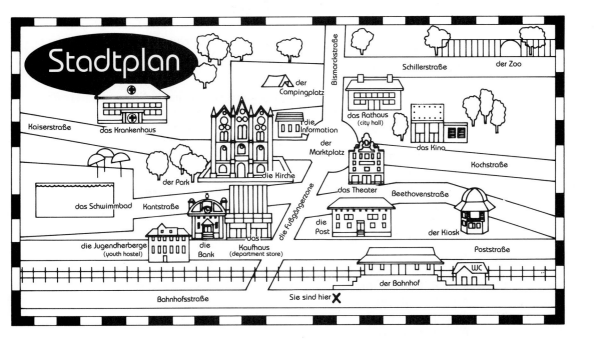

The person might respond:

Ja, sicher. Wohin wollen Sie denn?

Sure I can. Where do you want to go?

Moment mal! Ja, ich glaube, da gibt's[2] einen/ein/eine . . . in der Nähe.

Wait a moment. Yes, I think there's a . . . nearby.

Gehen Sie geradeaus (um die Ecke, die Straße entlang, usw.).

Go straight ahead (around the corner, down the street) etc.

. . . liegt/steht am Marktplatz.

. . . is (located) at the market place.

Gehen Sie nicht zu Fuß. Das ist zu weit von hier.

Don't walk. That's too far from here.

Gehen Sie rechts, dann links!

Go right, then left.

Gehen Sie die . . . Straße entlang!

Go down . . . street.

Nehmen Sie doch[3] . . .
- die Straßenbahn.
- den Bus.
- ein Taxi.
- die U-Bahn.

Take the . . .
- *streetcar.*
- *the bus.*
- *a taxi.*
- *the subway.*

---

[2] **Es gibt** (given here as **da gibt's**) is the equivalent to English *there is* or *there are*. It is always followed by the accusative case.

[3] You have already been introduced to the flavoring word **doch**. It is also often used in commands to soften the harshness of the command. It usually suggests the meaning of *Why don't you (we)?*

Das kann ich Ihnen leider nicht sagen.	*Unfortunately I can't tell you.*
Leider weiß ich das nicht.	*Unfortunately I don't know.*
Nichts zu danken.	*You're welcome. (Don't mention it.)*

A. **Prioritäten.** All of the visitors listed here would have different interests. Imagine what each of them would name as the three most important or useful places in the city to ask about. Choose from the map on page 101 and the **Aktiver Wortschatz** on page 103, and then state a reason for your choice.

BEISPIEL ein Sportlehrer

Orte: **ein Schwimmbad, der Park, der Campingplatz**
Gründe: **Er möchte natürlich schwimmen oder laufen, und er hat Hotels nicht gern.**

1. ein Student ohne Auto
2. eine Familie mit vier Kindern
3. Geschäftsleute mit Autos
4. ein typischer Tourist
5. ein(e) Journalist(in)
6. ein(e) Deutschlehrer(in)
7. ?

B. **Und Sie?** Make a list of the five most important places in a city that you would want to ask about. Give a reason for each choice.

BEISPIEL der Marktplatz **Ich möchte das Rathaus besuchen.**

 Rollenspiel. Imagine that you are new in town and have no idea where anything is. Using the phrases and the map in the **Funktion**, act out the following situations with another student.

A	B
1. He/she wants to know if there is a youth hostel nearby. He/she asks how to get there.	He/she thinks there is . . . He/she gives the directions.
2. He/she is looking for the train station.	He/she is sorry, but can't help.
3. He/she asks whether B. knows where the hospital is.	He/she says yes, but says it's too far to walk. A. should take the street car.
4. He/she asks whether B. could help.	He/she sure can; asks where A. wants to go.
5. If B. could tell him or her how to get to the pedestrian zone.	He/she gives directions.

AKTIVER WORTSCHATZ 1

Substantive

Orte

der Bahnhof, ⸚ e	*train station*
das Café, -s	*café, coffee house*
der Campingplatz, ⸚ e	*campground*
die Fußgängerzone, -n	*pedestrian zone*
der Dom, -e	*cathedral*
die Information, -en (die Auskunft)	*information bureau*
die Jugendherberge, -n	*youth hostel*
das Kaufhaus, ⸚ er	*department store*
der Kiosk, -s	*newsstand*
die Kirche, -n	*church*
das Krankenhaus, ⸚ er	*hospital*
der Marktplatz, ⸚ e	*market place*
der Park, -s	*park*
die Post	*post office*
das Rathaus, ⸚ er	*city hall*
das Schwimmbad, ⸚ er	*swimming pool*

die Stadtmitte	*downtown, city center*
die Straße, -n	*street*
in der _____ Straße	*on _____ Street*
das WC, -s	*restroom*
der Zoo, -s	*zoo*

Transportmittel

die Straßenbahn, -en	*streetcar*
das Taxi, -s	*taxi*
die U-Bahn, -en	*subway*

Verben

liegen	*to lie, to be located*
nehmen (nimmt)	*to take*
stehen	*to stand, to be located*
zu Fuß gehen	*to walk, go on foot*

> And don't forget:
> Expressions for asking for and giving information, p. 100–101

Aussprache: See page 452 for the Aussprache lesson for Kapitel 4.

Land und Leute

Deutsche Städte

Most German cities have a rich past that forms a part of each resident's identity and sense of belonging. Cities such as Augsburg, Frankfurt, Bonn, Leipzig, Stuttgart, and Hamburg all have a local tradition that goes back a thousand years or more. A traveler to Köln would discover, for example, that this Rhineland city was founded nearly 2,000 years ago by Roman conquerers and that the name Köln is derived from the Latin word for colony. In Köln, as in many German cities, ruins from the Roman Empire and the German Middle Ages are found side by side.

Because of extensive wartime damage (cities such as Hamburg, Dresden, and Berlin were almost completely destroyed), the massive reconstruction efforts of the 1950s and 1960s gave a distinctly modern tone to the German city.

Ein schönes Stadtbild: Blick auf die Altstadt von Trier

Yet most of these cities have also carefully rebuilt or preserved the old section of town, the **Altstadt**, where one finds the **Fachwerk**, the half-timbered buildings that are so typical of German architectural tradition.

Another expression of the common cultural heritage of German cities is the **Rathaus**. In the late middle ages, when hundreds of town halls were built, no cost was spared to reflect the new wealth and pride of local merchants, craftsmen and town fathers. Even today the **Rathaus** towers and church spires remain the most striking feature of the skyline in both large and small German towns, with the exception of a handful of commercial centers where modern office highrises dominate.

Das Rathaus in Wernigerode

BAUSTEIN 1

MAKING REQUESTS AND SUGGESTIONS, AND GIVING COMMANDS

Imperatives

Kreuzung   *crossing*
Stau   *traffic jam*

SITUATION   Eine Touristin braucht Auskunft.

Wie komme ich zu . . . ?

ALICE	Entschuldigen Sie bitte. Können Sie mir sagen, ob es eine Bank in der Nähe gibt? Ich möchte Geld wechseln.
ARBEITER	Hm . . . jetzt warten Sie mal[4] . . . bei der Brücke . . . gegenüber vom Bahnhof . . .
ALICE	Zeigen Sie es mir bitte mal auf dem Stadtplan.
ARBEITER	Aber zu Fuß können Sie nicht gehen. Fahren Sie doch zum Bahnhofsplatz. Dort drüben ist die Haltestelle—da hält die Linie 18.
ALICE	So weit ist's? Na gut. Vielen Dank.

---

die Bank, -en bank   **es gibt (+ acc)** there is, there are
wechseln to change (money)   **jetzt** now   **warten (auf)** to wait (for)
Brücke, -n bridge   **der Stadtplan, ̈e** map   **dort (drüben)** over (there)
die Haltestelle, -n streetcar/bus stop   **halten (hält)** to stop

---

[4] You have already encountered the flavoring particle **doch** which is often used to soften commands or requests, or to persuade the listener. The particle **mal** has the same function as **doch**. In fact, **mal** and **doch** are often used together. **Komm doch mal!** *Do come! Why don't you come sometime.*

Struktur

The imperative is the verb form that is used for giving commands, advice, and instructions, and for making suggestions or requests. Because of the distinction between formal and informal modes of address in German, there are three ways to form the imperative.

A. Note that the **Sie-** and **ihr**-forms are identical to their present-tense verb forms and that only the **Sie**-form requires a pronoun.

Sie-form:	Gehen Sie!	*Go!*	**Gehen Sie** um die Ecke!
du-form:	Geh!	*Go!*	**Geh** links!
ihr-form:	Geht!	*Go!*	**Geht** die Straße entlang!

B. The second-person singular stem of the verb is used to form the **du**-imperative.

du zeigst ⟶	zeig	Zeig mir den Stadtplan!
du schreibst ⟶	schreib	Schreib mir eine Postkarte!
du hilfst ⟶	hilf	Hilf mir bitte!
du nimmst ⟶	nimm	Nimm den Bus!
du wartest ⟶	warte[5]	Warte an der Haltestelle!
du findest ⟶	finde	Finde das auf der Landkarte!
du antwortest ⟶	antworte	Antworte mir schnell!
BUT:		
du fährst ⟶	fahr[6]	Fahr schnell!

C. The imperative of **sein** is:

Formal:	**Seien Sie** doch nicht so traurig!
Informal singular:	**Sei** doch nicht so traurig!
Informal plural:	**Seid** doch nicht so traurig!

D. The German equivalent for the English "let's . . . " is verb + **wir**.

Kaufen wir einen Stadtplan.	*Let's buy a map.*
Fahren wir doch mit dem Bus!	*Let's take the bus, why don't we?*

---

[5] Sometimes you will see an **-e** on the **du** imperative. The **-e** was once required but has, over time, become optional. Note that it is, however, still used with verb stems ending in **-t** or **-d**, or when it is needed to facilitate pronunciation. **Wander(e) mit mir!**

[6] Verbs that have a vowel change from **a > ä (au > äu)** in the present tense **du**- form do not have an umlaut in the imperative.

Schritte zur Kommunikation

A. **Die romantische Schweiz.** A travel agent for the Swiss tourist office is preparing a brochure. Use the cues to tell what he writes.

BEISPIEL   Ihre Urlaubspläne jetzt machen
   Machen Sie jetzt Ihre Urlaubspläne!

1. nicht immer zu Hause bleiben
2. Ihre Koffer mal packen
3. doch eine Reise machen
4. die Schweiz besuchen
5. aber nicht mit dem Flugzeug fliegen
6. mit dem Zug durch die Berge fahren
7. dann in der Nähe von einem See übernachten
8. doch zu uns kommen

„Kommen Sie doch zu uns in die romantische Schweiz!"

B. **Auf der Reise.** A youth group is taking a trip through Austria. The chaperone is making suggestions and requests. What does she say?

BEISPIEL   MARIA   zum Bahnhof gehen
   Geh zum Bahnhof!

1. Johann und Martha: die Briefe zur Post bringen
2. Anna: eine Zeitung am Kiosk kaufen
3. David und Paul: das Hotel auf dem Stadtplan suchen

4. Katrin: die Straßenbahn zum Marktplatz nehmen
5. Eduard: dort drüben an der Haltestelle warten
6. Margot: Margarete mit dem Koffer helfen
7. Rolf: doch jetzt keine Comic-Hefte lesen
8. Angie: dem Herrn die Zeitung geben

C. **Vor der Reise.** Imagine that someone is giving a friend of yours advice for her trip to München. Indicate whether you consider the suggestions good or bad by responding **Das finde ich gut** or **Das finde ich gar nicht gut**. Change every suggestion that you consider bad advice into a more appropriate suggestion.

BEISPIEL   Fahr immer mit der Straßenbahn!
Das finde ich gar nicht gut. Fahr lieber mit der U-Bahn, denn sie ist schnell.

1. Sprich mit den Deutschen immer Englisch!
2. Besuche viele Museen und Kirchen!
3. Iß nicht in deutschen Restaurants!
4. Übernachte immer in einer Jugendherberge!
5. Sei aggressiv und unfreundlich!
6. Kauf einen BMW!
7. Nimm immer ein Taxi!
8. Lies keine Stadtpläne!
9. Beantworte keine Fragen!
10. Schick viele Geschenke nach Hause!

D. **Machen Sie Vorschläge!** The following people are having trouble deciding how to travel. Give them suggestions. Be sure to use the appropriate form of address (**du, ihr,** or **Sie**).

BEISPIEL   Eine Ärztin möchte von München nach Madrid reisen.
Fliegen Sie!
or   **Fahren Sie mit dem Zug nach Barcelona und nehmen Sie dann den Bus!**

1. Eine Professorin möchte von Frankfurt nach New York reisen. Sie hat nicht viel Zeit.
2. Ihr Bruder möchte von der Uni zur Stadtmitte kommen. Er hat kein Geld.
3. Zwei Psychologen möchten in Boston zur Stadtmitte kommen. Sie haben viele Koffer.
4. Ihre Großeltern möchten eine romantische Reise von New Jersey nach Paris machen. Geld ist kein Problem.

5. Ein guter Freund möchte von Bremerhaven nach Koblenz fahren. Er fährt lieber nicht mit dem Auto.
6. Eine Familie mit sechs Kindern möchte von Philadelphia nach Wyoming fahren. Ihr Auto ist leider kaputt. Sie haben viel Zeit.

GETANKT *haben sie 58 Liter Super, im Handschuhfach die neuesten Cassetten, hinter sich den Alltag und vor sich ein unbeschwertes Wochenende.*
BEZAHLT *haben sie mit ihrer neuen* EUROCARD.

DIE NEUE EUROCARD
VON IHRER BANK ODER SPARKASSE –
IHRE EINTRITTSKARTE FÜR DIE WELT.

Rollenspiel. Imagine yourself as a tourist in a new town. You want to do certain things today but you don't know where the best places are to do them. You stop someone on the street (your partner) and ask for help. Tell the person what you need to do. He/she makes suggestions. Then ask the person to locate the suggested places on your city map and to tell you the best way to get there.

SIE MÖCHTEN:	Reisegeschenke kaufen; frisches Obst kaufen; ein Paket nach Hause schicken; deutsche Zeitungen kaufen; Geld wechseln; ?
DIE PERSON SAGT:	Gehen Sie doch zum/zur . . . Nehmen Sie doch . . . Die Haltestelle ist . . . ?

BAUSTEIN 2

ASKING FOR AND RECEIVING DIRECTIONS, AND TALKING ABOUT PLACES OF INTEREST

Two-way prepositions

SITUATION
Mach schnell!
(*Hurry up!*). Stefan and Julian are supposed to meet a friend at the movies, but Julian is still studying.

	STEFAN	Mensch, du, warum sitzt du noch an deinem Schreibtisch? Wir gehen doch ins Kino!
	JULIAN	Aber wann? Warten wir nicht auf Henning?
he (emphatic)	STEFAN	Nee, der° steht seit zwanzig Minuten vor dem Kino und wartet auf uns!
	JULIAN	OK, OK. Nehmen wir ein Taxi in die Stadt. Kein Problem.

sitzen	to sit	**das Kino, -s**	movie theater; movies
wann	when	**das Problem, -e**	problem

Struktur

In English, the distinction between location in space (no movement involved) and movement toward a new location is shown by the verb.

The books are lying on the table.	(location, no movement)
She lays the books on the table.	(movement toward, change from one place to another)

Sometimes the distinction is also expressed by using two different forms of a preposition.

She is in the room.	(location)
She's going into the room.	(movement toward)

In German, a special group of prepositions is used with either the dative case, when location in space is indicated, or the accusative case, when movement toward a new location is indicated. These so-called 'two-way' prepositions are listed in the chart below.

Two-way prepositions	
an	*at, on, to, by* (bordering a place)
auf	*on, on top of, at* (a horizontal place)
hinter	*behind*
in	*in, into, inside, to*
über	*over, above, across, about*
unter	*under, below, among*
vor	*in front of, before, ago* (with time)
zwischen	*between, among*
neben	next to, beside

In English, the question word *where* is used to ask questions about either location or movement toward. In German, there are two words for *where*: **wo** and **wohin**. They are explained below.

A. Objects of two-way prepositions are in the dative case when they indicate the location of someone or something. They answer the question **wo?**

Wo sitzt Julian?	**An** seinem Schreibtisch.
Wo steht Henning?	**Vor** dem Theater.

Der Marktplatz liegt **in** der Stadtmitte.	*The marketplace is downtown.*
Ich warte **vor** der Jugendherberge.	*I'm waiting in front of the youth hostel.*
Die Straßenbahn hält **hinter** dem Bahnhof.	*The street car stops behind the train station.*

B. Objects of two-way prepositions are in the accusative case if movement toward a particular location, i.e., a change from one place to another, is indicated. They answer the question **wohin?**[7]

Wohin gehen Stefan und Julian?	*Ins* Theater.
Wohin fährt das Taxi?	*Vor* das Theater.

Ich gehe **in** das Rathaus.	*I'm going into the city hall.*
Er geht zu Fuß **über** die Brücke.	*He's walking across the bridge.*
Bring die Koffer **vor** das Hotel!	*Bring the suitcases in front of the hotel.*

C. Some of the prepositions are frequently contracted when followed by a noun with a definite article.

DATIVE	ACCUSATIVE
in dem = im	in das = ins
an dem = am	an das = ans
	auf das = aufs

D. Note the following:

- The prepositions **an** and **auf** can both be equivalent to *on*. **An** means *on* (*on the side of*) in reference to vertical surfaces. **Auf** means *on* in reference to horizontal surfaces.

Das Bild hängt **an der Wand**.	The picture is hanging *on the wall.*
Der Stadtplan liegt **auf dem Tisch**.	The map is lying *on the table.*

- The prepositions **an, auf,** and **in** can be equivalent to *to*.[8]

Ich gehe **an die Tür**.	I go *to the door.*
Wir bringen das Geld **auf die Bank**.	We are taking the money *to the bank.*
Gehst du **in die Stadt**?	Are you going *to town?*

E. Some prepositional phrases are also idiomatic. The case following the preposition depends on whether the verb indicates location or motion toward a particular location. Learn these phrases.

Wir fahren aufs Land.	*We are going to the country.*
Sie wohnt auf dem Land.	*She lives in the country.*
Wir gehen ins Kino (ins Museum, ins Theater, ins Konzert, in die Oper).	*We are going to the movies (to the museum, to the theater, to the concert, to the opera).*

---

[7] In Kapitel 9 you will learn more about certain verbs that express *where* (**wo**) someone or something is located or *where* (**wohin**) someone is going or something is put.

[8] Dative prepositions **zu** (with people and many locations) and **nach** (with cities and countries) also mean *to*. **Ich gehe zum Geschäft** and **Ich gehe ins Geschäft** are both appropriate.

Was spielt im Kino (im Theater, in der Oper)?	*What's playing at the movies (at the theater, at the opera)?*	

F. Certain two-way prepositions are used with verbs in set phrases. In these cases rules for location and motion do not apply. It is best to learn the verb and preposition combination as a unit.

denken an + acc	*to think of*	Denkst du an mich?
schreiben an + acc	*to write to*	Ich schreibe an ihren Sohn.
lesen über + acc	*to read about*	Ich lese ein Buch über die Schweiz.
schreiben über + acc	*to write about*	Er schreibt über seine Reise.
sprechen über + acc	*to speak about*	Sie sprechen über das Buch.
warten auf + acc	*to wait for*	Sie warten aufs Taxi.

Schritte zur Kommunikation

A. **Fragen, Fragen.** Ergänzen Sie die Sätze mit Präpositionen.

1. Was machst du? Ich schreibe _____ meinen Bruder.
2. Warum stehst du hier? Ich warte _____ ein Taxi.
3. Wohin geht ihr heute? _____ Kino.
4. Was spielt _____ Kino? Ein Film von Woody Allen.

B. **Auf der Reise.** Rebecca sagt, was sie heute macht.

BEISPIEL in/Café/sein
Ich bin im Café.

1. den Koffer/in/Hotel/bringen
2. an/Haltestelle/stehen
3. auf/Straßenbahn/warten
4. in/Park/hinter/Museum/sitzen
5. mit/Franz/über/Film/sprechen
6. eine/Postkarte/an/Eltern/ schreiben
7. in/Theater/gehen

C. **Wo und wohin?** Ted is touring Frankfurt and a German-speaking tourist asks him for directions. Using the cues below, tell how he answers the tourist's questions.

BEISPIEL Wo ist eine Bank? (*behind the train station*)
Hinter dem Bahnhof.

1. Wo ist ein WC? (*between the information bureau and the newsstand*)
2. Wohin fährt dieser Bus? (*to the country*)
3. Wo gibt es ein gutes Restaurant? (*in the city hall*)
4. Wo finde ich ein Hotel? (*next to the hospital*)

5. Wohin fährt die Linie 49?   *(to the city center)*
6. Wo finde ich ein Kaufhaus?   *(in the pedestrian zone)*

D. **Wohin? Sie sind in Frankfurt.** Wohin gehen Sie in den folgenden Situationen?

BEISPIEL   Sie möchten Obst kaufen.
Ich gehe auf den Marktplatz oder in den Supermarkt.

1. Sie möchten Geld wechseln.
2. Sie sind müde. Sie möchten übernachten.
3. Sie möchten Reisegeschenke kaufen.
4. Sie möchten schwimmen gehen.
5. Sie brauchen einen Arzt.
6. Sie möchten Information über die Stadt.
7. Sie möchten Ihren Eltern einen Brief oder ein Paket schicken.
8. Sie haben Hunger und möchten essen.
9. Sie möchten mit dem Zug fahren.
10. Sie möchten exotische Tiere sehen.
11. Sie möchten Ihr Auto parken.
12. Sie möchten einen Film sehen.

*R*ollenspiel.   Imagine that you are a tourist in Berlin and would like to know more about the famous Museumsinsel. Use the map to ask and answer questions about the locations of the buildings.

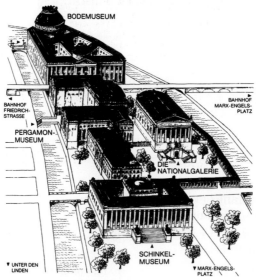

BEISPIEL

Wo liegt die Nationalgalerie?
Die Nationalgalerie liegt hinter dem Pergamon-Museum.

Schätze der Weltkultur
auf der Museumsinsel

Weitere Informationen sind dem Veranstaltungsplan » Wohin in Berlin« zu entnehmen.

BAUSTEIN 3

EXPRESSING TIME

Days, months, seasons

1. In which months does the festival take place?
2. In which season of the year?
3. What other words do you recognize?

21. Juni bis 15. Juli 1990

KISSINGER SOMMER

Mehr als ein Festival: Ein Erlebnis!

Frank Peter Zimmermann · Natalia Gutman · Lynn Harrell
Hans Peter Blochwitz · Ludwig Güttler · Waltraud Meier · Eva Lind
Olaf Bär · Shlomo Mintz · Kreuzchor Dresden · Jiří Bělohlávek
Tschechische Philharmonie · Sinfonie-Orchester des Polnischen
Rundfunks · Symphonieorchester des Bayerischen Rundfunks
Landestheater Halle u. a.

Das Festival der kurzen Wege im traditionsreichen

STAATSBAD KISSINGEN

Wir senden Ihnen gerne das Programm:
Postfach 22 60, 8730 Bad Kissingen, Tel. 09 71/80 71 10
Ermäßigte Sonderrückfahrkarten der Deutschen Bundesbahn zum „Kissinger Sommer".

SITUATION
Kommst du auch?

Ulrike is inviting Inge along for a weekend in the country, but Inge has other things to do.

ULRIKE	Wir fahren dieses Wochenende aufs Land. Kommst du auch?
INGE	Nein, ich kann nicht. Ich fahre am Montag nach Bad Kissingen. Zum Musikfestival, das wißt ihr doch.
ULRIKE	Aber hast du nicht am Samstag Geburtstag? Packst du da auch Koffer? Das gibt's doch nicht!°
INGE	Tut mir leid, aber ich bleibe am Wochenende zu Hause. Viel Spaß auf dem Land!

That can't be!

---

der Geburtstag, -e birthday   **(Es) tut mir leid.** (I'm) sorry.
Viel Spaß! Have fun!

The names for days, months, and seasons are all masculine.

DIE WOCHENTAGE	DIE MONATE		DIE JAHRESZEITEN
Montag	Januar	Juli	Frühling
Dienstag	Februar	August	Sommer
Mittwoch	März	September	Herbst
Donnerstag	April	Oktober	Winter
Freitag	Mai	November	
Samstag (Sonnabend)	Juni	Dezember	
Sonntag			

Other related words and expressions you may need to know are:

der Tag, -e	*day*
Welcher Tag ist heute?	*What's today?* (day of the week)
das Jahr, -e	*year*
morgen	*tomorrow*
wie lange?	*(for) how long?*
die Woche, -n	*week*
das Wochenende, -n	*weekend*

A. In time expressions the prepositions **an** and **in** are followed by the dative case.

- **Am** used with the days of the week may mean *on a particular day* or *habitually on a certain day.*

Kommen Sie am Freitag?	*Are you coming on Friday?*
Ich lerne immer am Sonntag.	*I always study on Sunday(s).*
Was machen Sie am Wochenende?	*What are you doing on the weekend?*

- **Im** is used with seasons or months.

Ich besuche ihn im Herbst.	*I'm visiting (I visit) him in the fall.*
Sie reisen nicht gern im Dezember.	*They don't like to travel in December.*

B. The accusative case is used to express a definite point in time.

- Use **diesen** (*this*), **jeden** (*every*), or **nächsten** (*next*) with masculine nouns of time.

jeden Tag
diesen
jeden   } Monat/Juli/Montag/Sommer
nächsten

- Use **dieses, jedes,** and **nächstes** with neuter nouns of time.

$$\left.\begin{array}{l} \text{dieses} \\ \text{jedes} \\ \text{nächstes} \end{array}\right\} \quad \text{Jahr/Wochenende}$$

- Use **diese, jede,** and **nächste** with feminine nouns of time.

$$\left.\begin{array}{l} \text{diese} \\ \text{jede} \\ \text{nächste} \end{array}\right\} \quad \text{Woche/Jahreszeit}$$

C. The accusative case is also used to express durations of time. Use the question **wie lange?** to ask about duration.

Wie lange bleiben Sie in Wien?
Einen Tag (einen Monat/ein Jahr/eine Woche/ein Wochenende)

D. When a sentence has both an expression of time and an expression of place, the time expression usually precedes the expression of place.

Wir fahren nächsten Sommer nach Zürich.
Sie ist am Wochenende auf dem Land.
Bleibst du einen Monat bei uns?

Schritte zur Kommunikation

A. **Ergänzen Sie!**

1. Wir besuchen euch _____. (*this weekend*)
2. Wir machen _____ eine Reise. (*every fall*)
3. Sie bleibt _____ bei uns. (*one day*)
4. Wir spielen _____ Karten. (*on Wednesday*)
5. Es ist _____ besonders schön. (*in spring*)
6. Ich komme _____. (*next week*)
7. Wir wohnen _____ hier. (*one month*)
8. Mein Job beginnt _____. (*in February*)

B. **Wann?** The members of the **Hamburger Kulturverein** (Hamburg Culture Society) are trying to schedule future meetings. Give the members' answers to the questions.

BEISPIEL   Wann fahrt ihr in die Stadt? (am Samstag)
           Wir fahren am Samstag in die Stadt.

1. Wann seid ihr zu Hause? (am Mittwoch)
2. Wann machen Sie eine Reise nach Spanien? (nächsten Monat)
3. Wann arbeiten Sie im Krankenhaus? (jeden Tag)
4. Wann gehst du in die Oper? (am Sonntag)

5. Wann reist ihr nach München? (im März)
6. Wann machen Sie Urlaub? (im August)
7. Wie lange bleibt ihr auf dem Land? (eine Woche)
8. Wie oft fahren Sie aufs Land? (jedes Wochenende)

C. **Stimmt das?** Do the following statements apply to you? Reword any statements that do not, so that they reflect your life more accurately.

1. Ich mache im Sommer eine Reise nach Florida.
2. Ich fahre nächstes Wochenende aufs Land.
3. Ich gehe jeden Samstag ins Kino.
4. Ich bin jeden Montag sehr glücklich.
5. Ich liebe den Herbst.
6. Ich wandere gern im Winter.
7. Mein Geburtstag ist im Juli.
8. Ich habe nächste Woche Ferien.

D. **Die Tramper (hitchhikers).**

1. Beschreiben Sie das Foto.

2. Schreiben Sie einen Dialog zwischen den zwei jungen Leuten.

3. Finden Sie das Trampen eine gute Idee?

*R*ollenspiel.   Imagine that you are planning a one-week trip to a German-speaking country. When your friend (played by another student) asks you questions, tell him/her (1) in what month you will take your vacation, (2) how you plan to travel, (3) what you plan to do each day, and (4) where you are going to stay.

BAUSTEIN 4

GIVING AND GETTING INFORMATION

Word order

Gutschein *voucher, coupon*

1. To whom is this ad addressed?
2. What does it suggest?

SITUATION Frau Harangs Kinder schicken ihre Mutter in Urlaub.
**Im
Reisebüro.**

FRAU HARANG	Ich möchte eine Reise nach Italien machen. Ich weiß aber nicht, was ich sehen möchte.
ANGESTELLTE	In Italien gibt es viel zu sehen. Die Frage ist, wann und wie Sie fahren möchten.
FRAU HARANG	Nächsten Monat mache ich Urlaub. Und ich höre, daß Sie jeden Sommer eine Gruppenreise organisieren.
ANGESTELLTE	Ja, das machen wir, aber im Juni fahren wir leider nicht.

das Reisebüro, -s travel agency
Urlaub machen/in Urlaub fahren to take a vacation
die Gruppe, -n group

Struktur

Three basic word-order patterns occur in German, based on the position of the verb in the sentence. You are already familiar with the first two patterns.

A. The verb is placed *first* in yes/no questions and in the imperative.

Fahren wir mit der Straßenbahn?
Gehen Sie die Straße entlang!

B. The verb is placed *second* in the following kinds of sentences.

1	2	3	4	
Sie	**besucht**	uns	am Sonntag.	(Subject first)
Wann	**besucht**	sie	uns?	(Question word first; subject always follows verb)
Am Sonntag	**besucht**	sie	uns.	(Adverbial expressions, prepositional phrases or objects placed first for emphasis)
Mit den Kindern	**besucht**	sie	uns.	
Manchmal	**besucht**	sie	uns.	
Uns	**besucht**	sie	am Sonntag.	

- Note that introductory words such as **ja, doch, nein, bitte,** or **danke** do not affect word order.

  Ja, wir besuchen das Museum.
  Danke, ich brauche das aber nicht.

- The four coordinating conjunctions you have already learned also do not affect word order. These words join two independent (main) clauses to form a compound sentence.[9]

und	aber	oder	denn

  Ich übernachte im Hotel, und Axel bleibt bei seiner Tante.
  Heute gehen wir in den Zoo, aber Familie Schmidt geht morgen.
  Wir gehen ins Kino, oder ich bleibe zu Hause.
  Sie sparen Geld, denn sie möchten eine Reise machen.

---

[9] Check **Appendix I** on page 455 if you need a definition of independent (main) clause and dependent (subordinate) clauses.

C. The verb is placed *last* in dependent clauses. Each of the following sentences has two clauses. The independent clause can stand as a separate sentence: the dependent or subordinate clause modifies the main clause and cannot stand by itself. Many conjunctions introduce dependent clauses, but for now learn to use these three:

daß (*that*)   ob (*whether*)   weil (*because*)

Question words may also introduce a dependent clause. Note that a comma always separates an independent clause from a dependent clause.

INDEPENDENT CLAUSE	DEPENDENT CLAUSE
Wissen Sie,	**daß** sie am Montag **kommen**?
Ich möchte wissen,	**ob** sie am Montag **kommen**.
Ich bin glücklich,	**weil** sie am Montag **kommen**.
Ich weiß nicht,	**was** er gern **liest**.
Wissen Sie,	**wer** der Herr dort drüben **ist**?
Wissen Sie,	**wen** sie morgen **besucht**?
Sie weiß,	**wo** es ein Restaurant **gibt**.
Er fragt mich,	**wohin** ich nächste Woche **gehe**.
Ich möchte wissen,	**woher** der Ausländer **kommt**.
Die Frage ist,	**wann** Sie reisen **möchten**.
Ich weiß nicht,	**wie** alt seine Kinder jetzt **sind**.
Sie fragt mich,	**wie** lange ich in München **bleibe**.
Wir wissen nicht,	**warum** sie dieses Jahr keine Reise **macht**.
Wir wissen nicht,	**was** sie sehen **möchte**.

Salzburg: Blick auf die Altstadt und die Salzach

Schritte zur Kommunikation

A. **Ich höre . . .** Amy has just returned from a trip to Austria, and Morris would like her to tell him more about the country and people. Use the cues to tell what Morris says.

BEISPIEL   Es gibt viele Cafés in Wien.
Ich höre, daß es in Wien viele Cafés gibt.

1. Die Österreicher sind sehr freundlich.
2. Die Salzburger haben jedes Wochenende ein Konzert.
3. Die Jugendherberge in Salzburg ist billig und sauber.
4. Die Stadt Wien ist besonders schön.
5. Die Universität Wien ist sehr alt.
6. Der Stephansdom ist besonders schön.

B. **Warum?** Heinrich is forever asking questions. This time his roommate cannot get away. Using the cues, give his answers to Heinrich's questions.

BEISPIEL   Warum zeigst du mir deine Bilder nicht? (keine Zeit haben)
Weil ich keine Zeit habe!

1. Warum gehst du nicht mit uns in die Oper? (klassische Musik/nicht gern haben)
2. Warum gehst du immer zu Fuß in die Stadt? (gern/zu Fuß gehen)
3. Warum gehst du am Sonntag nicht ins Kino? (kein Geld haben)
4. Warum stehst du jeden Tag an der Haltestelle? (gern/mit den Leuten sprechen)
5. Warum studierst du Chemie? (möchten/Arzt werden)
6. Warum bist du so unfreundlich? (deine Fragen/blöd sein)

C. **Schöner Urlaub!**

1. Was meinen Sie, was der Cartoon zeigen möchte?
   a. Der Cartoon möchte zeigen, daß nicht alles so idyllisch und romantisch ist, wie man es in den Hotelbroschüren liest.

„Ach, heute gibt es im Hotel schon wieder Spargelcremesuppe!"

    b. Der Mann und die Frau meinen, daß das Hotelessen langweilig ist, weil es jeden Tag dasselbe (*the same*) Essen gibt.

    c. ?

2. Und was ist Ihre Reaktion?

    Ich finde den Cartoon _____, weil . . .

D. Wann oder wie oft? By combining elements from the two columns, create sentences expressing how often and why you do certain things. Then explain.

BEISPIEL   Am Wochenende zu Hause bleiben möchten
    Am Wochenende möchte ich zu Hause bleiben, weil ich gern mit meiner Familie bin.

Am Wochenende	oft ins Schwimmbad gehen
Jeden Tag	zu Hause bleiben möchten
Manchmal	in die Kirche gehen
Selten	oft sehr müde sein
Am Sonntag	unglücklich sein
Jeden Montag	die Natur lieben
Im Frühling	eine Reise machen möchten
Nie	fleißig Deutsch lernen
Heute	gern in der Bibliothek (*library*) arbeiten
Im Sommer	meine Freunde oder meine Familie besuchen
?	?

Rollenspiel. Imagine that you are at a travel agency to plan your vacation. Decide where you want to go, whether you want to travel with a group or alone, and what means of transportation you want to take. Act out your conversation with a travel agent, played by a partner.

Fahren Sie lieber mit dem Bus oder dem Zug?

PERSPEKTIVEN

Vor dem Lesen

In the following collage of **Anzeigen** (*ads*) for services and vacation-related products only a few words have been glossed. To help you make sense of the texts, use your general knowledge of such advertising and be attentive to the visual cues that can help convey a preliminary idea. Scan the texts for the essential information needed to answer the questions; you will not have to know every word to understand the message.

Use what you already know about German. For example, if **übersetzen** means *to translate*, what do **Übersetzer**, **Übersetzung**, and **Übersetzungen** mean?

If **Dienst** means *service*, what does **Ferienzeitungsdienst** mean?

different

Unterwegs: Verschiedene° Perspektiven

Fragen zum Text

1. Das Dorint Hotel
   a. Wo liegt es?
   b. Was hat es zu bieten (*to offer*)? Machen Sie eine Liste.

Fitness	Unterhaltung (*entertainment*)

   c. Der Preis von 269 Mark ist für _____ (was?)
      _____ (wie viele Tage?)

2. Die Oberhessische Presse (Indicate all the statements below that apply.)
   a. ist der Name von der Marburger Zeitung.
   b. ist ein Kiosk in einem Ferienhotel, wo man Zeitungen aus vielen Städten in Deutschland kaufen kann.
   c. schickt die Zeitung an ihre Leser, wenn sie Urlaub machen und nicht zu Hause sind.

3. Optima Tours
   a. ist ein Reisebüro im Münchner Bahnhof, wo man Gruppenreisen nach Griechenland und in die Türkei buchen kann.
   b. sagt, daß das Reisen ohne Auto schneller ist und man am besten mit dem Zug fährt.
   c. plant Reisen mit dem Zug für Autofahrer. Das Auto kommt im Zug mit.

4. Bittner
   a. ist ein Club, wo man Sport treiben kann.
   b. ist ein Geschäft für Sportartikel.
   c. ist ein Reisebüro, wo man einen Fitness-Urlaub buchen kann.

5. der Reiseübersetzer
   a. Machen Sie eine Liste von den Wörtern, die Sie erkennen (recognize).
   b. Wohin nimmt man ihn?

Urlaub an der Ostseeküste

Land und Leute ✧ ✧ ✧ ✧ ✧

Urlaub: Wohin die Deutschen fahren

It is no surprise that there are so many serious traffic tie-ups and accidents on the **Autobahnen** (*superhighways*) every July and August. This is the frantic period when Germans begin the pursuit of their annual vacation pleasures. Those who stay in Germany prefer the seacoasts, the Black Forest, and the mountains of Bavaria, but a trip abroad is the favorite type of vacation for most Germans. In 1988 nearly one out of three people vacationed abroad, and Austrian mountains and Mediterranean beaches were by far the most popular choices. Young Germans often join their friends in cycling or walking tours. Such trips are easy to plan because of the network of nearly 900 **Jugendherbergen**. Hostels are an inexpensive alternative to hotels and usually provide something unique: they may be located in a renovated castle, for instance, or have a spectacular mountain setting.

A comparison suggests that Germans have more free time to pursue their vacation plans. German school children are not as lucky as young Americans, though; their summer vacation averages only five to six weeks.

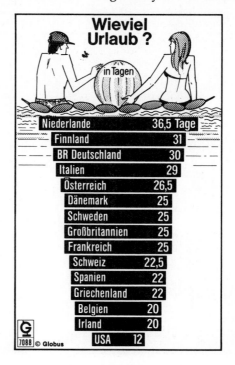

Wieviel Urlaub ?
in Tagen

Niederlande	36,5 Tage
Finnland	31
BR Deutschland	30
Italien	29
Österreich	26,5
Dänemark	25
Schweden	25
Großbritannien	25
Frankreich	25
Schweiz	22,5
Spanien	22
Griechenland	22
Belgien	20
Irland	20
USA	12

7088 © Globus

SYNTHESE

A. **Unterwegs.** Imagine that you are in front of the Cathedral in Köln and are writing down directions from there to various places. Check the map on the opposite page to determine if all the information you have been given is correct. Rewrite any incorrect directions to make them more accurate.

1. —Wie komme ich vom Dom zum Kaufhaus Horten?
   —Gehen Sie nach links, dann über den Domplatz! Sie kommen dann auf die Hohe Straße. Gehen Sie die Fußgängerzone entlang, bis zur Ecke Hohe Straße und Cäcilienstraße! Das Kaufhaus ist neben der Oper.
2. —Wie komme ich vom Dom zur Oper?
   —Gehen Sie geradeaus, die Komödienstraße entlang! An der Post gehen Sie nach links und dann die Elisenstraße entlang! An der Ecke Elisenstraße-Zeppelinstraße gehen Sie rechts! Hinter dem Krankenhaus finden Sie die Oper.
3. —Wie komme ich vom Dom zum Rathaus?
   —Gehen Sie über den Domplatz die Hohe Straße entlang! An der Ecke steht ein Kaufhaus. Gehen Sie dann nach links bis zum Heumarkt! Das Rathaus ist dem Kino gegenüber.

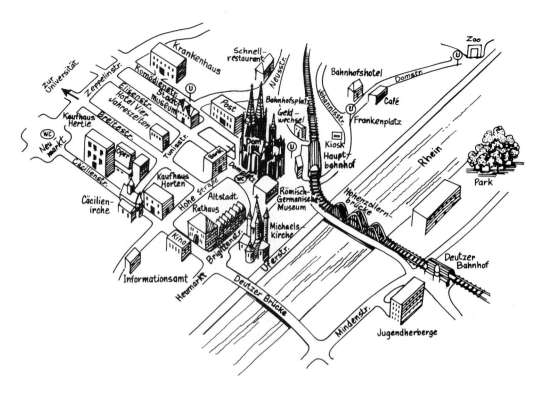

4. —Wie komme ich vom Dom zum Bahnhofshotel?
—Gehen Sie hier nach links über den Bahnhofsplatz in die Johannesstraße! Gehen Sie immer geradeaus! Sie kommen dann an den Frankenplatz. Dort gehen Sie links um die Ecke! Sie sehen dann das Bahnhofshotel in der Johannesstraße.

5. —Wie komme ich vom Dom zur Jugendherberge?
—Gehen Sie hier über den Domplatz zum Römisch-Germanischen Museum! Hinter dem Museum sehen Sie die Hohenzollernbrücke. Gehen Sie über die Brücke und dann an der Mindenstraße links! Die Jugendherberge ist in der Nähe vom Park.

B. **Wie kommt man . . . ?** Based on the map of Köln, give directions that will let the following people reach their destinations. (Be sure to distinguish between formal and informal address.)

1. Ein Ausländer ist im Hauptbahnhof und möchte in ein Schnellrestaurant gehen.
2. Ihre (*Your*) Freundin ist in der Jugendherberge und möchte die Altstadt sehen.
3. Zwei Französinnen sind im Stadtmuseum und möchten jetzt gern ins Kino gehen.
4. Ihre (*Your*) Freunde John und Marcia möchten Geld wechseln. Sie stehen am Domplatz.

Mir ist das egal, ob es Dir gefällt oder nicht. Im Reiseprospekt steht
ausdrücklich, daß es hier schön ist, –und dann ist es auch schön!

C. **Reisen macht Spaß!** Schreiben Sie über eins der folgenden Themen:

    a. eine Beschreibung von diesem Bild

    b. einen Dialog zwischen der unglücklichen Frau und ihrem Mann

    c. was im Reiseprospekt steht

D. **Willkommen in . . .** Imagine you have been asked to write a brochure describing your community to tourists. Sketch a map and use the vocabulary you know to include a paragraph on the following: (1) location of major points of interest; (2) how to get to those places from a central point; (3) why they are worth seeing.

Hören wir zu!

Unterwegs. Two tourists in Vienna are making their sight-seeing plans for the day. By referring to the city map on page 99, you can locate the tourists' hotel and starting point (at X), as well as the main sights of the city. Listen to their conversation, then answer the following questions with **richtig** or **falsch**.

    1. Die zwei Touristen besuchen zuerst die Voltivkirche.

    2. Im Rathaus möchten sie essen.

    3. Sie gehen nicht zu den Museen, weil sie zu weit sind.

    4. Sie fahren mit der Straßenbahn zur Oper.

AKTIVER WORTSCHATZ 2

Substantive

die Bank, -en	bank
die Brücke, -n	bridge
der Geburtstag, -e	birthday
die Gruppe, -n	group
die Haltestelle, -n	streetcar/bus stop
das Kino, -s	movie theater; movies
das Reisebüro, -s	travel agency
der Stadtplan, ¨ e	city map

Zeiten

die Jahreszeit, -en	season (of the year)
der Monat, -e	month
diesen (jeden, nächsten) Monat	this (every, next) month
der Tag, -e	day
jeden Tag	every day
die Woche, -n	week
diese (jede, nächste) Woche	this (every, next) week
das Wochenende, -n	weekend
dieses (jedes, nächstes) Wochenende	this (every, next) weekend

Verben

denken an (+ acc)	to think of
halten (hält)	to stop
lesen (schreiben, sprechen) über (+ acc)	to read (write, speak) about
schreiben an (+ acc)	to write to
sitzen	to sit
warten (auf + acc)	to wait (for)
wechseln	to change, exchange (money)

Andere Wörter

daß	that (subordinating conjunction)
dort (drüben)	(over) there
jetzt	now
morgen	tomorrow
ob	whether
wann	when
weil	because (subordinating conjunction)
wie lange	(for) how long

Besondere Ausdrücke

auf dem Land	in the country
aufs Land	to the country
es gibt (+ acc)	there is, there are
Urlaub machen in Urlaub fahren	to take a vacation
ins Kino (Theater, Konzert) gehen	to go to the movies (theater, concert)
(Es) tut mir leid.	(I'm) sorry.
Viel Spaß!	Have fun!

> And don't forget:
> Two-way prepositions, p. 111
> Days, months and seasons, p. 116

Beim Einkaufen¹

Kommunikationsziele	■ Making a purchase ■ Using numbers, money, and measurements ■ Specifying quantities ■ Talking about plans and intentions ■ Making and responding to invitations and suggestions ■ Pointing out objects and people ■ Talking about advertising and consumer products
Bausteine	■ Numbers ■ Modal verbs ■ Separable-prefix verbs ■ Der-words
Land und Leute	■ Einkaufen ■ Werbung

¹ shopping

EINFÜHRUNG

Wir gehen einkaufen.

Bevor Sie die Anzeige für den Supermarkt lesen, sehen Sie sich das folgende (*following*) an.

Abbreviations	Other nouns of quantity and measurement
Pkg = die Packung (-en) Stk = das Stück (-e) 500 g = 500 Gramm = 1 Pfund kg = Kilogramm (Kilo) = 2 Pfund Pkt = das Paket (-e) 1 = der Liter (-)	die Flasche (-n) bottle die Tafel (-n) bar (chocolate) die Dose (-n) can die Schachtel (-n) box

Fragen zum Text

Use your contextual guessing skills to answer the following:

1. Machen Sie eine Liste von den Getränken (*beverages*), Obstsorten und Eßwaren (*foods*).
2. Welche Toiletten- und Kosmetikartikel erkennen (*recognize*) Sie?
3. Löwa ist ein Lebensmittelgeschäft in Österreich. Wie viele Produkte sind Importwaren und kommen aus anderen Ländern?
4. Unter „Backwarenshop" sieht man „frische Amerikaner". Was sind das?

Am Flohmarkt findet man schöne Dinge.

FUNKTION

When shopping for food or other items, you might hear the salesclerk say:

Was darf's sein?
Ja, bitte?   *May I help you?*

You might respond:

Ich brauche drei Flaschen Mineralwasser.[2]	*I need three bottles of mineral water*
Ich möchte . . .	
Ich suche . . .	
Haben Sie . . .	
Gibt es . . .	*Is there (Have you got) . . . ?*
Ich nehme . . .	
Ich hätte auch gern . . .	*I'd also like . . .*
Was kostet/kosten . . .	*How much are the . . .*

After you have made your selection, you might hear:

Sonst noch etwas?	*Anything else?*
Das wär's?	*Is that it?*
Das macht zusammen . . .	*That comes to . . .*

A. **Was haben wir gekauft?** The illustration shows some of the items purchased at the supermarket. With a partner, identify them.

---

[2] Note that nouns of quantity are followed directly by the item described: **zwei Kilo Bananen**, **500 Gramm Sauerkraut**. You should also note that expression of plural amounts of an item (e.g., **2 Kilo**, **500 Gramm**) requires the singular form of the noun of quantity, unless the noun is feminine: **drei Dosen Cola** (three cans of cola), **zwei Flaschen Wein** (two bottles of wine).

<table>
<tr><td colspan="4" align="center">**die Lebensmittel** (plural)</td></tr>
<tr><td>FLEISCH</td><td>OBST UND GEMÜSE</td><td>BACKWAREN</td><td>MOLKEREI-PRODUKTE</td></tr>
<tr><td></td><td>der Apfel, ¨</td><td>das Brot, -e</td><td>die Butter</td></tr>
<tr><td></td><td>die Banane, -n</td><td>das Brötchen, -</td><td>das Ei, -er</td></tr>
<tr><td></td><td>die Orange, -n</td><td>der Kuchen, -</td><td>der Käse</td></tr>
<tr><td></td><td>die Tomate, -n</td><td></td><td>die Milch</td></tr>
<tr><td></td><td>die Traube, -n</td><td></td><td></td></tr>
<tr><td colspan="2">GETRÄNKE</td><td colspan="2">TOILETTENARTIKEL</td></tr>
<tr><td colspan="2">das Bier, -e</td><td colspan="2">die Seife, -n</td></tr>
<tr><td colspan="2">die Cola, -s</td><td colspan="2">das Shampoo</td></tr>
<tr><td colspan="2">der Kaffee</td><td colspan="2">das Toilettenpapier</td></tr>
<tr><td colspan="2">das Mineralwasser, -</td><td colspan="2">die Zahnpasta</td></tr>
<tr><td colspan="2">der Tee</td><td colspan="2"></td></tr>
<tr><td colspan="2">der Wein, -e</td><td colspan="2"></td></tr>
</table>

B. **Was kauft man wo?** Using the vocabulary above, indicate what you would buy in the following shops. Note that toiletries, cosmetics, and sundries are available at the **Drogerie**, but that **Medikamente** (*prescription and non-prescription drugs*) can be bought only at the **Apotheke**.

BEISPIEL   **In der Bäckerei kaufe ich Brot.**

1. die Apotheke
2. die Bäckerei
3. die Drogerie
4. der Supermarkt
5. der Markt
6. die Metzgerei
7. das Lebensmittelgeschäft

C. **Was können wir kaufen?** Sie haben nur 100 Schilling fürs Einkaufen. Was kaufen Sie und Ihr(e) Partner(in) im Supermarkt Löwa (Seite 113)? Zeigen Sie den anderen Studenten in der Klasse Ihre Liste und vergleichen Sie (*compare*).

BEISPIEL   Wir kaufen zwei Flaschen Mineralwasser für 2.40 (2 Schilling 40). Dann brauchen wir zwei Tafeln Schokolade für 12.90, ein Kilo Äpfel für 12.90 . . .

*R*ollenspiel. Sie möchten auf dem Markt frisches Obst und Gemüse einkaufen. Mit einem/einer Partner(in) spielen Sie die Rollen von Einkäufer und Marktfrau.

PERSON A	PERSON B
would like two apples and a kilo of oranges; asks how much the bananas are; will take the bananas too; that'll be all for today.	asks A what he or she wants; suggests the bananas because they're a good value today; asks if there will be anything else; adds up the price.

AKTIVER WORTSCHATZ 1

Substantive

das Fleisch	*meat*
das Gemüse	*vegetables*
die Lebensmittel	*groceries*
der Preis, -e	*price*

Geschäfte

die Apotheke, -n	*pharmacy*
die Bäckerei, -en	*bakery*
die Drogerie, -n	*drugstore*
das Lebensmittelgeschäft, -e	*grocery store*
der Markt, ¨ e	*market*

die Metzgerei, -en	*butcher shop*
der Supermarkt, ¨ e	*supermarket*

Verben

kosten   *to cost*

Andere Wörter

Wieviel, wie viele   *how much, how many*

Besondere Ausdrücke

einkaufen gehen   *to go shopping*

> And don't forget:
> Eßwaren, Getränke und Toilettenartikel, p. 136
> Expressions for shopping, p. 134–135
> Nouns of quantity and measurement, p. 133

Aussprache: See page 452 for Aussprache lesson for Kapitel 5.

Land und Leute

Einkaufen

In the 1960s considerable changes occurred in West German shopping habits as American-style self-service stores, discounting, and mass merchandising became more common. In spite of these changes, however, there is still an astonishing number of small, privately owned stores that provide customers with high-quality goods and qualified, personalized service.

Throughout Germany most businesses have uniform hours: 9:00 to 6:30 on weekdays (with the exception of Thursday, when stores stay open until 8:30) and 9:00 to 2:00 on Saturday. On the first Saturday of each month, **langer Samstag**, shoppers take advantage of extended hours until 6:00 p.m. When stores are closed, many people engage in a favorite evening or weekend pasttime— going for a **Schaufensterbummel** (*window-shopping*). In many cities a stroll through the business district is even more attractive because the shopping areas are open only to pedestrians. **Fußgängerzonen** make downtown areas pleasant, safe, and accessible.

Ein modernes Einkaufszentrum ist auch schön.

Many Germans still shop daily for groceries to ensure that meat, breads, and produce are as fresh as possible. On their way home from work people frequently stop at a tiny neighborhood food store, often called a **Tante Emma Laden** to make last minute purchases and to hear the latest neighborhood news. Outdoor markets are usually held mornings several times a week in most cities and towns and provide another opportunity for purchasing fresh products. To carry their purchases, many bring their own mesh shopping bags, which are easily kept in a pocket or purse until needed.

BAUSTEIN 1

SPECIFYING QUANTITIES
Numbers

Auf dem Markt: Da ist alles besonders frisch.

SITUATION   Marga kauft gern frisches
Ich hätte   Gemüse auf dem Markt.
gern . . .

	MARKTFRAU	Was darf's sein?
	MARGA	Ah, alles ist so frisch! Wieviel kosten die Orangen?
	MARKTFRAU	Die sind diese Woche wieder sehr preiswert. Vierzig Pfennig das Stück.
	MARGA	Dann nehme ich zwölf Stück und auch ein Kilo Tomaten.
Certainly!	MARKTFRAU	Jawohl.° Das macht zusammen sechs Mark sechsundfünfzig.

---

alles everything   **frisch** fresh   **wieder** again
preiswert a good buy, inexpensive

STRUKTUR

You already know the numbers from 1 to 100. Notice how the following numbers above 100 are formed.

100	(ein)hundert
101	(ein)hunderteins
102	hundertzwei
200	zweihundert
300	dreihundert
1000	(ein)tausend
1100	(ein)tausendeinhundert[3] (elfhundert)
1101	(ein) tausendeinhunderteins
2000	zweitausend
1.000.000	eine Million[4]
2.000.000	zwei Million
1.000.000.000	eine Milliarde

A. Periods and commas have reversed roles in German and English. In German commas are used to indicate decimals, and periods are used in large numbers (such as 2.000.000) to separate groups of three figures. The symbol % is read **Prozent**.

0,59	null Komma neunundfünfzig
10,5%	zehn Komma fünf Prozent
160,75	hundertsechzig Komma fünfundsiebzig

B. Designations for money are read as follows:

40,30 DM	vierzig Mark dreißig	} Deutschland
-,50	fünfzig Pfennig	
20,10 S	zwanzig Schilling zehn	} Österreich
-,10	zehn Groschen	
10,25 Fr.	zehn Franken fünfundzwanzig	} die Schweiz
-,25	fünfundzwanzig Rappen	

C. Dates are read as follows:

1989	neunzehnhundertneunundachtzig
1776	siebzehnhundertsechsundsiebzig

- There are two ways to say that something happened in a given year. The year may be used alone, or it may be preceded by the phrase **im Jahre**.

---

[3] Note that compound numbers are always written as one word: **Zweitausendeinhundertachtundneunzig Lehrer kommen nächste Woche.**

[4] Sometimes a space may be used to separate groups of three figures.

$$\left.\begin{array}{l} 1995 \\ \text{Im Jahre 1995} \end{array}\right\} \text{studiert er an der Universität.}$$

*He will be studying
at the university
in 1995.*

Schritte zur Kommunikation

A. Geben Sie die Adressen und Telefonnummern für die folgenden Geschäfte.

BEISPIEL   Lebensmittelgeschäft Kupsch
Kolpingstr. 509 Tel. 23 76
Kolpingstraße fünfhundertneun
Telefonnummer: dreiundzwanzig sechsundsiebzig

1. Metzgerei Meierhof
   Baumgartenstr. 48 Tel. 3 20 92
2. Blumengeschäft Grünewald
   Hauptstr. 1209 Tel. 95 87 71

3. Schuhe Franz
   Lindenstr. 278 Tel. 4 89 25
4. Hosen Huber
   Bahnhofstr. 53 Tel. 37 44 66

1. Was bedeutet „Preissenkung"?
2. Was bedeutet „Hier stimmt . . . "? Was stimmt?
3. Was brauchen Sie vom Elektro-Geschäft Siebert?

B. **Wieviel kostet . . . ?** Geben Sie die Preise für:

1. die Kaffeemaschine   4. den Camcorder
2. das Mikrowellengerät 5. die Küchenmaschine
3. die Zahnbürste   6. den Farbfernseher

C. **Stimmt das?** Sagen Sie, ob Sie das folgende glauben!

BEISPIEL   Liechtenstein[5] ist 158 Quadratkilometer (*square km.*) groß.
            **Ich glaube (nicht), daß Liechtenstein 158
            Quadratkilometer groß ist.**

1. In Deutschland gibt es 1.400 Wurstsorten (*types of sausage*).
2. Das Empire State Building hat 3.070 Fenster.
3. Deutschland ist 357.050 Quadratkilometer groß.
4. Pennsylvania ist 271.998 Quadratkilometer groß.
5. Der Rhein ist 1.320 Kilometer lang.
6. Der Mississippi ist 6.051 Kilometer lang.
7. In einem Jahr trinken die Bayern (*Bavarians*) 220 Liter Bier pro Person.
8. In einem Jahr trinken die Amerikaner 10,08 Liter Wein pro Person.
9. Pike's Peak in Colorado ist 4,233 Meter hoch.
10. Im Jahr 1993 ist der Kölner Dom 745 Jahre alt.

ANTWORTEN Alle Antworten sind richtig!

*R*ollenspiel.   First, make a list of items you want to purchase in a grocery store. (You may wish to review the nouns of quantity on page 133). Then, using the expressions you have learned in the **Funktion**, act out the role of customer and salesclerk with a partner.

---

[5] A tiny country that lies between Switzerland and Austria. Its capital is **Vaduz.**

BAUSTEIN 2

TALKING ABOUT PLANS AND INTENTIONS

Modal verbs

„Billiger kann man
nirgendwo einkaufen, aber der Service
läßt wirklich zu wünschen übrig!"

1. Was für ein Supermarkt ist das hier?
2. Über was macht sich der Cartoonist
   lustig? (sich lustig machen über =
   to make fun of)
3. Finden Sie den Cartoon lustig?

SITUATION Beim Einkaufen trifft (*meets*) Marga ihre Freundin Ursula.
Unterwegs.

MARGA	Schön, daß ich dich sehe! Du kannst mir beim Einkaufen helfen!
URSULA	Wohin mußt du jetzt noch gehen?
MARGA	Warte mal . . . (*sieht auf ihre Einkaufsliste*) Ich muß noch in die Apotheke und dann ins Lebensmittelgeschäft dort drüben.
URSULA	Mach das doch später! Wollen wir nicht zuerst eine Tasse Kaffee trinken? Das Einkaufen im Talmi-Markt macht zuviel Streß, da brauchst du einen guten Kaffee!

---

noch still, yet   **spät(er)** late(r)   **die Tasse, -n** cup
trinken to drink

Struktur

To express that you want to, may, must, can, or should do something, modal verbs are used. There are six modal verbs in German: **können** (*to be able to, can*), **müssen** (*to have to, must*), **dürfen** (*to be permitted to, may*), **sollen** (*to be supposed to*), **wollen** (*to want to*), and **mögen** (*to like to*). **Möchte** (*would like*) is a special form of the verb **mögen**.

A. The modal verbs are irregular in the present tense singular forms, but all follow a similar pattern.

	können	**müssen**	**dürfen**	**sollen**	**wollen**	**mögen**	
ich	kann	muß	darf	soll	will	mag	(möchte)
du	kannst	mußt	darfst	sollst	willst	magst	(möchtest)
er/sie/es	kann	muß	darf	soll	will	mag	(möchte)
wir	können	müssen	dürfen	sollen	wollen	mögen	(möchten)
ihr	könnt	müßt	dürft	sollt	wollt	mögt	(möchtet)
sie	können	müssen	dürfen	sollen	wollen	mögen	(möchten)
Sie	können	müssen	dürfen	sollen	wollen	mögen	(möchten)

B. Modal verbs are often used with another verb, which is in the infinitive form and placed at the end of the sentence or clause. The word order is the same as for **möchte**, which you already know.

Kannst du das nicht später **machen?**	(*Verb first for question*)
Hans **will** ein Hemd **kaufen.**	(*Verb second*)
Heute **will** Hans ein Hemd **kaufen.**	
Ich weiß, daß Hans kein Hemd **kaufen will.**	(*Verb-last in dependent clause*)

C. Modal verbs can also be used without an infinitive.

- Verb infinitives that indicate movement toward a location, such as **fahren** or **gehen**, are sometimes omitted if the context makes it clear which verb is intended.

Ich muß morgen nach München (fahren).	*I have to go to Munich tomorrow.*
Willst du am Samstag ins Kino (gehen)?	*Do you want to go to the movies on Saturday?*

- Mögen is generally used without an infinitive to express a liking or a dislike for something.

Ich mag kein Gemüse.	*I don't like vegetables.*
Er mag sie nicht.	*He doesn't like her.*
Magst du das?	*Do you like that?*

- To say that you know a language, können is used without an infinitive.

  Sie kann gut Deutsch.   *She knows German well.*

Schritte zur Kommunikation

A. Was muß ich jetzt machen? Hans's landlady has asked him to do some errands for her. How does Hans tell a friend what he must do?

BEISPIEL   Geh zur Bäckerei. Kauf dort ein Schwarzbrot.
Ich muß zur Bäckerei. Dort soll ich ein Schwarzbrot kaufen.

1. Geh zur Drogerie Neumann. Kauf dort Toilettenpapier und Zahnpasta.
2. Lauf zur Post. Schick dort den Brief an Walter.
3. Fahr zur Metzgerei. Kauf dort ein Kilo Fleisch.
4. Geh zum Marktplatz. Kauf dort Blumen für die Party.
5. Geh dann zum Supermarkt. Kauf dort Eier.

B. Weißt du das? Renate is talking with a friend about some mutual acquaintances. What does she say?

BEISPIEL   Johann: nicht fahren dürfen
Weißt du, daß Johann nicht fahren darf?

1. Ulrikes Vater: Französisch können
2. Sabine: dieses Wochenende wieder zu Hause bleiben müssen
3. Frank: nächsten Samstag mit Lisa ins Theater wollen
4. Dieter: kein Bier mögen
5. Trudi und Jens: einen Porsche kaufen dürfen
6. Werners Vater: nicht mehr rauchen dürfen
7. Franz und Antje: kein Fleisch essen sollen

C. Ich persönlich . . . Vervollständigen Sie (*Complete*) die Sätze.

1. Ich muß . . .
2. Meine Freunde und ich dürfen nicht . . .
3. Deutschprofessoren sollen nicht . . .
4. Ich mag kein . . .
5. Meine Eltern wissen, daß ich . . . kann.
6. Aber sie wissen nicht, daß ich . . . will.

D. **Meinungen** (*opinions*). Using the suggestions below, or any others you may wish to add, create sentences that express your opinions about the following things.

BEISPIEL   Kleidung (nicht) schön und preiswert
Meine Kleidung ist immer schön und preiswert.

Ein Deutschbuch		(nicht) laut und aggressiv sein
Jeans		(nicht) alles machen
Hotels		(nicht) groß und organisiert sein
Professoren		(nicht) nett und freundlich sein
Büros	können	(nicht) allein leben
Ein Supermarkt	müssen	Swahili lernen
Schuhe	dürfen	(nicht) rauchen
T-Shirts	sollen	noch viel lernen
Man	wollen	billig und sauber sein
Ich		klein und persönlich sein
Taxifahrer		(nicht) zu Hause bleiben
Eltern		(nicht so) langweilig sein
?		(nicht so) teuer sein
		(nicht so) schnell fahren
		(nicht) immer alles wissen
		?

R*ollenspiel.*   Imagine that you are living in Germany and that you and a friend agreed to do the shopping for housemates. Using the dialogue and Activity A on pages 143, 145 as a guide, plan the shopping trip. Decide (1) what to buy, (2) who will buy it, and (3) where to buy it.

Alternativer Bio-Laden

BAUSTEIN 3

MAKING AND RESPONDING TO INVITATIONS AND SUGGESTIONS

Separable-prefix verbs

Treffpunkt nach dem Einkaufsbummel in der Oberstadt.

Eine große Auswahl an Torten und Gebäck in gewohnter Qualität erwartet Sie.

Bäckerei · Konditorei · Café GEORG WAGNER OHG. · 3550 Marburg · Barfüßerstr. 43 · ☎ (0 64 21) 2 51 74

1. **Wann soll man zum Café Wagner?**
2. **Was kann man da bekommen?**
3. **Gibt es ein Café in der Nähe von Ihrer Uni? Gehen Sie da manchmal hin?**

SITUATION *(Invitation for coffee.)* Auf dem Weg ins Café sieht Helga ihren Freund Thomas.
Einladung zum Kaffee.

way	HELGA	Du, Thomas, ich bin auf dem Weg° ins Café. Komm doch mit!
even		Ich lade dich sogar° ein!
	THOMAS	Wie nett! Aber ich muß heute noch die Bücher zurückbringen, und die Bibliothek macht bald zu. Vielleicht morgen?
	HELGA	Ja, OK. . . . Ich ruf dich morgen an.
	THOMAS	Oder du gehst zur Uni mit. Dort gibt's auch ein nettes Café.
	HELGA	Ja, das können wir machen.

---

die Bibliothek, -en library **bald** soon **vielleicht** perhaps, maybe
an·rufen to call up

Struktur

In English, certain phrases based on verbs such as *look, try,* or *get,* express meanings that are different from those of the original verb: *look ⟶ look up; try ⟶ try out, try on; get ⟶ get up.* In a similar fashion, many verbs in

German are combined with other words (adverbs, prepositions, and certain verbs) to form a single verb, which is then referred to as a separable prefix verb. Notice how the prefix changes the meaning of the following verbs.

kaufen	*to buy* ⟶	**ein**kaufen[6]	*to shop*	
gehen	*to go* ⟶	**aus**gehen	*to go out*	
		mitgehen	*to go along*	
		zurückgehen	*to go back*	

A. Study these rules that govern the position of the separable prefix in a sentence:

- In an independent clause, the prefix separates from the verb and is placed at the end of the sentence or clause.

Du **kaufst** im Supermarkt **ein**.	*(present tense statement)*
Kaufst du im Supermarkt **ein**?	*(present tense question)*
Kauf doch im Supermarkt **ein**!	*(imperative form)*

- In a dependent clause or when the separable-prefix verb is used with a modal verb, the prefix is not separated from the verb.

Ich weiß, daß du im Supermarkt **einkaufst**.	*(dependent clause)*
Ich weiß, wo du **einkaufst**.	*(dependent clause)*
Du **sollst** im Supermarkt **einkaufen**.	*(modal verb)*

B. Separable-prefix verbs will be indicated in the vocabulary lists with a raised center dot (·) between the prefix and the infinitive. Following are some separable-prefix verbs you should learn.

an·probieren	*to try on*
an·rufen	*to call up, telephone*
auf·machen	*to open*
aus·gehen	*to go out*
ein·kaufen	*to shop*
ein·laden (lädt ein)	*to invite*
kennen·lernen	*to become acquainted with*
mit·bringen	*to bring along*
mit·gehen	*to go along*
mit·kommen	*to come along*
mit·nehmen	*to take along*
zu·machen	*to close*
zurück·bringen	*to bring back*
zurück·fahren (fährt zurück)	*to drive back*
zurück·geben (gibt zurück)	*to give back, return*
zurück·gehen	*to go back*
zurück·nehmen (nimmt zurück)	*to take back*

---

[6] To pronounce these verbs, always place the stress on the prefix: **ein**kaufen, **mit**kommen, **zurück**gehen.

rufen Sie doch an

Ärztlicher Notdienst 79 20 200	Rotes Kreuz 23 33 64
Zahnärztl. Notdienst 66 07 271	Arbeiter-Samariter-Bund 28 13 13 28 15 56
Dienstbereite Apotheken 11 500	
Polizei 110	Johanniter-Unfall- und Altenhilfe............ 54 30 02
Rettungswache 112	
Feuerwehr 112	Krankentransporte 49 00 01

Schritte zur Kommunikation

A. **Klassenfahrt** (*Class trip*). Several members of a **Gymnasium** (*secondary school*) are preparing to leave on a class trip. Tell how the teacher answers their questions.

BEISPIEL   Sollen wir die Bücher mitbringen? (nein)
Nein, bringt die Bücher nicht mit.

1. Soll ich meine Eltern wieder anrufen? (ja)
2. Darf ich meinen Hund mitbringen? (nein)
3. Sollen wir Herrn Walter einladen? (ja)
4. Soll ich Geld mitnehmen? (ja)
5. Dürfen wir zum Reisebüro mitgehen? (nein)
6. Soll ich die Landkarte mitnehmen? (ja)
7. Können wir bald die Koffer zumachen? (ja)
8. Sollen wir am Sonntag wieder zurückfahren? (ja)

B. **So geht's besser!** John has thought of several questions to ask to help him get around in Heidelberg. Judy reminds him that it would be more polite if he prefaced his questions with **Wissen Sie . . . ?** or **Können Sie mir bitte sagen . . . ?** How does John rephrase his questions?

BEISPIEL   Wo soll man anrufen?
Wissen Sie, wo man anrufen soll?
Können Sie mir bitte sagen, wo man anrufen soll?

1. Wo lernt man Studenten kennen?
2. Wann gehen viele Leute aus?

3. Wo kann man einkaufen?
4. Wann macht das Lebensmittelgeschäft auf?
5. Wann machen die Geschäfte zu?
6. Wann fährt der Bus zum Bahnhof zurück?

C. **Werbung, Werbung.** (*Advertising, advertising.*) Imagine that you have been hired by an advertising agency to write slogans for various products. Use the cues below to create slogans for the various clients.

BEISPIEL   Melitta Kaffee: Ihre Freunde zu einer Tasse Melitta einladen
         Laden Sie Ihre Freunde zu einer Tasse Melitta ein!

1. Deutsche Bundespost: doch mal anrufen
2. Deutsche Floristen: Blumen mitbringen
3. Kaufhaus Neckermann: bei Neckermann preiswert einkaufen
4. Rowohlt Bücher: die neuen Bücher von Rowohlt kennenlernen
5. Dortmunder Bier: eine Flasche Dortmunder Pils aufmachen
6. Lederwaren (*leather goods*) Seeger: unsere Koffer in den Urlaub mitnehmen

D. **Machen Sie Vorschläge** (*suggestions*)! Was sagen Sie zu einer Freundin in den folgenden Situationen?

BEISPIEL   It's cold and drafty in the room.
         Mach bitte das Fenster zu!
    or   **Kannst du bitte das Fenster zumachen?**

1. You don't have time right now, but she should call you later.
2. She shouldn't shop in the supermarket.
3. Something she bought in the department store is defective.
4. You're sorry, but you can't go out with her today.
5. You're in a clothing store together and you think a particular blouse would look good on her.
6. You'd like to invite her for a cup of coffee.

 *R*ollenspiel.   Imagine someone invites you to coffee (to a movie, to the theater, to a concert) and is quite persistent. You, however, have other plans or don't feel like going. Politely decline the invitation.

Nützliche Ausdrücke (*useful expressions*)
—Bitte, komm doch . . . ; du mußt absolut . . .
—(Es) tut mir leid, aber . . . ; vielleicht später (nächstes Wochenende, morgen . . .); leider kann ich nicht . . . ; Ich muß leider . . .

BAUSTEIN 4

POINTING OUT OBJECTS AND PEOPLE

Der-words

◆ 1. Was bedeutet „Herrenartikel", „Baumwolle" und „Lederwaren"?
 2. Was bedeutet „problemlos in der Waschmaschine waschbar"?

SITUATION Herbert kauft im Kaufhaus Teka ein.

Welche Größe?

HERBERT	Diesen Anzug finde ich gut.
VERKÄUFER	Welche Größe tragen Sie?
HERBERT	Größe 48—Ich probiere die Hose schnell mal an. (*ein paar Minuten später*) Also, diese Hose paßt mir nicht.
VERKÄUFER	Wir haben diese Farbe nicht in allen Größen. Es tut mir leid, aber die nächste Größe gibt es nur in braun.

---

der Anzug, ̈ e suit **die Größe, -n** size **tragen (trägt)** to wear
ein paar a few, a couple of **passen (+ dat)** to fit

Struktur

A. Following is a group of demonstrative adjectives. Because they have the same endings as the definite articles, they are often referred to as **der**-words. Like the definite articles, the **der**-words agree in gender, number, and case with the noun they modify.

dies-	*this, these, that*[7]
jed-	*each, every* (always singular)
welch-	*which*
all-	*all, all the* (plural)

	Masculine	Neuter	Feminine	Plural
Nominative	der	das	die	die
	dieser	dieses	diese	diese
	welcher	welches	welche	welche
Accusative	den	das	die	die
	diesen	dieses	diese	diese
	welchen	welches	welche	welche
Dative	dem	dem	der	den
	diesem	diesem	dieser	diesen
	welchem	welchem	welcher	welchen

Dieser Rock ist preiswert.	*This skirt is inexpensive.*
Welchen Mantel kaufen Sie?	*Which coat are you buying?*
Jedes Geschäft macht heute zu.	*Every store closes today.*
Ich gebe **allen** Lehrern ein Geschenk.	*I'm giving a present to all the teachers.*

B. **Der**-words sometimes appear without a noun. All the same rules apply as for **der**-words except that the noun is understood, not stated.

Welches Hemd probierst du an?	*Which shirt are you trying on?*
—**Dieses**.	*—This one.*
Zu welchen Geschäften gehst du?	*Which stores are you going to?*
—Zu **allen**!	*—To all of them!*

---

[7] In formal German, the demonstrative adjective [der-word] **jen-** is used for *that* and *those*, but in conversational German it rarely occurs. Instead, **dies-** is used, or a form of **der**, (**das, die**) . . . **dort: Die Bluse dort gefällt mir.** There are two other **der**-words that you should be able to recognize in speech or written text but will not practice actively: **solch-** (*such, that kind of*); and **manch-** (*some*), both usually used in the plural.

Schritte zur Kommunikation

A. **Im Kaufhaus.** Frau Brandt and Frau Pegel are in a department store. Frau Pegel is preoccupied today and hears very little of what her friend is saying. What does she ask Frau Brandt to repeat?

BEISPIEL   Dieser Mantel ist preiswert.
             Welcher Mantel ist preiswert?
          or **Welcher ist preiswert?**

1. Diese Socken sind zu teuer.
2. Diese Bluse finde ich elegant.
3. Ich möchte diesen Rock anprobieren.
4. Diesen Mantel gibt es in meiner Größe.
5. Wir sollen deiner Tochter diesen Pulli kaufen.
6. Ich finde diese Farbe häßlich.
7. Ich mag dieses Kleid gar nicht.
8. Diese Jeans muß ich haben!

B. **Stimmt das?** Complete the following sentences by giving the proper ending to the **der**-words. When necessary, restate the sentences so that they are factually accurate or express your true opinion.

BEISPIEL   Ich: jed- Tag in die Bibliothek gehen
             Ich gehe jeden Tag in die Bibliothek.
             Falsch! Ich gehe jede Woche in die Bibliothek.

1. Die Kinos in dies- Stadt: nicht schlecht sein
2. Ich: jed- Wochenende ins Schwimmbad gehen
3. Ich: dies- Stadt gern haben
4. All- Professoren: keine Zeit für die Studenten haben
5. Jed- Student: immer Jeans tragen
6. Manch- Studenten an dies- Uni: gern Motorrad fahren
7. Ich: jed- Winter in die Bahamas fahren
8. All- Studenten hier: gut Französisch sprechen

C. **Komplimente.** Imagine that you are in the following situations and want to compliment your German-speaking friends about various things. What would you say?

BEISPIEL   Sie essen in einem guten Restaurant mit Ihren Freunden.
             Dieses Restaurant gefällt mir.
          or **Ich finde dieses Restaurant toll.**

1. Sie besuchen ihre Stadt.
2. Sie laufen mit Ihren Freunden durch die Fußgängerzone.
3. Sie kaufen mit ihnen in einer Bäckerei ein.
4. Sie sind mit Ihren Freunden auf dem Markt.
5. Sie trinken eine Tasse Kaffee in einem netten Café.

Fußgängerzone, Heidelberg

6. Sie gehen mit Ihren Freunden ins Konzert.
7. Sie kommen in ihre Wohnung mit.

D. **Kaufen Sie . . . !** Nehmen Sie eine von den zwei Anzeigen auf Seite 156–157 und schreiben Sie eine Reklame (*commercial*) für dieses Produkt für das Radio oder Fernsehen. Zuerst beschreiben Sie es. Sagen Sie dann, wer der typische Käufer ist, warum man es kaufen soll, usw.

*R*ollenspiel.   You and a friend (played by a student) are in a clothing store. You want to buy a pair of shoes (**ein Paar Schuhe**) and some clothing items. Ask your friend for advice about the articles you are trying on. A salesclerk (played by a third student) is waiting on you and has his or her own suggestions to make. Use the conversion chart for sizes.

	Blusen					
USA	30	32	34	36	38	40
Europa	38	40	42	44	46	48
	Schuhe					
USA	6	7	8	9	10	11	12
Europa	37	38	39	40	41	42	43

Grössen:
USA–Europa

	Röcke, Kleider, Mäntel, Hosen					
USA	10	12	14	16	18	20
Europa	38	40	42	44	46	48

	Anzüge, Mäntel (Herren)					
USA	36	38	40	42	44	46
Europa	46	48	50	52	54	56

	Hosen (Herren)						
USA	30	32	34	36	38	40	42
Europa	40	42	44	46	48	50	52

	Hemden				
USA	14	14 1/2	15	15 1/2	16
Europa	36	37	38	39	40

A: Be sure to (1) ask for your size, (2) indicate what color you want, (3) ask whether you can try a particular item on, (4) ask your friend what he or she thinks about the item once you have it on, (5) ask about the price, and (6) tell whether you'll take it or not.

B: Be sure to (1) comment on your friend's selection, (2) make some suggestions about size and color and whether or not he or she should buy this particular item.

C: Be sure to (1) find the right size and color for your customer, (2) help him or her make another selection if a particular item is not available (remember that you want to make a sale!), and (3) answer all your customer's questions as politely as you can.

PERSPEKTIVEN

Vor dem Lesen

Before you read each of the texts, look at the visuals and titles to help you anticipate and predict what you are about to read.

1. What expectations do you have for a text entitled „Manipuliert uns die Werbung?" Phrase your own answer to the question in the title before you go on to the responses given in the text. When you read the different opinions, don't try to decode every word. Find one main idea in each text.

2. The text entitled „Nichts" has the look of an ad that is selling a mail order product, but it is really trying to say something else. Speculate what that message might be by skimming (getting the gist of) the text.

Werbung und Reklamen:
Verschiedene Perspektiven

Edibo-Kaffee
jetzt mit 100% mehr
Vakuum zum selben Preis!

Liebermann

Manipuliert uns die Werbung?

„Kauft man, was man braucht? Braucht mein Sohn Adidas–Schuhe zu 200 Mark oder einen Pullover zu 150 Mark mit einem Krokodil darauf? Nein. Er kauft Dinge, weil er voll im Trend sein möchte und weil er den Leuten gefallen möchte. 'Leute von heute tragen dies oder tragen das' sagt uns die Werbung. Mein Sohn kann nicht mehr ohne die richtige Etikette ausgehen—er *muß* diese Produkte haben. Will uns die Werbung manipulieren? Ja. Ist sie effektiv? Sehr."

Andreas J., 39 Jahre

„Welche Strategien hat die Werbung? Nehmen wir BMW Autos oder Warsteiner Bier. Hohe Preise für diese Artikel kommen nur in Frage, weil sie solche positiven Assoziationen in uns erwecken°—besonders für Männer. Der BMW Fahrer oder der Warsteiner Trinker ist aktiv, kompetent im Beruf und selbstsicher. Man kauft solche Produkte, weil man denkt 'so bin ich' oder 'so möchte ich sein'."

Maria S., 22 Jahre

arouse

„Ich finde, die typischen Konsumenten sind nicht halb so blöd, wie die Soziologen und Psychologen es glauben. Die Konsumenten von heute sind so gut informiert und so skeptisch, daß die Werbung uns nicht mehr manipulieren kann wie in den alten Zeiten."

Heide K., 19 Jahre

"ICH MAG MEIN HAAR. MEIN HAAR MAG GUHL."

Mein Haar mag die konsequente Pflege, die so typisch ist für Guhl. Mein Haar mag die neue Styling-Serie für modische Trendfrisuren mit wertvollen pflegenden Inhaltsstoffen.

Wet Styling Gel für perfekte Wet-Look-Frisuren. **Schaum-Festiger** für Formgebung und mehr Volumen. **Haarspray** für starken, elastischen Halt.

Guhl ist konsequente Pflege.

Mit einem gebrauchten Porsche beginnt oft eine lange Liebe.

Ein Porsche bleibt immer ein Porsche.

PORSCHE
FAHREN IN SEINER SCHÖNSTEN FORM.

reasons   instead of

gives pleasure to   surprise

popular

wallet

be happy about

Es gibt viele Gründe,° **NICHTS** zu kaufen. Denn **NICHTS** ist schön, praktisch, handlich und erfreut° so Ihre ganze Familie. Wer **NICHTS** hat – ja: der hat einfach mehr vom Leben. **NICHTS** – das ist für jeden etwas: über das neue **NICHTS** wird sich die Großmutter genauso freuen° wie Baby. Bringen

Sie der Frau – Gemahlin statt° Blumen doch einfach mal **NICHTS** mit – das wird eine Überraschung!° Nur mit **NICHTS** machen Sie sich wirklich beliebt.° Denn **NICHTS** hält ein Leben lang. Und gehört in jedes Haus. Ein Tip für den kleinen Geldbeutel.° **NICHTS** kostet nichts.

Wir produzieren **NICHTS** in jeder gewünschten Menge. Schicken Sie uns Ihren Auftrag, und wir liefern Ihnen prompt und portofrei

NICHTS.

Bestellen Sie, solange der Vorrat, reicht!

Bitte schicken Sie auch mir das neue **NICHTS.**

Gewünschte Menge: _____

_____

Absender _____

NICHTS ist für alle da!

NICHTS.

An Heuer & Heuer Kulturschaffende

3102 Hermannsburg
Hacciusstraße 12

Fragen zum Text

1. Zu „Manipuliert uns die Werbung?"
   a. Es gibt drei Meinungen (*opinions*) über das Thema Werbung. Geben Sie die Hauptidee (*main idea*) von jeder.
      Andreas J.: __?__
      Maria S.: __?__
      Heide K.: __?__
   b. Welche Antwort zeigt, was Sie persönlich denken?
2. Zum „Nichts" Text: Welche der folgenden Sätze sagt die Hauptidee am besten aus?
   „Nichts . . . "
   a. will zeigen, daß die Werbung die Menschen manipuliert.
   b. ist eine Satire auf die Konsumgesellschaft (*consumer society*).
   c. will ein Produkt verkaufen, das alle Menschen glücklich machen kann.

Land und Leute

„Gehen wir doch ins Kino!"

Werbung

If you travel in German-speaking countries, you will see very little billboard advertising alongside highways, and in the cities, the most common form of outdoor advertising is not the billboard, but the **Litfaßsäule**, a column covered with advertisements as well as information about local concerts, movies, or other public events. These columns are named after their inventor, Ernst Litfaß, who filled Berlin with them in the 1850s.

Advertising on German television is limited, but almost everywhere else—in magazines and newspapers, on streetcars and in subways—consumers encounter an endless stream of claims about the goods and services that promise to make their lives easier or more exciting. Even at the movies Germans are exposed to several minutes of advertising before the film begins.

SYNTHESE

A. **Geben Sie Rat!** (*Give advice!*) If you met the people listed below, what would you recommend they buy to satisfy their needs? Make your recommendations using the following products or any others you know or have learned in this chapter.

BEISPIEL   Ich habe Autos gern.
Kaufen Sie doch einen Mercedes! Diese Autos sind nicht billig, aber sie sind sehr gut.

Lea:	Ich liebe schnelle Autos.		Kaffee
			Schokolade
Rudi:	Ich weiß nicht, was ich meiner Großmutter mitbringen soll.		einen Mercedes
			eine Cola
			einen Volkswagen
			ein Pilsener
Berndt:	Mein Auto muß praktisch sein.		Mineralwasser
			Obst
Frank:	Ich mag Gemüse nicht.	Trinken Sie	Gemüse
			Milch
David:	Ich möchte Komfort haben.	Essen Sie	Adidas Sportschuhe
			ein Fahrrad
Bärbel:	Ich darf keinen Alkohol trinken.	Nehmen Sie	Blumen
			?
Ulrich:	Mein Arzt sagt, ich soll gesund essen.	Probieren Sie	
Ewald:	Ich liebe die Natur.	Kaufen Sie	
Magda:	Ich laufe gern.		

B. **Ich brauche . . .** Sagen Sie, was Sie in den folgenden Situationen brauchen. Machen Sie zuerst eine Einkaufsliste von den Dingen, die (*which*) Sie kaufen müssen. Dann sagen Sie, wo Sie die Dinge/Artikel kaufen, usw.

1. Sie geben dieses Wochenende eine Party.
2. Sie fahren morgen in Urlaub.
3. Heute hat Ihr(e) Freund(in) Geburtstag.
4. Ihre Familie besucht Sie morgen.
5. Der Arzt sagt, daß Sie nicht fit sind.
6. Sie gehen morgen in die Berge.

**Am Käsestand im
Ka De We, Berlin**

C. **Amerikanische Einkaufsgewohnheiten** (*shopping habits*). Imagine you are in Germany and have been invited to a school to give a talk on how people shop in your country. Write a presentation in which you describe shopping habits and stores. You may need the following vocabulary for this task:

das Einkaufszentrum, Einkaufszentren	*shopping mall*
die Tüte (-n) aus Papier, aus Plastik	*paper/plastic bags*
das Kettengeschäft	*chain store*

D. **Werbung!** Create short **Reklamen** for real or imaginary products. Include a picture, a description of the products and a suitable slogan.

Hören wir zu!

Kaufen Sie! Kaufen Sie! Listen for the gist of the passage. You won't understand every word! Circle all responses that apply.

1. Der Verkäufer verkauft seine Ware . . .
   a. in einem Geschäft
   b. in der Fußgängerzone
   c. per Telefon
2. Er verkauft . . .
   a. Obst, Gemüse und Fleisch
   b. Brot und Kuchen
   c. eine Maschine

3. Er sagt, man soll bei ihm einkaufen, weil . . .
  a. es leicht und praktisch ist
  b. man das Ding wieder zurückbringen darf, wenn man es nicht gern hat
  c. man das Ding in keinem Geschäft kaufen kann
4. Er verkauft sein Produkt zu
  a. 200 DM
  b. 150 DM
  c. 100 DM

AKTIVER WORTSCHATZ 2

Substantive

der Anzug, ‥ e	*suit*
die Bibliothek, -en	*library*
die Größe, -n	*size*
die Tasse, -n	*cup*
die Reklame, -n	*commercial, advertisement*
die Werbung, -en	*advertisement, advertising*

Verben

an·probieren	*to try on*
an·rufen	*to call up*
auf·machen	*to open*
aus·gehen	*to go out*
ein·kaufen	*to shop*
ein·laden (lädt ein)	*to invite*
kennen·lernen	*to meet, get to know someone*
passen (+ *dat*)	*to fit; to match*
Das paßt mir.	*That fits (me).*
tragen (trägt)	*to wear; to carry*
trinken	*to drink*
zu·machen	*to close*

Modalverben

dürfen (darf)	*to be permitted to, may*
können (kann) Deutsch, Englisch usw. können	*to be able to, can to know German, English etc.*
mögen (mag)	*to like to*
müssen (muß)	*to have to, must*
sollen (soll)	*to be supposed to*
wollen (will)	*to want to*

Andere Wörter

alles	*everything*
bald	*soon*
ein paar	*a few, a couple of*
frisch	*fresh*
noch	*still, yet*
preiswert	*inexpensive, a good value*
spät(er)	*late(r)*
vielleicht	*perhaps, maybe*
wieder	*again*

> And don't forget:
> Numbers above 100 and words for currency, p. 140
> Der-words, p. 152
> Verbs with prefixes mit- and zurück, p. 148

Routine, Unterhaltung und Freizeit

Kommunikationsziele	■ Talking about radio and TV programs
	■ Expressing opinions
	■ Expressing agreement and disagreement
	■ Telling what time it is
	■ Telling when certain events occur
	■ Talking about past events
	■ Talking about your routine and leisure activities
	■ Talking about where you have been

Bausteine	■ Time and time expressions
	■ Present perfect tense: irregular verbs with **haben**
	■ Present perfect tense: regular verbs with **haben**
	■ Present perfect tense: verbs with **sein**; past tense of **sein** and **haben**

Land und Leute	■ Fernsehen in Deutschland
	■ Deutschlands Burgen und Schlösser

EINFÜHRUNG

Was gibt's heute im Fernsehen?

1. Programm

15.20	**Forschung und Technik.** Für die Deutsche Bundesbahn beginnt die Zukunft schon diese Woche. Am Dienstag fährt der Prototyp vom 300 km/Std. schnellen Intercity-Experimental Zug (ICE) in Hannover ab und kommt 2 Stunden und 17 Minuten später in Würzburg an. Ein Bericht.
15.50	**Tagesschau**
16.00	**Papi, was machst du eigentlich den ganzen Tag?** Film von Kindern und ihren Lebenssituationen.
16.45	**Spaß am Dienstag.** Unterhaltungsmagazin für Kinder: Tom und Jerry und ihre Freunde/Foto als Hobby/Die Sendung mit der Maus.
17.15	**Expedition ins Tierreich.** Die Tiere von Australien und Neuseeland.
17.45	**Tagesschau**
18.00	**Länderschau mit regionalen Nachrichten.**
18.15	**Sportschau.** Aus Berlin: Fußball-Länderspiel Deutschland-Italien.
18.35	**Krimi-Sommertheater.** Der schwedische Agent Richard Ramberg erlebt eine Überraschung.
19.25	**Landshut—Probleme einer alten Stadt.** Hat die Tradition eine Chance? Heute ist die Frage: Spielplätze oder Parkplätze, Wohnungen oder Büros, Mensch oder Auto?
20.00	**Tagesschau**
20.15	**Dallas.** Auf einem großen Grillfest bei den Ewings wird es dramatisch, denn Bobby bringt aus Südamerika eine sensationelle Nachricht zurück.
21.05	**Brennpunkt.** Parlez-vous Deutsch? Sprachprobleme zwischen Deutschland und Frankreich.
21.55	**Kino Parade.** Filmregisseure über ihre Lieblingsfilme aus den 30er Jahren in Deutschland.
22.45	**Alfred Hitchcock.** Porträt des Regisseurs Alfred Hitchcock: 53 Filme in den 55 Jahren seiner Karriere.
23.45	**Berlin Alexanderplatz(1982).** Film in 13 Teilen von Rainer Werner Fassbinder nach dem Roman von Alfred Döblin. Heute abend Episoden 1-3. Das Jahr ist 1928. Nach vier Jahren Haft will Franz Biberkopf jetzt ein neues Leben beginnen. . .

2. Programm

1.50	**Tagesschau**
15.30	**ZDF—Info über Arbeit und Beruf**
16.10	**Achtung, Klappe.** Kinder als Reporter: Mit einem Traktor zur Schule/Spielt das Wetter verrückt?
17.00	**Heute.** Bericht aus den Ländern.
17.15	**Die Sportreportage** mit Formel-I-Grand-Prix aus den USA, Detroit, Golf-Team Europameisterschaft, Leichtathletik aus der UdSSR.
17.35	**„Jetzt ess' ich weniger Fleisch."** Über mehr oder weniger Fleischkonsum. Aus der Serie „Kontakte"—Magazin für Lebensfragen.
18.20	**Ich trage einen großen Namen.** Ein Fernsehquiz über berühmte Persönlichkeiten.
19.00	**Heute**
19.25	**Musik in Kirche, Scheune und Schloß.** Das zweite Schleswig-Holstein-Musikfestival.
20.00	**Der Kaiserball.** Österreich (1956) Stanzi Hübner (Romy Schneider) kommt vom Land zu ihrer Tante (Magda Schneider) nach Wien, um dort ihr Glück zu finden.
21.45	**Heute-Journal.** Jugend fragt—Politiker antworten. Mit Agnes Hürland-Bünig, Staatssekretärin im Ministerium für Verteidigung.
23.10	**Vier gegen die Bank (1976).** Fernsehfilm von Wolfgang Petersen. Vier bessere Herren—Bankiers—kommen auf schlechte Zeiten und brauchen Geld. Die vier beschließen, Geld dort zu holen, wo sie es bis jetzt auch holten—auf der Bank.
0.25	**Heute**

3. Programm

15.20	**Die Hintertür zum Paradies** Komödie von Reinhard Donga. Eine Heimatgeschichte aus Bayern nach dem Roman von Jürgen König.
17.00	**D'Artagnan und die 3 Musketiere.** Spanische Trickfilmserie (1981).
17.30	**Praktische Tips.** Wie Sie Ihren Kindern nach der Schule helfen können/Tips für jede Party.
17.50	**Volkstümliche Hitparade**
18.10	**Alles für den Applaus.** Aus dem Leben von Artisten im Zirkus Roncalli.
18.45	**Rundschau mit Regionalmagazin**
19.00	**Sportkalender.** Schwimm-Europameisterschaft in Straßburg und Motorrad-Deutschmeisterschaft in Nürnberg.
19.15	**Humor ist Trumpf.** Peter Frankenfeld in seinen besten Solo-Nummern.
20.00	**Live-Sendung aus Dresden: Beethoven-Konzert.** Dresdner Staatskapelle mit Christoph Eschenbach, Solist.
21.30	**Rundschau**
21.45	**Plusminus.** Magazin. Welchen Kandidaten wählen die Deutschen zum Kanzler?/Wie gesund ist unser Mineralwasser?/Ein tempolimit auf der Autobahn? Noch nicht.
22.30	**Das kleine Fernsehspiel. Cargo.** Von Michael Gutmann. Benny(Stefan Wood) und Linda (Martha Appel), eine Amerikanerin, arbeiten in den Sommerferien bei der Lufthansa am Rhein-Main-Flughafen. Die kleine Liebesgeschichte wird problematisch, wenn Heinz (Helmut Lüdke), Lindas alter Freund, auftaucht.
23.10	**Die Geschichte vom Jazz.** Mit dem Michael-Naura- Quartett und Klaus Doldinger.
0.15	**Rundschau**

> Du solltest lieber ein Buch lesen!

Fragen zum Text

Welche Sendungen im Ersten, Zweiten oder Dritten Programm haben die folgenden Themen? Machen Sie eine Liste.

a. Wissenschaft   e. internationale und regionale Nachrichten
b. Politik   f. Musik
c. Sport   g. Kinder
d. Natur   h. Unterhaltung

FUNKTION

Zum Thema Fernsehen können Sie sagen:

Wollen wir ein wenig fernsehen?	*Let's watch a little TV.*
Können wir den Fernseher an/ausmachen?	*Can we turn the TV on/off?*
Was gibt's denn im Fernsehen?	*What's on TV?*
In welchem Programm kommt . . . ?	*What channel is[1] . . . on?*
Was siehst du denn gern?	*What do you like to watch?*
Im ersten/zweiten/dritten Programm[1] gibt es . . .	*On channel 1/2/3/ there is . . .*
Also, . . . sehe ich immer/fast immer/nur manchmal.	*Well, I always/almost always/only sometimes see . . .*
Ich mag nur/besonders . . .	*I only/especially like . . .*
Meine Lieblingssendung ist . . .	*My favorite program is . . .*
Ich kenne[2] diese Sendung gar nicht.	*I don't know this program at all.*

Eine Meinung ausdrücken   *To express an opinion*

Ich finde . . . ganz schrecklich/langweilig/spannend/unterhaltsam.	*I find . . . quite horrible/boring/exciting/suspenseful/entertaining*
Ich glaube/meine/denke, daß . . .	*I believe/think that . . .*
Ich sehe das so . . .	*This is my position . . .*
Meiner Meinung nach . . .	*In my opinion . . .*

Übereinstimmung ausdrücken   *To express agreement*

(Das) stimmt.	*Exactly.*
Genau.	
(Das) ist richtig.	*That's right.*

---

[1] See **Land und Leute** for description of TV channels. Also note that when referring to a specific program, i.e., a broadcast, **Sendung** is used.

[2] You now know the two verbs that German uses to express the idea of knowing. **Kennen** is used to express familiarity or acquaintance with a person, place or thing. It always requires a direct object.

Da hast du recht.	You're right.
So ist es.	So it is. (That's how it is.)
Na klar.	Sure.
Das finde/glaube/meine ich auch.	I think so, too.

Widersprechen	*To express disagreement*
Ja schon, aber . . .	*Yes, but . . .*
Das stimmt ja (gar) nicht!	*That's not (at all) right!*
Das ist gar nicht wahr.	*That's not true!*
Das finde/glaube/meine ich nicht.	*I don't think so.*
Ach was!	*What?*
Auf der anderen Seite . . .	*On the other hand . . .*

A. **Guten Abend, meine Damen und Herren!** Sie sehen hier Fotos von populären deutschen Fernsehsendungen. Sagen Sie, welches Bild zu welcher Sendung gehört, und warum Sie das denken.

Bild
Sendung?   1   2   3   4   5   6
Warum?

eine Quizsendung   eine Talk-Show
     Unterhaltungssendung   die Nachrichten
     Musiksendung   eine Sportreportage
     Sportsendung   ein Film
ein Wetterbericht   Dokumentarfilm
Fernsehreklamen   Fernsehfilm
ein Fernsehspiel   Spielfilm
ein Western   Trickfilm
                       ein Krimi

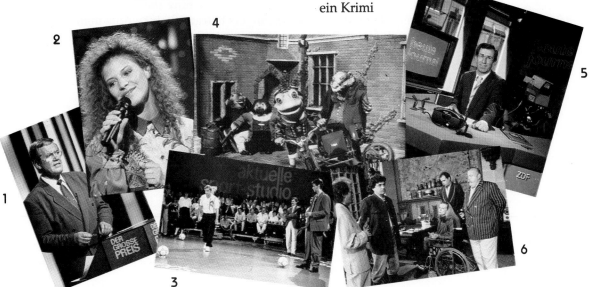

B. **Partnerarbeit: Und du?** Drücken Sie Ihre Meinung zu den Sendungen in der Liste oben (*above*) aus. Ihr(e) Partner(in) macht das dann auch. Benutzen Sie die Ausdrücke auf Seite 164–165.

BEISPIEL   Dokumentarfilme sind gut, aber
Quizsendungen sind ganz schrecklich.
Da hast du recht.

or **Ja schon. Aber auf der anderen Seite meine ich, daß nicht alle Dokumentarfilme gut sind. (Und manchmal sind Quizsendungen ganz unterhaltsam.)**

C. **Meiner Meinung nach . . .** Reagieren Sie auf die folgenden Aussagen (*statements*), die man zum Thema Unterhaltung und Freizeit machen kann. Benutzen Sie die Ausdrücke in der **Funktion**.

BEISPIEL   **Ich finde nicht, daß Fernsehen Menschen aggressiv macht. Man muß ja nicht alle Sendungen sehen, und . . .**

1. Fernsehen ist ungesund.
2. Fernsehen macht den Menschen aggressiv.
3. Computerspiele sind schlecht für Kinder und Teenager.
4. Der Videorecorder macht die Familie kaputt.
5. Sporttreiben ist die beste Form von Unterhaltung.
6. Reisen und andere Länder sehen ist das Beste, was man in seiner Freizeit machen kann.

D. **Zum Thema Unterhaltung und Freizeit: Eine Umfrage.** Using the suggestions below, survey class members to learn their favorite item in each category. Keep track of responses so as to determine class preferences.

BEISPIEL   Autorin
Meine Lieblingsautorin ist Alice Walker.

Roman	Fernsehsendung
Autor(in)	Radiosendung
Film	Musik
Schauspieler(in) (*actor*)	Tanz
Spiel	Unterhaltung
Sport	Aktivität
Sportler(in) (*athlete*)	Reiseziel (*travel destination*)
Ort für Sport	Platte/Cassette
Sänger(in) (*singer*)	

AKTIVER WORTSCHATZ 1

Substantive

der Bericht, -e	*report*
der Dokumentarfilm, -e	*documentary*
das Fernsehen	*television (the medium)*
im Fernsehen	*on TV*
die Freizeit	*leisure time*
der Krimi, -s	*detective story*
die Nachricht, -en	*report, news (pl)*
das Programm, -e	*program, channel, guide to TV programs*
der Schauspieler	*actor*
die Sendung, -en	*broadcast, program*
der Trickfilm, -e	*cartoon*
die Unterhaltung	*entertainment*
die Unterhaltungssendung	*variety show, sit com*
das Wetter	*weather*

Verben

an·machen	*to turn on*
aus·machen	*to turn off*
fern·sehen (sieht fern)	*to watch TV*
kennen	*to know, be acquainted with*

Andere Wörter

ganz	*quite, entire, whole*
(ein) wenig	*(a) little*
wenige	*few*
schrecklich	*terrible, awful*
spannend	*exciting, suspenseful*
unterhaltsam	*entertaining*

Besondere Ausdrücke

Lieblings (+ *noun*)	*favorite*

> And don't forget:
> Funktion: p. 164

Aussprache für Kapitel 6, siehe Seite 453.

Land und Leute ✧ ✧ ✧ ✧ ✧

Fernsehen in Deutschland

Television media are organized into two national networks: **ARD**[3] (*Consortium of German Public Broadcast Corporations*) and **ZDF**[4] (*Second National Television Network*). The **ARD** operates **Erstes Programm**, and the **ZDF** is responsible for **Zweites Programm**. **Drittes Programm**, a channel featuring regional programming, is broadcast by affiliate stations of the **ARD**.

---

[3] Arbeitsgemeinschaft der Rundfunkanstalten Deutschlands

[4] Zweites Deutsches Fernsehen

„Guten Abend meine Damen und Herren. Unser Thema für heute ist . . . "

The broadcast day runs from early afternoon to just past midnight on weekdays and all day Saturdays and Sundays. A typical day's fare on Channel 2 might include the following: news and information, 30%; films and documentary reports, 24%; culture, 17%; entertainment, theater, and music, 15%; sports, 11%; commercials, 3%. When compared to American TV there is very little advertising, and the few spots that exist do not interrupt programs but are broadcast in a cluster during the early evening. Under the entertainment category are several popular American-made TV serials such as **Dallas, Alf, Die Golden Girls**, and **Die Familienbande** (*The Cosby Show*).

To prevent programming bias, broadcast media are neither corporate-owned, as in the United States, nor state-controlled. Although government subsidies and advertising may produce some income, most operating revenues are generated by monthly fees paid by all TV owners. Because the German networks strive to be independent and balanced, there is often much public debate about who should sit on the all-important supervisory boards. Even though special interests and minority groups, as well as political parties, want their concerns to be addressed in programming, there is general consensus that the German broadcasting system meets national audience needs and interests.

Surveys indicate that Germans are watching somewhat less TV in recent years: in 1985 adults averaged 2 hours 28 minutes per day; in 1990, 2 hours 5 minutes. By way of contrast, in 1990 American adults averaged 7 hours 2 minutes per day watching television.

BAUSTEIN 1

TELLING WHEN CERTAIN EVENTS OCCUR

Time and time expressions

VIDEO-CENTER
Alter Rathausplatz 6, Telefon (09527) 7320
Die Videothek
nach Ihrem Geschmack
KNETZGAU

SITUATION
Heute abend.
that, it

Albert ruft Carola an, weil er sie einladen möchte.

ALBERT Komm doch zum Abendessen! Ich hab' auch einen tollen Film von der Videothek. Den° sehen wir dann später. Komm so gegen halb sieben!

CAROLA Nein, so früh kann ich nicht. Ich hab' von sieben bis acht meine Englischstunde. Und oft dauert sie auch länger. Iß doch ohne mich. Ich komme dann zum Film, OK?

ALBERT Ja gut, bis später!

---

das Abendessen, - dinner, evening meal   **früh** early
von . . . bis from . . . until   **die Stunde, -n** hour; class, lesson
dauern to last   **lang, länger** long, longer

Struktur

To ask what time it is, you can use these expressions:

Wie spät ist es?   *How late is it?*
Wieviel Uhr ist es?   *What time is it?*

To answer these questions, use:

A. On the hour:

Es ist zwölf Uhr.
Es ist Mittag (noon).
Es ist Mitternacht.
(midnight).

Es ist ein Uhr.

Es ist sieben Uhr.

B. On the half or quarter hour:

Es ist halb
vier.

Es ist Viertel
nach fünf.

Es ist Viertel
vor elf.

Es ist drei Uhr
dreißig.

C. Minutes after or before the hour:

Es ist fünf
(Minuten)
nach neun.

Es ist zwanzig
(Minuten)
nach neun.

Es ist zwanzig
(Minuten)
vor zehn.

Es ist zehn
(Minuten)
vor zehn.

D. To ask and answer at what time an event occurs, the following expressions are used:

Um wieviel Uhr kommen Sie?	*(At) what time/(when) are you coming?*
Wann kommen Sie?	*When are you coming?*
Um sieben Uhr.	*At seven o'clock.*
Gegen halb acht.	*Around 7:30.*

E. In official time schedules (for example, public transportation, entertainment events, broadcasting, etc.) the twenty-four-hour system is used. Note that hours and minutes are separated by a period.

1.00–12.00 Uhr	1:00 a.m. to 12:00 noon
13.00–24.00 Uhr	1:00 p.m. to midnight

F. Additional vocabulary and expressions for discussing time are:

ab·fahren (fährt ab)	*to depart; leave* (by means of transportation)
an·kommen	*to arrive*
beginnen	*to begin, start*
verlassen (verläßt)[5]	*to leave*
weg·gehen	*to leave*
pünktlich	*on time*

---

[5] Note that **verlassen** always takes a direct object: **Ich verlasse das Haus um 9 Uhr**. When no object is indicated, use **weggehen: Ich gehe um 9 Uhr weg.**

And the following combinations:

NOUNS	COMBINATIONS	
der Morgen, -	am Morgen	den ganzen Morgen
morning	am Mittag	
der Mittag, - *noon*	am Nachmittag	
der Nachmittag, -		den ganzen Nachmittag
afternoon	am Abend	den ganzen Abend
der Abend, -e	**But:** in der Nacht	die ganze Nacht
evening		
die Nacht, ¨ e *night*		

The **der**-word **jed-** (+ endings) is often used with the above nouns to form accusative time expressions (for example, **jeden Morgen; jede Nacht**).

ADVERBS		COMBINATIONS	
gestern	*yesterday*	gestern { morgen	*yesterday morning*
heute	*today*	nachmittag	*yesterday afternoon*
morgen	*tomorrow*	abend	*last evening*
		nacht	*last night*
		heute { morgen	*this morning*
		nachmittag	*this afternoon*
		abend	*this evening*
		nacht	*tonight* (in the night)
		morgen { nachmittag	*tomorrow afternoon*
		abend	*tomorrow evening (night)*
		nacht	*tomorrow night*
		morgen früh	*tomorrow morning*

- An **-s** can be added to the parts of the day of the week to express repeated or customary actions. Note that this time expression is not capitalized.

Wir gehen **samstags** in die Bibliothek.	*We go to the library on Saturdays.*
Die Geschäfte machen **abends** zu.	*The stores are closed in the evenings.*

- To say *once a month, twice a day,* etc., German requires the phrase **einmal, zweimal**, etc. in the following combinations:

einmal im Monat (Jahr)
zweimal in der Woche (oder: zweimal die Woche)
viermal am Tag (Abend, Nachmittag, Wochenende)

Schritte zur Kommunikation

A. **Eine Umfrage.** Ulrike has a job conducting telephone surveys about TV viewing trends, and she has just contacted the Dietlein family. How does Frau Dietlein respond to Ulrike's survey questions?

BEISPIEL   Wie oft sehen Sie eine Quizsendung? (*every evening*)

1. Wie oft sehen Sie die Nachrichten? (*twice an evening*)
2. Wie oft sehen Sie einen Spielfilm? (*every evening*)
3. Wie oft sehen Sie den Wetterbericht? (*every afternoon and every evening*)
4. Wie oft sehen Sie einen Krimi? (*once a month*)
5. Wie oft sehen Sie einen Dokumentarfilm? (*twice a week*)
6. Wann sehen Ihre Kinder Kindersendungen? (*in the afternoons*)
7. Wie oft sehen Sie eine Sportsendung? (*two or three times a month*)
8. Wann sehen Sie am Wochenende fern? (*in the evenings*)

B. **Wohin heute abend?** Jutta and Manfred sehen das Theaterprogramm in einer Wiener Zeitung an. Was sagen sie?

BEISPIEL   19.00 bis 22.45 „Das goldene Vließ"
Von sieben Uhr bis Viertel vor elf gibt es „Das goldene Vließ".

■THEATER HEUTE

STAATSOPER (53 24/26 55): „Tosca", 19.30 bis 22.00 / Aufgeh. Abo.

VOLKSOPER (53 24/26 57): „Martha", 16.00 bis 18.45 / Abo. 25.

BURGTHEATER (53 24/26 56): „Das Goldene Vließ", 19.00 bis 22.45 / Abo. 21.

AKADEMIETHEATER (53 24/26 58): „Gespehster, Gespenster", 19.30 bis 22.15 / Aufgeh. Abo.

THEATER AN DER WIEN (57 96 32): Freunde der Wiener Staatsoper, Diskussion – Irmgard Seefried, 11.00. – „Cats", 19.30.

JOSEFSTADT (42 51 27): „Mittagswende", 15.00 bis 17.30 / Abo. 24. – „Die Schule der Frauen", 19.30 bis 22.00 / Abo. 7.

KAMMERSPIELE (63 28 33): „Der Meisterboxer", 16.00 und 20.00.

VOLKSTHEATER (93 27 76): „Bürger Schippel", 19.30 / Abo. 8, Th. d. Jgd. – **VT-Studio:** „Spiel mit einem Tiger", 19.30. – **Außenbezirke:** „Ein besserer Herr", 19.30 (22, Bernoullistraße 1).

KLEINE KOMÖDIE (52 42 80): „Wer doppelt liebt – lebt besser", 20.00.

INTIME BÜHNE (63 24 34): „Löwe – Löwe – Skorpion", 20.15.

THEATER AM SCHWEDENPLATZ (63 20 973): „Du holdes Couplet", 20.00.

THEATER BRETT (26 89 11): „Die Eiland Rockshow", 20.00.

SPEKTAKEL (57 06 53): „Café Plem Plem", 20.00.

KABARETT NIEDERMAIR (48 44 92): Andreas Vitasek, 20.00.

KULISSE (45 38 70): „Mammas Marihuana ist das beste", 20.00.

SPIELRAUM (83 31 64): „Blut am Hals der Katze", 19.30.

CASANOVA REVUETHEATER (52 98 45): „Erotic Dream", 21.30 und 24.00.

1. 19.30 bis 22.00 „Tosca"
2. 16.00 bis 18.45 „Martha"
3. 19.30 „Cats"
4. 20.00 „Die Eiland Rockshow"
5. 15.00 bis 17.30 „Mittagswende" (*"At the Stroke of Noon"*)
6. 20.15 „Löwe-Löwe-Skorpion" (*"Leo-Leo-Scorpio"*)

C. **Ein Quiz: Um wieviel Uhr?** Stellen Sie sich die folgenden Situationen vor und beantworten Sie die Fragen.

1. Ihre Chemiestunde beginnt um neun Uhr früh. Sie kommen in fünfundzwanzig Minuten zu Fuß an der Uni an. Um wieviel Uhr müssen Sie die Wohnung verlassen?
2. Mit dem Bus dauert es nur zehn Minuten zur Uni. Ihre Mathematikstunde beginnt um halb elf. Wann müssen Sie die Wohnung verlassen?
3. Sie fahren mit dem Bus von Washington, D.C. nach New York. Der Bus soll um zehn Uhr dreißig in New York ankommen, aber er kommt fünfundvierzig Minuten zu spät. Wann kommen Sie in New York an?
4. Sie gehen mit Freunden ins Kino. Der Film beginnt um Viertel nach neun. Sie fahren dreißig Minuten mit dem Auto. Wann müssen Sie die Wohnung verlassen?
5. Sie möchten einen Freund oder eine Freundin in der Schweiz anrufen. In Zürich ist es sechs Stunden später als in New York. Es ist neun Uhr abends in New York. Wie spät ist es in Zürich?

D. **Was gibt's denn im Fernsehen heute abend?** Sehen Sie sich das Fernsehprogramm auf Seite 163 an und beantworten Sie die folgenden Fragen.

1. Wie oft gibt es im Ersten Programm die Tagesschau?
2. In welchem Programm kommt der österreichische Spielfilm mit Romy Schneider? Wie lange dauert er?
3. Welche Sendung läuft von Viertel nach acht bis fünf nach neun?
4. Welche Nachmittagssendungen beginnen vor sechs Uhr?
5. Wie oft kann man Sendungen aus den USA sehen? Wie heißen sie?
6. Wie lange dauert die Sendung für Jazz-Fans im Dritten Programm?

*R*ollenspiel. Imagine that you are discussing what you are going to watch on television tonight. Role-play your conversation with another student, mentioning the times that different programs begin and on which stations they appear. Use the TV schedule in the **Einführung** and the expressions in the **Funktion** on page 164 as a guide.

BAUSTEIN 2

TALKING ABOUT PAST EVENTS

Present perfect tense: irregular verbs with haben

Ein Interview mit Boris Becker

SITUATION
Übers Wochenende.

Inge will wissen, was Bernd übers Wochenende gemacht hat.

INGE   Ich hab' dich am Samstag und Sonntag dreimal angerufen—aber keine Antwort! Erzähl doch mal, hast du letztes Wochenende das Land verlassen??

BERND   Ach was! Ich habe eigentlich nur vor dem Fernseher gesessen— das Tennisturnier in Wimbledon, weißt du.

INGE   Richtig. Du bist Tennis-Fan.

BERND   Du kennst mich ja.[6] An so einem Wochenende kann man mit mir nicht sprechen!

---

erzählen   to tell
letzten/letztes/letzte   (+ noun of time) last (definite time expression)
eigentlich   actually

Struktur

Both English and German have a simple past tense (*I saw*, **ich sah**) and a present-perfect tense (*I have seen*, **ich habe gesehen**). The present perfect tense in German is sometimes called the conversational past because it is the tense that is most frequently used in spoken German for talking about past events.

---

[6] Here, **ja** is a flavoring word (particle) that is used by the speaker to indicate the notion of *after all* or *of course*.

A. As in English, most German verbs are either regular (*learn, learned, learned*) or irregular (*sing, sang, sung*). The present perfect tense of most irregular German verbs is formed by using the present tense of the auxiliary verb **haben** plus a past participle. The form of **haben** must correspond to the subject. The standard pattern for past participles is:

ge- + verb stem (often a stem-vowel change) + en

Observe the word order rules for the present perfect tense:

Wir **haben** das Buch nicht **gelesen**.	We **didn't read** the book.
Hast du die Quiz-Show **gesehen**?	**Did** you **see** the quiz show?
Nachmittags **haben** wir Kaffee **getrunken**.	In the afternoons we **drank** coffee.
Wissen Sie, was er am Montag **getragen hat**?	Do you know what he **wore** on Monday?

B. The principal parts[7] of some familiar irregular verbs are:

Infinitive	Simple past	Past participle	3rd-person singular present
essen	aß	gegessen	ißt
finden	fand	gefunden	
geben	gab	gegeben	gibt
halten	hielt	gehalten	hält
heißen	hieß	geheißen	
helfen	half	geholfen	hilft
lesen	las	gelesen	liest
liegen	lag	gelegen	
nehmen	nahm	genommen	nimmt
schreiben	schrieb	geschrieben	
sehen	sah	gesehen	sieht
singen	sang	gesungen	
sitzen	saß	gesessen	
sprechen	sprach	gesprochen	spricht
stehen	stand	gestanden	
tragen	trug	getragen	trägt
trinken	trank	getrunken	

---

[7] The principal parts of irregular verbs include the infinitive, the simple past, the past participle, and the third person singular of the present tense, if irregular. Although the simple past tense will not be introduced until Kapitel 11, its stem should be learned now as a part of the entire pattern.

C. In the case of separable-prefix verbs, which you learned in Kapitel 5, the separable prefix precedes the past participle of the original verb.

zurückgeben	zurück + gegeben = zurückgegeben
mitnehmen	mit + genommen = mitgenommen

Here are the principal parts of two irregular separable-prefix verbs:

an·rufen	rief an	angerufen	
ein·laden	lud ein	eingeladen	lädt ein

Sie **hat** mich um acht Uhr **angerufen**.	*She **called** me at eight o'clock.*
Wir **haben** ihn nicht **eingeladen**.	*We **did** not **invite** him.*

D. Verbs beginning with the prefixes **be-, emp-, ent-, ge-, ver-,** and **zer-** do not use the **ge-** prefix in the participle. These verbs are called inseparable-prefix verbs because the prefixes are a fixed part of the verb and can never be separated from it.

beginnen	begann	begonnen	
gefallen	gefiel	gefallen	gefällt
verlassen	verließ	verlassen	verläßt
verstehen	verstand	verstanden	

E. You have already learned the prepositions that are used for expressing time.

- Two-way prepositions that always take the dative case when expressing time:

vor einem Jahr	*a year ago*
vor dem Konzert	*before the concert*
in einer Stunde	*in an hour*

- Dative prepositions that express time:

(schon) seit einem Jahr[8]	*for one year*
nach dem Konzert	*after the concert*

---

[8] Remember that **seit** plus a time expression followed by the present tense is used to indicate an activity that has been going on for a period of time and is still continuing in the present: Seit einem Jahr lernt sie Deutsch.

Schritte zur Kommunikation

A. **Ein langer Tag.** Irene erzählt, was sie heute gemacht hat. Was sagt sie?

BEISPIEL 7.00/einen Kaffee trinken
Um sieben Uhr habe ich einen Kaffee getrunken.

1. 8.00/mit der Arbeit beginnen
2. 11.30/meine Eltern anrufen
3. 12.25/die Zeitung lesen
4. 1.00/mit meinem Mann im Restaurant essen
5. 3.00/der Sekretärin helfen
6. 4.00/eine Tasse Tee mit dem Chef trinken
7. 5.15/einen Brief schreiben
8. 5.30/das Büro verlassen
9. 6.00/Sybille zum Abendessen einladen
10. 7.00/ein wenig fernsehen

B. **Seit wann?** Zwei Freunde sehen sich nach ein paar Jahren wieder. Was sind die Antworten auf ihre Fragen?

BEISPIEL Wie lange arbeitest du schon bei Hertie? (acht Monate)
Ich arbeite schon seit acht Monaten bei Hertie.

1. Wie lange lernst du schon Spanisch? (drei Wochen)
2. Seit wann fährst du diesen VW? (fünf Tage)
3. Wie lange wohnst du schon in der Stadtmitte? (ein Monat)
4. Seit wann rauchst du denn nicht mehr? (zwei Jahre)
5. Seit wann kennst du Professor Lange? (ein Jahr)

„Wir spielen seit zwei Jahren jeden Samstag Karten."

C. **In der letzten Woche.** Sagen Sie, was Sie gemacht haben.

Letztes Wochenende ich 100 Mark finden.
Letztes Wochenende habe ich hundert Mark gefunden.

gestern
gestern abend   ich

heute morgen   meine Freunde und
letzten Dienstag   ich

letzten Donnerstag   mein(e) Freund(in)
letztes Wochenende
vor einer Woche
            ?

fernsehen
bei Freunden essen
einen guten Film sehen
___?___ zum Abendessen einladen
___?___ anrufen
___?___ im Fernsehen sehen
___?___ finden
___?___ verlassen
eine Party geben
___?___ trinken
an ___?___ schreiben
___?___ lesen
mit ___?___ sprechen

 *R*ollenspiel. Image that you are irritated with some friends who constantly try to find out what you did over the weekend. Your curious roommates (played by other students) will ask many questions; you will try to avoid answering their questions.

Fragen: siehe Aktivität C, S. 178
Antworten: natürlich; genau; so ist es; na klar; ja schon; vielleicht; das kann sein; ja, und?; warum nicht?; ich bin nicht sicher; ich weiß es nicht genau; eigentlich nicht; das sage ich nicht; warum fragst du?

BEISPIEL   —Hast du letzten Samstag eine Party gegeben?
            —Ja, und?
            —Wen hast du eingeladen?
            —Das sage ich nicht.

BAUSTEIN 3

TALKING ABOUT YOUR ROUTINE AND LEISURE ACTIVITIES

Present-perfect tense: regular verbs with haben

SITUATION Herr Bahr erzählt seinen Mitarbeitern von seiner Reise in die USA.
Im Urlaub.

Pan Am kann Ihnen mehr über Amerika erzählen. In deutsch.

Wenn Sie nach Amerika fliegen, kann es sehr hilfreich sein, mit einer amerikanischen Fluggesellschaft zu fliegen. Mit Pan Am. Denn wir kennen Amerika nicht nur aus der Luft. Es ist unser Zuhause. Deshalb können wir Ihnen viele Tips und Informationen geben, wo immer Sie in Amerika auch hinfliegen. Sprechen Sie mit uns oder Ihrem Pan Am Vertragsbüro.

FRAU KAST	Erzählen Sie uns von Ihrem Urlaub! Wir haben viel an Sie gedacht. Hat es Spaß gemacht?
HERR BAHR	Sie wissen ja, daß ich bei Freunden in Kalifornien gewohnt habe. So habe ich auch das Land besser° kennengelernt.
FRAU KAST	Und haben Sie auch San Francisco besucht?
HERR BAHR	Na klar! Habe ich Ihnen denn keine Postkarte von dort geschickt?
FRAU KAST	Doch, doch, vielen Dank!

better

Struktur

A. As with the irregular verbs, the present perfect of many regular verbs is formed by using the auxiliary **haben** and a past participle. The basic pattern for forming the past participle is:

```
ge- + verb stem + t
```

Ich **habe** Tennis **gespielt**.	*I played tennis.*
Haben Sie die Nachrichten **gehört**?	*Did you hear the news report?*
Sie **hat** eine Postkarte **geschickt**.	*She sent a postcard.*
Wissen Sie, daß ich die USA **besucht habe**?	*Do you know that I visited the U.S.?*

- If the stem ends in **-t** or **-d**, an **-e-** is inserted to facilitate pronunciation.

warten ⟶ gewar**tet** arbeiten ⟶ gearbei**tet**

- In the case of separable-prefix verbs, the separable prefix precedes the past participle of the original verb:

ein·kaufen ⟶ eingekauft auf·machen ⟶ aufgemacht

B. The **ge-** prefix is not used when:

- the verb is an inseparable-prefix verb.

besuchen ⟶ besucht	gehören ⟶ gehört
beantworten ⟶ beantwortet	verkaufen ⟶ verkauft
erzählen ⟶ erzählt	übernachten ⟶ übernachtet

- the verb ends in **-ieren**.

studieren ⟶ studiert anprobieren ⟶ anprobiert

C. Mixed verbs, i.e., verbs that have characteristics of both regular and irregular verbs, also form their past participle by adding the prefix **ge-** and the suffix **-t** to a stem that has undergone a vowel change.

Infinitive	Simple Past	Past participle	3rd-Person Singular Present
bringen	brachte	gebracht	
denken	dachte	gedacht	
kennen	kannte	gekannt	
wissen	wußte	gewußt	weiß

„... nur das Kinderprogramm, selbstverständlich!"

Schritte zur Kommunikation

A. **Am Samstag.** Beim Abendessen erzählt Günther, was er heute gemacht hat. Was sagt er?

BEISPIEL sehr lange auf die U-Bahn warten
Ich habe sehr lange auf die U-Bahn gewartet.

1. in der Stadt einkaufen
2. eine Hose anprobieren
3. alles auf mein Zimmer bringen
4. ein wenig Spanisch lernen
5. mit meinen Freunden Platten spielen
6. eine neue Rockplatte hören
7. einen Brief an Onkel Otto schreiben
8. Marianne Fischer kennenlernen
9. Marianne von meiner Reise nach Mexiko erzählen
10. ihr meine Fotos zeigen
11. den ganzen Nachmittag an sie denken

B. **Reisepläne.** Roland and Wilhelm fahren morgen in Urlaub. Was fragt Roland Wilhelm über die letzten Details?

BEISPIEL das Paket zur Post bringen
Hast du das Paket zur Post gebracht?

1. das Reisebüro anrufen
2. Geld wechseln
3. ein Paar Schuhe kaufen
4. an das Hotel schreiben
5. den Stadtplan finden
6. den Wetterbericht hören
7. die Bücher zur Bibliothek zurückbringen
8. an dem Auto arbeiten
9. die Fenster zumachen
10. den Koffer zum Auto tragen

C. **Wer hat's gemacht?** Fragen Sie eine(n) Partner(in), ob er oder sie letzte Woche das folgende gemacht hat.

BEISPIEL   einem Freund helfen
         Hast du letzte Woche einem Freund geholfen?

1. einen Brief schreiben
2. in der Bibliothek arbeiten
3. einen Dokumentarfilm sehen
4. eine neue Wohnung oder ein neues Zimmer suchen
5. in einem Nachtklub tanzen
6. Karten spielen
7. ein interessantes Buch kaufen
8. in einem Kaufhaus einkaufen
9. eine berühmte (*famous*) Person kennenlernen

Rollenspiel.   Choose a vacation idea from below, and draw up a list in German of activities you might do while vacationing there. Then use the list and the dialogue on p. 179 as guidelines to tell a partner about the imaginary vacation trip you made. Your partner should ask questions about various aspects of your trip.

Ich rauche nicht—ich möchte schön sein! 6–Tage-Nichtraucher-Training i.d. Lüneburger Heide. Ferienclub Lüneburger Heide/C, 3139 Göhrde, Tel.:
(0 58 62)81 67

Beauty–Farm Elisabeth im ALPENHOTEL WAXENSTEIN, 8104 Grainau b. Garmisch, Tel:(0 88 21)80 01, priv. 5 27 18. KURPROGRAMM anfordern!

NICHTSCHWIMMER? In Sieben Tagen im Odenwald das Schwimmen lernen! Wir lösen alle Schwimmprobleme. Urlaubsschwimmschule im Hotel Bellevue, H.F. Geil – Dipl. Sportlehrer, Siegfriedstr. 61, 6149 Grasellenbach i. Odw., Tel.
(0 62 07)32 10

Italienisch-Kurs am Strand der Toskana oder in Florenz. Prospekte anfordern beim Sprachcafé, Schadowstr. 8, 6000 Frankfurt/M., Tel. (0 69)
62 87 87, ab 14.00 Uhr

Computer-Ferienkurse; Textverarbeitung, Pascal usw. Prospekt: Fremdenverkehrsbüro, 8206 Bruckmühl, Tel. (0 80 62)14 93

BAUSTEIN 4

TALKING ABOUT WHERE YOU HAVE BEEN

Present perfect tense: verbs with sein; past tense of sein and haben

FRÜHSTÜCKSPARTY
NÄHE CHECKPOINT-
CHARLY   Andere
HÖREN AUF –
WIR FANGEN AN!

AB 2. JUNI 1990

JEDEN SONNABEND UND SONNTAG
DER FRÜHSTÜCKSHIT FÜR NACHTSCHWÄR-
MER UND FRÜHAUFSTEHER. VON 4.30
BIS 9.00 UHR HEISSE MUSIK, GUTES
ESSEN UND NETTE LEUTE IN DER MZG
LEIPZIGER STRASSE (HINTER DEM FEIN-
KOSTHAUS).

◆ 1. Um wieviel Uhr gibt es in der MZG Frühstück?
2. Was gibt es zu dieser Zeit noch außer Frühstück?
3. Was sind „Nachtschwärmer und Frühaufsteher"?

SITUATION Adam hat seinen Zimmerkameraden seit gestern nicht gesehen.

Wo warst du denn . . . ?
eh? (didn't you?)

ADAM	Du bist heute morgen nicht beim Frühstück gewesen. Bist wohl zu spät aufgestanden, was?°
HORST	Das stimmt. Aber Frühstück hab' ich schon gegessen. Heute morgen um halb fünf! Das war toll . . .
ADAM	So spät bist du nach Hause gekommen? Ich hab' dich gar nicht gehört.
HORST	Das ist gut. Aber ich sag' dir, heute ist es mir ziemlich schlecht gegangen. Den ganzen Tag müde . . .

---

das Frühstück breakfast   **auf·stehen, stand auf, ist aufgestanden**   to get up

Struktur

A. Some German verbs, both regular and irregular, use **sein** instead of **haben** as the auxiliary verb. These are called intransitive verbs: they cannot take a direct object and they show a change of location, such as traveling, or a change of condition, such as waking up.

Ich **bin** nach London **gereist**.   *I traveled to London.*
Ihr **seid** schnell **gelaufen**.   *You ran fast.*

Horst **ist** spät **aufgestanden**.   *Horst got up late.*
Sie **ist** Ärztin **geworden**.   *She became a doctor.*

In addition to verbs denoting change, both **sein** and **bleiben** always use **sein** as an auxiliary.

Wir **sind** in New York **gewesen**.   *We were in New York.*
Gestern **sind** wir zu Hause **geblieben**.   *We stayed at home yesterday.*

B. The following verbs use **sein** as the auxiliary verb.

Regular Verbs

INFINITIVE	PAST PARTICIPLE
reisen	ist gereist
wandern	ist gewandert

Irregular Verbs

INFINITIVE	SIMPLE PAST	PAST PARTICIPLE	3RD-PERSON SINGULAR PRESENT
bleiben	blieb	ist geblieben	
fahren	fuhr	ist gefahren[9]	fährt
fliegen	flog	ist geflogen	
gehen	ging	ist gegangen	
kommen	kam	ist gekommen	
laufen	lief	ist gelaufen	läuft
schwimmen	schwamm	ist geschwommen	
sein	war	ist gewesen	ist
werden	wurde	ist geworden	wird
ab·fahren	fuhr ab	ist abgefahren	fährt ab
an·kommen	kam an	ist angekommen	
aus·gehen	ging aus	ist ausgegangen	
mit·gehen	ging mit	ist mitgegangen	
mit·kommen	kam mit	ist mitgekommen	
weg·gehen	ging weg	ist weggegangen	
zurück·fahren	fuhr zurück	ist zurückgefahren	fährt zurück
zurück·gehen	ging zurück	ist zurückgegangen	
zurück·kommen	kam zurück	ist zurückgekommen	

---

[9] When **fahren** has a direct object, use the auxiliary **haben: Ich habe den VW gefahren.** *I drove the VW.* But: **Ich bin mit dem Bus gefahren.** *I took the bus.*

München

C. The simple past tense of the verbs **sein** and **haben** is generally preferred over the present perfect.

Simple past of sein	
ich war	wir waren
du warst	ihr wart
er/sie/es war	sie waren
Sie waren	

Simple past of haben	
ich hatte	wir hatten
du hattest	ihr hattet
er/sie/es hatte	sie hatten
Sie hatten	

Warst du gestern im Café?   *Were you in the café yesterday?*
Wir **waren** letzte Woche da.   *We were there last week.*
Hattet ihr Zeit?   *Did you have time?*
Nein, wir **hatten** keine Zeit.   *No, we didn't have time.*

Schritte zur Kommunikation

A. **Eine Geschäftsreise.** Andreas Kleiner, ein Geschäftsmann, war in München. Sagen Sie, was er dort gemacht hat. (Es gibt Verben mit **haben** und **sein**.)

BEISPIEL   einen Tag in München bleiben
             Er ist einen Tag in München geblieben.

1. sehr früh aufstehen
2. gegen acht Uhr in München ankommen
3. Kaffee in einer Kaffeebar trinken
4. die Frauenkirche besuchen
5. zur BMW-Fabrik (*factory*) fahren

6. zwei Stunden dort sein
7. im Büro mit dem Chef sprechen
8. später zum Olympiastadion gehen
9. dort im Park laufen
10. am Abend mit Freunden ausgehen
11. in einem Café am Rathaus essen
12. wieder nach Salzburg zurückfahren

B. **Nach den Ferien.** Zwei Freunde sprechen über die Sommerferien. Was sagen sie?

BEISPIEL Holger   Franz/wohin/fahren?
          Holger   Wohin ist Franz gefahren?

HELGA   er/nach Mallorca/fliegen
HOLGER   Klaus und Petra/einen Monat/in Griechenland sein
HELGA   du/wo/sein?
HOLGER   wir/in den Ferien/von Spanien nach Italien fahren
HELGA   Wie schön!/ihr/wann/abfahren?
HOLGER   Vor vier Wochen/aber wir/vor letzten Montag/nicht ankommen
HELGA   ich/zu Hause bleiben/aber meine Familie/nach Afrika fliegen
HOLGER   deine Schwester/auch mitgehen?
HELGA   ja, aber sie/mit ihnen nur bis Kairo/reisen
HOLGER   deine Eltern/mit vielen Geschenken/zurückkommen?

C. **Was haben Sie gemacht?** For each of the time expressions below, write two or more sentences telling something that happened or something that you did then. Share your sentences with other students.

BEISPIEL   vor vier Tagen
            Vor vier Tagen waren ich und meine Freunde in Cleveland bei meinen Eltern. Am Abend sind wir in die Stadt gefahren und haben dort gegessen.

1. letzten Winter   4. letzten Sommer
2. vor zehn Jahren   5. vor einer Stunde
3. vor einer Woche   6. letztes Wochenende

D. **Wer hat's schon einmal** (*once before*) **gemacht?** Fragen Sie, wer in Ihrer Deutschstunde schon das folgende gemacht hat. Wenn Sie eine Person finden, die das gemacht hat, fragen Sie sie, wann sie das gemacht hat.

BEISPIEL   in die Schweiz reisen
            Bist du schon einmal in die Schweiz gereist?
            Wann bist du in die Schweiz gereist?
            das Buch Doktor Schiwago lesen
            Wer hat schon einmal das Buch *Doktor Schiwago* gelesen?

1. nach Kanada fahren
2. im Atlantischen Ozean schwimmen
3. Paris im Frühling besuchen
4. einen Charlie Chaplin-Film sehen
5. mit einem Flugzeug fliegen
6. in ein Jazzkonzert gehen
7. mit einem Schiff reisen
8. auf Times Square sein
9. ?

*R*ollenspiel.   Imagine that you are to meet a friend at the movies. Your friend, played by your partner, has been waiting for 45 minutes in front of the movie theater. When you arrive, he or she complains about the wait and rather angrily asks you where you've been. Describe what you did prior to arriving, and try to convince him or her that you had good reason for being late. Then apologize.

PERSPEKTIVEN

Vor dem Lesen

Radfahren is a magazine for German bicycling enthusiasts, and one of the most popular features are the reports on cycling tours contributed by magazine readers. Typical of such contributions would be the following report by two young Germans who describe their bike trip along a romantic stretch of the Mosel river in west-central Germany.

1. The **Moseltal** is a famous winegrowing region, so you can imagine that the writers will mention things related to wine. Try to guess in this context the following words: (a) der Weinhandel, (b) die Weinberge, (c) der Weinbauer, (d) der Weinkeller, and (e) der Weinort.

2. Look at the map and acquaint yourself with some of the towns along the stretch from Trier to Moselkern. As you read, follow it and make a note of the places the writers mention.

Eine Tour durch das Moseltal

Cochem. In einer Landschaft wie aus dem Bilderbuch.

Mein Freund Norbert und ich sind in unserer Freizeit immer gern unterwegs. Es war immer unser Traum, mit dem Fahrrad die Mosel entlang zu fahren. Das haben wir endlich letztes Wochenende gemacht. Meine Eltern haben uns mit dem Auto nach Trier gebracht, dort sollte nämlich am Samstag morgen unsere Tour beginnen. Trier ist die älteste Stadt Deutschlands, heute aber auch eine bedeutende Universitäts–und Industriestadt und

Unser Traum: mit dem Fahrrad die Mosel entlang zu fahren.

das Zentrum für den Weinhandel. Zuerst haben wir einen Stadtrundgang gemacht und Bauten aus der Römerzeit besucht. Dann starteten wir die 60 Kilometer lange Strecke von Trier bis Bernkastel-Kues.

Die Mosel fließt mit vielen Windungen und scharfen Kurven durch die zweitausendjährigen Weinberge. Dicht am Fluß liegen die Fachwerkhäuser der Weinbauern mit ihren berühmten großen Weinkellern. Die Straße führt durch kleine romantische Dörfer und wechselt in der Nähe von Piesport auf das rechte Ufer über. Dort sind wir dann auf einer Brücke über die Mosel gefahren—das hat viel Spaß gemacht. Am Spätnachmittag wurden wir ein wenig müde und mußten öfter Rast machen.

Gegen acht Uhr sind wir dann doch endlich in

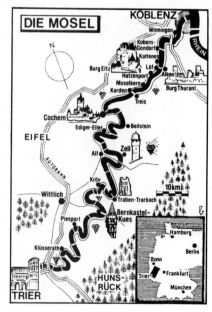

Bernkastel–Kues, dem „Herz der Mittelmosel", angekommen und haben sofort die Jugendherberge gesucht, die früher ein schönes Schloß war. Sie steht hoch auf einem Berg, und wir mußten die Fahrräder hinaufschieben! Der Blick hinunter auf die Mosel bei Nacht war wunderschön.

Burgen und Ruinen stehen links und rechts dicht zusammen...

Am nächsten Morgen fuhren wir zur Burg Landshut, eine Ruine aus dem 7. Jahrhundert, die heute noch das Bild der Stadt beherrscht. Von dort aus ging es an weiter nach Cochem. Bei Zell wurden die Kurven immer schärfer und das Moseltal steiler, deshalb sind wir den Rest der Strecke mit dem Moselschiff gefahren. Von der Flußmitte konnten wir rechts die Burg Metternich bei Beilstein und dann später links die Reichsburg Cochem sehen– ein sehr beeindruckender Anblick. In Cochem haben wir wieder in der Jugendherberge übernachtet und uns am Abend noch auf dem Marktplatz die schönen alten Häuser und das Rathaus angesehen.

Für mich ist Burg Eltz die schönste Burg Deutschlands.

Am Sonntag morgen um sieben Uhr haben wir Cochem verlassen und sind das linke Moselufer entlang in Richtung Koblenz gefahren. Das war dann unsere letzte Strecke, und nur 20 Kilometer. Die Landschaft ist zauberhaft—viele Burgen und Ruinen stehen links und rechts im Moseltal dicht zusammen. Unser Ziel aber war Burg Eltz, die 184 Meter über dem kleinen Weinort Moselkern liegt. Die Geschichte dieser Burg geht bis in das Jahr 1150 zurück. Unsere Fahrräder konnten wir nicht hinauffahren—man kann die Burg nur nach einstündiger Wanderung zu Fuß erreichen. Das war der Höhepunkt vom ganzen Wochenende.

Nach einem guten Abendessen in Moselkern war unsere tolle Radtour zu Ende. Mit dem Zug sind wir dann nach Hause gefahren und haben statt Burgen wieder Fabriken und Industrie gesehen. Gegen Mitternacht sind wir todmüde aber glücklich zu Hause angekommen. Fahrt doch auch mal an die Mosel!

Jens (16)

Bernkastel, wo die Jugendherberge in einem alten Schloß zu finden ist.

Tal valley **bedeutende** prominent **Handel** commerce **Rundgang** walking tour **Bauten** buildings, structures **Strecke** stretch **Windungen** windings, turns **Dicht** close **Fachwerkhäuser** halftimbered houses **Weinbauern** wine growers **Dörfer** villages **Ufer** bank, shore **Herz** heart **sofort** immediately **hinaufschieben** push up **Blick** view **Jahrhundert** century **beherrscht** dominates **immer** more and more **steiler** steeper **deshalb** therefore **beeindruckender Anblick** impressive sight **Richtung** direction of **zauberhaft** enchanting **Ziel** destination **Ort** town **dieser** of this **erreichen** reach **Höhepunkt** highlight **statt** instead of **todmüde** dead tired

Fragen zum Text

1. Steht das im Text? Sagen Sie ja oder nein.
   a. Norbert und Jens sind die ganze Strecke von Trier nach Moselkern mit dem Fahrrad gefahren.
   b. Die Strecke von Trier nach Moselkern ist 80 Kilometer.
   c. Bei Piesport sind sie mit dem Schiff über die Mosel gefahren.
   d. Sie haben viele Burgen gesehen aber nur zwei besucht.
   e. Sie sind mit dem Fahrrad zur Burg Eltz gefahren.

2. In welcher Reihenfolge (*order*) haben Jens und Norbert die folgenden Orte (a. bis f.) gesehen? Folgen Sie der Radtour auf der Karte.

   1 ___?___ 2 ___?___ 3 ___?___ 4 ___?___ 5 ___?___ 6 ___?___

   a. Bernkastel-Kues   b. Trier   c. Piesport   d. Cochem
   e. Moselkern   f. Beilstein

3. Wie finden Sie diese Tour? Würden (*Would*) Sie auch gern so eine Reise machen? Warum oder warum nicht?

Land und Leute

Deutschlands Burgen und Schlösser

An unforgettable and romantic aspect of any German landscape are the **Burgen** (*fortified castles*), reminders of medieval feudal order. There are hundreds of examples—most are ruins but many are still intact—surrounded by moats or built strategically on hills and the high ground above river valleys. Augs-

Wernigerode, Harz

burg, Hamburg, and Magdeburg are only a few of the cities the local history of which traces back to an original fortified castle.

Equally impressive are the **Schlösser** (*unfortified castles* and *villas*), the residences grandly built to display the wealth and power of the ruling elite of more recent history. Many city centers such as Mannheim, München, and Karlsruhe are still defined by their imposing castles.

There is a richer mosaic of castles in Germany than in neighboring countries because of the evolution of German political and social order. Germany was not a unified nation and state until 1871, and as late as 1800 there were still hundreds of small political units, each governed by a local king, prince or duke and each, of course, with its own **Burg** or **Schloß**.

SYNTHESE

A. **Eine Reise.** Using the **Perspektiven** text as a guide, write a similar account, real or imaginary, of a memorable trip. Include a sketch of a map to accompany your description.

B. **Interview.** Use the questions below to interview another student. Each main question has a series of related questions to help you gain skill in sustaining a conversation in German. If the answer to the main question is affirmative, proceed with the related questions. If the answer is negative, move on to the next numbered question.

1. Hast du einen Fernseher?
   a. Ist er ein Schwarzweißfernseher oder ein Farbfernseher?
   b. Hast du gestern abend ferngesehen?
   c. Hast du die Nachrichten gesehen?
   d. Hast du einen Kriminalfilm gesehen?
   e. Hast du den Wetterbericht gesehen?
   f. ?
2. Bist du letztes Wochenende ins Kino gegangen?
   a. In welches Kino bist du gegangen?
   b. Bist du allein oder mit Freunden gewesen?
   c. Was hat im Kino gespielt?
   d. Hat dir der Film gefallen?
   e. Wie lange hat der Film gedauert?
   f. Was hast du nach dem Film gemacht?
   g. ?
3. Hast du in den letzten Wochen in einem Restaurant gegessen?
   a. In welches Restaurant bist du gegangen?
   b. Was hast du gegessen? Frühstück, Mittag- oder Abendessen?
   c. Was hat es gekostet?
   d. Hat dir das Restaurant gefallen?
4. Hast du letztes Jahr eine Reise gemacht?
   a. Wohin bist du gefahren?
   b. Hast du viele Leute kennengelernt?

    c. Wie lange bist du dort geblieben?

    d. Hast du viele Fotos gemacht?

    e. Hast du viele Reisegeschenke zurückgebracht?

    f. ?

5. Bist du letzte Woche einkaufen gegangen?

    a. Wie bist du zum Geschäft gekommen? Mit dem Rad oder dem Auto? Zu Fuß?

    b. In welche Geschäfte bist du gegangen?

    c. Was hast du anprobiert?

    d. Was hast du gekauft?

    e. ?

 *R*ollenspiel. Imagine that a group of people with very different tastes (sports fan, intellectual, music lover, soap opera fan, situation comedy fan) are discussing what they watched on TV last night. Each member of the group finds the programs of the others uninteresting at best. Imagine the conversation as you and the other students play the roles. Each person should include the following information:

    1. How many hours he or she watched TV.

    2. Where he or she watched TV.

    3. Which types of programs he or she chose.

    4. Which program was his or her favorite and why.

 ## Hören wir zu!

Wer hat das rote Auto gesehen? There was a burglary in Paul's apartment and there seem to be very few clues. Listen to this version of events as reported by a neighbor. Then, based on the report, indicate whether the following statements are **richtig** or **falsch**.

    1. Paul war von morgens bis abends in der Stadt.

    2. Paul macht die Fenster nur zu, wenn er abends das Haus verläßt.

    3. Man hat Pauls Stereo, Videorecorder und Kamera genommen.

    4. Die Nachbarin (*neighbor*) hat die Polizei angerufen.

    5. Die Nachbarin erzählt den Polizisten, daß sie nichts gehört und gesehen hat.

AKTIVER WORTSCHATZ 2

Substantive

das Abendessen, -	*dinner, evening meal*
das Dorf, ¨ er	*village*
die Fabrik, -en	*factory*

der Fluß, ¨ sse	*river*
das Frühstück	*breakfast*
die Geschichte, -n	*story; history*
die Landschaft, -en	*landscape, countryside*

das Mittagessen, -	*lunch, noon meal*
der Traum, $\ddot{}$ e	*dream*

Zeit

der Abend, -e	*evening*
abends	*evenings, in the evening*
die Minute, -n	*minute*
der Mittag, -e	*noon*
die Mitternacht	*midnight*
der Morgen, -	*morning*
morgens	*mornings, in the morning*
der Nachmittag, -e	*afternoon*
nachmittags	*afternoons, in the afternoon*
die Nacht, $\ddot{}$ e	*night*
nachts	*nights, at night*
die Stunde, -n	*hour, class hour*
(die) Uhr	*o'clock*
um . . . Uhr	*at . . . o'clock*
(das) Viertel	*quarter*

Verben

ab·fahren, fuhr ab, ist abgefahren, fährt ab	*to depart, drive away*
an·kommen, kam an, ist angekommen	*to arrive*
auf·stehen, stand auf, ist aufgestanden	*to get up*
beginnen, begann, begonnen	*to begin, start*
dauern	*to last* (time)
erzählen	*to tell*
verlassen, verließ verlassen, verläßt	*to leave*

weg·gehen, ging weg, ist weggegangen — *to leave, depart*

Andere Wörter

berühmt	*famous*
eigentlich	*actually*
früh	*early*
früher	*earlier, former*
ganz	*whole, entire; quite*
gegen	*around, about (with time)*
gestern	*yesterday*
halb	*half*
hoch	*high*
lang, länger	*long, longer*
letzt-	*last*
pünktlich	*on time, punctual(ly)*
schon	*already*
von . . . bis	*from . . . to (until)*
vor (with time expressions)	*ago*

Besondere Ausdrücke

einmal, zweimal, dreimal usw.	*once, twice, three times etc.*
Wie spät ist es?	
Wieviel Uhr ist es?	*What time is it?*

Verwandte Wörter

die Industrie, -n
die Ruine, -n

And don't forget:
Combinations with gestern, page 171
Combinations with heute, page 171
Combinations with morgen, page 171
Combinations with ganz-, page 171

Heim und Nachbarschaft¹

Kommunikationsziele	Talking about where and how you like to live
	Discussing advantages and disadvantages
	Pointing out specific objects
	Describing and comparing things
	Expressing possession or close relationships
	Referring to past events
Bausteine	Demonstrative pronouns; **der**-words as pronouns
	Comparative and superlative forms of adjectives and adverbs
	Genitive case and genitive prepositions
	Simple past of modal verbs
Land und Leute	Wie die Deutschen wohnen
	Das Lokal um die Ecke

¹ *home and neighborhood*

EINFÜHRUNG

So möchte ich wohnen!

private homes

favorable

view of

including lot

condominiums
hilly area
north of Frankfurt

Muster *model*

finally

will build
Wunsch here: *dream*

special
beginning at

Eigenheime°
in Schwalbach
am Taunus
NEU

was Sie suchen . . .
- viel Platz für die ganze Familie
- frische Luft in einer grünen Gegend
- einen günstigen° Preis

Was wir bieten . . .
- große Häuser mit Keller und Terrasse
- Gärten mit Blick auf° die Taunuslandschaft
- einen Preis einschließlich° Garage und Grundstück zu DM 380.000.

Bei uns mehr Sicherheit

Unsere Adresse:
6000 Ffm.-Sachsenhausen
Schaumainkai 47

Rufen Sie uns an und vereinbaren Sie einen Termin in unserem Musterhaus
Tel. 069 / 606 9217
Herr Schlund

EIGENTUMSWOHNUNGEN
NEU IM LANDHAUSSTIL NEU
AM TAUNUS

Eigentumswohnungen° im Landhausstil am Taunus.° Hier wohnen Sie ideal, in der Nähe von Wald und See, aber nur 15 Minuten mit dem Zug von der Stadtmitte! Glauben Sie uns aber nicht nur, sehen Sie sich diesen Samstag und Sonntag zwischen 14.00 und 17.00 Uhr eine Musterwohnung° an.

DOMICIL
Wohnungsbau GmbH & Co. KG
Bauvorhaben: In den Eichen, 6237 Liederbach. Telefon 069 / 75 21 91

Massiv Stein auf Stein gebaut für Generationen

Wir bauen Ihr Wunschhaus

»Haus Kronberg« »Haus Königstein«

Ausbauhaus°
172.900,-
Schlüsselfertig°
249.900.

»Haus Bad Soden«

Ausbauhaus°
180.800,-
Schlüsselfertig°
287.400.

Ausbauhaus°
162.800,-
Schlusselfertig°
254.200.

100 JAHRE
BAUUNTERNEHMUNG
LORENZ JÖKEL

JÖKEL-BAU GmbH & Co. KG
Gartenstraße 44
6490 Schlüchtern. ☎ (0 66 61) 8 40

Endlich° wird Ihr Traum wahr! Unsere Firma ist dieses Jahr 100 Jahre alt und baut° für Sie Ihr Wunschhaus° in einer ruhigen schönen Nachbarschaft zu einem besonderen° Preis ab° DM 162.000.

Fragen zum Text

1. Finden Sie in jeder Anzeige zwei Aspekte, die für jedes Haus wichtig sind.
   a. Eigentumswohnungen im Landhausstil
   b. Eigenheime in Schwalbach
   c. Wir bauen Ihr Wunschhaus.
   d. Na also! Es geht also doch!
2. Machen Sie eine Liste von Supersubstantiven (*compound nouns*), die Sie in den Immobilienanzeigen (*real estate ads*) finden.

BEISPIEL   das Land + das Haus + der Stil = der Landhausstil

3. Vergleichen Sie (*compare*) die Anzeigen. In welcher steht was über . . . ?
   a. die Landschaft
   b. den Preis
   c. die Nachbarschaft
   d. die Firma
   e. die Besichtigungszeit (wann Käufer sich das Haus ansehen können)

FUNKTION

Wenn Sie sich eine Wohnung oder ein Zimmer suchen, können Sie sagen:

Ich habe Ihre Anzeige in . . . gesehen.	*I saw your ad in . . .*
Sie haben ein Zimmer/eine Wohnung zu vermieten, nicht wahr?	*You have a room/apartment for rent, don't you?*
Ist das Zimmer noch frei?	*Is the room still available?*
Ist es möbliert oder unmöbliert?	*Is it furnished or unfurnished?*
Wie hoch ist die Miete?	*How high is the rent?*
Was kostet das Zimmer im Monat?	
So viel kann ich nicht bezahlen.	*I can't pay that much.*
Geht's ein wenig billiger?	*A little cheaper, perhaps?*
Klingt gut. Ich nehme es.	*Sounds good. I'll take it.*

Wenn Sie den Vermieter/die Vermieterin (*landlord/landlady*) anrufen, hören und sagen Sie:

—Hier Kaufmann.
—Miller. Guten Tag. Ich rufe wegen der Wohnung/des Zimmers an.
—Vielen Dank. Bis später dann. Auf Wiederhören.
—Auf Wiederhören.

A. **Was ist wo?** Beschreiben Sie das Haus. Nützliche Ausdrücke:

Links/rechts vom Schlafzimmer/von der Küche ist	Im ersten Stock ist/sind . . . .
Im Erdgeschoß ist/sind	Zwischen dem/der . . . ist . . . .
	Hinter . . . ist . . . .

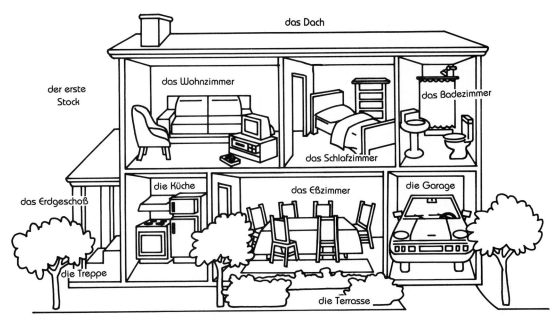

B. **Die Möbel.** Schauen Sie sich die Bilder von den Zimmern an. Wählen Sie
Adjektive von der Liste und beschreiben Sie die Möbel.

BEISPIEL   Der Sessel in Wohnzimmer A ist unbequem. Er ist zu modern.
  or   Ich finde die Vorhänge im Schlafzimmer schick. Sie gefallen mir.

angenehm ⟶ unangenehm		schick ⟶ altmodisch	
bequem ⟶ unbequem		schön ⟶ häßlich	
elegant ⟶ unelegant		toll ⟶ schrecklich	
gemütlich ⟶ ungemütlich		hell ⟶ dunkel	
geschmackvoll ⟶ geschmacklos		modern ⟶ traditionell	
groß ⟶ klein		schick ⟶ altmodisch	
hell ⟶ dunkel		schön ⟶ häßlich	
modern ⟶ traditionell		toll ⟶ schrecklich	

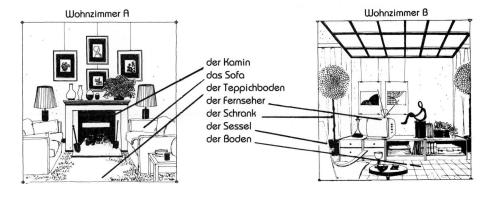

Wohnzimmer A

Wohnzimmer B

der Kamin
das Sofa
der Teppichboden
der Fernseher
der Schrank
der Sessel
der Boden

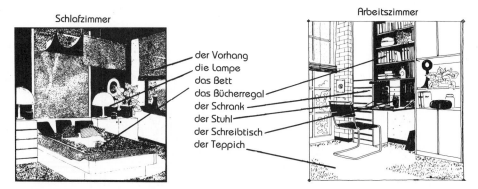

Schlafzimmer   Arbeitszimmer

der Vorhang
die Lampe
das Bett
das Bücherregal
der Schrank
der Stuhl
der Schreibtisch
der Teppich

C. **Meine Idealwohnung.** Beschreiben Sie, wie Sie Ihre ideale Wohnung oder Ihr ideales Haus einrichten würden (*would furnish*). Geben Sie Gründe (*reasons*) für Ihre Wahl.

BEISPIEL   Mein Wohnzimmer muß einen Kamin haben und zwei oder drei Sessel. Es muß natürlich gemütlich sein. In meiner Küche brauche ich . . .

Rollenspiel.   **Ist das Zimmer noch frei?** Imagine you are looking for a room. You have found an ad in the newspaper and are now calling the landlord (played by another student) to inquire about it. Use the expressions in the Funktion.

Ein Eigenheim: der Traum von vielen Deutschen

AKTIVER WORTSCHATZ 1

Substantive

Wohnen

das Arbeitszimmer, -	*study*
das Badezimmer, -	*bathroom*
der Balkon, -s	*balcony*
das Dach, ¨ er	*roof*
das Eßzimmer, -	*dining room*
die Garage, -n	*garage*
der Kamin, -e	*fireplace*
die Küche, -n	*kitchen*
die Miete, -n	*rent*
der Platz, ¨ e	*place, room*
das Schlafzimmer, -	*bedroom*
die Terrasse, -n	*terrace*
das Wohnzimmer, -	*living room*

der Haushalt

der Boden, ¨	*floor, ground*
die Dusche, -n	*shower*
der Herd, -e	*stove*
der Kühlschrank, ¨ e	*refrigerator*
die Möbel (pl)	*furniture*
der Schrank, ¨ e	*wardrobe, cupboard*
der Kleiderschrank, ¨ e	*clothes closet*
der Küchenschrank, ¨ e	*kitchen cupboard*
der Bücherschrank, ¨ e	*book case*
der Teppich, -e	*carpet, rug*

And don't forget:
Möbel, Seite 197–198
Funktion, Seite 196

---

der Teppichboden, ¨	*wall-to-wall carpeting*
der Vorhang, ¨ e	*curtain*

die Wohngegend

die Gegend, -en	*region, area*
die Nachbarschaft, -en	*neighbor-hood*
der Wald, ¨ er	*woods, forest*

Verben

bezahlen	*to pay*
mieten	*to rent*
vermieten	*to rent (out)*
zu vermieten	*for rent*

Andere Wörter

altmodisch	*old-fashioned*
(un)angenehm	*(un)pleasant*
(un)bequem	*(un)comfort-able*
dunkel	*dark*
(un)gemütlich	*(not) cozy*
geschmacklos	*in bad taste*
geschmackvoll	*tasteful*
hell	*light, bright*
ruhig	*quiet, peaceful*
schick	*chic, fashion-able*

Aussprache für Kapitel 7 siehe Seite 453.

Land und Leute ✧ ✧ ✧ ✧ ✧

Wie die Deutschen wohnen

Although many Germans dream of owning their own house and yard, high prices for land and construction often make it difficult to do so. There is a trend toward single-family houses, but apartment living remains the norm in this densely populated country.

Apartment dwellers often satisfy their desire to enjoy the outdoors by renting a **Schrebergarten** (*garden plot*) on the outskirts of the city. Here they can tend their flowers and vegetables and chat over the fence with their neighbors in the garden colony.

Many young people prefer apartments in older town houses because the rent is lower, and because such houses often offer more space and charm than newer high-rise buildings. This trend is especially evident in urban neighborhoods, which are being restored to make city dwelling more attractive and prevent flight to the suburbs. In many cities and university towns one may encounter large apartments and houses occupied by groups of young people who share upkeep and rent. Thousands of **Wohngemeinschaften** (*residential collectives*) exist, and they are growing in popularity among various age groups.

Most Germans in the western part of the country find that their housing needs are met, but some difficulties remain for certain age and income groups. Although millions of residential units have been constructed, the housing supply proved inadequate in the late 1980s, when hundreds of thousands of asylum seekers, GDR citizens and East Europeans of German ancestry streamed into West Germany seeking asylum. Germans living in the eastern part are also coping with housing difficulties and are faced with the need to modernize millions of older houses and apartments.

Heidelberg: hier ist das Wohnen schön aber teuer.

BAUSTEIN 1

POINTING OUT SPECIFIC OBJECTS

Demonstrative pronouns; der-words as pronouns

Die Küche zum Wohnen
Beratung und Planung in unserem Küchenstudio

möbel sauer

wohnmöbel · küchenstudio · teppiche · gardinen · bodenbeläge

3551 münchhausen
marburger str. · steinweg · kreuzstr. · tel. (06457) 493

1. Für was ist diese Anzeige?
2. Was ist ein Küchenstudio?

SITUATION
Vorteile und Nachteile.

Georg und Uschi Joseph wollen eigentlich umziehen, aber alles, was sie ansehen, ist nicht ganz richtig.

GEORG   Diese Wohnung finde ich schrecklich. In der kann man ja alle Nachbarn hören!

USCHI   Vier Wohnungen haben wir jetzt gesehen, und jede hat Nachteile. Meinst du, wir wollen vielleicht gar nicht umziehen? Aber die Küche ist schön groß . . .

finally   GEORG   Ja, in der hätten wir endlich° genug Platz für unsere Küchenmöbel. Und der Balkon, der ist auch schön . . .

USCHI   Das sind also die Vorteile. Fragen wir, wie hoch die Miete ist.

---

der Nachbar, -n, -n neighbor   **der Nachteil, -e,** disadvantage
umziehen, zog um, ist umgezogen to move   **der Vorteil, -e** advantage

---

Struktur

A demonstrative pronoun points out or emphasizes a previously mentioned noun. For example: *Do you need a lamp?* ***This one*** *is nice.* In German, the definite article can be used as a demonstrative pronoun. The forms of the demonstratives **der, das,** and **die** are identical with the forms of the definite article, except that the dative plural form of the demonstrative adds an **en: denen.** Both definite articles and demonstratives have the same gender and number as the nouns to which they refer, the case is determined by their function in the sentence.[2]

Wie gefällt dir diese Eigentumswohnung?	*How do you like this condominium?*
Die gefällt mir sehr.	*I like it a lot.*
In der möchte ich wohnen.	*I'd like to live in it (that one).*

- The demonstrative pronoun **das** may be used in the nominative case to refer in general to people or things. No gender or number distinctions are made.

Endlich genug Platz! Das finde ich gut.	*Finally enough room! That I like.*
Das ist meine Mutter und das ist mein Vater.	*This is my mother and this my father.*

Schritte zur Kommunikation

A. **Die Küche zum Wohnen.** Uschi und Georg haben diese Küche bei Möbel Sauer gekauft. Das waren die Vorteile. Ergänzen Sie, was die beiden gesagt haben.

1. Das ist die Küche zum Wohnen! _____ gefällt mir!
2. Die Möbel sind so schön traditionell. _____ finde ich geschmackvoll.
3. Und sieh mal den Tisch da. _____ ist groß genug für die ganze Familie.
4. Den Kühlschrank sieht man gar nicht! _____ ist in einem Küchenschrank versteckt (*hidden*)!
5. Und der Herd ist praktisch. Auf _____ kannst du gut kochen (*cook*), Georg.
6. Es gibt genug Schränke. _____ habe ich gern.

---

[2] Because demonstratives provide emphasis, they are stressed in spoken German and are often followed by words such as **da, dort,** or **hier.** Remember that **der-** words may be used as demonstrative pronouns, as you learned in **Kapitel 5. Das ist eine schöne Wohnung.** *Diese* **gefällt mir.**

7. Möbel Sauer ist wirklich ein gutes Geschäft. In _____ kaufe ich gern ein, muß ich sagen.

8. Und die Beratung (*consultation*) und Planung in ihrem Küchenstudio! _____ finde ich einfach toll.

B. **Was sagen Sie?** Imagine yourself in situations in which the statements on the left are made to you. Choose your response from the list on the right. You might begin your answer with either ja or nein.

1. **Im Kleidungsgeschäft:** „Dieser Mantel ist sehr teuer, aber sehr schick und elegant. Den sollen Sie nehmen."

2. **Auf dem Markt:** „Probieren Sie diese Trauben; die sind sehr preiswert."

3. **Im Büchergeschäft:** „Hier ist der neue Roman von Harold Robbins. Den müssen Sie kaufen."

4. **In der neuen Wohnung:** „Schau mal, es gibt einen Balkon. Ist das nicht schön?"

5. **Die Hausverkäuferin:** „Diese Gegend ist ideal. Die ist am Abend ruhig, sage ich Ihnen— keine Nachtklubs, Kinos oder Geschäfte."

6. **Im Reisebüro:** „Soll ich Ihnen über diese Gruppenreisen nach Griechenland erzählen? Alles wird für Sie organisiert und geplant; Sie brauchen gar nichts zu machen."

7. **Ein Freund:** „Im Kino spielt ein Dokumentarfilm. Den will ich sehen. Kommst du mit?"

8. **Eine Freundin:** „Hast du Irenes Ferienfotos gesehen? Sie sollen sehr schön sein."

a. „Das finde ich gut."

b. „Der kostet zu viel; den nehme ich nicht."

c. „Von dem kann man nur den Parkplatz sehen!"

d. „Ich habe gehört, von dem kann man viel lernen."

e. „Aber die sehen nicht frisch aus."

f. „Solche interessieren mich. Ich fahre nicht gern allein."

g. „Der gefällt mir."

h. „Die finde ich langweilig."

i. „Die hat sie mir gezeigt. Manche sind nicht so gut."

j. „Kommen die aus Italien?"

k. „Den habe ich schon letztes Wochenende gesehen."

l. „Welche meinst du? Die von dieser Reise, oder die von der letzten?"

m. „Den möchte ich nicht lesen."

*R*ollenspiel.   Using the list below as a guide, make a list of possible good and bad features of an imaginary apartment. Work with a partner and refer to the conversation on page 201. Play the role of a couple or of two friends looking at a furnished apartment who can't seem to agree on anything. Each time you point out something you like, your partner finds something about it to criticize, and vice versa.

BEISPIEL   die Gegend: schön   zu laut
Findest du die Gegend nicht schön?
Ja, die ist sehr schön, aber meiner Meinung nach ist sie ein wenig zu laut.

das Bad
die Terrasse
das WC
der Küchenschrank
die Vorhänge

die rote
  Schlafzimmerwand
der grüne Teppichboden
der lila Sessel

„Ja, die Wohnung ist klein, aber es ist so romantisch hier in der Altstadt."

BAUSTEIN 2

DESCRIBING AND COMPARING THINGS

Comparative and superlative forms of adjectives and adverbs

1. Was bedeutet „Freischwinger", was „Schaukelstuhl"?
2. Welche Wörter erkennen Sie?

Freischwinger

Gestell verchromt, lackiert.
Rückenteil, Sitzfläche Leder
weiß, grau, schwarz, braun,
natur

89,-

möbelum

Hanauer Landstr. 11—13
Telefon 44 70 44

Schaukelstuhl
— Gestell Holz
— Sitz und Lehne
  Geflecht

99.-

möbelum

Hanauer Landstraße 11—13
Telefon 44 70 44

SITUATION Albert und Inge sehen sich die Stühle bei Möbelum an.

Meiner
Meinung
nach . . .

ALBERT   Inge, schau mal. Dieser Schaukelstuhl da, der gefällt mir am besten.

INGE   Na, ich muß sagen, den finde ich nicht so schön wie diesen Stuhl hier. Dieser ist moderner und schicker, meine ich. Und sogar° billiger!

even

ALBERT   Aber du, der Schaukelstuhl kostet doch nur zehn Mark mehr! Das ist doch kein Unterschied.

INGE   Ja gut, aber . . . Den mag ich einfach nicht.

---

schau mal!   take a look!, look here!   **der Unterschied, -e**   difference

Struktur

In German, as in English, adjectives and adverbs have three forms: positive, comparative, superlative.

	Positive	Comparative	Superlative
adjective	long	longer	longest
	expensive	more expensive	most expensive
adverb	quickly	more quickly	most quickly

A. To express that two individuals, groups, or things are (not) equal, German uses the positive form of an adjective or an adverb and **so . . . wie** (*as . . . as*).

Sie läuft so schnell wie ich.   *She runs as fast as I do.*
Der Film ist nicht so interessant   *The film is not as interesting as the*
  wie der Roman.   *novel.*

B. To express inequality (smaller than, more interesting than), German adds **-er** to the adjective or adverb + **als** (*than*). Note that German always uses **-er** for the comparative, whereas English sometimes uses the positive form of the adjective or adverb with the word *more.*

heiß ⟶ heißer   *hotter*
intelligent ⟶ intelligenter   *more intelligent*
klein ⟶ kleiner   *smaller*
schön ⟶ schöner   *more beautiful*

Dieser Kleiderschrank ist **klein**, aber der da ist noch **kleiner**.
Unsere Nachbarschaft ist **schön**, aber eure ist **schöner**.

- An **Umlaut** is added to most one-syllable adjectives and adverbs that have an *a, o, u.*[3]

gesünder leben

alt	älter	
groß	größer	
nah	näher	*near, nearer*
jung	jünger	*young, younger*
kalt	kälter	*cold, colder*
kurz	kürzer	*short, short*
lang	länger	
oft	öfter	
warm	wärmer	*warm, warmer*

---
[3] Learn the new adjectives introduced here.

- The **-e** is dropped from adjectives or adverbs ending in **-el** and **-er**.

  dunkel   dunkler   teuer   teurer

- To express the idea of *more and more . . .* (e.g., *"more and more expensive"*) use **immer** and an adjective or adverb in the comparative.

In dieser Stadt wird die Luft **immer schlechter.**	*The air is getting worse and worse in this town.*
Die Gegend wird **immer lauter.**	*The area is getting louder and louder.*

C. To form the superlative of predicate adjectives and adverbs (*smallest, most interesting*) use the contraction **am** and add **-sten** to the adjective or adverb. (The equivalent to the English *most* is not used.)[4]

Sie kommen **am schnellsten** mit dem Bus zur Uni.	*You'll get to the university fastest by bus.*
Auf dem Land ist es **am schönsten.**	*It's loveliest in the country.*
Bei Huber sind Jeans **am billigsten.**	*Jeans are cheapest at Huber's.*
Dieses Sofa ist **am attraktivsten.**	*This couch is the most attractive.*

- An **-e-** is inserted in words that end in **d, t,** or an **s** sound (**-s, -sch, -ß, -z**).

alt	älter	am ältesten
intelligent	intelligenter	am intelligentesten
kalt	kälter	am kältesten
kurz	kürzer	am kürzesten
groß	größer	am größten

D. As in English, some comparatives and superlatives have irregular forms.

gern	lieber	am liebsten	*like, like more, like most*
gut	besser	am besten	*good, better, best*
hoch	höher	am höchsten	*high, higher, highest*
nah	näher	am nächsten	*near, nearer, nearest*
viel	mehr	am meisten	*much, more, most*

---

[4] Note that we have not yet used an adjective attributively (before the noun). You will learn to say **the highest mountain, the nicest chair** etc. in **Kapitel 8.**

Im Wohnzimmer

Schritte zur Kommunikation

A. **Die Stühle bei Möbelum.** Bilden Sie Sätze.

BEISPIEL   Der Freischwinger ist nicht so bequem wie der Schaukelstuhl.
Aber er ist preiswerter als der Schaukelstuhl.

Freischwinger	(nicht) so . . . wie	modern
Schaukelstuhl	. . . als	geschmackvoll
		geschmacklos
		altmodisch
		bequem
		traditionell
		teuer
		preiswert

B. **Vergleiche machen** (*Making comparisons*). Was ist was? Benutzen Sie die folgenden Adjektive:

| groß | klein | gemütlich | dunkel | hoch |
| bequem | billig | angenehm | warm | lang |

BEISPIEL   eine Terrasse/ein Balkon
Eine Terrasse ist größer als ein Balkon.
or   **Ein Balkon ist nicht so groß wie eine Terrasse.**

1. Das WC/das Badezimmer
2. Unser Wohnzimmer/das Eßzimmer
3. Mein Bett/mein Sofa
4. Ein Fernseher/ein Radio
5. Der Teppich/die Vorhänge
6. Dieser Kleiderschrank/das Bücherregal
7. Ein warmes Bad/eine kalte Dusche
8. Ein Kamin/ein Herd

C. **Kalifornien und Deutschland—ein Vergleich.** Eine amerikanische Studentengruppe reist durch Deutschland. Sagen Sie auf deutsch, was ihre Eindrücke (*impressions*) sind.

1. Germans drive faster than we (do).
2. There are more fast-food restaurants in California than in Germany.
3. The weather is warmer in California than in Germany.
4. Hamburg is bigger than San Francisco, but Los Angeles is the biggest.
5. California has more cars but fewer subways than Germany.
6. The wine from California is as good as the wine from Germany.
7. Fruit is cheaper in California than in Germany.
8. The people here are as friendly and nice as the people at home.
9. The mountains in California are higher than in Germany, but in Switzerland they're highest.
10. Buses, streetcars, and the subway are more important in Germany than in California.

D. **Vergleiche.** Was meinen Sie?

BEISPIEL   das Auto ——→ der Bus (schnell/billig/bequem/praktisch/groß/preiswert)
Ein Bus ist größer als ein Auto.
Ein Bus fährt nicht so schnell wie ein Auto.
Ich meine, der Bus ist am bequemsten.
Meiner Meinung nach ist ein Bus praktischer.

1. das Stadtleben ——→ das Leben auf dem Land (angenehm/konservativ/ schön/romantisch/interessant/ruhig/gesund)
2. Amerikaner ——→ Deutsche (fleißig/höflich/glücklich/nett/materialistisch/pünktlich/konservativ/traditionell/freundlich)
3. kleine Geschäfte ——→ Supermärkte (nah/modern/teuer/freundlich/gemütlich/typisch/wichtig/praktisch/persönlich)
4. amerikanische Autos ——→ deutsche Autos (schnell/preiswert/schön/ bequem/teuer/klein/groß)
5. klassische Musik ——→ Rockmusik (altmodisch/leise/lebendig/traditionell/romantisch/konservativ/langweilig)

Ein gemütliches Frühstück auf dem Balkon

 *R*ollenspiel.   Imagine you and your housemate (played by another student) are in a second-hand store or at a flea-market looking for some furniture and other items for your sparsely furnished apartment. You each like different things. Try to convince the other that a particular item is better, cheaper, nicer, etc. Then come to an agreement on the items you will buy. Use some of the following expressions of opinion, agreement and disagreement:

Ich finde/glaube/denke, daß . . .
Ich sehe das so . . .
Meiner Meinung nach . . .
Stimmt (nicht).
Na klar, aber . . .
Auf der anderen Seite . . .

BAUSTEIN 3

EXPRESSING POSSESSION OR CLOSE RELATIONSHIP

Genitive case and genitive prepositions

1. Scan the chart. Where do most German students live? Where do the fewest students live?
2. Scan the text and try to find the following information:
   a. How many first-semester students at German universities did not find a place to live?
   b. The medical school in Lübeck found an unusual solution to the acute housing shortage for students. What is it?

Deutsche Studenten...

Wo sie wohnen

eigene Wohnung

Studenten-heim

35 %

7

Unter-miete

11

29 Eltern

18

Wohngemeinschaft

7989 © Globus

15 000 suchen eine Wohnung

Hannover. 15 000 Studienanfänger und damit sieben Prozent erlebten den Semesterbeginn an bundesdeutschen Hochschulen ohne ein Dach über dem Kopf. 33 000 mußten nach der Vorlesung in Notunterkünften übernachten. Diese Zahlen errechnete das Hochschul-Informations-System.

Die akute Wohnungsnot veranlaßte die Leitung der Medizinischen Universität Lübeck jetzt zu einem ungewöhnlichen Schritt: Die Erstsemester in diesem Winter dürfen in einem ehemaligen Klinikgebäude übernachten.

SITUATION Bei der Wohnzent-rale.[5]

Christina studiert im Herbst in Marburg, kann aber kein Zimmer finden.

CHRISTINA	Ich suche ein Zimmer in der Nähe der Uni. Können Sie mir helfen?
FRAU M.	Es tut mir leid, aber innerhalb der Stadt finden Sie bestimmt° nichts.
CHRISTINA	Wo soll ich während des Semesters wohnen? Gibt es in den Wohnheimen der Uni noch einen Platz? Das ist ja schrecklich.
FRAU M.	Da haben Sie recht. Aber Wohnheimplätze gibt es auch nicht mehr. Möchten Sie Information über Zimmer außerhalb der Stadt?

for sure

---

das Wohnheim, -e (das Studentenheim) dormitory   **nicht mehr** no longer

---

[5] Since the demand for housing is so acute, nearly all German cities—and most medium sized towns too—maintain **Wohnzentralen**, agencies that assist apartment seekers. Students are especially dependent on such offices in crowded university cities such as Tübingen, Berlin, Marburg, and Frankfurt.

Struktur

The preposition *of* is often used in English to express possession or some other close relationship between two nouns: *the books of the students, the end of the semester, the president of the university*. You have already learned to express such relationships by using the preposition **von** + a dative object.[6]

Mein Zimmer ist in der Nähe **von der Uni**.	*My room is in the vicinity of the university.*
Das ist der Garten **von meinen Großeltern**.	*That's the garden of my grandparents.*

The **von** construction, however, is commonly used only in spoken German. In writing and more formal discourse, the relationship between two nouns is expressed by using the genitive case.

Sie wohnt in einer Gegend **dieser Stadt**.	*She lives in an area of this city.*
Was ist der Titel **Ihres Buches**?	*What's the title of your book?*

A. Here are the genitive-case forms for the **der**- words and **ein**- words. Note that masculine and neuter nouns also take an ending: an **-es** is added to one-syllable nouns or those nouns ending in an **s** sound; an **-s** is added to nouns with more than one syllable. Feminine and plural nouns have no ending.

Masculine	Neuter	Feminine	Plural
des Mannes	des Hauses	der Frau	der Kinder
dieses Mannes	dieses Hauses	dieser Frau	dieser Kinder
eines Mannes	eines Hauses	einer Frau	—
keines Mannes	keines Hauses	keiner Frau	keiner Kinder
meines Mannes	meines Hauses	meiner Frau	meiner Kinder

Die Farbe **dieser** Teppiche ist zu dunkel.	*The color of these carpets is too dark.*
Was sind die Vorteile **einer Wohnung** in der Stadtmitte?	*What are the advantages of an apartment downtown?*

---

[6] In **Kapitel 2** you also learned the possessive structure used for proper names (**Müllers Tochter heißt Lea; Ist das Marias Haus? Wer weiß, wo Fritz' Wohnung ist?**), and the genitive question word **wessen** (**Wessen Adresse ist das?**).

Das ist das Auto **meiner Mutter**, und das ist das Auto **meines Vaters**.[7]	*This is my mother's car, and this one is my father's car.*
Die Kinder **dieser Frau** sind nett.	*This woman's children are nice.*

B. Masculine **n**-nouns such as **Herr, Student, Tourist**, and **Nachbar** add an **-n** or **-en** ending in the genitive, just as they do for the accusative and dative cases.

Das Leben **eines Studenten** ist kompliziert.
Hast du den Koffer **des Touristen** gefunden?
Sie hat ihn im Garten **ihres Nachbarn** gesehen.

C. The genitive is also used with the following prepositions.

(an)statt	*instead of*
trotz	*in spite of, despite*
während	*during*
wegen[8]	*because of, on account of, due to*
innerhalb/außerhalb	*inside (of)/outside (of)*

Statt eines Kühlschranks kaufen wir einen Herd.	*Instead of a refrigerator we're buying a stove.*
Trotz der Terrasse kaufe ich das Haus nicht.	*In spite of the terrace, I'm not buying the house.*
Während des Semesters wohnen wir in einer Wohnung.	*During the semester we live in an apartment.*
Wegen des Wetters ist sie nicht gekommen.	*She didn't come because of the weather.*

D. The genitive can be used with words for days, months, seasons, and parts of the day to indicate an indefinite future (someday, one of these days), or it may be used in the past tense for narrating stories or recounting past events (one evening, one summer).

Eines Tages kaufen wir ein Haus.	*One day (Someday) we'll buy a house.*
Eines Sommers besucht sie uns.	*She'll visit us some summer.*
Eines Abends hat er uns besucht.	*He visited us one evening.*

---

[7] Note that in English a possessive form with **'s**, which often replaces *of the*, is expressed in German with the genitive case: *My mother's car* ⟶ **das Auto meiner Mutter**; *my father's car* ⟶ **das Auto meines Vaters**.

[8] In conversational German, **wegen** is now often used with the dative case. When **wegen** is used with pronouns, the pronoun must be in the dative case: **Wegen ihr kann ich heute nicht kommen.** *Because of her I can't come today.*

Schritte zur Kommunikation

A. **Der neue Arbeitsplatz.** Franz Tegler hat einen neuen Job bei einer Immobilienagentur (*real estate agency*). Er hat auch viele Fragen! Was sind die Antworten seiner Mitarbeiter (*colleagues*)?

BEISPIEL   Auf welchem Schreibtisch steht das Telefon? (Schreibtisch/die Direktorin)
Das Telefon steht auf dem Schreibtisch der Direktorin.

1. Wessen Bericht soll ich lesen? (Monika Wolf)
2. Mit welchem Auto soll ich fahren? (Auto/unser Chef)
3. In wessen Büro gibt es einen Computer? (Frau Johannes)
4. Was ist Frau Oberle von Beruf? (Direktorin/eine Firma)
5. Wo sind die billigsten Wohnungen? (in der Gegend/der Bahnhof)
6. Wessen Telefon ist das? (Telefon/Ihre Sekretärin)
7. Welche Häuser haben eine Terrasse? (Häuser/diese Gegend)
8. Welche Miete ist am höchsten? (Miete/die Landhäuser)

B. **Wie heißt . . . ?**

BEISPIEL   Der Autor/das Drama „Faust"/heißt Goethe
Der Autor des Dramas „Faust" heißt Goethe.

1. Der längste Tunnel/die Schweiz/ heißt
2. Der höchste Berg/unser Land/ heißt
3. Der Erfinder (*inventor*)/der Dieselmotor/heißt
4. Der erste (*first*) Präsident/die USA/ heißt
5. Der Erfinder/die Schallplatte (*record*)/heißt
6. Der Komponist/die Oper „Don Giovanni"/heißt
7. Die Hauptstadt (*capital*)/die Schweiz/heißt
8. Der Erfinder/das Telefon/heißt
9. Die größte Stadt/die Welt (*world*)/ heißt
10. Der Erfinder/das Radio/heißt

Washington
Bell
der Simplon Tunnel (19,8 km)
Marconi
Mount McKinley (6.096 m)
Mexiko City
Diesel
Mozart
Edison
Bern
Schanghai
Tokio

Zeichnung aus: Publik-Forum Nr. 23 v. 17. 11. 1989, S. 33

AUSKUNFT

WAS IST DER SINN DES LEBENS?

C. **Lachen** (*Laugh*) **Sie mal!**

1. „Auskunft" ist ein anderes Wort für „Information". Wo findet man eine Auskunft (Bahnhof, Bank, . . .)? Warum geht man zu einer Auskunft? Was fragt man da, zum Beispiel?
2. Verstehen Sie den Humor hier?

D. **Wo möchten Sie wohnen?** Was sind Ihrer Meinung nach die Vorteile und Nachteile der verschiedenen (*various*) Häuser, Wohnungen und Zimmer? Schreiben Sie Ihre Meinung über die verschiedenen Aspekte der Angebote (*offers*) auf und erklären Sie sie dann den anderen Studenten. Benutzen Sie auch die Präpositionen **(an)statt, trotz, während, wegen, innerhalb** und **außerhalb**, wenn es geht.

BEISPIEL   Ich finde das Ferienhaus in den Bergen sehr attraktiv. Anstatt eines Ferienhauses brauche ich aber eine Wohnung in der Stadt.

FERIENHAUS in den Bergen. Nähe Freiburg im Schwarzwald. 20 Min. zu Skilift und Wintersportgegend. Mit Du. Kü. Öl-Hz. Miete: DM 2.500. Kaution DM 1.000

Ich verkaufe meine WOHNUNG. 4 Zi. Balkon. Nicht weit von Geschäften und Restaurants. Garage um die Ecke. Preis DM 95.000.

FERIENHEIM: In nur 5 Min. kommen Sie an den Edersee. Besonders schön im Sommer. Wassersport. Terrasse. Garten. Preis DM 65.000.

LUXUSBUNGALOW. 5 Zi, Hobbyraum, Doppelgarage, viele Extras. Nähe Thermalbad und Kasino. Eine gute Gegend. Preis DM 290.000.

ZIMMER. Billig. Kü. u. Duschbenutz. Universitätsgegend. Inder Nähe der Sporthalle. Miete DM 130. Kaution.

*R*ollenspiel.   Choose one of the ads above and imagine calling the present owner/renter (played by another student) to inquire about further details.

BAUSTEIN 4

REFERRING TO PAST EVENTS

Simple past of modal verbs

SITUATION
So war's
nicht immer!
Kathy, die ein Jahr an der Phillips Universität in Marburg studiert, ist zum ersten Mal auf Besuch bei Anja.

	ANJA	Tag, Kathy. Schön, daß du gekommen bist. Ich wollte dich ja schon viel früher einladen, aber du weißt . . .
just recently	KATHY	Ja, du bist gerade erst° umgezogen [KOMMT INS ZIMMER HEREIN] Du, Anja, das ist aber eine tolle Bude! Die ist gemütlich!
get out *Here: how*	ANJA	Ja, da hab' ich Glück gehabt. Ich konnte einfach kein Zimmer finden. Aber aus der Wohngemeinschaft⁸ mußte ich raus,° das sag' ich dir. Was° hab' ich gesucht!
	KATHY	Das glaub' ich dir. Aber jetzt hast du's ja schön.

---

die Bude, -n   room (slang term used by students)
Glück haben   to be in luck; to be lucky
Pech haben   to be out of luck; to be unlucky

Struktur

A. The simple past tense of modal verbs is frequently used for referring to past events. It is formed by dropping any umlauts, and adding the following endings to the past-tense stem: **-te, -test, -te, -ten, -tet, -ten**.

können	*stem:* konn-
ich konn**te**	wir konn**ten**
du konn**test**	ihr konn**tet**
er/sie/es konn**te**	sie konn**ten**
Sie konn**ten**	

---

⁸ (abbr. WG), group of people sharing living quarters; a residential collective (see **Land und Leute** earlier in the chapter). University students must find their own housing, and in many university towns the shortage of available living quarters is severe.

B. The past-tense stems of the modal verbs are as follows:

können	konn-	sollen	soll-
müssen	muß-	wollen	woll-
dürfen	durf-	mögen	moch-

Sie **konnten** die Miete nicht bezahlen.	*They couldn't pay the rent.*
Du **mußtest** ein Taxi nehmen.	*You had to take a taxi.*
Ich **durfte** nicht ausgehen.	*I wasn't allowed to go out.*
Du **solltest** das nicht machen.	*You weren't supposed to do that.*
Wolltet ihr im Sommer reisen?	*Did you want to travel in the summer?*
Ilse **mochte** kein Obst.	*Ilse didn't like fruit.*

Schritte zur Kommunikation

A. **Die Lage der Studenten.** The following headlines reflect the housing shortage of German students in the year 1990. Tell how it was.

BEISPIEL „Der Staat muß helfen".
Der Staat mußte helfen.

1. „Bis zu 1000 Studenten können nicht in Marburg studieren".
2. „Viele Studenten müssen auf dem Parkplatz der Uni campieren".
3. „500 Studenten wollen gegen die Wohnungsnot (*housing shortage*) demonstrieren".
4. „Jeder vierte Student kann keine preiswerte Wohnung finden".
5. „Man soll 90 000 neue Wohnheime haben".
6. „Viele Studenten dürfen in einer alten Klinik übernachten".

B. **Interview.** Sie möchten Ihre(n) Partner(in) besser kennenlernen. Machen Sie ein Interview. Er/sie soll auch die Gründe (*reasons*) für die Antworten geben. Dann erzählen Sie, was Ihr(e) Partner(in) geantwortet hat. Also, fragen Sie:

1. was für einen Beruf er/sie schon immer haben wollte
2. in welches Land er/sie schon immer reisen wollte
3. wie oft er/sie in seinem/ihrem Leben schon umziehen mußte
4. was er/sie als (*as*) Kind nie machen durfte
5. was er/sie als Kind nicht mochte
6. was er/sie als Kind nicht machen konnte
7. was er/sie letztes Wochenende machen sollte, aber nicht gemacht hat
8. wie oft er/sie in diesem Jahr zum Arzt gehen mußte
9. ?

C. **Ich persönlich** . . . Und jetzt sprechen Sie über Ihr eigenes (*own*) Leben! Bitte Modalverben benutzen.

1. Vor einem Monat . . .
2. Letztes Wochenende . . .
3. Als Kind . . .
4. Am Montag morgen . . .
5. Vor zehn Jahren . . .
6. Gestern abend . . .

Rollenspiel. When people relocate, they don't always choose a place similar to the one they left. With a partner, select one item from the list below and write down in German reasons why someone would want to make the move described, and why someone would choose not to make the move.

von der Stadt aufs Land
vom Land in die Stadt
von einem Haus in eine Wohnung
von einer Wohngemeinschaft in ein Zimmer in einem Wohnheim
das Haus verkaufen, eine Wohnung mieten

Now imagine that you have just moved to a new place and that a friend, who can't understand why you moved, asks you for reasons why you did. Act out your conversation with a partner.

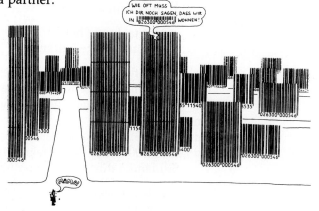

PERSPEKTIVEN

Vor dem Lesen

1. Look at the headlines and the photo. Where would you find such an article?

2. Speculate why four generations would want to live together under one roof. Then skim through the text once to see if your hypotheses were confirmed.

3. Try to deduce the meaning of unfamiliar words, for example, **Erdgeschoß, erste Etage, zweites Geschoß, Treppe, Treppenhaus.** Use the cues of the text and the photo to figure out what parts of the house these words refer to.

Vier Generationen unter einem Dach

Sie wohnen zusammen und sind doch für sich
—Ein Musterbeispiel

Eine Bremer Familie—Urgroßmutter, Großeltern, Eltern und Kinder—leben unter dem Dach eines einzigen Hauses zusammen. Jede Generation hat ihr eigenes Reich, kann aber einander helfen, wo es nötig ist.

Wegen dieser gemeinsamen Hilfe kam die Familie auf die Idee, ein Haus für vier Generationen zu bauen. Als nämlich die Urgroßmutter aus der DDR übersiedelte, fühlte sie sich in ihrer kleinen Wohnung sehr allein. Auch die jungen Leute, die ein Kind erwarteten, wollten nicht mehr nur Kleinfamilie sein. Den Großeltern war das recht. Sie gaben ihre Bausparverträge[9] dazu—und so konnte man das Familienhaus bauen.

Der junge Vater wollte, daß die neue Fassade des Hauses zu den denkmalgeschützten Häusern der Nachbarschaft paßt. Die junge Frau mochte moderne Architektur, viel Licht und Glas. Die Großmutter mußte unbedingt eine Galerie in der Wohnung haben, der Großvater einen Balkon. Die Urgroßmutter wollte ganz oben wohnen—weil man von dort am besten auf die Stadt blicken kann . . . Alle Wünsche konnten erfüllt werden! Die junge Familie wohnt im Erdgeschoß und in der ersten Etage. Die Großeltern zogen in die zweite Etage, mit einem Balkon im Dach. Und die Urgroßmutter zog ganz unters Dach.

Doch man wollte ja nicht nur seine eigenen Wünsche erfüllen, man wollte auch miteinander wohnen. Der Architekt löste das so: er verband alle Wohnungen mit Treppen—innerhalb der Wohnräume. Man kann auch jede Wohnung über das Treppenhaus erreichen. Jede Generation kann für sich leben, und doch sind alle füreinander da.

---

einzigen single	**eigenes** own	**Reich** domain	**einander** each other	**nötig** necessary
gemeinsamen mutual	**als** when	**erwarteten** expected	**Bausparverträge** building loan contracts	
denkmalgeschützten historically preserved	**Licht** light	**unbedingt** absolutely	**blicken** look	
miteinander with each other	**löste** solved	**verband** connected	**erreichen** reach	

---

[9] In order to save for a house or a condominium in an especially expensive housing market many Germans open a **Bausparvertrag**, a long-term savings account that accrues interest from the banking institution as well as from supplemental interest paid by the German government.

Fragen zum Text

1. Füllen Sie die Tabelle (*chart*) mit Information vom Text aus. Wo es im Text keine Information für eine Frage gibt, schreiben Sie ein X.

Wer wohnt unter einem Dach?	Warum wollten sie zusammen wohnen?	Was wollte jeder?	Wo wohnen sie?
Urgroßmutter			
Großeltern			
Eltern			
Kinder			

2. Was ist im Text am wichtigsten, d.h., was ist die Hauptidee?
3. Finden Sie dieses Wohnarrangement eine gute Idee? Warum oder warum nicht?
4. Wie ist es bei Ihnen? Beschreiben Sie kurz, wie und wo Ihre eigene Familie—Eltern, Großeltern, Urgroßeltern—wohnt. In einem Haus? In der Nähe oder weit weg?

Land und Leute

Das Lokal um die Ecke

Lokal, Gasthof, Gaststätte, Kneipe, Weinstube, Gasthaus, Beisel—these words can indicate slight differences in quality and price of services, but they all describe the drinking and eating establishments found throughout the German-speaking countries. Small and family-owned, these establishments seem to be everywhere on city streets and small-town squares. Their customers include men, women, and whole families. Their prices are reasonable and they always seem crowded.

The local beverage and authentic regional dishes are usually featured—**Tiroler Forellen** (*trout, Tyrolean style*), **Bremer Aalsuppe** (*Bremen eel soup*), **Leipziger Allerlei** (*Leipzig stew*), **Berner Platte** (*meat and sauerkraut, Bern style*)—but most patrons come for more than food and drink. They come because of the **Gemütlichkeit**: the cozy and friendly atmosphere that can make a simple German **Gasthaus** or Austrian **Beisel** into a unique cultural institution.

Hier kann man sich mit Freunden treffen.

In most instances there is a distinction between general patrons and the **Stammgäste** or regular patrons—the insiders who often come in toward evening to drink beer or wine with their friends at the **Stammtisch**, the table reserved for regular customers. At this table—usually marked by a small sign or flag—the **Stammgäste** discuss work, argue politics, chat about the neighborhood, play cards, or watch a soccer match on TV. Much of the vitality of the neighborhood is captured in, and sustained by, such informal daily contact at the local tavern.

Ihr eigenes Haus...
jetzt geht's! · Vater Staat hilft mit!

Diese steuerlichen Vorteile gelten nur bis 31.12.86! (Fertigstellung Objekt bis 31.12.86.)

SYNTHESE

A. **Heim und Nachbarschaft: Eine Meinungsumfrage.** Das Institut für Demoskopie[10] hat die folgenden Fragen gestellt:

I *„Was sind die idealen Charakteristiken einer Großstadt? D.h., was soll eine ideale Großstadt bieten (offer)?"*

Die Antworten:

	%		%
Günstige Miete	81	Gute Kinderspielplätze	65
Gute U-Bahn, Straßenbahn-und Busverbindungen	78	Gute Zugverbindungen	60
		Genug Kindergärten	60
Sauber Luft	78	Gute Fahrradwege	42
Gute Berufschancen	75	Nah an Wäldern und Seen	35
Bequeme Fußgängerzonen	73	Gute Hotels	24
Schöne, ruhige Wohngegend	70		

II *„Wenn Sie an die Einrichtungen einer Stadt denken, was ist am wichtigsten für Sie"?*

Die Antworten:

	%		%
Supermärkte in der Nähe	75	Gute Cafés, Bäckereien	60
Große Kaufhäuser	73	Volksfeste	55
Attraktive Geschäfte in der Stadtmitte	73	Tante-Emma Läden	52
Gemütliche Gaststätten und Lokale	66	Gourmet- und Spezialrestaurants	44
Ein Markt	64	Gute Diskotheken	31
Nette Fußgängerzonen	61	Bars, Nachtklubs, Kneipen	31

---

1. Welche Charakteristiken einer idealen Großstadt sind Ihrer Meinung nach genau so wichtig/nicht so wichtig für Amerikaner? Welche Charakteristiken sind vielleicht wichtiger für Amerikaner als für Deutsche? (Oder besser: denken Sie an Ihre Gegend, wo Sie wohnen.)

BEISPIEL Bequeme Fußgängerzonen sind wichtiger für Deutsche als für die Leute in meiner Gegend (im Osten/Westen/Süden/Norden der USA/ Kanadas).

2. Machen Sie dasselbe für Frage II.
3. Und Sie persönlich? Was sind Ihre Prioritäten? Schreiben Sie Ihre eigene (*own*) Liste für jede der zwei Fragen. Dann sagen Sie, warum für

---

[10] a German organization that regularly conducts statistical surveys and public opinion polls on all aspects of life.

Sie ___?___ wichtiger ist als ___?___, und ___?___ am wichtigsten ist.

BEISPIEL Gute Fahrradwege sind wichtiger für mich als gute Kinderspiel-
plätze, weil ich keine Kinder habe.

B. **Die Lage der Studenten auf meinem Campus.** Imagine you are in Germany
and are to give a presentation to a local youth group about the living situation of students on your campus. Write the speech you will give and include the following points.

1. wo die Studenten auf Ihrem Campus wohnen
2. wie eine typische Studentenbude aussieht
3. ob Sie ein Zimmer suchen mußten
4. ob Sie leicht ein Zimmer finden konnten
5. ob Sie allein wohnen oder Zimmerkameraden haben wollten

C. **Gruppenarbeit: Ein Wettbewerb** (*competition*). Stellen Sie sich vor (*Imagine*), Sie sind alle Stadtplaner. Planen Sie mit drei oder vier anderen Studenten Ihre „ideale Stadt." Machen Sie eine große Zeichnung (*drawing*) von
dieser Stadt und benutzen Sie den Wortschatz von Kapiteln 4, 5, und den
neuen Wortschatz dieses Kapitels. Schreiben Sie eine Broschüre. Eine Person von jeder Gruppe präsentiert dann der ganzen Klasse ihre Stadt. Zum
Beispiel: (a) Welche Geschäfte und Lokale? (b) Welche wichtigen Einrichtungen (*facilities, places of interest*)? (c) Welche kulturellen Institutionen?
usw.

Hören wir zu!

Willkommen! Barbara ist heute in der Stadt angekommen, wo sie ein Sprach-
institut besucht. Die Tochter der Gastfamilie zeigt ihr die Wohnung. Hören Sie
zu, dann beantworten Sie Frage B. mit richtig oder falsch. (Transfer to a separate piece of paper the floorplan below so that as the apartment is described to
you, you can fill in the details for **Frage A.**)

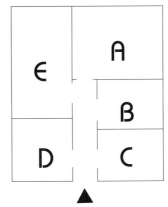

A. Beschriften Sie (*Label*) jedes der Zimmer.
B. Richtig oder falsch?

_____ **1.** Die Familie ißt manchmal in der Küche.
_____ **2.** Barbara soll ihre Hausaufgaben am Küchentisch machen.
_____ **3.** Barbara kann im Schlafzimmer fernsehen.
_____ **4.** Die Wohnung ist kleiner als Barbaras Wohnung zu Hause.

AKTIVER WORTSCHATZ 2

Substantive

die Bude, -n	*room* (slang)
das Dach, ̈ er	*roof*
die Gaststätte, -n	*restaurant, tavern*
die Kneipe, -n	*local pub, hangout*
das Lokal, -e	*pub, bar, tavern*
der Nachbar, -n, -n	*neighbor (male)*
die Nachbarin, -nen	*neighbor (female)*
der Nachteil, -e	*disadvantage*
die Treppe, -n	*staircase, stairs*
der Unterschied, -e	*difference*
der Vorteil, -e	*advantage*
das Wohnheim, -e (das Studentenheim)	*dormitory*

Verben

um·ziehen, zog um, ist umgezogen	*to move*

> And don't forget:
> Präpositionen mit Genitiv, Seite 213.

Andere Wörter

. . . als	*. . . than (comparative)*
immer	*with comparative adj: more and more*
jung	*young*
kalt	*cold*
kurz	*short, shortly*
nah (an)	*near (to), close (to)*
nicht mehr	*no longer*
so . . . wie	*as . . . as*
warm	

Besondere Ausdrücke

das heißt (d.h.)	*that is (i.e.)*
Glück haben	*to be in luck; to be lucky*
Pech haben	*to be out of luck; to be unlucky*
Schau mal!	*Take a look! Look here!*

Gesund sein, fit sein

Kommunikationsziele	■ Talking about the body, health, and fitness
	■ Discussing sports and leisure activities
	■ Talking about personal routines
	■ Describing people and objects
	■ Referring to something already mentioned
Bausteine	■ Reflexive constructions: reflexive pronouns in the accusative case
	■ Reflexives with the dative; dative with parts of the body
	■ Adjective endings; adjectives after **der**-word
	■ **Da**- and **wo**-compounds
Land und Leute	■ Freizeitsport in Deutschland
	■ Sommersport in den Schweizer Alpen

EINFÜHRUNG

Gesundheit ist . . .[1]

kennst Du
ganz Bayern-
vergisst Du nie
BAD TÖLZ

JODBAD UND HEILKLIMATISCHER KURORT
Deutschland - Oberbayern · 670 - 1250 m .ü. d. M.
HERZ·KREISLAUF·ASTHMA BRONCHIALE·RHEUMA·NERVEN
Auskunft: Städt. Kurverwaltung · 817 Bad Tölz · Ludwigstr. 11 · Tel. 0 80 41 · 95 15

FRANKFURT'S NR. 1

Fit werden auf der Zeil 109

● **Body-Shaping** mit original Nautilus-System. Optimale Fitness bei minimalem Zeitaufwand.

● **Lady-Center**. Auf einer Etage machen wir uns nur für Frauen stark.

● Aerobics ● Jazz-Dance ● Fitness-Gymnastik ● Sauna ● Solarium

Jetzt oder nie. Tel. 0 69/28 05 65

Sport + Fitness-Center Judokan – hält Sie rundum in Form

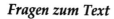

Tagesschönheitsfarm »Alte Schule«
Haus für Schönheit & Gesundheit

Massage — Kosmetikpraxis
Sauna — Solarium

Frank u. Margit Groß

Parkstraße 11
6478 Geiß-Nidda bei Bad Salzhausen
Prospekt tel. anfordern: ☎ 0 60 43 / 61 71

Fragen zum Text

1. Was ist Bad Tölz?
   a. eine Stadt   **b.** ein Schwimmbad   **c.** ein Krankenhaus
2. Wo liegt die Tagesschönheitsfarm?
3. Was ist der Unterschied zwischen der Tagesschönheitsfarm und dem Sport- und Fitness-Center Judokan?
4. Welche Anzeige ist für Sie am interessantesten? Warum? Welche interessiert Sie gar nicht?

---

[1] In Germany there are over 350 state licensed **Kurorte** (*health resorts*) where millions of people take an extended **Kur** (*cure, treatment*) paid for by national health insurance.

FUNKTION

Zum Thema Gesundheit und Fitness kann man das folgende sagen:

Was machst du am liebsten?
Wie oft treibst du Sport?
Ich gehe wandern/reiten/schwimmen.   I go hiking/riding/
                                       swimming.

Ich treibe fast täglich Sport.   I do (engage in) sports almost
                                       daily.

Ich bin Mitglied eines Sportvereins. I'm a member of an athletic club.
Ich bin Sportler(in).   I'm an athlete.
Ich mache Aerobics/Gymnastik/   I do aerobics, . . .
   Fitness-Training.
Ich tue (nicht) viel für meine   I (don't) do much for my health.
   Gesundheit.

Die Körperteile sind:

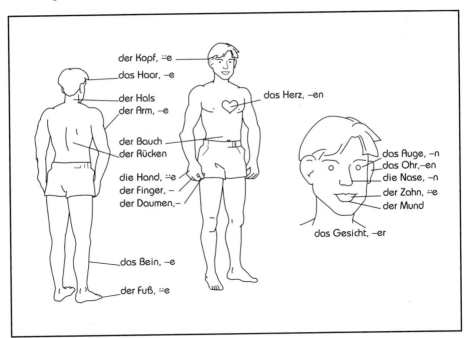

Für spezifische Schmerzen und Krankheiten können Sie sagen:

Ich habe Magen-/Kopf-/Hals-/   I have a stomach ache/headache/sore
   Zahn-/Rückenschmerzen.   throat/tooth ache/backache.
Mein Kopf/mein Arm/mein Fuß/   My head/arm/foot/belly hurts.
   mein Bauch tut weh.
Mir tun die Füße/die Augen weh.   My feet/eyes hurt.

So kann man über seine Kondition sprechen:

Heute fühle ich mich schlapp/gar nicht wohl!	*I don't have any energy/don't feel well today!*
Mir ist schlecht/nicht gut.	*I feel sick to my stomach.*
Ich habe Fieber/Husten/Grippe/ eine Erkältung/eine Infektion.	*I have a fever/a cough/the flu/a cold/ an infection.*
Ich habe wahnsinnige Schmerzen!	*I have (a) terrible pain(s)!*
Ich stehe unter zuviel Streß!	*I'm under too much stress!*

Beim Arzt oder in der Apotheke können Sie sagen:

Ich brauche etwas gegen _____.	*I need something for _____.*
Ich brauche ein Medikament/ Tabletten/Hustensaft.	*I need medicine/pills/cough syrup.*
Ich habe ein Rezept für _____.	*I have a prescription for _____.*

A. **Wie oft treiben Sie Sport?** Use the scale below to indicate how often you engage in the sports listed. Then use the vocabulary to interview a partner or other members of your class. Find out how often they engage in sports, which ones they like best, and why.

BEISPIEL Ich spiele ab und zu Basketball. Und du?
Ich spiele nur selten. Ich gehe am liebsten schwimmen.

täglich	ein-bis zweimal die Woche	ab und zu	nur selten	absolut nie

Fahrradsport in Dortmund

Sportarten (*kinds of sports*):

Ich . . .	**Ich spiele . . .**	**Ich gehe . . .**
boxe	Handball	segeln (*sailing*)
laufe . . . Ski	Racketball	kegeln (*bowling*)
fahre . . . Rad	Fußball	wandern
gehe . . . spazieren	Tennis	reiten
schwimme	Tischtennis	schwimmen
laufe	Basketball	skiwandern
wandere		
reite (*ride horses*)		
hebe Gewichte (*lift weights*)		
tanze		
mache Gymnastik		
mache Aerobics		

B. **Partnerarbeit: Sind Sie gesund und fit?** Wählen Sie von der Liste und fragen Sie Ihren Partner/Ihre Partnerin, was er/sie täglich, ein- bis zweimal die Woche, ab und zu, selten oder nie macht. Berichten Sie dann, was er/sie gesagt hat.

BEISPIEL Nimmst du täglich Vitamintabletten?
Nein, absolut nicht.
Warum nicht?
Ich esse lieber Obst.

Vitamintabletten nehmen	vegetarisch essen
Sport treiben	7-8 Stunden schlafen
einmal im Jahr zum Arzt gehen	in ein Fitness-Center gehen
Mitglied eines Sportvereins sein	in der Sauna sitzen
zu Fuß gehen	meditieren oder Yoga machen

C. **Wissen Sie, daß . . . ?** Mit den Wörtern von der Liste und Ihren eigenen schreiben Sie ein Schlagwort (*slogan*) für ein Fitness-Magazin. Es darf aber auch ein Anti-Fitness-Magazin sein, wenn Sie mit Humor schreiben wollen!

BEISPIEL Laufen ist für die Beine gut.
Kaufen Sie Adidas Sportschuhe!

Schwimmen		den Bauch	
Radfahren		das Herz	krank
Laufen		den Kopf	gesund
Gymnastik		die Augen	ungesund
Skilaufen	ist für	den Rücken	gut
Lesen	sind für	den Körper	schlecht
Alkohol trinken	macht	die Beine	schlapp
Rauchen	machen	die Füße	kaputt
Studieren		die Augen	schwach
Streß		die Gesundheit	nervös
Zigaretten		Sie	anstrengend
Spazierengehen			
		?	

Rollenspiel. Stellen Sie sich vor, Sie und andere Leute sitzen im Wartezimmer und warten auf die Ärztin. Sprechen Sie über Ihre Krankheiten und Schmerzen zusammen. Benutzen Sie die Ausdrücke in der Funktion auf Seite 227.

AKTIVER WORTSCHATZ 1

Substantive

die Erkältung, -en	cold
das Fieber	fever
die Gesundheit	health
die Grippe	flu
der Husten	cough
der Körper, -	body
die Krankheit, -en	illness
das Medikament, -e	medicine, medication
das Mitglied, -er	member
der Schmerz, -en	pain, ache
der Sportler, -	athlete (male)
die Sportlerin, -nen	athlete (female)
die Tablette, -n	pill
der Verein, -e	club
der Sportverein, -e	athletic club

Verben

rad·fahren, fuhr Rad, ist radgefahren, fährt Rad	to bicycle, go bike riding
schlafen, schlief, geschlafen, schläft	to sleep
ski·laufen, lief Ski, ist skigelaufen, läuft Ski	to ski
spazieren·gehen, ging spazieren, ist spazierengegangen	to go for a walk
Sport treiben, trieb Sport, Sport getrieben	to do, engage in sports
tun, tat, getan	to do
weh tun (+ dat)	to hurt

Andere Wörter

ab und zu	now and then
anstrengend	strenuous
fast	almost
krank	ill, sick
schlapp	without energy, exhausted (colloq)
schwach	weak
täglich	daily
zuviel	too much

Verwandte Wörter

der Alkohol
fit
das Fitness-Center
die Infektion, -en
kaputt
nervös
der Streß
die Zigarette, -n

> And don't forget:
> Körperteile, Seite 227.
> Funktion, Seite 227.

Fechten ist auch Fitness-Training!

Gesund sein, fit sein

Land und Leute ✧ ✧ ✧ ✧ ✧

Freizeitsport in Deutschland

Nearly everyone turns out for the soccer matches between Haßfurt and Ochsenfurt in Bavaria. There is a long-standing sports rivalry between these small towns, but the rivalry is not carried out by teams from local schools, as it might be in the United States. Instead, it takes the form of amateur athletic competitions completely organized by the local **Sportvereine**. There are now 50,000 **Vereine** nationally, and nearly one out of four Germans has joined one of the clubs, which not only participate in local and regional competition with other **Vereine**, but also serve as focal points for community and special activities.

In the 1970s the **Deutsche Sportbund** (*German Sports Federation*) responded to alarming evidence that too many Germans did not engage in any kind of physical activity, and that health, endurance, and life expectancy were compromised by neglect of physical fitness. A national education campaign was begun with the slogan **Sport für alle**, and by the 1980s millions of citizens had joined in the **Trimm-dich-Bewegung** (physical fitness movement), which stresses noncompetitive, lifelong sports activities such as biking, jogging, hiking, and exercising.

BAUSTEIN 1

TALKING ABOUT ONE'S HEALTH AND DAILY ACTIVITIES

Reflexive constructions; reflexive pronouns in the accusative case

Was fehlt Ihnen? *What's wrong with you; What are you missing? What do you need?*

1. **Was ist lustig (funny) an diesem Cartoon?**
2. **Was ist das englische Äquivalent zu dem, was der Arzt zum Patienten sagt?**

SITUATION Ärztin und Patient.

Herr Löwenzahn ist nicht besonders fit!

DR. MAYER Was fehlt Ihnen denn, Herr Löwenzahn? Sie fühlen sich wieder nicht wohl?

HERR L. Ja, Frau Doktor, seit zwei Wochen habe ich wahnsinnige Kopfschmerzen. Ich glaube, ich habe mich wieder einmal erkältet.

DR. MAYER Die Kopfschmerzen kennen wir, nicht wahr? Sie arbeiten zuviel und entspannen sich nicht genug, Herr Löwenzahn!

HERR L. Ich kann mich aber nicht entspannen. Ich stehe einfach unter zuviel Streß.

Was fehlt . . . (+ dat) What's wrong with . . .   **einfach** simply; simple

Struktur

In both English and German, an action can be performed on an object or on another person.

Sie waschen das Auto.	*They are washing the car.*
Der Vater wäscht das Kind.	*The father is washing the child.*

When the action is performed on oneself—that is, when the object of the verb is the same as the subject—a reflexive construction is used.

Ich wasche mich.	*I wash myself.*
Du mußt dich fit halten.	*You have to keep yourself fit.*
Herbert rasiert sich jeden Tag.	*Herbert shaves (himself) every day.*

Reflexive constructions in German are formed by using reflexive pronouns. Note that **sich** is the only new form you need to learn; otherwise, the reflexive pronouns are identical to the personal pronouns.

Accusative Reflexive Pronouns

sich waschen *to wash oneself*	
ich wasche mich	wir waschen uns
du wäschst dich	ihr wascht euch
er/sie/es wäscht sich	sie waschen sich
Sie waschen sich	

A. Accusative reflexive pronouns are used with a number of verbs:

- Verbs that can be used reflexively when the action is performed on oneself, that is, when the object of the verb is the same as the subject.[2] Note that the English equivalent often does not include a reflexive pronoun.

sich anziehen (zog an, angezogen)	*to get dressed, put on clothes*	Zieht euch an!
sich ausziehen (zog aus, ausgezogen)	*to get undressed, take off clothes*	Ziehst du dich aus?
sich baden	*to bathe, take a bath*	Ich bade mich morgens.
sich kämmen	*to comb one's hair*	Du kämmst dich zuviel.
sich rasieren	*to shave*	Mein Bruder rasiert sich jetzt täglich.
sich waschen (wusch, gewaschen, wäscht)	*to wash oneself, get washed*	Wasch dich!

---

[2] Compare once again the following: **Die Kinder waschen sich**. *The children wash themselves* (reflexive); **Die Kinder waschen ihre Puppen**. *The children wash their dolls* (nonreflexive).

- Verbs that are always used with an accusative reflexive pronoun

sich ärgern	*to become angry, irritated*	Ärgere dich nicht!
sich beeilen	*to hurry*	Beeilt euch!
sich duschen	*to shower*	Möchten Sie sich duschen?
sich entspannen	*to relax*	Ich kann mich nicht entspannen.
sich erkälten	*to catch a cold*	Hast du dich erkältet?
sich (wohl, nicht wohl, gesund usw.) fühlen	*to feel (well, not well, healthy, etc.)*	Ich fühle mich nicht wohl.

B. Certain reflexive verbs involve the idiomatic use of prepositions in the accusative case.

sich ärgern über (+ acc)	*to become angry about/with (person)*
sich beschweren über (+ acc)	*to complain about*
sich freuen auf (+ acc)	*to look forward to*
sich freuen über (+ acc)	*to be happy about*
sich gewöhnen an (+ acc)	*to get used to*
sich interessieren für (+ acc)	*to be interested in*

Wir freuen uns auf die Ferien.	*We're looking forward to the vacation.*
Hannelore hat sich an das Wetter gewöhnt.	*Hannelore got used to the weather.*

Schritte zur Kommunikation

A. **Morgenroutine bei Familie Schmidt.** Um wieviel Uhr zieht sich jeder an?

BEISPIEL   Paul/6.30 ⟶ **Paul zieht sich um sechs Uhr dreißig an.**

1. Frau Schmidt/6.00
2. wir/9.15
3. ich/8.30
4. du/7.30
5. Gabi und Antje/8.45
6. ihr/5.00

B. **Was fehlt Ihnen denn?** Noch einmal zurück zu Frau Doktor Mayer und Herrn Löwenzahn! Beantworten Sie die folgenden Fragen.

BEISPIEL Warum ist Herr Löwenzahn nicht in ein Fitness-Center gegangen?
(sich da über die Sportler geärgert haben)
Herr Löwenzahn hat sich da über die Sportler geärgert.

1. Warum besucht Herr Löwenzahn die Ärztin? (sich nicht wohl fühlen)
2. Wann war Herr Löwenzahn noch gesund? (vor zwei Wochen sich noch gesund gefühlt haben)
3. Was fehlt Herrn Löwenzahn denn? (sich erkältet haben)
4. Was sagt die Ärztin? (sich nicht genug entspannen)
5. Was sind Herrn Löwenzahns Probleme bei der Arbeit? (sich immer über den Chef ärgern müssen)
6. Treibt Herr Löwenzahn Sport? (nein, sich nicht für Sport interessieren)
7. Hat Herr Löwenzahn bald Urlaub? (ja, aber sich nicht auf den Urlaub freuen)
8. Was sagt die Ärztin jetzt zu Herrn Löwenzahn? (sich anziehen sollen/ und nach Hause gehen)

C. **So geht's besser!** Steve ist ein amerikanischer Student und wohnt bei Familie Mielke. Herr Mielke gibt ihm und seinen Kindern Susanne und Jens Ratschläge (*advice*). Was sagt er?

BEISPIEL Steve: sich doch mehr entspannen
Steve, entspannen Sie sich doch mehr!
Susanne: sich nicht immer über Jens ärgern
Susanne, ärgere dich nicht immer über Jens!

1. Steve: sich an das Wetter gewöhnen müssen
2. Steve: sich doch wärmer anziehen
3. Susanne: sich nicht immer kalt duschen
4. Jens: sich öfter kämmen
5. Jens: sich auch öfter rasieren müssen
6. Jens und Susanne: sich doch mehr für Sport interessieren

D. **Was meinen Sie?** Lesen Sie die folgenden Aussagen und sagen Sie, ob sie stimmen oder nicht. Wenn nicht, dann sagen sie es so, wie Sie es für richtig halten.

1. Amerikaner duschen sich zuviel.
2. Die meisten Amerikaner interessieren sich sehr für Politik.
3. Man kann sich an fast alles gewöhnen.
4. Alle Männer sollen sich täglich zweimal rasieren.
5. Man kann sich nur im Winter erkälten.
6. Bei einem Fußballspiel kann man sich richtig (*really*) entspannen.
7. Wenn man sich nicht sehr wohl fühlt, soll man sich trimmen.
8. Wenn man sich über etwas ärgert, soll man sich sofort beschweren.

*R*ollenspiel. Imagine that you are not feeling well and have to go to the **Apotheke** to get a remedy. Describe your symptoms to the **Apotheker(in)** (played by another student). He or she will then recommend a product. Use the ads for suggestions.

BAUSTEIN 2

TALKING ABOUT PERSONAL ROUTINES

Reflexives with the dative; dative with parts of the body

1. Welche Schlagwörter (*slogans*) erkennen Sie?
2. „Gift" ist nicht ein ähnliches Wort auf englisch! Was bedeutet es?
3. Beschreiben Sie das Bild.

SITUATION
Routine.

Walter Sachs macht seit einigen (*a few*) Wochen eine Spezial-Diät. Ein Angestellter (*employee*) für die Firma dieses Produkts macht ein Interview mit ihm.

INTERVIEWER	Nun, Herr Sachs. Sie machen seit vier Wochen die neue Diät. Wie sieht ein typischer Morgen für Sie aus?
HERR SACHS	Wie Sie wissen, keine Eier, keine Wurst, keine Butter . . . Ich mache mir einfach einen Tee und esse mein Müsli.
INTERVIEWER	Ich kann mir vorstellen, daß Sie sich jetzt schon viel besser fühlen. Ihr Cholesterin-Spiegel° . . .
HERR SACHS	Ach wo,° wenn Sie mich fragen, ist das kein Leben. Den ganzen Tag kein richtiges Essen, immer nur das frische Gemüse, das ist ja schrecklich. Ich . . .
INTERVIEWER	Äh . . . Herr Sachs, ich danke Ihnen. Das wär's° für heute.

cholesterol level (Ihr Cholesterin-Spiegel°)

Oh, well (Ach wo,°)

That's all (Das wär's°)

---

aus·sehen, sah aus, ausgesehen, sieht aus   to look, appear
sich vorstellen   to imagine
(sich) ansehen, sah an, angesehen, sieht an   to look at, to watch

---

Struktur

As you learned in the previous **Baustein**, a reflexive construction is used in German when the subject and the object of a sentence are the same.

A. The dative case is used when the reflexive pronoun is the indirect object in the sentence. It is also used with verbs that take objects in the dative case (e.g., **helfen, weh tun**). Note that with the exception of the reflexive pronoun **sich**, the dative reflexive pronouns are identical with the dative case forms of the personal pronouns.

Dative Reflexive Pronouns

sich etwas kaufen *to buy something for oneself*	
ich kaufe mir . . .	wir kaufen uns . . .
du kaufst dir . . .	ihr kauft euch . . .
er/sie/es kauft sich . . .	sie kaufen sich . . .
Sie kaufen sich . . .	

Ich kaufe **mir** einen Pullover.	*I'm buying myself a sweater.*
Suchen Sie **sich** ein Zimmer?	*Are you looking for a room (for yourself)?*
Siehst du **dir** die Aerobic-Sendung an?	*Are you watching the aerobics program?*
Mach **dir** doch eine Tasse Tee!	*Why don't you make yourself a cup of tea?*
Ich kann **mir** nicht helfen.	*I can't help myself.*
Tue **dir** nicht weh!	*Don't hurt yourself!*

B. Typical verbs that take the dative reflexive are **anziehen, ausziehen, kämmen, putzen** (*clean*), and **waschen**.

Ich ziehe mir das Hemd an.	*I'm putting on my shirt.*
Sie hat sich die Schuhe angezogen.	*She put on her shoes.*
Hast du dir die Haare gekämmt?	*Did you comb your hair?*
Putz dir die Zähne!	*Brush your teeth!*
Ich wasche mir die Hände.	*I'm washing my hands.*

Note that in English, possessive adjectives are used to refer to parts of the body or articles of clothing (*my hands, her shoes*). In German, however, the dative reflexive pronoun is used instead when a specific body part or an item of clothing is the direct object of the sentence (**mir die Hände, sich die Schuhe**).[3]

---

[3] Compare the following: **Ich wasche das Kind** (nonreflexive); **Ich wasche mich** (accusative reflexive); **Ich wasche mir die Hände** (dative reflexive).

C. Three useful expressions that always take a dative reflexive pronoun are **sich leisten** (*to afford*), **sich überlegen** (*to think about*), and **sich vorstellen** (*to imagine*).

Ich überlege mir, wohin ich dieses Jahr in Urlaub fahren will.
Ich stelle mir einen schönen Trimm-dich-Urlaub vor.
Leider kann ich mir aber keinen Trimm-dich-Urlaub leisten.

Schritte zur Kommunikation

A. **Morgenroutine.** Was sagt Herr Gerhardt zu seinen Kindern?

BEISPIEL   Hannes: wash your ears
Hannes, wasch dir die Ohren!

1. Hannes und Karin: comb your hair
2. Karin: wash your face
3. Udo: brush your teeth
4. Udo und Hannes: put on your shoes
5. Kinder: wash your hands
6. Karin: put on a skirt

B. **Immer ein wenig zu spät.** Auf dem Weg zur Arbeit haben Elke und Franz gerade ihren Bus verpaßt (*missed*). Sie überlegen sich jetzt, was sie an diesem Morgen falsch gemacht haben. Was sagen sie? Berichten Sie im Perfekt.

BEISPIEL   ich/sich waschen/heute morgen/Haare
Ich habe mir heute morgen die Haare gewaschen.

1. ich/sich fühlen/heute früh/sehr müde
2. du/sich duschen
3. ich/sich waschen/das Gesicht
4. ich/sich rasieren
5. wir/sich anziehen/sehr schnell
6. wir/sich machen/ein großes Frühstück
7. du/sich putzen/die Zähne/nach dem Frühstück
8. ich/sich anziehen/den neuen Wintermantel
9. ich/sich putzen/die Schuhe
10. du/sich kaufen/eine Zeitung am Kiosk
11. ich/sich freuen auf/einen Tag ohne Streß
12. ja, aber/wir/sich leider nicht genug beeilen

C. **Kannst du dir das leisten?** Fragen Sie Ihre(n) Partner(in).

BEISPIEL   eine Schiffsreise nach China
            Kannst du dir eine Schiffsreise nach China leisten?
            Klar, das kann ich mir leisten.
      or Was? Das kann ich mir natürlich nicht leisten, weil . . .

1. eine Konzertkarte für die New York Metropolitan Oper
2. einen Skiurlaub in der Schweiz
3. einen Computer
4. eine Cola
5. eine schlechte Note (*grade*) im Deutschkurs
6. ?

D. **Sind Sie ein Gewohnheitstier?** (*Are you a creature of habit?*) Schreiben Sie vier Tage lang in ein Tagebuch (*diary*) über Ihre Morgen- und Abendroutine. Am Ende der vier Tage schauen Sie sich Ihre Einträge (*entries*) über Ihre täglichen Gewohnheiten noch einmal an und schreiben Sie einen kurzen Essay mit dem Titel: „Warum ich (k)ein Gewohnheitstier bin".

*R*ollenspiel. Stellen Sie sich vor, Sie sind eine berühmte Person (z. B. Sportler[in], Filmstar) und ein(e) Reporter(in) macht ein Interview mit Ihnen. Er/sie möchte wissen, was Sie an einem typischen Tag machen. Spielen Sie die Rollen der beiden Personen.

Benutzen Sie: zuerst . . . ; dann . . . , später . . . ; morgens/mittags/abends . . .

Olympia 88: Die Medaillengewinnerinnen im Eiskunstlaufen

BAUSTEIN 3

DESCRIBING PEOPLE AND OBJECTS

Adjective endings; adjectives after der-words

◆ 1. **Wieviele Sportarten erkennen Sie auf der Anzeige?**
  2. **Zur welcher Zeit ist der Preis für einen Urlaub im Sporthotel Reutmühle billiger? (Geben Sie nur die Monate an.)**

SITUATION Barbara erzählt Hartmut über den schönen Urlaub im Bayerischen Wald.
**In meiner
Freizeit . . .**

BARBARA	Ach, Hartmut, das war der schönste Urlaub meines Lebens! Täglich in den hohen Bergen skilaufen, morgens Tennis spielen, nachmittags wandern . . .
HARTMUT	Moment mal! Die meisten Menschen entspannen sich im Urlaub! Aber du hast anscheinend° nur Sport getrieben!
BARBARA	Gar nicht wahr. Abends haben wir vor dem Kamin über die neuesten Filme und die wichtigsten politischen Themen gesprochen, und . . .
HARTMUT	Da haben wir's! Das nennst du Freizeit!?

apparently

---

das Thema, die Themen   topic, theme

„Schwimmen macht fit."

Struktur

As you have already seen, descriptive adjectives can function either as "predicate adjectives," which follow the noun they modify, or as "attributive adjectives," which precede the noun. As in English, predicate adjectives in German do not have endings. German attributive adjectives, however, always have endings.

| predicate adjective | **Das Sporthotel Reutmühle ist berühmt.** |
| attributive adjective | **Das berühmte Sporthotel heißt Reutmühle.** |

There are two types of adjective endings in German: primary and secondary endings. Primary endings (which we will label "1") signal the gender, number, and case of the noun. You are already familiar with them because they are the same endings of the **der**-words (i.e., the definite articles, **dies-, jed-, welch-,** and **all-**)

1	2	
der	junge	Sportler

1	2	
dieses	gute	Fitness-Programm

1	2	
welche	junge	Sportlerin

A. Let's review the primary endings that are used for the **der**-words.

	Masculine	Neuter	Feminine	Plural
Nominative	dieser Mann	dieses Kind	diese Frau	diese Leute
Accusative	diesen Mann	dieses Kind	diese Frau	diese Leute
Dative	diesem Mann	diesem Kind	dieser Frau	diesen Leuten
Genitive	dieses Mannes	dieses Kindes	dieser Frau	dieser Leute

B. Secondary endings are used with attributive adjectives that *follow* the definite article or any **der**-word. A noun phrase containing a **der**-word, an attributive adjective, and a noun looks like this:

	Masculine		Feminine		Neuter		Plural	
	1	2	1	2	1	2	1	2
Nominative	der gute	Sportler	die gute	Sportlerin	das gute	Spiel	die guten	Spiele
Accusative	den guten	Sportler	die gute	Sportlerin	das gute	Spiel	die guten	Spiele
Dative	dem guten	Sportler	der guten	Sportlerin	dem guten	Spiel	den guten	Spielen
Genitive	des guten	Sportlers	der guten	Sportlerin	des guten	Spiels	der guten	Spiele

Below is a summary of the secondary endings of attributive adjectives that follow the definite article or a **der**-word:

	Masculine	Neuter	Feminine	Plural
Nominative	-e	-e	-e	-en
Accusative	-en	-e	-e	-en
Dative	-en	-en	-en	-en
Genitive	-en	-en	-en	-en

- Note the pattern: *primary ending on the **der**-word, secondary ending on the adjective.*
  Der jung**e** Mann ist Ex-Raucher.
  Bist du d**en** ganz**en** Tag gewandert?
  Sie ist Mitglied d**es** neu**en** Sportvereins.
  Was kostet dies**es** neu**e** Fitness-Programm?
  All**e** jung**en** Leute treiben gern Sport.
  Ich schwimme täglich in diesem schön**en** neu**en** Schwimmbad.
  Welch**es** neu**e** Fitness-Zentrum meinst du?

- In the positive and comparative the adjective **hoch** drops the c, and adjectives that end in **-el** or **-er** drop the e when an ending is added.
  Ich wandere gern in den hoh**en** Bergen.
  Sie sitzen im dunkl**en** Zimmer.
  Wir können uns die teur**e** Sauna nicht kaufen.

C. Attributive adjectives in the comparative and superlative also add secondary endings after a **der-** word. Remember that the **am** + *adjective* + **-sten** construction is only used for predicate, not attributive, adjectives.[4]

POSITIVE	COMPARATIVE	SUPERLATIVE
der hohe Berg	der höhere Berg	der höchste Berg
die berühmte Frau	die berühmtere Frau	die berühmteste Frau

Die meisten Leute treiben keinen Sport.[5]	*Most people don't participate in sports.*
Der schönste Wintersport ist Skilaufen.	*The nicest winter sport is skiing.*
Der kleinere Verein ist besser.	*The smaller club is better.*

D. The noun **der Deutsche** (f **die Deutsche,** pl **die Deutschen**) is formed from an adjective and therefore follows the rules that apply to attributive adjectives.

Der Deutsche heißt Hans Schmidt. (nominative masculine)
Die meisten Deutschen möchten fit sein. (nominative plural)
Kennen Sie die Deutsche da? (accusative feminine)
Die Frau mit dem Deutschen ist Französin. (dative masculine)
Was ist der Lieblingssport der Deutschen? (genitive plural)

Schritte zur Kommunikation

A. **Bildtexte.** (*Photo captions.*) Ulla schreibt Bildtexte für das Nachrichtenblatt (*newsletter*) ihres Sportvereins. Was schreibt sie? (Insert the correct form of the adjective in the most logical place.)

BEISPIEL   Treiben die Berliner genug Sport? (meist-)
Treiben die meisten Berliner genug Sport?

1. Mitglieder der Sportvereine kommen nach Köln. (ältest-, deutsch)
2. Die Sportsendungen laufen später am Abend. (best-)

---

[4] In other words, to form the superlative of an attributive adjective, add **-st** to the positive form of the adjective, and then the appropriate adjective ending. An **-e-** is inserted in words that end in **-d, -t,** or an **s** sound ⟶ **die berühmteste Sportlerin.**

[5] The plural definite article is required in German to express the equivalent of the English *most* as in *most people.*

3. Das Fahrrad-Team ist durch jede Stadt im Ruhrgebiet gefahren. (groß)
4. Alle Sportvereine sind zu teuer. (modern)
5. Schwimmen ist der beste Freizeitsport für die Kinder. (klein)
6. Mit dem Fahrrad geht's leichter. (neu)
7. Fünf Mitglieder machen einen Skiurlaub in den Alpen. (hoch)
8. Was machen die Skilehrer während des Sommers? (jung)/(lang)

B. **Bilder von Luzern.** Joanne, eine junge Sportlerin aus den USA, macht eine Tour durch die Schweiz. Sie braucht eine Beschreibung für ihre Fotos. Helfen Sie ihr bitte und schreiben Sie auf deutsch!

Luzerns Stadtmitte

1. I stayed overnight in the cozy little youth hostel near town.
2. I took a walk over this long bridge in the center of town.
3. Straight ahead is the famous old church.
4. In the library I read about this town's interesting history.
5. On Saturday afternoon I hiked in the highest mountains of this beautiful region. It was fun.
6. Most older tourists love this peaceful blue lake.
7. Every small town has an athletic club.
8. All active members take part in sports. Here you see the largest swimming pool in Lucerne.

C. Zum Thema Gesund sein, Fit sein.

1. Sehen Sie sich den Cartoon an und beschreiben Sie ihn. Benutzen Sie viele Adjektive!
2. Schreiben Sie einen Bildtext (*caption*) dafür. Vergleichen Sie Ihre Beschreibung und den Bildtext mit denen von anderen Studenten.

Rollenspiel. Write down ten of your favorite leisure activities. Then, with a partner act out the roles of an exchange student in Germany and a host family member who are planning some weekend leisure activities together. After you both make a few suggestions, you discover that a) the two of you have similar ideas about how to spend your time, or b) you disagree totally on the definition of leisure time and have some conflicts to work out. Act out both scenarios with your partner.

BAUSTEIN 4

REFERRING TO SOMETHING ALREADY MENTIONED

Da- and wo- compounds

SITUATION
Gesund-
heitstest.

Werner möchte, daß Walter mit ihm zum Sportverein geht. Walter hat aber keine Zeit dafür!

are meeting

WERNER   Worüber liest du denn? Komm, wir müssen uns beeilen. Wir treffen° Ernst und Stefan im Sportverein.

WALTER   Ich gehe nicht mit euch. Ich mache gerade den Gesundheitstest im *Stern*.[6] Oh je, meine Kondition . . .

suddenly

WERNER   Aha, ich verstehe. Plötzlich° interessierst du dich dafür! Treib doch ein wenig Sport, danach bist du wieder fit!

WALTER   Nein, danach tut mir immer alles weh! Ich kenne euer Fitness-programm. Tut mir leid, aber ich kann mich einfach nicht daran gewöhnen.

---

gerade   just now

Struktur

In German and English, personal pronouns follow prepositions when they refer to people.

Denkt sie an ihren Freund?   *Ja, sie denkt **an ihn**.*
Hast du Zeit für deine Familie?   *Ja, ich habe Zeit **für sie**.*

A. In English, the pronoun *it* or *them* is used with a preposition (*for it, without them*) when the object of a preposition is a thing or concept. In German,

---

[6] a popular German magazine that often has questionnaires pertaining to life style and health matters.

however, compounds that begin with **da-** (or **dar-** if the preposition begins with a vowel) replace nouns that refer to an inanimate object or concept.

Ulli interessiert sich für Sport.	*Ulli is interested in sports.*
Ich interessiere mich auch **dafür**.	*I'm also interested in that.*
Wir sind gegen Sportsendungen im Fernsehen.	*We're against sportscasts on television.*
Sind Sie auch **dagegen**?	*Are you against them, too?*
Gewöhnen Sie sich an die Arbeit?	Ja, ich gewöhne mich **daran**.
Liest sie über Sport in der Schweiz?	Ja, sie liest **darüber**.

- The most frequently used **da**-compounds are **dafür** (*for it*), **dagegen** (*against it*), **damit** (*with it*), **danach** (*after it*), **darauf** (*on it*[7]), **darüber** (*over it, about it*). Note that the prepositions **ohne, außer,** and **seit,** as well as the genitive prepositions do not form **da**-compounds.

B. **Wo**-compounds (spelled **wor-,** if the preposition begins with a vowel) are the interrogative equivalents of **da**-compounds. They may be used instead of the combination preposition plus **was.** Like **da**-compounds, they are never used to refer to people. When referring to people, German uses a preposition plus the appropriate form of the question word **wer (wen, wem, wessen).**

Von was spricht er?	
Wovon spricht er?	Von seiner Reise.
Auf was hast du dich gefreut?	
Worauf hast du dich gefreut?	Auf meinen Geburtstag.

But:		
	Auf wen wartest du?	Auf dich.
	Mit wessen Rad fahren Sie?	Mit dem Rad meines Bruders.

Schritte zur Kommunikation

A. **Wie bitte . . . ?** Einige Leute unterhalten sich im Fitness-Center. Lesen Sie die Auszüge (*excerpts*) vor und geben Sie danach das englische Äquivalent.

1. „Hast du gehört, daß der Fußballklub-Basel nächste Woche hier spielt?"
   „Nein, davon habe ich nichts gehört."
2. „Worüber ärgerst du dich denn, Rolf?"
   „Ich wollte segeln gehen, aber das Wetter ist schon wieder schlecht."

---

[7] Remember that you have learned a number of idiomatic verb constructions that always use a preposition (**sich interessieren für, sich beschweren über, sich freuen auf,** etc.). These verb constructions are frequently used in **da**-compounds: **Ich mache bald Urlaub; Ich freue mich darauf.** In such cases, the **da**-compound frequently picks up a meaning that may surprise you. **Darauf** here, for example, means *to it,* rather than *on it.*

3. „Auf wen wartest du, Hannes?"
   „Auf meine Kinder. Sie ziehen sich noch an."
4. „Denk daran! In zwei Wochen mache ich Urlaub auf Mallorca!"
   „Ach, ich sehe, du freust dich schon darauf."
5. „Wollt ihr später mit mir kegeln gehen?"
   „Leider haben wir heute keine Zeit dafür."
6. „Wofür interessierst du dich denn außer Sport?"
   „Frag mich morgen. Ich spiele gerade Basketball und danach hab' ich
   ein Volleyballspiel."

B. **Beim Deutschen Sportbund.** Elke arbeitet in einem Büro des Deutschen
Sportbundes. Was antwortet sie auf die Fragen ihrer Kollegin (*colleague*)?

BEISPIEL Haben Sie Frau Fischer für die Information gedankt? (ja)
Ja, ich habe ihr dafür gedankt.
Sprechen Sie heute mit Herrn Vogel? (nein)
Nein, ich spreche heute nicht mit ihm.

1. Haben Sie lange auf diesen Brief gewartet? (nein)
2. Interessieren Sie sich für dieses neue Sportmagazin? (ja)
3. Sind diese Fotos für die Reporterin? (ja)
4. Sprechen Sie heute über das Thema „Sport für alle"? (nein)
5. Freuen Sie sich auf Ihre Reise nach Dresden? (ja)
6. Haben Sie von den Mitgliedern des Sportvereins gehört? (nein)
7. Haben Sie sich an Ihr Fitnessprogramm gewöhnt? (nein)

C. **Interview.** Use the cues to form **wo**-questions to ask
other students. Their answers should contain two or
more sentences that explain their response.

BEISPIEL sich freuen/auf . . . ?
Worauf freust du dich?
Ich freue mich sehr auf das Konzert am Samstagabend.
Ich freue mich darauf, weil das Programm sehr gut sein soll. Ich
höre klassische Musik sehr gern.

1. sich interessieren/nicht so sehr für . . . ?
2. sich gewöhnen/nur langsam an . . . ?
3. sich freuen/gar nicht auf . . . ?
4. sich ärgern/immer über . . . ?
5. sich freuen/jedes Jahr auf . . . ?
6. denken/oft an . . . ?
7. sein/gegen . . . ?
8. lesen/gern/über?
9. sprechen/gern über . . . ?
10. sich beschweren/über . . . ?

SCHATZ!
WORAN DENKST DU?
UND WOMIT?

*R*ollenspiel. Stellen Sie sich eine Konversation zwischen einem Hypochonder (*hypochondriac*) und seinem Arzt vor. Spielen Sie die beiden Rollen.

PERSPEKTIVEN

Vor dem Lesen

1. Der folgende Zeitungsartikel hat zum Thema „Radfahren" („Velofahren" sagt man in der Schweiz). Bevor Sie den Text lesen, beantworten Sie die folgenden Fragen:
   a. Charakterisieren Sie den typischen Radfahrer in den USA. Wer fährt Rad? Wann und wo?
   b. Wenn Sie ein Fahrrad haben, wozu benutzen (*use*) Sie es?
   c. Was sind einige Vorteile des Radfahrens? Aus welchen Gründen fährt man Rad? Was sind einige Nachteile?
2. Velofahren ist nichts Neues in der Schweiz. Was aber neu ist, ist WER jetzt Radfährt und WARUM. Während Sie den Text lesen, machen Sie sich einige Notizen (*notes*) über das folgende[8]:
   a. Was für Leute sind jetzt solche enthusiastischen Radfahrer?
   b. Was sind die Gründe dafür?

Basel: Trendsetter fahren Velo

Nicht alte Sportschuhe, nicht robuste Gesundheits-Finken,° nicht Spezial-Rennschuhe° treten° da am Frühlingsmorgen in die Pedale. Nein, Geschäftsleute mit schickem Schuhwerk° und eleganter Kleidung radeln° zwischen sechs und acht ins Büro. In Basel ist das Velofahren beliebt und fast zum Statussymbol geworden. Das heisst: Frauen und Männer in Spitzenpositionen° lassen den Mercedes, BMW oder Jaguar in der Garage und schwingen sich° aufs Rad.

    Alle fahren Velo. Aber jeder hat andere Gründe dafür: eine gesündere Umwelt,° Fitness, Hobby oder Tradition. Bänkler° Hans-Jürg Gallusser fährt Velo, weil es praktisch ist. Mit seinem 3-Gang Raleigh im klassischen Schwarz kommt er schneller durch Basel als mit anderen Verkehrsmitteln.° Er erzählt von Tagen, an denen er fünf bis zehn Minuten früher angekommen ist als seine Kollegen mit dem Taxi. Beat Kappeler, Sekretär des Schweizerischen Gewerkschaftsbundes° in Bern, findet Velofahren toll, „weil man so viel sieht und riecht."° Dr. Christoph Steinlin, Vizedirektor im Bundesamt für Justiz,° will konsequent° sein. Aus diesem Grund fährt er auch im Regen° Velo. So trägt er auch ein wenig zum Umweltschutz° bei, glaubt er. Und Rechtsanwältin Claudia Bucher findet Velofahren ganz einfach schön: „Das ist viel angenehmer als in diesen Kisten° mit Auspuff."°

Nach: Schweizer Illustrierte

Finken *Swiss dialect for shoes, slippers*
Renn *running* **treten . . . in** *pump footwork bike*

Spitzen *key*
hop onto

environment   banker

means of transportation

Confederation Trade Unions
smells   Department of Justice
consistent   rain
environmental protection

crates   exhaust

---

[8] Take note that this story is more than a simple recording of facts and events. The writer has painted a lively portrait that is typical of the human interest stories published in the Swiss weekly *Schweizer Illustrierte*. Also notice that the Swiss write **ss** instead of **ß** (e.g., **das heisst**, instead of **das heißt**).

Die Baseler haben das Velo entdeckt.

Aber nicht alle Basler sind enthusiastisch über den neuen Trend. In der Zeitung „Spatz" steht die folgende Meinung:

discovered certain   Die Basler haben das Velo entdeckt.° Das ist nicht neu. Und weil jetzt gewisse°
klammern *clips*   Manager, und Direktoren Veloklammern° an den Hosenbeinen tragen, ist Velofah-
who freedom   ren „in." Das sind die, die° „Freiheit"° im Velo sehen. Die, die sich so frei fühlen, dass sie keine Stoppstrassen oder Rotlichter kennen. Die, die meinen, dass Trot-
sidewalks curb   toirs° und Parks alle „Velowege" sind. Und die, die so weit vom Strassenrand°
heart palpitations   fahren, dass jeder Autofahrer eine Pulsfrequenzerhöhung° hat.
solution   Eine Lösung° ist: Wir müssen spezielle Polizisten—auf Velos natürlich—ein-
appoint offending fine   setzen.° Diese Polizisten geben den fehlbaren° Velofahrern nicht eine Geldstrafe.° Nein, diese Velofahrer müssen zur Strafe Autos waschen.

Fragen zum Text

1. Fassen Sie in Ihren eigenen Worten die Hauptidee des ersten Paragraphen zusammen. (**zusammenfassen** = *summarize*)
2. Vier Baseler geben ihre Gründe für das Radfahren. Ergänzen Sie die folgende Tabelle (*chart*). (Rank each person's reasons in the order you consider most important.)

Name	Beruf	Gründe

3. Die Zeitung Spatz kommentiert einige Aspekte dieser neuen Mode (here: *craze*) mit Humor und Ironie. Gegen wen ist die Kritik? Geben Sie auf englisch zwei Beispiele von Ironie in dieser humorvollen Kritik.
4. Machen Sie eine Liste von den Vorteilen und Nachteilen des Fahrrads als Transportmittel (as *means of transportation*).

Land und Leute ✦ ✦ ✦ ✦ ✦

Sommersport in den Schweizer Alpen

Switzerland is a mecca for winter sports enthusiasts, but its alpine landscapes beckon thousands of amateur athletes and fitness enthusiasts in the summer as well.

WINDSURFING

In moderate weather most of Switzerland's 130 lakes are dotted with wind-surfers, and it comes as no surprise to learn that Switzerland is responsible for 15% of the world production of wind-surfboards. Along the shores of lakes with the most ideal windsurfing conditions are a variety of pubs and custom surfboard shops that cater to weekend surfers from Basel, Bern, and Zürich.

CYCLING

Train stations of the **SSB** (Swiss National Railway) have always offered bicycles for rent, but even though the total number of bicycles available has doubled, the supply cannot keep up with the demand. The rental network allows

cyclists to travel by train into the alpine foothills, where they rent bikes. After a day of cycling that often includes hiking and swimming, the tour ends at a different train station where cyclists turn in their bikes and wait for the next train home.

ALPINE MARATHON

Thousands of Swiss are amateur mountain climbers, but only a few have the stamina to enter the biennial **Internationale Kesch-Stafette** at Bergün. In this grueling 50-kilometer relay race, seven team members cover an alpine course with seven disciplines/phases:

Das ewige Auf und Ab um Bergün

In sieben Disziplinen müssen die Mannschaften 48,2 Kilometer bei 2262 Meter Höhendifferenz überwinden. Rekordzeit: 3 Stunden, 11 Minuten.

The coed teams include former Olympic athletes as well as weekend amateurs. The alpine marathon recently drew 186 seven-member teams, and this rigorous Swiss sport is expected to continue to grow in popularity.

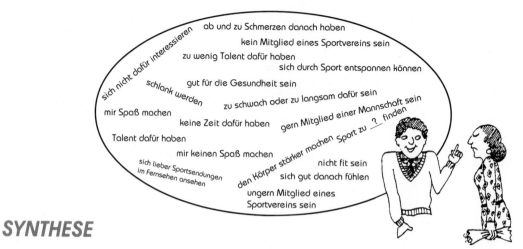

ab und zu Schmerzen danach haben

kein Mitglied eines Sportvereins sein

zu wenig Talent dafür haben

sich durch Sport entspannen können

sich nicht dafür interessieren

gut für die Gesundheit sein

schlank werden

zu schwach oder zu langsam dafür sein

mir Spaß machen

gern Mitglied einer Mannschaft sein

keine Zeit dafür haben

Talent dafür haben

mir keinen Spaß machen

den Körper stärker machen Sport zu _?_ finden

sich lieber Sportsendungen im Fernsehen ansehen

nicht fit sein

sich gut danach fühlen

ungern Mitglied eines Sportvereins sein

SYNTHESE

A. **Sport treiben: Gründe dafür und dagegen.** Viele Leute geben Gründe an, warum sie oder warum sie nicht Sport treiben. Sehen Sie sich die Gründe an und ordnen Sie sie in der DAFÜR oder DAGEGEN Liste ein.

	DAFÜR	DAGEGEN
BEISPIEL	sich gut danach fühlen	keine Zeit dafür haben
	Ich fühle mich gut danach.	**Ich habe keine Zeit dafür.**

B. **Raten Sie mal!** (*Guess!*) Wörter für Körperteile gibt es auch oft in idiomatischen Ausdrücken. Finden Sie das englische Äquivalent?

1. Sie hat große Augen gemacht!
2. Hals und Beinbruch!
3. Mach dich auf die Beine!
4. Unter vier Augen gesagt.
5. Es liegt auf der Hand.
6. Sie ist nicht auf den Kopf gefallen.
7. Du hast Stroh (*straw*) im Kopf.
8. Hands aufs Herz!
9. Ich drücke dir die Daumen!
10. Ich habe die Nase voll.
11. Das hat Hand und Fuß.

a. She's no fool.
b. I'm fed up.
c. It's obvious.
d. You're scatterbrained.
e. Just between us.
f. Cross my heart!
g. Break a leg!
h. She was really surprised.
i. Hurry up!
j. That makes sense.
k. I'm keeping my fingers crossed for you.

ANTWORTEN 1. h 2. g 3. i 4. e 5. c 6. a 7. d 8. f 9. k 10. b 11. j

C. Wählen Sie einen Ausdruck von der Liste oben und schreiben Sie eine kleine Geschichte oder einen Dialog, in der dieser Ausdruck die Pointe (*punch line*) ist.

D. **Unser Sportklub.** Sie und eine Gruppe von Studenten wollen Ihren eigenen (*own*) Sportklub aufmachen. Was ist der Name Ihres Klubs, wie sieht Ihre Werbung aus, und welche Sportaktivitäten schlagen Sie vor? Schreiben Sie eine Broschüre dafür.

E. **So kann man es verstehen!** What would you do if you found yourself in the following situations? If you don't know all the necessary vocabulary to explain your situation, use other words and even some gestures if necessary.

1. You have a bad cold and need to buy some cough medicine.
2. You broke a tooth and need to be taken care of.
3. You have to explain to a doctor that you have a cut that is infected and that you may need a shot.
4. You have a splinter in your finger and need help to get it out.
5. You have a prescription for airsickness pills that you need to have refilled.

Hören wir zu!

So bleibt man gesund! Walter und Heide Sachs haben eine Diskussion über die Werbung von Tabletten und Tonika (*tonics*). Heide meint nicht, daß diese Medikamente Walters Gesundheitsprobleme lösen (*solve*) können. Schauen Sie sich kurz die Anzeigen an. Dann hören Sie zu und umkreisen Sie (*circle*) die beste Antwort.

Doppelherz Ginseng Kapseln N. Die spezielle Formel gegen den täglichen Streß. Zur Steigerung der geistigen und körperlichen Leistungsfähigkeit.

Doppel herz®

Die Kraft der zwei Herzen.

VÖLLEGEFÜHL ...wo ist mein Bullrich?

Bullrich Salz enthält reines Bicarbonat, einen natürlichen Bestandteil vieler Mineralwässer. Als altbewährtes Hausmittel rasch wirksam bei Sodbrennen, Völlegefühl, und Magendruck.

Nach jedem Essen...

Bullrich-Salz bei Sodbrennen, Magendruck und Völlegefühl. Neutralisiert überschüssige Magensäure. Bei anhaltenden Beschwerden Arzt befragen. △ delta · 6078 Neu-Isenburg

ORIGINAL BULLRICH SALZ Magentabletten gegen Sodbrennen, Magendruck, Völlegefühl

Endlich klappt's!

... denn es will Abend werden

VALPETRIN® Einschlaf-Tonikum

1. Heides Meinung nach nimmt Walter die Bullrich Tabletten weil er . . .
   a. zu viele Geschäftsreisen macht.
   b. viel zu viel ißt.
   c. ungesund ißt.
2. Walter möchte Doppelherz Ginseng Kapseln kaufen, weil er . . .
   a. sich ab und zu auf Reisen nicht wohl fühlt.
   b. Schmerzen hat, wenn er Sport treibt.
   c. denkt, daß sein Leben zu hektisch ist.
3. Von allen Produkten zeigt Heide Sachs nur Interesse für . . .
   a. die Magentabletten.
   b. die Anti-Streß Tabletten.
   c. das Einschlaf-Tonikum.

AKTIVER WORTSCHATZ 2

Substantive

der Grund, ̈ e	*reason*
aus diesem Grund	*for this reason*
das Thema, Themen	*topic, theme*

Verben

(sich) an·sehen, sah angesehen, sieht an	*to look at, watch*
(sich) an·ziehen, zog an, angezogen	*to get dressed, to put on (clothes)*
sich ärgern (über + acc)	*to become angry (about)*
aus·sehen, sah aus, ausgesehen, sieht aus	*to look, appear*
(sich) aus·ziehen, zog aus, ausgezogen	*to get undressed, to take off (clothes)*
(sich) baden	*to bathe, take a bath*
sich beeilen	*to hurry*
sich beschweren über (+ acc)	*to complain about*
sich duschen	*to shower*
sich entspannen	*to relax*
sich erkälten	*to catch a cold*
sich freuen	*to be happy*
sich freuen auf (+ acc)	*to look forward to*

sich freuen über (+ acc)	*to be happy about*
(sich) fühlen	*to feel*
sich gewöhnen an (+ acc)	*to get used to*
sich interessieren für (+ acc)	*to be interested in*
(sich) kämmen	*to comb (one's hair)*
sich leisten	*to afford*
putzen	*to clean*
(sich) die Zähne putzen	*to brush one's teeth*
(sich) rasieren	*to shave*
sich überlegen	*to think about, to reflect on*
sich vorstellen	*to imagine*
sich waschen, wusch, gewaschen, wäscht	*to wash (oneself)*

Andere Wörter

beliebt	*popular*
einfach	*simple, simply*
gerade	*just now*
wohl	*well*

Besondere Ausdrücke

Was fehlt Ihnen (denn)?	*What's wrong with you?*

Mahlzeit!¹

Kommunikationsziele	■ Ordering food in a restaurant ■ Expressing opinions about food ■ Setting a table ■ Expressing location or motion ■ Describing people, places, and things ■ Expressing preferences and providing descriptions ■ Making excuses and talking about alternate plans
Bausteine	■ **Liegen/(sich) legen; sitzen/(sich) setzen; stehen/stellen; hin und her** ■ Adjectives after **ein**-words ■ Unpreceded attributive adjectives ■ **Aber** vs. **sondern; nicht nur . . . sondern auch**
Land und Leute	■ Wein und Weinfeste ■ Das Kaffeehaus

¹ *Enjoy your meal!*

EINFÜHRUNG

Basler Gaststätten laden ein!

-führer *guide* Die folgenden Restaurantanzeigen sind aus einem Stadtführer° der Stadt Basel.

as well as

inn

closed

selection
open daily
catering service/
occasions

elegant cuisine
comfort

1

Landgasthof Ochsen 4104 Oberwil

Hausgemachte Spezialitäten aus der Basler Region in einem historischen Gasthof° mit gemütlicher Atmosphäre. Wir haben auch Platz für Ihre Familienfeste. Rufen Sie uns an: 061 / 30 26 19

Montags geschlossen°

2

RESTAURANT STEINBOCK

Ihr Restaurant für traditionelle

Fondue-Spezialitäten
sowie°
Fleischfondues
(Bourguignonne, Chinoise, Bacchus)

Ihre Tischreservationen, auch für Gesellschaften, nehmen wir gerne entgegen.
Telefon 22 58 46
Fam. D. + I. Rollka
Centralbahnstrasse 19, 4051 Basel
Sonntags geschlossen

Steinle's Kaffi- & Salat-Bar

Aeschenvorstadt 24   **4051 Basel**   Drachencenter   ☎ 061 - 23 41 33
Verschiedene internationale und vegetarische Gerichte in reicher Auswahl.° Bis 24 Uhr geöffnet. Kein Ruhetag°.
Hauslieferungsdienst° für Partys + Private-Anlässe°

3

Me goht wider ins
Restaurant Rheinkeller

Sygs zem guet ässe . . .
oder au nur
zem gschwind
ain go schnappe *

Brigitte und Paul Schönenberger
Untere Rheingasse 11
4058 Basel, Tel. 061 / 25 23 54

*Man geht wieder ins Restaurant Rheinkeller. Sei es um gut zu essen oder auch nur um schnell etwas zu trinken.

4

HOTEL RESTAURANT

Telefon 061 / 52 00 11

WALDHAUS
IN DER HARD   **4127 BIRSFELDEN**

5 Minuten von Basel   Im Grünen
Restaurant mit gepflegter Küche°
Bankettsaal   Grosse Terrasse
Kinderspielplatz Grosser Parkplatz
Heimelige Hotelzimmer

5   Montag geschlossen

6

GASTHOF STERNEN GURMELS

Hotelzimmer
(Dusche, WC, Radio, TV usw.)
Grillspezialitäten
Familienfeiern, Konferenzen
20–250 Personen
Fam. Kreienbühl, 3176 Neuenegg
☎ 031 / 94 12 26
LÄNDLICHE BEHAGLICHKEIT°

Fragen zum Text

1. Suchen Sie Basel auf der Landkarte.
2. Sie kennen jetzt schon einige deutsche Wörter für einen Platz, wo man essen und trinken kann. Was sind sie? Welches andere Wort finden Sie in den Anzeigen?
3. Wie gibt ein Restaurant an (angeben *indicate*), daß es jeden Tag geöffnet ist? Daß es einmal die Woche geschlossen ist?

4. Stellen Sie sich vor, die folgenden Personen suchen ein Restaurant. Welche Restaurants kommen für sie in Frage?

   a. Max Rüeger gibt eine große Geburtstagsparty für seine Freundin. Seine Wohnung ist aber zu klein dafür.
   b. Dieses Wochenende wollen die Brüggers mit ihren vier Kindern zu einem Restaurant auf dem Land fahren.
   c. Frau Zemp möchte absolut einen Tisch reservieren.
   d. Die Millers aus Kanada möchten die Eßspezialitäten von Basel und der Schweiz kennenlernen.
   e. Wim ißt am liebsten vegetarisch.
   f. Die Direktorin einer Firma organisiert eine kleine Konferenz für ihre Mitarbeiter.

FUNKTION

So kann man jemanden (*somebody*) einladen:

Darf ich dich/Sie zum Essen einladen?

Möchtest du mit uns zu/ in . . . gehen?

Hast du Lust, mit mir . . . zu gehen?
Do you feel like going with us to . . . ?

Wir gehen . . . , komm doch mit!

Zum Thema Essen und Restaurant sind die folgenden Ausdrücke nützlich:

Ich habe riesigen Hunger!   *I'm so hungry!*
Ich habe Durst.   *I'm thirsty.*

Reaktionen

Ich habe (keinen) Appetit auf . . .
I'm (not) in the mood for (feel like eating) . . .

. . . schmeckt/schmecken[2] mir (nicht).
I (don't) like . . .

. . . habe ich noch nie (nicht) probiert.
I've never (not yet) tried . . .

. . . probiere ich auf keinen Fall.
No way I'll try . . .

Ist der Platz (hier) noch frei?[3]
Is this seat available (taken)?

Ja, hier ist noch frei.

Nein, hier ist besetzt.
No, it's taken.

---

[2] With food and beverages, **schmecken**, not **gefallen**, is used.

[3] Except in exclusive restaurants, it is customary in German-speaking countries to share a table with strangers if a restaurant is crowded.

Bestellen

Wir möchten gern bestellen.	*We'd like to order.*
Was ist heute besonders gut?	
Herr Ober (Fräulein)/Bedienung, die Speisekarte, bitte.	*Waiter (waitress), may I have the menu please.*
Ich nehme . . .	*I'll take . . .*
Ich möchte . . . mal probieren.	
Bringen Sie mir bitte . . .	
Ich hätte gern . . .	
Herr Ober (Fräulein), die Rechnung, bitte.	*Waiter! I'd like the bill, please.*
Zahlen, bitte.	*The bill, please.*
Stimmt so.[4]	*Keep the change.*

Eine Gaststätte in Berlin: „Guten Appetit."

Die Kellnerin/der Kellner/die Bedienung sagt vielleicht:

Was darf's sein?	
Was bekommen Sie?	*What would you like (are you getting)?*
Ich empfehle . . .	*I recommend . . .*
. . . ist ausgezeichnet.	*. . . is excellent.*
Guten Appetit/Mahlzeit!	*Enjoy your meal!*
Das macht zusammen . . .	

---

[4] In German-speaking countries, the tip is automatically included in the price of the meal. Still, it is customary to round off the bill to the next mark or so.

A. **Die Speisekarte vom „Wilden Mann."** Schauen Sie sich mit einem Partner die Speisekarte an.

Café · Restaurant

WILDER MANN

Appetizers	**Warme Vorspeisen°**	
snails	6 o. 12 Weinbergschnecken°	Fr. 7.-/11.50
	Zwiebelsuppe°	Fr. 3.50
	Lasagna	Fr. 6.-
Hühner = *Chicken*	Hühnersuppe°	Fr. 2.50
	Kalte Gerichte	
	Heringsalat	Fr. 4.50
	Beefsteaktartar	Fr. 8.50
	Belegte Brote (Käse- o. Wurstbrot)	Fr. 2.75
	Artischockensalat	Fr. 4.75
Smoked salmon / horse-radish cream	Geräucherter Lachs°, Meerrettichschaum°, Butter u. Toast	Fr. 8.50
	Hauptgerichte	
	Käse-Fondue (für 2 Personen)	Fr. 22.-
Brat = *Grilled / peas*	Brathähnchen°, Butterreis, Erbsen°	Fr. 11.-
Liver	Leber° mit Nudeln u. Salatteller	Fr. 9.50
home fries	Bratwurst m. Rösti° u. Salatteller	Fr. 8.50
pork sausages	Paar Schweinswürstli° mit Pommes frites	Fr. 8.-
Veal kidneys / mushrooms / carrots /	Kalbsnieren° m. Pilzen° in Weißweinsauce, Rüebli°	Fr. 12.00
Smoked pork	Rippli° m. Sauerkraut u. Salzkartoffeln	Fr. 13.50
Flank of venison / dumplings	Rehrücken° m. hausgemachten Spätzli° u. Gemüseplatte	Fr. 19.50
ham	Omelette m. Schinken° o. Pilzen, Tomatensalat	Fr. 6.75
	Schweinbraten m. verschiedenen	Fr. 15.-
	Gemüsen u. Bratkartoffeln	
trout	Frische Forelle° m. Salzkartoffeln u. Mayonnaise	Fr. 13.-
Ragout	Geschnetzeltes° Kalbfleisch m. Rösti	Fr. 12.50
	Nachspeisen	
	Obstkuchen	Fr. 2.50
	Schokoladentorte	Fr. 2.50
strawberries	Frische Erdbeeren°	Fr. 3.-
	Gemischtes Eis	Fr. 2.75
	Getränke	
on tap	Diverse Biere vom Faß°	Fr. —
	Diverse offene u. Flaschenweine	Fr. —
	Kaffee	Fr. 2.-
	Tee	Fr. 1.80
	Heisse Schokolade	Fr. 2.-
	Mineralwasser	Fr. 1.80
	Limonade	Fr. 2.-
	Diverse Säfte (Apfel-, Trauben-, Orangensaft)	Fr. 2.50

1. Welche Gerichte erkennen (*recognize*) Sie?
2. Wie wissen Sie, daß das eine Schweizer Speisekarte ist?

B. **Auf verschiedene Gerichte Reaktionen geben.** Ihr(e) Partner(in) empfiehlt einige Gerichte auf der Speisekarte vom „Wilden Mann." Benutzen Sie die Ausdrücke in der **Funktion** auf S. 259, und reagieren Sie auf die Vorschläge.

BEISPIEL   Nimm doch die Weinbergschnecken!
Die möchte ich auf keinen Fall probieren!

C. **Wer sagt was im Restaurant?** Benutzen Sie die Ausdrücke auf Seite 260 und geben Sie den Dialog für jedes Bild.

BEISPIEL Bild 1 Der Gast sagt: „Herr Ober, die Speisekarte, bitte."

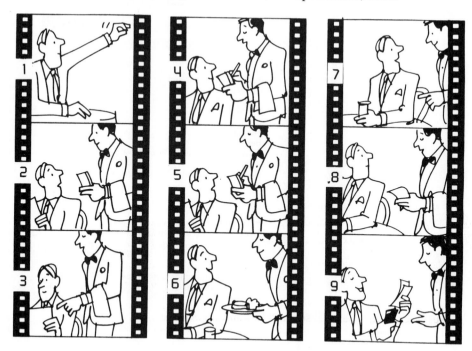

 *R*ollenspiel. **1)** Laden Sie jemanden zum Essen ein. **2)** Gehen Sie dann ins Restaurant und fragen Sie nach einem Tisch. **3)** Wenn Sie am Tisch sitzen, spielen Sie die Rollen von zwei Gästen und der Bedienung. Benutzen Sie die Speisekarte vom „Wilden Mann" und bestellen Sie Vorspeise, Hauptgericht, Nachspeise, Getränk.

AKTIVER WORTSCHATZ 1

Substantive

Essen und Trinken

belegtes Brot, belegte Brote	*sandwich*	
die Bratwurst, ¨ e	*sausage*	
das Eis	*ice cream*	
das Gericht, -e	*food, dish*	
das Getränk, -e	*beverage*	
das Hähnchen, -	*chicken*	

die Kartoffel, -n	*potato*
die Limonade, -n	*soft drink*
die Omelette, -n	
die Pommes frites	*French fries*
der Reis	*rice*
der Saft, ¨ e	*juice*
der Salat, -e	*salad; lettuce*
das Sauerkraut	
die Suppe, -n	*soup*

| die Torte, -n | layer cake, torte |
| die Wurst, ⸚e | sausage, cold cuts |

Andere Substantive

der Gast, ⸚e	guest, customer (in a restaurant)
die Rechnung, -en	check, bill
die Speisekarte, -n	menu
die Spezialität, -en	

Verben

bekommen, bekam bekommen	to get, receive
bestellen	to order
empfehlen, empfahl, empfohlen, empfiehlt	to recommend

Andere Wörter

ausgezeichnet	excellent
frei	free, available
gemischt	mixed
hausgemacht	homemade
heiß	hot
kalt	cold
offen	open
verschieden	different, various
warm	

Besondere Ausdrücke

auf keinen Fall	by no means, no way
Appetit haben (auf + acc)	to be in the mood for, feel like eating
noch nie	not yet, never

> And don't forget:
> jemanden einladen, Seite 259
> Ausdrücke zum Thema Essen und Restaurant, Seite 260

Land und Leute

Wein und Weinfeste

For many Germans, Austrians, and Swiss, wine is one of the fundamental pleasures of life and a rich cultural tradition. Winegrowing was introduced north of the Alps by the Romans nearly two thousand years ago and is concentrated in areas with ample sunshine and mild weather: the river valleys of western and southern Germany, and the Danube valley and eastern plains of Austria. Most Swiss wines, however, are grown on the sunny slopes of the Alps. There are many delicate white wines for which these countries are justly famous. Each one is unique and gets its character from the type of grape, the soil, and the climate of a particular region or vineyard. Typical of these winegrowing regions are the **Weinfeste**, local wine festivals held in late summer and autumn, in which local residents celebrate the new wine and old traditions. In the Rhine, Main, and Moselle valleys of Germany, these festivals attract thousands of visitors, such as the **Weinfest** in Bernkastell, Rüdesheim, and the largest of all in Bad Dürkheim.

An der Mosel sind viele Burgen und Weinberge fast 1000 Jahre alt.

German wine labels conform to a nationally standardized system of classification that was introduced in 1971. The labels include information about the general region, the vintage year, the type of grape, a taste designation, such as **trocken** (*dry*) or **halbtrocken** (*semidry*), and the name of the grower. The label also includes one of three ratings: **Tafelwein** (*table wine*), **Qualitätswein** (*quality wine*), or **Qualitätswein mit Prädikat** (*quality wine with distinction*). Such information makes it easier to identify the wines on restaurant menus and store shelves. The quality and the convenience of the classification system make German wines popular and distinctive throughout the world.

BAUSTEIN 1

EXPRESSING LOCATION OR MOTION

liegen/(sich) legen; sitzen/(sich) setzen; stehen/stellen; hin und her

SITUATION Herr Schwarz zeigt seinem jungen Sohn, wie man einen Tisch deckt.
Den Tisch decken.

Rund um den gedeckten Tisch

KUSTERMANN
Aus Tradition fortschrittlich

F. S. Kustermann · Viktualienmarkt 12 · Rindermarkt 3 – 4
8000 München 1 · Telefon 0 89/23 72 50

HERR SCHWARZ	So, zuerst legen wir die Tischdecke auf den Tisch. Dann stellen wir die Teller, Tassen, Untertassen und Gläser darauf. So ist's gut.
ALBERT	[DIE TISCHDECKE LIEGT JETZT AUF DEM TISCH UND DAS GESCHIRR° STEHT DARAUF] Und jetzt, Vati?
HERR SCHWARZ	Man legt die Gabel links neben den Teller und das Messer rechts. Neben dem Messer liegt dann der Löffel. Ach ja, und die Servietten legen wir unter die Gabel.
ALBERT	Und die Blumenvase steht in der Mitte, nicht wahr? Und Salz und Pfeffer auch.
HERR SCHWARZ	Ja. [Einige Minuten später] Das hast du schön gemacht! Jetzt sagen wir der Mutti, sie soll sich an den Tisch setzen. Wir können essen.

tableware, dishes

---

den Tisch decken to set the table **die Tischdecke, -n** tablecloth
der Teller, - plate **(der Suppen-/Salatteller) die Untertasse, -n** saucer
die Gabel, -n fork **das Glas, ¨ er** glass **das Messer, -** knife
der Löffel, - spoon **die Serviette, -n** napkin
Salz und Pfeffer bitte! Pass the salt and pepper please.

Das Ambiente

yuk!

Struktur

When you learned the two-way prepositions, you became familiar with the distinction in German between spatial location (**wo**) and movement toward a new location (**wohin**).

A. You learned that the verbs **liegen (lag, gelegen)**, **sitzen (saß, gesessen)**, and **stehen (stand, gestanden)** are used to express location of persons or objects. They are called intransitive verbs, which means that they do not take a direct object. When used with two-way prepositions, these verbs require an indirect (dative) object.

liegen (*to lie; to be located*)	Die Speisekarte liegt **auf dem Tisch**.
sitzen (*to sit; to be seated*[5])	Der Gast hat **am** Fenster gesessen.
stehen (*to stand; to be located*)	Das Glas steht **auf dem** Tisch.

B. The English verbs *to put* or *to place*, which express motion or movement toward something, are expressed in German with the regular verbs **legen, setzen**, and **stellen**. These verbs are transitive verbs, which means that they need a direct (accusative) object in order to complete the sentence.

legen (*to lay, to put or place*)	Die Kellnerin legt die Rechnung **auf den** Tisch.

---

[5] Sitzen is used only with people and animals.

| setzen (*to set, to put or place*) | Setz das Kind **auf den** Stuhl dort drüben! |
| stellen (*to put or place*) | Der Kellner stellt das Bier **auf den** Tisch. |

Note that German uses **stellen** to talk about things that are placed upright, e.g., bottles, cups, glasses, or plates and **legen** for things that are placed flat, e.g., napkins and silverware.

C. The regular reflexive verbs **sich legen** and **sich setzen** mean *to sit down* and *to lie down*.

Leg dich **aufs** Sofa!	*Lie down on the sofa.*
Der Hund hat sich **vor den** Kamin gelegt.	*The dog lay down in front of the fireplace.*
Bitte setzen Sie sich!	*Please sit down.*
Sie hat sich **an den** Tisch gesetzt.	*She sat down at the table.*

D. This table summarizes these verbs and the relationship between them.

Wohin?	Wo?
legen	liegen
stellen	stehen
setzen	sitzen
sich setzen	sitzen
sich legen	liegen

E. The words **hin** and **her**, which you have already used in the question words **wohin** (*where to*) and **woher** (*where from*), can be combined with verbs of motion and prepositions to distinguish between movement **toward** the speaker and movement **away** from the speaker.

- Use **hin** to specify movement away from the speaker.

hingehen	*to go there*	Ich **gehe** morgen **hin**.
hineingehen[6]	*to go inside*	Wer **geht** da **hinein**?
hinausgehen	*to go out*	Ich muß **hinausgehen**.

- Use **her** to specify movement toward the speaker.

herkommen	*to come here*	**Komm** bitte **her**.
herüberkommen	*to come over*	Sie **kommt** später **herüber**.
hereinkommen	*to come in*	**Kommen** Sie bitte **herein**.

---

[6] In conversational German, you are likely to hear an abbreviated form: r is substituted for both **hin** and **her**: **hineingehen** ⟶ **reingehen**; **herauskommen** ⟶ **rauskommen**.

Schritte zur Kommunikation

A. **Der unzufriedene Gast.** Sehen Sie sich den Cartoon an und ergänzen Sie die Bildgeschichte mit **sitzen, sich setzen, legen, liegen, stellen** oder **stehen**, oder dem bestimmten (*definite*) Artikel.

Der Gast ist in _____ Restaurant gekommen und _____ _____ an den kleinen runden Tisch _____. Die Kellnerin _____ das Mittagessen auf den Tisch _____.

Jetzt _____ der Gast ganz allein da und sieht sehr unzufrieden aus. Auf dem Tisch _____ eine Tischdecke, und darauf _____ der Teller und ein Glas Bier. Der unzufriedene Gast ruft die Kellnerin an _____ Tisch her. Jetzt _____ sie da und fragt sich, was er will. Der Unzufriedene zeigt ihr den Teller. Auf dem Teller _____ ein Stück Rumpsteak. Das kann man nicht schneiden (*cut*), meint er. Die Kellnerin nimmt das Messer in _____ Hand und probiert, das Fleisch zu schneiden.

Und wie geht die Geschichte weiter? Erzählen Sie, was im letzten Bild passiert (*happens*).

B. **Haben Sie's gemacht?** Hugo hat einen neuen Job in einem Restaurant. Sein Chef fragt ihn, ob er alles richtig gemacht hat. Wie antwortet Hugo?

BEISPIEL   Haben Sie die Tassen neben die Teller gestellt?
                    Ja, die Tassen stehen neben den Tellern.

1. Haben Sie die Tischdecke auf den Tisch gelegt?
2. Haben Sie die Weingläser auf den Tisch gestellt?
3. Haben Sie die Servietten neben die Teller gelegt?
4. Haben Sie die Gabeln neben die Servietten gelegt?
5. Haben Sie die Blumen auf den Tisch gestellt?
6. Haben Sie die Messer und Löffel neben die Teller gelegt?

Österreichisches Ambiente: Im Freien schmeckt das Essen besonders gut!

C. **Kettenreaktion: Bitte machen Sie das!** Geben Sie einer Person in Ihrem Deutschkurs einen Befehl (*command*). Diese Person macht das dann und darf danach auch einen Befehl geben.

BEISPIEL   Mary, komm bitte her.
                    John, stell dich an die Tafel hin.
                    Amy, geh aus dem Zimmer hinaus (raus).

1. herkommen, hingehen
2. her/hinlegen
3. sich her/hinsetzen
4. her/hinsetzen
5. her/hinstellen
6. sich her/hinlegen

D. **Was ist denn hier los?** (*What's happening here?*) Schreiben Sie einen Paragraphen über eines der folgenden:

1. Beschreiben Sie das Bild.
2. Erzählen Sie eine Geschichte. Enzählen Sie **wer, was, wo**, und **wann** über das, was hier passiert.

 *R*ollenspiel. Make a sketch of an unusual tablesetting arrangement. Then tell another student who has not seen your sketch how to arrange a set of real tableware along the lines of your sketch. Exchange roles.

BAUSTEIN 2

DESCRIBING PEOPLE, PLACES, AND THINGS

Adjectives after ein-words

PRÄSENTATION

9. & 10. Juni 1990

Das Weinfest mit der einmaligen Atmosphäre, dort wo die Weine wachsen, in den berühmten Niersteiner Lagen.
Von 12.00 Uhr bis Sonnenuntergang

NIERSTEIN

WEIN AM ROTEN HANG

SITUATION Zwei Freunde besuchen ein Weinfest in Nierstein.
Ist hier noch frei?

WILHELM	Was für ein herrliches kleines Lokal! Das gefällt mir. Aber voll ist's hier . . .
AGNES	Ja, da gibt's sicher keinen freien Tisch. Sollen wir ein anderes Restaurant suchen, oder bleiben wir hier?
WILHELM	In so einer berühmten Gegend sind jetzt alle Lokale voll. Setzen wir uns doch zu den Leuten da. [SIE GEHEN ZU EINEM LANGEN TISCH IN DER ECKE, WO ZWEI GÄSTE SITZEN.]
AGNES	Entschuldigung, ist hier noch frei?
GAST	Natürlich, ja, bitte setzen Sie sich.

---

herrlich wonderful, splendid   **voll** full   **sicher** surely, for sure
ander- other

Struktur

In **Kapitel 8** you learned that German attributive adjectives receive the second-ary endings **-e** or **-en** when they follow the definite article or any **der**-word. Adjectives preceded by **ein**-words (i.e., the indefinite article, possessive adjectives and **kein**) also receive the same secondary endings, except in three in-stances: masculine nominative, the neuter nominative, and the neuter accusa-tive singular. Because in these instances the **ein**-words do not have primary endings, the attributive adjectives following these words receive primary end-ings, so that case, number, and gender of the noun are clear.[7]

ein frisch**er** Salat   **unser** gut**er** Kellner
kein kalt**es** Bier   **ihr** neu**es** Restaurant

A. Let's review:

	Masculine	Neuter	Feminine	Plural
Nominative	ein nett**er** Mann	ein nett**es** Kind	eine nette Frau	keine netten Leute
Accusative	ein**en** nett**en** Mann	ein nett**es** Kind	eine nette Frau	keine netten Leute
Dative	ein**em** nett**en** Mann	ein**em** nett**en** Kind	ein**er** nett**en** Frau	kein**en** nett**en** Leuten
Genitive	ein**es** nett**en** Mannes	ein**es** nett**en** Kindes	ein**er** nett**en** Frau	kein**er** nett**en** Leute

Es gibt ein gut**es** Lokal in der Stadtmitte.
Wir haben in ein**em** gemütlich**en** italienisch**en** Cafe gegessen.
Möchten Sie unser**en** frisch**en** Obstsalat mal probieren?
In diesem berühmt**en** Restaurant gibt es keine frei**en** Tische.

B. **The expression was für ein . . .** (*what kind of . . . ? what a . . . !*) follows the rules for adjective endings preceded by ein-words.

Was für ein ausgezeichnet**es** Essen!	*What an excellent meal!*
Was für ein Gericht ist Gazpacho?	*What kind of dish is Gazpacho?*
Ein spanisch**es**.	*A Spanish one.*
In was für ein**em** Restaurant eßt ihr?	*In what kind of restaurant are you eating?*
In ein**em** billig**en** Restaurant.	*In a cheap restaurant.*

---

[7] This rule also applies to nouns formed from adjectives: **Er ist kein Deutscher; Ich spreche mit einer netten Deutschen.**

Schritte zur Kommunikation

A. **Das Niersteiner Weinfest.** Schauen Sie sich die Anzeige und den Dialog auf Seite 271 an. Dann ergänzen Sie den folgenden Text.

1. Nierstein, das Weinparadies Rheinhessens, liegt in einer _____ Gegend.
2. Das berühmte Weinfest hat eine _____ Atmosphäre.
3. Wilhelm und Agnes gehen in ein __ _____ Lokal.
4. Sie sind sicher, daß es kein __ _____ Platz gibt.
5. Zuerst wollen sie in ein __ _____ Lokal gehen.
6. Aber dann denken sie daran, daß man bei einem Weinfest nirgendswo (*nowhere*) ein __ _____ Tisch findet.
7. Sie setzen sich an ein __ _____ Tisch mit zwei anderen Gästen.

B. **Tischgespräche** (*dinner conversation*). Was kann man sagen?

BEISPIEL **Mensch, das ist ja ein ungemütlicher Gasthof!**

der Gasthof	die Atmosphäre	schrecklich	toll
das Wetter	die Farbe	kalt	blöd
der Film	der Urlaub	langweilig	ungemütlich
der Krimi		brutal	

In einem Berliner Straßencafé

C. **Was für ein . . . ?** Herr Krögl macht mit einer amerikanischen Studenten-gruppe eine kleine Reise, um (*in order to*) in einem eleganten Restaurant zu essen und danach in die Oper zu gehen. Die Studenten haben viele Fragen! Was antwortet Herr Krögl?

BEISPIEL Was für ein Bier trinken Sie? (dunkel)
Ein dunkles Bier.
or Ein dunkles.

1. In was für einem Hotel übernachten wir? (historisch)
2. Was für ein Restaurant ist das? (chinesisch)
3. In was für einem Restaurant essen wir heute abend? (international)
4. Was für eine Oper ist Rigoletto? (italienisch)
5. Was für einen Rock soll ich in die Oper tragen? (lang)
6. Was für ein Hemd soll ich zum Restaurant tragen? (weiß)
7. Was für einen Kaffee trinken sie da? (türkisch)
8. Was für eine Torte ist Sachertorte? (österreichisch)

D. **Das möchten wir nicht.** Das „Gasthaus zur Sonne" ist Hartmuts Lieblings-lokal, aber seine Freunde sind anderer Meinung. Sie haben keinen Appetit auf das, was Hartmut empfiehlt. Was sagen seine unzufriedenen Freunde?

BEISPIEL Die hausgemachte Wurst schmeckt gut.
Ja, aber wir möchten keine hausgemachte Wurst.

1. Der frische Kuchen ist herrlich.
2. Diese kalte spanische Suppe ist ausgezeichnet.
3. Das jugoslawische Fischgericht ist die Spezialität des Hauses.
4. Die warmen Brötchen sind aus der Bäckerei.
5. Die vegetarische Pizza ist sehr beliebt.
6. Der grüne Salat ist immer frisch.
7. Das italienische Eis schmeckt gut.
8. Die belegten Brote sind billig.

E. **Machen Sie es interessanter!** Sie sind Redakteur(in) (*editor*) einer Studen-tenzeitung. Sie haben den folgenden Artikel über eine Gruppenreise nach Marburg bekommen, denken aber, der Artikel ist ohne Adjektive ein wenig langweilig! Schreiben Sie die Geschichte noch einmal. (Insert adjectives be-fore the underlined words. Use adjectives from the list below, or add others of your own choosing.)

international	modern	romantisch
nett	müde	lebendig
kurz	ruhig	beliebt
hoch	typisch	freundlich
interessant	wichtig	glücklich
ideal	berühmt	gemütlich
klein	attraktiv	geschmackvoll
warm	angenehm	lang

Blick auf die Uni und das Marburger Schloß.

historisch	altmodisch	laut
alt	billig	ausgezeichnet
herrlich	langweilig	einfach

An einem Sommertag machte unsere Gruppe mit ihrer Professorin eine Reise von Frankfurt nach Marburg. Hier ist ein Bericht über unseren Tag.

Marburg ist eine Stadt mit einer Kirche (die Elisabethkirche), einer Uni (die Philipps Universität) und einer Klinik. Auf einem Marktplatz in der Stadtmitte steht ein Rathaus. Links davon gibt es ein Café („Café zum Markt"), wo man einen Kuchen bestellen kann. Den empfehlen wir! Ganz in der Nähe gibt es eine Gaststätte („zur Sonne"), wo es immer ein Mittagessen gibt. Man kann aber auch in einem Studentenlokal oder in einem Schnellrestaurant eines Kaufhauses ein Essen bekommen.

Auf einem Berg steht ein altes Schloß. Im Zentrum der Stadt kann man einen Nachmittag in einem Park verbringen (*spend*). In einer Fußgängerzone gibt es für jeden etwas: eine Boutique oder ein Geschäft, eine Kneipe oder einen Jazzclub. Aber keine Autos! In einem Kino (es gibt acht in der ganzen Stadt) kann man immer einen Film sehen. Man kann auch ein Museum besuchen oder in ein Theater gehen. Für die Sportler gibt es ein Schwimmbad in der Nähe.

Unsere Stunden in dieser Stadt haben uns sehr gefallen. Nach einem Tag ist unsere Gruppe wieder nach Frankfurt zurückgefahren. So einen Tag vergessen wir nie.

 *R*ollenspiel.   Stellen Sie sich vor, Sie und ein(e) andere(r) Student(in) sitzen in einem kleinen Straßencafé in Marburg. Sprechen Sie zusammen darüber, was und wen Sie sehen und wie sie aussehen. Sprechen Sie auch über die Atmosphäre und die anderen Gäste.

BAUSTEIN 3

EXPRESSING PREFERENCES AND PROVIDING DESCRIPTIONS

Unpreceded attributive adjectives

SITUATION
**Keinen
Appetit
auf . . .**

Einen Imbiß[8] findet man überall. Aber nicht jedem schmeckt es da!

Imbißstube, Berlin

fortunately	SILVIA	Mensch, ich hab' riesigen Hunger! Zum Glück° gibt es einige kleine Imbißstuben in der Nähe, wo man billig essen kann.
greasy	DAGMAR	Billig ja, aber ich hab' keinen großen Appetit auf kalte Pommes frites und fettige° Bratwürste!
	SILVIA	Du kannst ja auch etwas anderes bestellen! Und nicht alle bieten schlechtes Essen!
besides	DAGMAR	Ha, denkst du . . . Außerdem° hab' ich eigentlich nur Durst.

überall everywhere
bieten, bot, geboten to offer

der Imbiß, -sse snack bar, hot dog stand

---

[8] Also called **Schnellimbiß, Imbißstube, Imbißstand,** or **Würstchenstand. Imbiß** can also simply be a snack.

Struktur

Attributive adjectives not preceded by **der**- or **ein**-words take primary endings—the same endings taken by **der**-words. Note, however, that the genitive singular masculine and neuter are exceptions: they add **-en** (instead of **-es**) to the adjective.

	Masculine	Neuter	Feminine	Plural
Nominative	guter Wein	gutes Bier	gute Suppe	gute Gerichte
Accusative	guten Wein	gutes Bier	gute Suppe	gute Gerichte
Dative	gutem Wein	gutem Bier	guter Suppe	guten Gerichten
Genitive	guten Weines	guten Bieres	guter Suppe	guter Gerichte

Frische kalte Milch schmeckt gut.
Hier ist ein Café mit gemütlicher Atmosphäre.
Chinesisches Essen soll gesund sein.
Trotz schlechten Wetters setzen wir uns in den Biergarten.

A. Adjectival nouns following the words **nichts** (*nothing*) and **etwas** (*something*) take neuter primary endings and are, like all nouns derived from adjectives, capitalized.

Das ist **nichts Neues**.	*That's nothing new.*
Es gibt **nichts Billigeres** auf der Speisekarte.	*There's nothing cheaper on the menu.*
Bekommst du **etwas Warmes** oder **etwas Kaltes**?	*Are you getting something warm or something cold?*

B. The adjectives **viel** and **wenig** take no endings in the singular, but are often treated as unpreceded adjectives in the plural, i.e., they take primary endings.[9]

Wir haben **viel** Spaß gehabt und mit **vielen netten** Leuten gesprochen.
Sie hat **wenig** Freizeit und **wenige gute** Freunde.

---

[9] The comparative forms of **viel** ——> **mehr** and **wenig** ——> **weniger** never take endings. **Mehr Leute gehen jetzt zum Essen aus. Ich habe weniger Leute im Restaurant gesehen als das letzte Mal.**

Schritte zur Kommunikation

A. **Wenn's schnell gehen muß . . .** Ergänzen Sie die Anzeige für **Leppers Imbiß.**

LEPPER'S VIELE SAGEN: **MARBURG'S BESTER IMBISS**

DIREKT NEBEN DEN KINOS

Biegenstr. 8a, Tel. 2 73 30

Viel___ Leute meinen, Leppers Imbiß ist Marburgs best___ Imbiß. Außer heiß___ Würstchen gibt es natürlich ander___ Gerichte. Wir bieten warm___ und kalt___ Küche und natürlich frisch___ Bier vom Faß. Wenn Sie in der Mittagspause wenig___ Zeit haben aber etwas Gut___ wollen, kommen Sie zu uns. Sie finden uns in der Biegenstraße, direkt neben viel___ Kinos und Nachtlokalen.

B. **Das schmeckt mir nicht!** Silvia und Dagmar sind in einem Lokal. Dagmar weiß nicht, was sie bestellen soll. Silvia macht Vorschläge, aber was antwortet Dagmar?

BEISPIEL   Bestell doch einen kalten Apfelsaft!
Kalter Apfelsaft schmeckt mir nicht.

1. Das junge Hähnchen mit Reis ist ausgezeichnet.
2. Die hausgemachte Wurst ist eine Spezialität des Hauses.
3. Dann empfehle ich den vegetarischen Salat.
4. Möchtest du den offenen Wein probieren?
5. Vielleicht sollst du den griechischen Wein bestellen.
6. Hast du Appetit auf dunkles Bier?
7. Bekommst du das italienische Eis?
8. Du brauchst einen starken Kaffee.

C. **Und Sie?** Using the words in the columns below, or any others that you may wish to add, form sentences that express your opinions, and then explain your reasons for them. Find out about your partner's likes, dislikes and interests.

BEISPIEL   **Kleine, dunkle, ungemütliche Restaurants gefallen mir nicht. Ich esse lieber in hellen, attraktiven Restaurants mit großen Fenstern und . . . , weil . . .
Und du?**

```
international-
europäisch-
chinesisch-
historisch-        Brot
sauber-            Gerichte
klein-             Restaurants    gefallen
groß-              Tee            gefällt
mexikanisch-       Bücher         schmecken     mir      nicht
deutsch-           Filme          schmeckt      mich     sehr
laut-              Leute          interessieren
frisch-            Städte         interessiert
gesund-            Essen
voll-              ?
reich-
exotisch-
italienisch-
?
```

D. **Ich bestelle . . .** Benutzen Sie die Adjektive unten oder andere, wenn Sie wollen, um die folgenden Fragen zu beantworten. Geben Sie Gründe für Ihre Antwort.

BEISPIEL Was bestellen Sie, wenn Sie sich nicht wohl fühlen?
Ich bestelle etwas Warmes, weil das gut gegen Bauchschmerzen ist.
or **Ich bestelle nichts Exotisches, weil ich mich dann noch schlechter fühle.**

Was bestellen Sie, wenn . . .

1. Sie großen Hunger haben?
2. Sie Durst haben?
3. Ihre Freunde es empfehlen?
4. Sie gesund essen möchten?
5. Sie wenig Geld haben?
6. Sie keinen Appetit auf italienisches Essen haben?
7. das Wetter kalt ist?
8. Sie wenig Zeit haben?
9. Sie Bauchweh haben?
10. Sie Zahnweh haben?

E. **Italienisch oder griechisch essen: Wo wollen wir hin?** Schauen Sie sich die
vier Anzeigen mit einem Partner oder einer Partnerin an, und beantworten
Sie dann die folgenden Fragen.

1. Welches Restaurant bietet auch "take-out orders"? Wie sagt man das auf
   deutsch?
2. Ein Restaurant ist an einem Tag der Woche nicht offen. Welches?
3. Welches Restaurant ist am längsten offen? In welchen können Sie um 4
   Uhr nachmittags nicht essen?
4. Was meinen Sie, daß eine „Spaghetti–Bedienungs–Anleitung" ist?
5. Welches Restaurant würden Sie wählen, und warum? (z.B., welche Gerichte würden Ihnen schmecken; auf was für Spezialitäten hätten Sie
   Appetit? usw.)

*R*ollenspiel.   Stellen sie sich vor, Sie und Ihr(e) Partner(in) entscheiden
(*decide*) sich, wo Sie heute abend essen wollen. Wählen Sie eines der Restaurants auf Seite 280, und besprechen Sie Ihre Wahl.

BAUSTEIN 4

MAKING EXCUSES AND TALKING ABOUT ALTERNATE PLANS

Aber vs. sondern; nicht nur . . . sondern auch

SITUATION
Danke,
aber . . .

John mietet ein Zimmer bei einer österreichischen Familie. Leider schmeckt ihm da das Essen gar nicht so gut, aber er möchte natürlich höflich sein!

FRAU HARANG   Heute gehen Sie mal nicht in die Mensa, sondern essen Sie bei uns!

JOHN   Ich danke Ihnen, aber, äh, ich muß jetzt absolut . . . Ich muß absolut meine . . .

FRAU HARANG   Ich habe sogar etwas Typisches für unsere Gegend gekocht—das müssen Sie doch probieren. Wir essen immer um zwölf Uhr, aber wir können heute auch mal später essen.

JOHN   Ich möchte ja gar nicht in die Mensa, aber ich muß heute leider . . . äh, jemand . . . jemand wartet da auf mich . . .

Mensa	student cafeteria	**sogar** even	**kochen** to cook
jemand	somebody, someone	**niemand**	nobody, no one

Struktur

Although the coordinating conjunctions **aber** and **sondern** can both correspond to the English word *but*, they cannot be used interchangeably in German.

A. The conjunction **sondern** means *but, rather,* or *on the contrary*. It is used only after a negative clause or phrase.

Das Hotel ist nicht im Stadtzentrum, **sondern** (es ist) auf dem Land.
Wir gehen nicht zum Weinfest, **sondern** ins Restaurant.
Die Getränke waren nicht kalt, **sondern** warm.

Note the expression **nicht nur . . . sondern auch** (*not only . . . but also*).

Das Essen war **nicht nur** schlecht, **sondern** auch zu teuer.
Die Gäste waren **nicht nur** höflich, **sondern** auch sehr nett.

B. The conjunction **aber** (*but, however*) may be used after either a positive or a negative clause.

Das ist ein billiger Wein, **aber** er schmeckt doch wunderbar.
Ich möchte die Suppe essen, **aber** sie ist zu heiß.
Die Atmosphäre ist nicht elegant, **aber** das Essen ist gut.

Schritte zur Kommunikation

A. **Hamburger, nein danke!** Irmgard lädt ihren amerikanischen Freund Steve zum Essen ein. Ergänzen Sie die Konversation mit **aber** or **sondern**.

IRMGARD   Das ist kein amerikanisches Restaurant, _____1_____ es gibt gute Hamburger da.

STEVE   Hamburger? Ich möchte doch keine Hamburger, _____2_____ etwas typisch Österreichisches essen!

IRMGARD   Man bekommt natürlich nicht nur Hamburger, _____3_____ auch andere Gerichte.

STEVE   Eigentlich habe ich gar keinen Hunger, _____4_____ großen Durst habe ich.

IRMGARD   Da kannst du etwas trinken, _____5_____ du mußt auch etwas essen. Ich habe dich doch zum Essen eingeladen.

STEVE   Nee, weißt du was? Heute lädst nicht du mich, _____6_____ ich dich zum Essen ein. Und du kannst wählen, wo wir essen! Aber nicht in einer Hamburger Bar!

B. **Und . . . ?** Benutzen Sie die Konjunktionen **aber, oder, und, sondern** oder **denn** für die folgenden Sätze. Schreiben Sie so viele Kombinationen wie nur möglich!

BEISPIEL   Kaffee ist kein kaltes Getränk . . .
Kaffee ist kein kaltes Getränk, **sondern ein heißes Getränk.**
Kaffee ist kein kaltes Getränk, **aber man kann ihn kalt trinken.**
Kaffee ist kein kaltes Getränk, **und Limonade ist kein warmes Getränk.**

1. Man soll (nicht) täglich laufen . . .
2. In einem Sportverein kann man schwimmen . . .
3. Ich bin (kein) Mitglied eines Sportvereins . . .
4. Rauchen ist nicht gesund . . .
5. Man soll sich ab und zu entspannen . . .
6. Manche Leute sagen, daß Laufen kein gesunder Sport ist . . .
7. In einem deutschen Restaurant kann man sich zu anderen Leuten setzen . . .
8. Die Atmosphäre in einem Restaurant ist wichtig . . .

9. Ich bestelle (keinen) Heringssalat . . .
10. Sauerkraut bestellt man nicht zum Frühstück . . .

C. **Was meinen Sie?** Wählen Sie eines der folgenden Themen und fragen Sie vier andere Studenten, was ihre Meinungen darüber sind. Danach fassen Sie vor der ganzen Klasse zusammen (*summarize*).

BEISPIEL   die Mensa
   Chris ißt nicht gern in der Mensa, aber sie muß, weil . . .
   Jim ißt nicht in der Mensa, sondern zu Hause. Das Essen schmeckt ihm in der Mensa nicht, weil . . .

1. Schnellimbisse
2. ein (das) Picknick im Wald
3. mit anderen Freunden kochen
4. ein gemütliches Frühstück am Sonntag morgen
5. elegant ausgehen
6. McDonald's
7. die Mensa
8. ein vegetarisches Essen
9. ?

 *R*ollenspiel.   Wählen Sie eine der folgenden Situationen:

1. Ein guter Freund lädt Sie zu einem guten hausgemachten Essen ein. Sie möchten eigentlich die Einladung annehmen, aber es gibt **ein** Problem: er kocht immer Eintopf mit Fleisch (*meat stew*), und Sie sind Vegetarier(in).
2. Das Mensaessen schmeckt Ihnen gar nicht gut, aber Sie können es sich nicht leisten, immer in einem Restaurant zu essen. Ihr Freund kocht ausgezeichnet, aber er hat Sie noch nie eingeladen. Geben Sie ihm subtile, oder nicht so subtile Hinweise (*hints*), warum er Sie einladen soll!

PERSPEKTIVEN

Vor dem Lesen

1. Überlegen Sie sich, was wichtig an Ihrem eigenen (*own*) Wohnort ist. Gibt es etwas Besonderes an Ihrer Stadt? Gibt es bestimmte (*certain*) wichtige Institutionen, eine bestimmte Atmosphäre?

2. Wenn Sie sich den Titel und die Fotos des folgenden Textes anschauen, woran denken Sie? Was erwarten (*expect*) Sie, wenn Sie Wien hören?

3. Wenn Sie den Text über das Wiener Kaffeehaus lesen, denken Sie an das folgende:
   a. warum das Kaffeehaus nicht nur ein Platz ist, wo man ganz schnell eine Tasse Kaffee trinkt.
   b. warum das Kaffeehaus eine kulturelle Institution ist.

Im Café Zentral in Wien kann man allein sein, ohne sich allein zu fühlen.

„Wien, Wien, nur Du allein . . . "

Eine der vielen Spezialitäten der herrlichen Stadt Wien ist das Kaffeehaus. Es ist sozusagen der Klub der Wiener, aber das Schöne ist, daß es keine Mitgliedsgebühren° gibt, sondern daß es eine öffentliche° Institution ist. Jeder kann einfach von der Straße hereinkommen, denn das Kaffeehaus ist für alle da. An vielen Straßenecken dieser großen Stadt steht ein Kaffeehaus; d.h., man hat überall ein gemütliches Café in der Nähe, wo immer° man wohnt, arbeitet oder einkauft.

    Der Kaffee ist schon seit dem Jahr 1683, nach der zweiten Türkenbelagerung,° das Lieblingsgetränk der Österreicher. Morgens, vormittags oder nachmittags geht man ins Kaffeehaus und bestellt nicht einfach „eine Tasse Kaffee", sondern „mit", „ohne", „kurz", „licht", „braun", „gold", „einen Schwarzen", oder „Melange": das sind nur einige der Namen, Sorten, Farben und Quantitäten des berühmten Wiener Kaffees. „Mit" bedeutet übrigens „mit Schlagobers", das österreichische Wort für Schlagsahne.° Zum Kaffee ißt man ein Stück Kuchen oder vielleicht ein belegtes Brot, kleine warme Gerichte oder ein gemischtes Eis.

    In und um Wien ist der Kaffee aber mehr als ein Getränk. Er ist ein Bestandteil° der Volksseele° geworden, wie das Bier in Bayern, oder Whiskey in Schottland und der Wein am Rhein. Kaffee ist im Kaffeehaus nicht Zweck,° sondern Mittel.° Im Weinhaus dominiert der Wein, im Bierhaus das Bier und im Gasthaus das gute Essen. Ins Kaufhaus geht man, um etwas zu kaufen, ins Opernhaus, um eine Oper zu hören. Im Kaffeehaus ist aber das HAUS tau-

-gebühren *dues*   *public*

wherever

-belagerung *siege*

whipped cream

component
soul of a people
end
means

sendmal wichtiger als der Kaffee. Der Kaffee ist nur Vorwand,° ein Kaffee-   *excuse*
haus zu besuchen.

Man geht ins Kaffeehaus, denn man will Freunde und Arbeitskollegen
treffen. Eine große Attraktion sind auch die vielen Zeitungen und Journale
aus der ganzen Welt, die° man da lesen kann. Politiker, Musiker und Schau-   *that*
spieler diskutieren miteinander.° Studenten sitzen an den kleinen Marmor-   *with one another*
tischen° und lernen, allein oder zusammen, für Prüfungen. Man kann plau-   Marmor   *marble*
dern° oder Briefe schreiben. In manchen Lokalen gibt es sogar einen   *chat*
kleinen Kartenspielraum, wo man Bridgekarten oder ein Schachspiel bekommen kann. Man kann sprechen, wenn man will; man kann aber auch
die Zeitung vor die Augen halten,° wenn die Unterhaltung zu langweilig wird!   *hold*
Man kann allein sein, ohne sich allein zu fühlen—das ist für die Wiener die
liebste Form der Geselligkeit.°   *sociability*

Am wichtigsten aber ist: der Gast muß nicht sofort bezahlen und dann
gehen. Man kann bleiben, solange man will, auch wenn man nichts mehr
bestellt. Das Glas Wasser, traditionell und obligatorisch mit dem Kaffee auf
einem kleinen Metalltablett° serviert, bleibt immer voll.   *-tablett tray*

         Nach: Das Wiener Kaffeehaus

Fragen zum Text

	JA	NEIN	INFORMATION
1. Im Text steht . . .			
a. wo es die Kaffeehäuser gibt.	☐	☐	*an vielen Straßenecken*
b. wer da arbeitet oder in der Nähe wohnt.	☐	☐	_____
c. wer das Kaffeehaus besucht.	☐	☐	_____
d. wann die Gäste das Lokal verlassen mussen.	☐	☐	_____
e. wie lange die Österreicher schon Kaffee trinken.	☐	☐	_____
f. daß man im Kaffeehaus zu Mittag ißt.	☐	☐	_____
g. daß die Atmosphäre da noch wichter ist als das, was man trinkt.	☐	☐	_____
h. was die Gründe dafür sind, warum man ein Kaffeehaus besucht.	☐	☐	_____
i. daß es in allen Kaffeehäusern ein Zimmer gibt, wo man Schach spielen kann.	☐	☐	_____

2. Fassen Sie in Ihren eigenen Worten zusammen (*summarize*), was Sie
gelesen haben. Seien Sie sicher, daß Sie die Hauptpunkte des Textes
angeben. Erwähnen Sie (*mention*) **was, wo, wer, wann, warum.**

3. Choose lines from the text that capture the mood and would make appropriate captions for the two pictures above.

Land und Leute

Das Kaffeehaus

Bäcker is a respected vocation in German-speaking countries, where there are nearly two hundred varieties of bread and hundreds of other kinds of bakery items. A related yet quite distinct vocation is that of **Konditor** (*pastry specialist, confectioner*). A **Konditor** must master the techniques and recipes for delicate layer cakes, fruit tarts, and cream cakes that are as delicious as they are wonderfully decorated. Some of these items are sold to customers who take them home for the traditional coffee hour, but most are consumed in the **Café- Konditoreien** that are found everywhere in German-speaking Europe. The tradi-

Café-Konditorei, Heidelberg

tional **Kaffeehaus** or **Café-Konditorei** serves various beverages and refreshments but specializes in coffee and the rich pastries usually produced on the premises by the café's own master **Konditor**.

In university towns such as Leipzig, Salzburg, Heidelberg, and Zürich, it is not uncommon to find numerous cafés patronized primarily by students. American colleges and universities often provide a student union as a place for students to meet and relax, but such facilities are the exception in the German, Swiss, and Austrian university systems. Instead, nearby cafés have traditionally become student gathering places.

SYNTHESE

A. **Mein Kaffeehaus.** Nehmen Sie den Perspektiven-Text als Beispiel und schreiben Sie ein Essay über ein Kaffeehaus in Ihrer Stadt oder Universität. Wenn es das nicht gibt, stellen Sie sich so einen Platz vor. Ihre Beschreibung soll das folgende enthalten (*contain*):

   a. wo das Kaffeehaus steht
   b. wie es aussieht; was für eine Atmosphäre es hat
   c. wann es geöffnet und geschlossen ist
   d. wer die Gäste sind (Professoren, Studenten, Arbeiter, Gangster, Spione [*spies*], Politiker, Musiker)
   e. was die Leute da machen
   f. was man zu essen und trinken bekommt

B. **Moment mal, hier it etwas falsch!** Was sagen Sie in den folgenden Situationen? Wenn Sie ein Wort nicht wissen, dann sagen Sie es anders, oder benutzen Sie Gesten oder Pantomime.

   1. Die Bedienung hat Ihnen das falsche Gericht gebracht.
   2. Sie haben einen Apfelsaft bestellt, und die Bedienung bringt Ihnen eine Limonade.
   3. Etwas Kleines und Dunkles schwimmt in Ihrer Suppe!
   4. Die Rechnung stimmt nicht.
   5. Das Fleisch ist nicht ganz durchgekocht. Sie können es einfach nicht essen.

C. **Wer ist das?** Wählen Sie eine Person in Ihrem Deutschkurs (oder eine berühmte Person, die die meisten Studenten kennen) und beschreiben Sie sie. Die anderen Studenten müssen raten (*guess*), wen Sie meinen.

BEISPIEL **Diese Person hat kurzes, schwarzes Haar und blaue Augen. Sie trägt ein rotes Hemd und eine schwarze Hose. Sie hat ziemlich große Füße . . .**

D. **Gruppenarbeit: Unser Gasthof.** Nehmen Sie die Restaurantanzeigen in diesem Kapitel als Beispiel und schreiben Sie eine Zeitungsanzeige für Ihr eigenes Restaurant. Sagen Sie etwas über die Lage, die Atmosphäre, Geschäftszeiten, und geben Sie eine kurze Beschreibung von den Spezialitäten des Hauses. Stellen Sie auch eine Speisekarte auf (mit Vorspeisen, Hauptgerichten, usw.). Danach schreiben Sie einen Text für eine Radio- oder Fernsehreklame und führen Sie es auf (aufführen *to perform*).

E. **Geschichte ohne Worte.** Beschreiben Sie die Sequenz ausführlich (*in detail*). Benutzen Sie Wörter, die eine Erzählung interessanter machen, z. B.: **zuerst, endlich, dann, danach**, und **zuletzt** (*last, at the end*).

Hören wir zu!

Wie ist es in Ihrem Land? A German is describing for you the age restrictions in Germany for the consumption of alcoholic beverages and some of the related problems. Lesen Sie zuerst das Folgende. Dann hören Sie zu und umkreisen Sie, was den Satz am besten ergänzt.

1. Nach dem deutschen Gesetz (*law*) darf man nach dem 16. Geburtstag _____ trinken.
   a. Bier
   b. Bier und Wein
   c. alle alkoholischen Getränke
2. Erst wenn man _____ Jahre alt ist, darf man Spirituosen wie Whiskey oder Wodka trinken.
   a. 17
   b. 18
   c. 21

3. Der Sprecher denkt, daß _____

    a. 16 zu jung für den Alkoholkonsum ist.

    b. die Lehrer in den Schulen mehr über das Alkoholproblem sprechen sollen.

    c. die Polizei alles besser kontrolieren muß.

AKTIVER WORTSCHATZ 2

Substantive

der Imbiß, -sse	*snack bar, fast-food stand; snack*
die Mensa, Mensen	*student cafeteria*
das Wasser	*water*
die Welt, -en	*world*
Besteck und Geschirr	*table ware*
die Gabel, -n	*fork*
das Glas, ¨ er	*glass*
der Löffel, -	*spoon*
das Messer, -	*knife*
die Serviette, -n	*napkin*
der Teller, -	*plate*
die Tischdecke, -n	*tablecloth*
die Untertasse, -n	*saucer*

Verben

bieten, bot, geboten	*to offer*
diskutieren	*to discuss*
kochen	*to cook*
legen	*to lay, put*
sich legen	*to lie down*
sich setzen	*to sit down*
stellen	*to put, place*
treffen, traf, getroffen	*to meet*

Andere Wörter

ander-	*other*
her	*indicates direction toward speaker*

herrlich	*wonderful, splendid*
hin	*indicates direction away from speaker*
jemand	*somebody, someone*
nicht nur . . . sondern auch	*not only . . . but also*
niemand	*nobody, no one*
sicher	*sure, safe; surely, for sure; certain, certainly*
sogar	*even*
sondern	*but, rather, on the contrary*
überall	*everywhere*
übrigens	*by the way, moreover*
verschieden	*different, various*
voll	*full*
zusammen	*together*

Besondere Ausdrücke

den Tisch decken	*to set the table*
Salz und Pfeffer bitte!	*Pass the salt and pepper, please.*
Was für ein . . .	*What kind of . . . ; what a . . .*

Verwandte Wörter

das Fest, -e
historisch
international
vegetarisch

> And don't forget:
> Verben mit hin und her, S. 267.

10

Die Welt von morgen

Kommunikationsziele	Expressing opinions; suggesting solutions
	Taking a stand; expressing indifference
	Expressing future plans, intentions, and resolutions
	Explaining and giving reasons
	Talking about the way things were; comparing with the way things are now
	Making connections
Bausteine	Future tense
	Infinitives with **zu**
	Present perfect of modal verbs
	Subordinating conjunctions
Land und Leute	Energieversorgung in deutschsprachigen Ländern
	Hat die Altstadt noch Zukunft?

Welt und Umwelt: Wie sieht die Zukunft aus?

Schauen Sie sich die Collage an und überlegen Sie sich, um welche Probleme es hier geht.

1. SO, MARSCH INS BETT! – WOLLT IHR NOCH EINE GESCHICHTE HÖREN?

AU JA...

...DOCH DER BÖSE WOLF HATTE GELOGEN UND ROTKÄPPCHEN ...

MÄRCHEN BUCH

Ich bin ein Problem

Eine Dose ist eine Dose und bleibt ein Problem. Wegwerfdosen aus Aluminium vergeuden° wertvolle Rohstoffe°, verschwenden Energie und belasten° die Umwelt.

Wenn Sie uns den Coupon schicken, sagen wir Ihnen, was der *BUND* gegen den Alu-Müll tut und wie Sie uns helfen können, das Abfall°-Problem zu vermindern.

to waste
resources
burden

waste

Absender ___

Ich möchte dem BUND helfen, die Müll-Lawine zu stoppen. Bitte schicken Sie mir:
○ *Ihr Konzept für eine umweltfreundliche Abfallwirtschaft*
○ *ein Probeheft Ihrer Zeitschrift „Natur&Umwelt"*
○ *eine Beitrittserklärung*

Bund für Umwelt und Naturschutz Deutschland e.V

BUND Im Rheingarten 7 5300 Bonn 3 BUND

TREIBHAUS° ERDE

Green house

Gefahr für den Wald?

Welche Folgen hat eine globale Klimaveränderung° für den Wald?

Kann Wald den CO_2-Haushalt der Atmosphäre positiv beeinflussen°?

change
to influence

„Treibhauseffekt und Wald", das neue Heft aus der Schriftenreihe der STIFTUNG WALD IN NOT, gibt Antwort auf diese Fragen.

Senden Sie mir folgende Broschuren:
○ Treibhauseffekt und Wald   **Neu**
○ Sonnenenergie – Hilfe für den Wald
○ Fakten, Forschung, Hypothesen – Ursachen des Waldsterbens
○ Was jeder gegen das Waldsterben tun kann
(DM 1,20 als Rückporto in Briefmarken bitte beifügen)

Name ___

Straße ___

PLZ / Ort ___

STIFTUNG „WALD IN NOT", Wielandstr. 4, 5300 Bonn 2

STIFTUNG WALD IN NOT

---

sign

WAS HEISST: „DIE SIND WURMIG.'? WENN SICH HEUTZUTAGE NOCH WÜRMER IM OBST HALTEN, DANN IST DAS EIN ZEICHEN° DAFÜR, DASS SIE ES UNBESORGT ESSEN KÖNNEN!

3.

---

get advice

Wenn Sie noch weitere Fragen zum Thema Aids haben oder sich persönlich beraten lassen° wollen, dann rufen Sie die Aids-Telefonberatung an: ☎ 0221/89 20 31.

GIB AIDS KEINE CHANCE

2. »Mein Programmierer versteht mich nicht.«

SCHREINER

Fragen zum Text

1. Welcher Text oder welches Bild zeigt die folgenden Probleme? (Es kann mehr als eine Antwort geben.)

   a. die Krankheit
   b. die Gefahr der Technologie
   c. die Verschmutzung der Umwelt
   d. die Zerstörung der Wälder
   e. der Müll
   f. das Gift im Essen

2. Was ist die Pointe (*point*) der Cartoons? Wählen Sie **a** oder **b**.

Cartoon 1:
   a. Ohne eine Geschichte wollen Kinder heutzutage (*nowadays*) nicht ins Bett gehen.
   b. Es ist traurig, daß Eltern heutzutage ihren Kindern nicht mehr vorlesen.

Cartoon 2:
   a. Maschinen sind fast so wichtig wie Menschen.
   b. Roboter und Computer werden immer komplexer.

Cartoon 3:
   a. Die Käuferin soll sich freuen, wenn ein Wurm in einem Apfel existieren kann!
   b. Heutzutage sind viel zu viele Verkäufer absolut unmöglich!

FUNKTION

So können Sie Ihre Meinung zu den Problemen der heutigen Welt äußern (*express*).

Ich bin der Meinung, daß . . .	*It's my opinion that . . .*
Ich meine, daß . . .	
Ich glaube, daß . . .	
ich bin dafür/dagegen, daß . . .	

Ich halte . . . für	(un)nötig. gefährlich. hoffnungslos. hoffnungsvoll. (un)möglich. falsch. schrecklich.	*I consider . . .*	*(un)necessary.* *dangerous.* *hopeless.* *hopeful.* *(im)possible.* *wrong.* *terrible.*

Es ist mir egal, ob/daß . . .	*I don't care whether/that . . .*
Ich mache mir Sorgen um . . .	*I worry about . . .*
Ich habe Angst vor . . .	*I'm afraid of . . .*

Ich finde das gut/nicht gut,
   wenn . . .
Man sollte die Verantwortung   *We should take the responsibility.*
   tragen.
Ich sehe das so . . .   *This is how I see it . . .*
Mir scheint, daß . . .   *It seems to me that . . .*
(Das) stimmt.
Das ist wahr/nicht wahr.
Da hast du recht.
Genau! Natürlich! Selbstver-   *Exactly! Of course!*
   ständlich!

A. Und was meinen Sie? Bilden Sie Sätze.

Ich habe   keine   Angst vor   Krieg
Ich mache mir   wenig   Sorgen um   Atomkraftwerke(n)
                  viel(e)   Energiekrisen
                  sehr viel(e)   Arbeitslosigkeit
                                                   Gift und Chemikalien
                                                      im Essen
                                                   Umweltzerstörung
                                                   Technologie (Roboter,
                                                      Computer, usw.)
                                                   Inflation
                                                   Müll
                                                   Lärm
                                                   Luftverschmutzung
                                                   Terrorismus

Bürgerinitiativen organisieren
dafür/dagegen kämpfen   Alternativen entwickeln
Briefe an Politiker schreiben   verschwenden
produzieren   dafür/dagegen demonstrieren
darüber lesen   Geld dafür ausgeben
zerstören   zusammenarbeiten
(nicht) an die Technologie glauben
es diskutieren   Roboter bauen

Mehr? Weniger?

zusammenarbeiten   aufgeben
sich darüber ärgern   umziehen
(nicht) daran denken
aktiver werden   nichts tun
sich (keine) Sorgen darum machen
etwas dagegen tun

B. Und jetzt die Lösungen! Wie kann man Probleme lösen? Machen Sie
Vorschläge zu den Themen in **Aktivität A.**

BEISPIEL   Müll: **Schreiben wir mehr Briefe an die Politiker!**
   or   **Man sollte weniger daran denken!**

Substantive

die Arbeitslosigkeit	*unemployment*
die Atomenergie	*nuclear energy*
die Atomkraft	*nuclear power*
das Atomkraftwerk, -e	*nuclear power plant*
der Bürger	*citizen* (male)
die Bürgerin, -nen	*citizen* (female)
die Bürgerinitiative, -n	*citizens' action group*
die Energiekrise, -n	*energy crisis*
die Energiequelle, -n	*energy source*
die Gefahr, -en	*danger*
das Gift, -e	*poison*
der Krieg, -e	*war*
der Lärm	*noise*
die Lösung, -en	*solution*
die Luft	*air*
der Müll	*garbage, waste*
die Sonnenenergie	*solar energy*
die Umwelt	*environment*
die Verantwortung	*responsibility*
Verantwortung tragen	*to take, bear the responsibility*
die Verschmutzung	*pollution*
die Zerstörung	*destruction*
die Zukunft	*future*

Verben

aus·geben, gab aus, ausgegeben, gibt aus	*to spend* (money)
bauen	*to build*
glauben (an + *acc*)	*to believe in*
halten, hielt, gehalten, hält für	*to consider*
entwickeln	*to develop*
kämpfen	*to fight*
lösen	*to solve*
organisieren	*to organize*
produzieren	*to produce*
verschwenden	*to waste*
zerstören	*to destroy*
zusammen·arbeiten	*work together, cooperate*

Verwandte Wörter

die Chemikalien (pl)
die Energie, -n
der Roboter, -
die Technologie; -n

And don't forget:
Ausdrücke in Funktion, Seite 292
Adjektive, Seite 292

Land und Leute

Energieversorgung° in den deutschsprachigen Ländern

Versorgung *supply*

In den deutschsprachigen Ländern halten viele Menschen die Energieversorgung für die große Lebensfrage. Deutschland als Industrieland, z. B., braucht viel Energie und hat viel Kohle,° aber praktisch kein Öl oder Erdgas.° In Öster-

coal   natural gas

Energieversorgung: deutsche Kohle aus Gelsenkirchen

Kraft *power*
Rohstoffe *resources*
scarce

reich und der Schweiz kann man durch das Wasserkraftpotential° in den Alpen Elektrizität billig produzieren, aber alle anderen Energierohstoffe° sind knapp.°

Als Reaktion auf die Energiekrise haben alle diese Länder Atomenergie entwickelt. Solche Energiepolitik findet aber oft Opposition bei vielen Bürgern. Andere Gruppen in diesen Ländern glauben aber, daß nur Atomkraft die Energieprobleme von morgen lösen kann.

Wie die meisten Länder hat die Bundesrepublik ein Energieprogramm für die Zukunft entwickelt. Dieses Programm hat vier wichtige Aspekte:

Mehr deutsche Kohle. Es gibt genug deutsche Kohle für die nächsten 200 Jahre. Diese sichere Energiebasis muß man attraktiver und billiger machen.

Atomenergie. Man muß diese Energiequelle entwickeln, aber immer dabei° an den Schutz der Bürger und der Umwelt denken.

at the same time
research

Alternative Energie. Mehr Geld muß an Forschung° für Sonnen-, Wind-, und alle anderen Energiequellen gehen.

Energiesparen. Man muß weniger Energie verschwenden und mehr Geld in den öffentlichen Nahverkehr° investieren.

public transportation

Unsere Stadt. 1956

Unsere Stadt. 199?

BAUSTEIN 1

EXPRESSING FUTURE PLANS, INTENTIONS, AND RESOLUTIONS

Future tense

1. Beschreiben Sie das Bild.
2. Warum ist das Bild ironisch?
   (Lunge *lung*)
3. Verbessert das Radfahren
   die Umweltverschmutzung?

Otto meint, er macht genug für den Umweltschutz, wenn er sich ein kleineres Auto kauft. Lena aber ist anderer Meinung.

OTTO	Ich werde von jetzt ab einfacher leben! Ich werde mir ein kleines Auto kaufen.
LENA	Warum? Meinst du, du wirst damit die Umweltprobleme lösen können?
OTTO	Na ja, ich spare wenigstens° Benzin.
LENA	Aber Lärm und Luftverschmutzung gibt's auch mit einem kleinen Auto! Du willst die Umwelt verbessern? Dann wirst du dir ein Fahrrad kaufen müssen!

at least appears to the left of the OTTO line "Na ja, ich spare wenigstens° Benzin."

---

der Umweltschutz environmental protection   **von jetzt ab** from now on
leben to live   **das Benzin** gasoline   **verbessern** to improve

---

Struktur

You have learned that in German, as in English, the present tense is often used to express the future, particularly when words that imply future time (such as **heute abend, morgen,** and **nächste Woche**) appear in the sentence.

Wir demonstrieren morgen vor dem Atomkraftwerk.	*Tomorrow we are demonstrating in front of the nuclear power plant.*
Was machst du nächste Woche?	*What are you doing next week?*

The actual future tense is used when there is no such reference to a specific time. It is formed with the auxiliary verb **werden** + an infinitive.

A. Note that the position of the verb follows the rules for word order that you have already learned.

- In a main clause:

Wir **werden** die Verantwortung **tragen**.	*We will take the responsibility.*
Was **wird** unser größtes Problem **sein**?	*What will be our biggest problem?*

- In a dependent clause:

Weißt du, was du später **machen wirst**?	*Do you know what you will do in the future?*
Ich weiß, daß ihr das Thema **diskutieren werdet**.	*I know that you will discuss the topic.*

B. A double infinitive construction is used to form the future tense of modal verbs. The infinitive form of the modal verb is placed at the end of an independent clause, just after the infinitive of the main verb.[1]

Sie **werden** eine Lösung **finden können**.	*They will be able to find a solution.*
Unsere Kinder **werden** mehr Geld für Energie **ausgeben müssen**.	*Our children will have to spend more money for energy.*

Schritte zur Kommunikation

A. **Neujahrsvorsätze** (*New Year's resolutions*). Was werden die folgenden Personen im nächsten Jahr tun?

BEISPIEL   Herr Bartels: nicht so viel arbeiten
Ich werde nicht so viel arbeiten.

1. Jakob: eine neue Kamera kaufen
2. Herr und Frau Schmidt: Unsere Geldprobleme endlich (*finally*) lösen
3. Renate: glücklicher und freundlicher sein
4. Paul und Anja: nur an die Zukunft denken
5. Horst: nicht immer so viel fernsehen
6. die Schlägels: Mitglieder einer Bürgerinitiative werden
7. Johanna: sich öfter entspannen
8. Rolf und Jutta: für eine bessere Umwelt kämpfen

B. **So ist es heute, aber in der Zukunft . . .** Pauls Freunde beschweren sich (*complain*) über die Probleme von heute. Paul meint aber, in der Zukunft wird alles noch schlechter sein. Was ist seine Reaktion auf das, was seine Freunde sagen?

BEISPIEL   Die Energie kostet viel. (noch mehr)
In der Zukunft wird die Energie noch mehr kosten.

1. Die Umwelt ist schmutzig. (noch schmutziger)
2. Es gibt viel Lärm in der Stadt. (noch mehr)
3. Unsere Kinder haben es schlecht. (noch schlechter)
4. Die Industrie verschwendet viel Energie. (noch mehr)
5. Der saure Regen (*acid rain*) zerstört viele Pflanzen und Tiere. (noch mehr)
6. Man will viele Atomkraftwerke bauen. (noch mehr)
7. Man muß viel Angst vor Computer haben. (noch mehr)

---

[1] In dependent clauses, the verb **werden** is placed just before a double infinitive construction. Although you should learn to recognize this construction, it will not be practiced actively in this textbook: Example: **Ich weiß, daß du eine Lösung *wirst finden können*.**

Eine Green Peace-Aktion

C. **Von jetzt ab.** Machen Sie fünf Vorsätze (*resolutions*) und besprechen Sie sie mit Ihrem Partner/Ihrer Partnerin. Geben Sie Gründe dafür.

BEISPIEL weniger Geld für . . . ausgeben
Von jetzt ab werde ich weniger Geld für elektronische Spiele ausgeben. Ich gebe jetzt 20 Dollar die Woche dafür aus. Ich glaube, das ist einfach zu viel. Und was sind deine Vorsätze?

Vorschläge

1. weniger . . . verschwenden
2. mehr . . . sparen
3. nicht so . . . sein
4. sich mehr entspannen
5. öfter Sport treiben
6. mir keine Sorgen um . . . machen
7. mehr für . . . tun
8. öfter an . . . denken; weniger an . . . denken
9. aktiver werden
10. . . . werden

D. Die Welt von morgen. Wählen Sie eines der folgenden Themen und schreiben Sie ein kurzes Essay (mindestens fünf Sätze) darüber. Geben Sie Gründe für Ihre Meinung. Seien Sie bereit (*prepared*), Ihre Gründe mit anderen zu teilen.

BEISPIEL   wir: mehr? weniger? keine? Roboter am Arbeitsplatz haben
               Meiner Meinung nach werden wir in der Zukunft mehr Roboter am Arbeitsplatz haben. Aus diesem Grund wird es mehr Arbeitslosigkeit geben und . . .

1. die Menschen: mehr? weniger? keine? Freizeit haben
2. das Leben: schwerer? leichter? werden
3. Kinder: es besser? schlechter? haben als ihre Eltern
4. alternative Energiequellen: größere? kleinere? Rolle spielen als früher
5. es: mehr? weniger? keine? Arbeitslosigkeit geben

*R*ollenspiel.   Stellen Sie sich vor, Sie arbeiten für das Institut für Demoskopie und sollen eine Umfrage (*survey*) machen. Schreiben Sie fünf Aussagen (*statements*) zum Thema „Die Probleme von morgen." Andere Studenten werden darauf reagieren. Man soll die Ausdrücke von der Funktion auf Seite 292 benutzen.

BEISPIEL   **Wie reagieren Sie auf die folgenden Aussagen?**
               Man wird mehr Atomenergie entwickeln.
               —Ich bin dagegen, daß . . .
               —Ich sehe das so. Man muß . . .

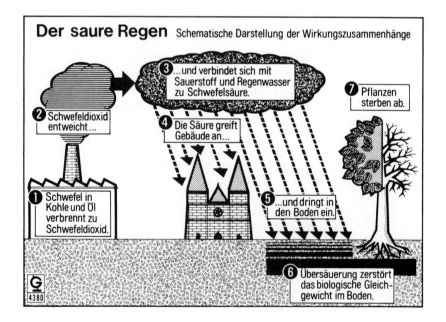

Der saure Regen Schematische Darstellung der Wirkungszusammenhänge

3 ...und verbindet sich mit Sauerstoff und Regenwasser zu Schwefelsäure.

7 Pflanzen sterben ab.

2 Schwefeldioxid entweicht...

4 Die Säure greift Gebäude an...

1 Schwefel in Kohle und Öl verbrennt zu Schwefeldioxid.

5 ...und dringt in den Boden ein.

6 Übersäuerung zerstört das biologische Gleichgewicht im Boden.

BAUSTEIN 2

EXPLAINING AND GIVING REASONS

Infinitives with zu

SITUATION
Nichts zu diskutieren!

Sven nimmt viele Umweltprobleme nicht so ernst, und das findet Maria nicht richtig.

Morgendlicher Verkehrsstau!

MARIA	Ich finde es schwer, dieses Thema mit dir zu diskutieren.
SVEN	Was gibt's zu diskutieren? Man reißt ein altes kaputtes Gebäude ab, um einen Parkplatz zu bauen. Na und?
MARIA	Na und? Man muß doch versuchen, alte historische Häuser zu retten . . . versuchen, menschenfreundlichere Städte zu schaffen.°
SVEN	Denk nur an den Verkehr um acht Uhr morgens, und du mußt pünktlich im Büro sein. Meiner Meinung nach ist da ein Parkplatz gar nicht menschenfeindlich!

create

---

abreißen, riß ab, abgerissen to tear down   **das Gebäude, -,** building
versuchen to try, attempt   **retten** to save   **menschenfreundlich** humane
der Verkehr traffic   **menschenfeindlich** inhumane

Struktur

In German, as in English, a sentence may contain an infinitive phrase. An infinitive phrase consists of the preposition **zu** + an infinitive.

A. Infinitive phrases always come at the end of the independent clause of a sentence.

Diese Probleme sind nicht leicht **zu lösen**.	*These problems are not easy to solve.*
Das ist schwer **zu sagen**.	*That's difficult to say.*

B. When an infinitive phrase contains more than just **zu** + infinitive, it is treated as a dependent clause and is separated from the independent clause by a comma.

Das ist eine Methode, **die Umwelt zu verbessern**.	*That is one way to improve the environment.*
Ich versuche immer, **an andere Leute zu denken**.	*I always try to think of other people.*

C. When a separable-prefix verb is part of an infinitive phrase or clause, the word **zu** is placed between the prefix and the infinitive.

Hugo findet es schwer, Geld für einen Anzug **auszugeben**.	*Hugo finds it difficult to spend money on a suit.*
Es ist schön, im Wald **spazierenzugehen**.	*It's nice to take a walk in the woods.*
Man sollte versuchen, keine historischen Gebäude **abzureißen**.	*We should try not to tear down historical buildings.*

D. The construction **um . . . zu** + infinitive is the equivalent of the English *in order to*.

Die Hellers verkaufen ihr Auto, **um Energie zu sparen**.	*The Hellers are selling their car in order to save energy.*
Sie kämpfen, **um die Tiere und Pflanzen zu retten**.	*They are fighting (in order) to save the animals and plants.*
Sie kommen morgen, **um mit uns zusammenzuarbeiten**.	*They are coming tomorrow (in order) to work together with us.*

Although the phrase *in order (to)* is sometimes omitted in English, the **um . . . zu** construction is always used in German whenever purpose is expressed.

Schritte zur Kommunikation

A. Was meinen Sie? Bilden Sie Sätze.

BEISPIEL **Ich habe keine Zeit, jeden Tag Sport zu treiben.**

Ich habe (keine) Zeit	Mitglied eines Sportvereins sein
Ich habe (kein) Geld	die Welt verbessern
Es macht (keinen) Spaß	gegen das schlechte Essen in der Mensa demonstrieren
Es ist (nicht) schwer	im Schnellimbiß essen
Es ist (nicht) schön	in einem Hochhaus (*skyscraper*) wohnen
Ich versuche (nie)	im Wald spazierengehen
Es ist langweilig	Geld für unwichtige Dinge ausgeben
Es ist toll	Ausländer kennenlernen
	?

B. Was sind die Gründe? Helmut hat auf alles eine Antwort. Wie beantwortet er die Fragen seiner Freunde?

BEISPIEL Warum reißt man die alte Post ab? (einen Parkplatz bauen)
Man reißt die alte Post ab, um einen Parkplatz zu bauen.

1. Warum kaufen die Krämers ein kleineres Auto? (Geld und Energie sparen)
2. Warum ziehst du um? (in einer ruhigeren Gegend leben)
3. Warum demonstrieren die Leute? (gegen die Atomkraftwerke protestieren)
4. Warum organisierst du eine Bürgerinitiative? (mit anderen Gruppen zusammenarbeiten)
5. Warum schreiben deine Nachbarn an die Politiker? (etwas gegen den Lärm und den Verkehr tun)
6. Warum gibt man soviel Geld für den Umweltschutz aus? (dieses Problem lösen)
7. Warum gibt es Roboter in den Autofabriken? (Autos billiger produzieren)

C. Und Ihrer Meinung nach? Ergänzen Sie die Sätze. Dann geben Sie noch einen oder zwei Sätze als Erklärung (*explanation*) dazu.

BEISPIEL Man soll versuchen, weniger Auto zu fahren. Man kann viel mehr zu Fuß gehen oder einen Bus nehmen.

1. In den Vereinigten Staaten ist es sehr wichtig . . .
2. Manchmal ist es nicht nötig . . .
3. Man soll versuchen . . .
4. Ich habe es oft schwer gefunden . . .
5. Es ist hoffnungslos . . .
6. Es ist nie zu spät . . .
7. Ich studiere, um . . .
8. Ich sehe mir die Nachrichten an, um . . .
9. Ich habe lang gespart, um . . .
10. Ich gehe oft zu Fuß, um . . .

D. **Gesundheit ist . . .** Nehmen Sie die Trimming-Bewegung Aufkleber (*stickers*) als Beispiel, und schreiben Sie fünf weitere Slogans für Gesundheit ist . . .

 Rollenspiel. Wählen Sie eines der folgenden Probleme aus der Collage in der Einführung auf Seite 291: **1)** Gift im Essen; **2)** Dosen verschwenden Energie und zerstören die Umwelt; **3)** Wald in Gefahr. Spielen Sie dann mit einem Partner/einer Partnerin diese Rollen:

A	B
Er/sie nimmt die Situation sehr ernst und äußert seine/ihre Meinung darüber.	Er/sie nimmt die Situation nicht ernst und meint, es ist nicht so . . .
Er/sie gibt Beispiele von möglichen Gefahren.	Er/sie findet das . . .
Er/sie ärgert sich über . . .	Er/sie versucht, ihn/sie zu beruhigen (*calm down*).
Die zwei Partner lösen den Konflikt	

BAUSTEIN 3

TALKING ABOUT THE WAY THINGS WERE; COMPARING WITH THE WAY THINGS ARE NOW

Present perfect of modal verbs

1. Was ist die Pointe hier? Wählen Sie (a) oder (b).
   a. Dieses Stadtzentrum ist intakt: man hat die historischen Gebäude saniert. Gut!
   b. Was hilft das Sanieren, wenn es nur Banken in der Stadtmitte gibt?
2. Was meinen Sie? Schreiben Sie einen Bildtext (*caption*) dafür.

SITUATION Ein Journalist macht ein Interview mit Bürgermeister (*Mayor*) Hermann
Hochhäuser Rössler.
oder
Sanierung?

JOURNALIST	Man sagt, man hat das alte Rathaus abreißen müssen. Jetzt plant man, da ein Hochhaus zu bauen. In der historischen Altstadt!° Herr Rössler, nennen Sie° das Fortschritt?
ROSSLER	Zuerst möchte ich Folgendes sagen. Wir haben das Rathaus nicht zerstören wollen. Wir versuchen immer, unsere historischen Gebäude zu schützen.
JOURNALIST	Aber?
ROSSLER	Man hat es nicht sanieren können. Die Kosten der Sanierung waren einfach zu hoch.

old part of town   call (margin glosses)

---

das Hochhaus, - ̈ er high-rise building   **planen** to plan
der Fortschritt, -e progress   **schützen (vor + dat)** to protect (from)
sanieren to restore, renovate   **die Sanierung** restoration, renewal

Das Alte und das Neue in Frankfurt am Main

Struktur

A. For modal verbs used without an infinitive, the present perfect tense is formed with the auxiliary **haben** + the past participle. Past participles of the six modal verbs are:

müssen ⟶ gemußt	können ⟶ gekonnt	wollen ⟶ gewollt
dürfen ⟶ gedurft	sollen ⟶ gesollt	mögen ⟶ gemocht

Ich **habe** das nicht **gewollt**.   *I didn't want that.*
Wer **hat** das nicht **gedurft**?   *Who wasn't allowed?*

B. The double infinitive construction is used to form the present perfect tense of modal verbs when a sentence has both a modal verb and a dependent infinitive. The auxiliary **haben** is always used.[2]

Present	**Present Perfect**
Er **muß** umziehen.	Er **hat** umziehen **müssen**.
Wir **können** dich nicht **hören**.	Wir **haben** dich nicht **hören können**.
Erika **soll** uns um 7 Uhr **treffen**.	Erika **hat** uns um 7 Uhr **treffen sollen**.
Unsere Gruppe **will** Energie **sparen**.	Unsere Gruppe **hat** Energie **sparen wollen**.

---

[2] In dependent clauses, the conjugated form of the verb **haben** is placed just before a double infinitive construction. Although you should learn to recognize this construction, it will not be practiced actively in this textbook. Example: **Du weißt, daß ich die Verantwortung dafür** *habe tragen müssen.* *You know that I had to take the responsibility for that.*

C. In a number of German-speaking areas, the double infinitive construction is avoided. The simple past of modal verbs is used instead.

Das hat eine Rolle spielen müssen.

Das mußte eine Rolle spielen.

} *That had to play a role.*

Schritte zur Kommunikation

A. **Früher war alles besser!** Oma Neuling erzählt ihren Enkelkindern über die guten alten Zeiten. Sagen Sie im Perfekt, was die Oma erzählte.

BEISPIEL   Wir konnten die Verantwortung für unsere Probleme tragen.
Wir haben die Verantwortung für unsere Probleme tragen können.

1. Man konnte alle schweren Probleme lösen.
2. Du mußtest dir keine Sorgen um die Zukunft machen.
3. Unsere Familie mußte nicht so viel Geld ausgeben.
4. Ich wollte immer für meine Ideale kämpfen.
5. Wir durften nachts allein auf der Straße laufen.
6. Unsere Stadt sollte viele neue Gebäude bauen.
7. Ihr konntet große Zukunftpläne machen.
8. Wir mußten keine Angst vor der Umweltzerstörung haben.

B. **Zu meiner Zeit . . .** (*In my day . . .*) Max und sein Großvater vergleichen (*compare*) das heutige Leben mit dem vor einigen Generationen. Was sagen sie? Wählen Sie das Modalverb, das am besten in den Satz paßt.

BEISPIEL   sich Sorgen um die   sich keine Sorgen darum
          Umwelt machen   machen
Jetzt muß man sich Sorgen um die Umwelt machen.
Zu meiner Zeit hat man sich keine Sorgen darum machen müssen.

Modalverben: **müssen**   **dürfen**   **können**   **wollen**

Jetzt: Zu meiner Zeit:

1. viel für Benzin ausgeben   weniger dafür ausgeben
2. nicht im Rhein schwimmen   immer im Rhein schwimmen
3. mit dem Auto zur Arbeit fahren   immer zu Fuß gehen
4. alte Gebäude sanieren   neue Gebäude bauen
5. neue Energiequellen entwickeln   nicht daran denken
6. Angst vor Atomkrieg haben   auch Angst vor Kriegen haben

C. **Wer?** Machen Sie ein Interview mit anderen Studenten in der Klasse. Finden Sie heraus, was sie in der Vergangenheit (*in the past*) haben machen können, wollen oder dürfen. Sie sollen auch einen Grund für ihre Antwort geben.

BEISPIEL   heute sehr früh aufstehen wollen
Hast du heute sehr früh aufstehen wollen?
Nein, aber ich habe früh aufstehen müssen!
Unsere Deutschstunde beginnt um acht Uhr.

Modalverben: **wollen**   **dürfen**   **können**   **müssen**

vor zehn Jahren ein Musikinstrument spielen
sehr jung schon schwimmen
sich letztes Wochenende entspannen
letztes Jahr eine große Reise machen
sich am Wochenende etwas Neues kaufen
letzten Sommer arbeiten und Geld verdienen
heute sehr früh aufstehen
(nicht) für die Zukunft planen
sich heute früh über etwas ärgern
einen gefährlichen Sport treiben
kein Bier trinken
den ganzen Abend am Schreibtisch sitzen
?

*R*ollenspiel.   Stellen Sie sich vor, Sie treffen nach vielen Jahren Ihre früheren Klassenkameraden bei einem Klassenfest (*class reunion*) wieder. Sie sprechen darüber, was Sie als Kinder (nicht) haben machen können, dürfen, müssen oder wollen. Es gibt einige Meinungsunterschiede. Was sagen Sie? Benutzen Sie: **Was? Das stimmt doch nicht! Das ist doch gar nicht wahr! Ja, da hast du recht.** usw.

BAUSTEIN 4

MAKING CONNECTIONS

Subordinating conjunctions

 1. **Beschreiben Sie die Bilder dieses Cartoons.**
2. **Schreiben Sie einen Bildtext (*caption*) für den Cartoon.**

SITUATION Dr. Dressel und ihre Studenten diskutieren darüber, wie die Zukunft für die
Und die   nächste Generation aussehen wird.
nächste
Generation?

DR. DRESSEL	Wie wird die Zukunft für die nächste Generation aussehen? Was meinen Sie?
JÜRGEN	Da es mehr Roboter und Computer geben wird, wird die nächste Generation weniger arbeiten müssen. Das halte ich für positiv.
RALF	Ich frage mich, wie die Menschen dann ihre Freizeit verbringen werden. Wenn es nichts Grünes in der Umwelt gibt, wenn die Technologie . . .
JÜRGEN	Bevor du nur über die möglichen Gefahren sprichst, denk doch an die Vorteile der Technologie.
ELKE	Jürgen hat recht. Ich meine, die nächste Generation wird es wahrscheinlich besser haben als wir.

verbringen, verbrachte, verbracht   to spend
wahrscheinlich   probably, probable

Struktur

A. You already know the subordinating conjunctions **daß, ob, wenn**, and **weil**, which are used in dependent clauses. You also know that verb-last word order is used in dependent clauses introduced by subordinating conjunctions. This is true as well of other subordinating conjunctions. Here is a list of the conjunctions that will be most useful to you right now:

bevor	*before*	ob	*if, whether*
bis	*until*	obwohl	*although, even though*
da	*since (because)* (time)	seitdem	*since, ever since*
damit	*so that, in order that*	sobald	*as soon as*
daß	*that*	während	*while, whereas*
nachdem	*after*	weil	*because*
		wenn	*if, whenever, when*

Damit es Ihnen morgens nicht schlechter geht als abends.

Wir müssen die Umwelt retten, **bevor** es zu spät ist.	*We must save the environment before it's too late.*
Wir warten, **bis** du das Problem löst.	*We'll wait until you solve the problem.*
Sie sparen jetzt, **damit** ihre Kinder besser leben können.	*They are saving now so that their children will be able to live better.*
Sie werden einen Parkplatz bauen, **nachdem** sie das alte Gebäude abgerissen haben.	*They will build a parking lot after they have demolished the old building.*
Seitdem er nicht mehr hier wohnt, gibt es weniger Lärm.	*Since he no longer lives here there is less noise.*
Ich bringe den Brief zur Post, **sobald** ich ihn geschrieben habe.	*I'll take the letter to the post office as soon as I have written it.*

Remember that question words also function as subordinating conjunctions when they introduce dependent clauses.

Ich weiß nicht, **wann** sie zurückkommt.
Sagt sie, **warum** sie nicht warten will?
Fragen Sie ihn, **worüber** er gesprochen hat!

B. A sentence may begin with the dependent clause. The verb of the independent clause takes second position, followed by the subject and all other elements. A comma always separates an independent clause from a dependent clause.

Obwohl historische Gebäude schön sind, kann man sie nicht immer sanieren.
Während wir die neuen Gebäude bauen, zerstören wir die alten.

Schritte zur Kommunikation

A. **Alternative Zeitung.** Was steht in der Zeitung einer Bürgerinitiative?

BEISPIEL Wir müssen Energie sparen. (*before*) Es ist zu spät.
Wir müssen Energie sparen, bevor es zu spät ist.
(*after*) Wir haben das Problem diskutiert. Wir werden versuchen, es zu lösen.
Nachdem wir das Problem diskutiert haben, werden wir versuchen, es zu lösen.

1. Im Essen ist Gift. (*because*) Es gibt zu viele Chemikalien darin.
2. (*as soon as*) Sie bekommen genug Geld für ein neues Hochhaus. Sie reissen das alte Gebäude ab.
3. (*if*) Wir wollen das Geld dafür ausgeben. Wir können neue Energiequellen entwickeln.
4. (*since*) Wir haben mit dem Programm begonnen. Leute verschwenden weniger Benzin.
5. Unsere Luft wird noch schmutziger. (*when*) Chemikalien kommen in die Atmosphäre.
6. Wir demonstrieren. (*so that*) Die Stadt wird schöner und sicherer sein.
7. (*although*) Man konnte viel gegen den Müll in der Stadt tun. Manche Leute haben sich nur darüber geärgert.

B. **Wir wollen die neue Fabrik nicht!** Otto ist der Sprecher für eine Bürgerinitiative, die gegen den Bau einer neuen Fabrik ist. Was sagt Otto? Benutzen Sie diese Konjunktionen:

sobald	daß	bis	während
weil	nachdem	ob	wenn
obwohl	da	bevor	damit
seitdem			

BEISPIEL Wir müssen uns fragen. Wir wollen in der Nähe einer schmutzigen Fabrik wohnen.
Wir müssen uns fragen, ob wir in der Nähe einer schmutzigen Fabrik wohnen wollen.

1. Wir brauchen eine neue Fabrik. Wir müssen an die Gefahr für die Umwelt denken.
2. Wir müssen uns fragen. Wir wollen mehr Industrie in dieser Gegend haben.
3. Wir sagen „ja." Wir denken an die vielen Nachteile.
4. Die Luftverschmutzung in den Großstädten wird zu stark. Es ist für die Menschen ungesund.
5. Gift kommt ins Wasser. Viele Leute können krank werden.
6. Ich habe letzte Woche einen Dokumentarfilm über die Gefahren der Chemikalien gesehen. Ich habe jetzt absolut Angst davor.

7. Es ist möglich. Der saure Regen wird unsere Wälder total zerstören.
8. Wir haben die Fabrik gebaut. Wir werden neue Schulen und Wohnungen brauchen.
9. Wir müssen realistisch planen. Unsere Bürger können sicher, und gesund leben.
10. Warten Sie nicht. Es ist zu spät.

C. **Und Sie?** Was ist Ihre Meinung über die folgenden Themen?
1. Wir bauen mehr Atomkraftwerke, damit . . .
2. Wir werden weniger Energieprobleme haben, sobald . . .
3. Bis die Städte menschenfreundlicher werden, . . .
4. Während wir neue Energiequellen entwickeln, . . .
5. Wenn wir mehr Roboter bauen, . . .
6. Wir wissen nicht, ob . . .
7. Obwohl es vielen Menschen egal ist, . . .
8. Bevor wir uns über die Technologie ärgern, . . .

Rollenspiel. Together with a partner, imagine what technology will be like 25 years from now. Then make a list of five positive and five negative effects of this technology (*computers, robots, medicine, weapons* [**Waffen**], *food,* etc.). Using the information you have listed, act out for the class a debate between a futurist, who sees only the good side of technology, and a skeptic, who sees mostly the negative side.

Roboter bei der Arbeit

PERSPEKTIVEN

Vor dem Lesen

1. Zum Thema Welt und Umwelt: Denken Sie an Projekte, Gruppen und Initiativen in Nordamerika, die für ihre Arbeit bekannt sind.
   Welche Projekte oder Gruppen . . .

   a. sind ehrenamtlich (*do volunteer work*)?
   b. existieren von Spenden (*donations*, here: *"non profit"*)?
   c. machen Sozialarbeit?
   d. versuchen, die Umwelt zu retten?

2. Im folgenden Lesetext sehen Sie ähnliche Beispiele aus Deutschland. Sie können schon viele authentische Texte ohne Glossar lesen, da Sie jetzt Wortkombinationen verstehen und ein neues Wort vom Kontext her erkennen. Was ist, z. B.:

   1. a. Regenbogen
      b. Liedermacher
      c. Gefühl
      d. Umweltverschmutzer
   2. a. Wegwerfflaschen
      b. Umweltbombe
      c. hochgiftige Chemikalien

   3. a. gespendete Mark
      b. Naturschutzarbeit
   4. a. Möglichkeit
      b. Entwicklungshelfer/in
   5. a. ehrenamtliche Mitarbeit

Mitbürger! Arbeiten wir zusammen!

Umweltschutz unter dem Zeichen des Regenbogens.

Umweltschutz mit Musik

„Greenpeace" heißt die Platte und sie bringt einen Schnitt quer durch die Musikszene. Von B wie BAP über M wie Meinecke bis W wie Wecker singen 15 Gruppen, Sängerinnen und Liedermacher für den Umweltschutz. Wer die Platte kauft, kann sie mit dem angenehmen Gefühl nach Hause tragen, etwas für saubere Meere zu tun. Denn drei Mark von jeder Platte sollen für ein neues Greenpeace-Schiff verwendet werden, mit dem die Organisation verstärkt gegen Umweltverschmutzer vorgehen will.

Plastikbombe

Wegwerfflaschen aus Plastik sind wahre „Umweltbomben". Sie vergrößern unsere Müllberge, weil sie nur einmal verwendet werden. Und bei der Herstellung und Vernichtung belasten sie die Umwelt auch noch mit hochgiftigen Chemikalien. Wenn Sie uns den Coupon schicken, sagen wir Ihnen, was der BUND gegen diese „Plastikbomben" tut und wie Sie uns helfen können.

Bitte schicken Sie mir ihr glasklares Konzept zur Müllvermeidung und Wiederverwertung.

Absender

Bund für Umwelt und Naturschutz Deutschland e.V.

BUND
Im Rheingarten 7
5300 Bonn 3
BUND

2.

Wir suchen Menschen Die Aufgaben des Roten Kreuzes im Dienst für die Mitbürger wachsen. In der Sozialarbeit wie im Sanitätsdienst und in allen anderen Rotkreuz- bereichen.

Wir brauchen Sie Helfen Sie uns durch Ihre ehren- amtliche Mitarbeit.

...aktiv im Roten Kreuz

5.

Wenn Sie sich der WWF-Familie an- schließen möchten, sollten Sie wissen: Hundert Pfennige jeder gespendeten Mark gehen beim WWF direkt in Naturschutzar- beit. Verwaltungskosten bestreitet er aus den Erträgen des Stiftungsvermögens so- wie aus Lizenzeinnahmen. Bei jeder Spende stellt der WWF sicher, daß sie auch in das gewünschte Projekt gelangt.

Schreiben Sie uns bitte, wir möchten Sie gerne noch ausführlicher über unsere Projekte und Ziele informieren.

**Die Natur braucht Hilfe.
Denn wir brauchen die Hilfe
der Natur.**

WWF

WWF 3/88

☐ Informieren Sie mich bitte ausführlicher über die Ziele und die Arbeit des WWF.

☐ Ich habe mich zu einer ständigen Unter- stützung entschlossen und möchte Mitglied werden.

Name: _____ 5200

Straße: _____

PLZ/Ort: _____

WWF-Infodienst, Postfach 0902
Pforzheimer Straße 176, 7505 Ettlingen

3.

Kennen Sie Ihre Möglichkeiten als Entwicklungs- helfer/in?

Ausführliche Informationen über Ihre Möglichkeiten als Entwicklungs- helfer/in finden Sie im Stellenteil.

ded
Deutscher
Entwicklungsdienst

4.

Fragen zum Text

1. In welcher Anzeige steht indirekt, daß die Organisation gegen das Ozon- und Smog-Problem kämpft?
   a. der BUND   **b.** Greenpeace
2. Welche *zwei* Organisationen brauchen die *Zeit* der Mitbürger mehr als ihre *Spende*?
   a. der World Wildlife Fund
   b. das Rote Kreuz   **c.** der Deutsche Entwicklungsdienst
3. Welche Anzeige beschreibt Aspekte von einem konkreten Programm ge- gen ernste ökologische Probleme?
   a. Greenpeace   **b.** der BUND
4. Welche zwei Organisationen sagen Ihnen *genau*, was sie mit Ihrer Spende machen werden?
   a. der World Wildlife Fund   **c.** Greenpeace
   b. der Bund

Land und Leute ✧ ✧ ✧ ✧ ✧

Hat die Altstadt° noch Zukunft?

old part of town

Überall in Deutschland steht man vor einem Dilemma: Man möchte die Alt-stadt retten, aber, um das zu tun, muß man sie modernisieren. Wie macht man das, ohne den Charakter der alten Häuser aufzugeben? Manchmal arbeiten Politiker, Planer und Bürger zusammen und harmonisieren ihre Methoden und Pläne. Solche harmonische Zusammenarbeit ist aber nicht typisch, denn oft müssen die Bürger kämpfen, um ihr altes und geliebtes Stadtbild° zu retten.

town scape

Ein Sanierungsprojekt in Marburg

founding

decides council

Eine Reaktion auf den Konflikt zwischen Altem und Modernem ist die Gründung° von vielen effektiven Bürgerinitiativen. In Wiesbaden, z. B., ent-scheidet° ein Rat° fast alle Sanierungsfragen in der Wiesbadener Altstadt. Die Mitglieder dieses Rates sind aber keine Politiker oder Bürokraten, sondern die Bürger, die Menschen aus den alten Nachbarschaften der Stadt. Dieser Sanie-rungsrat hat mehr als 700 Gebäude restauriert und ist als progressives Modell in der Bundesrepublik berühmt geworden.

success

Obwohl solche Initiativen schon großen Erfolg° gehabt haben, sehen viele Experten keine optimistische Zukunft für viele der schönsten und ältesten Ge-bäude. Die großen Kathedralen von Fulda, Ulm und Köln, z. B., haben durch

damage suffered

die Luftverschmutzung in den letzten 30 Jahren mehr Schaden° erlitten° als in allen Kriegen der letzten 300 Jahre. Um sie dagegen zu schützen, hat man jetzt

Der Dom in Ulm

protective coating ein neues Schutzmittel° entwickelt. Als Experiment hat man dieses Mittel an
allen Wänden, Statuen und Ornamenten des Kölner Doms benutzt, aber man
stones weiß noch nicht, wie lange es die alten Steine° schützen kann. Die alten Gebäude bleiben leider überall noch in Gefahr.

SYNTHESE

A. **Gruppenarbeit: Eine Bürgerinitiative.** Imagine that you are in charge of a
Bürgerinitiative to handle one of the problems or projects listed below.
Part of your responsibility is to design a poster that will encourage other
citizens to join the cause. Your poster should include a slogan, information
about the first meeting, and an explanation of the reasons for organizing
the Bürgerinitiative. Discuss your posters with the other students in class.

Vorschläge
Müll
Lärm
Sanierung eines historischen Gebäudes
Arbeitslosigkeit
saurer Regen
Gift im Essen
die Zerstörung der Tier- und Pflanzenwelt

B. Liebe Mitbürger! Using the cause your group has selected in Synthese A,
prepare a speech in which you **1)** describe the problem, **2)** suggest strategies
or possible solutions to the problem, and **3)** persuade your audience to become members and to fight for the cause.

C. Wie wird es sein? Das Jahr 2050. In einem Essay schreiben Sie über Ihre Vision vom Jahr 2050.

Vorschläge

1. Wo werden wir arbeiten und wohnen?
2. Werden Roboter uns helfen oder totale Kontrolle über uns haben?
3. Was werden wir essen?
4. Wie wird unsere Umwelt aussehen?
5. Wie werden wir unsere Freizeit verbringen?
6. Wird es noch McDonald's geben?
7. Werden wir noch studieren müssen?
8. ?

Hören wir zu!

So ist es heute. Stellen Sie sich vor, Sie müssen heute wichtige Geschäftsreisen in die Rhein- und Ruhrgebiete machen. Sie hören den Smog-Warnsystem-Bericht, um zu wissen, wohin Sie heute vielleicht nicht fahren dürfen. Kreuzen Sie die Information an.

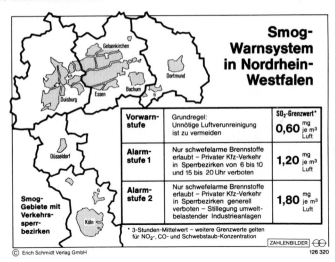

Smog-Warnsystem in Nordrhein-Westfalen

	Grundregel / Erläuterung	SO_2-Grenzwert*
Vorwarn-stufe	Grundregel: Unnötige Luftverunreinigung ist zu vermeiden	0,60 mg je m³ Luft
Alarm-stufe 1	Nur schwefelarme Brennstoffe erlaubt – Privater Kfz-Verkehr in Sperrbezirken von 6 bis 10 und 15 bis 20 Uhr verboten	1,20 mg je m³ Luft
Alarm-stufe 2	Nur schwefelarme Brennstoffe erlaubt – Privater Kfz-Verkehr in Sperrbezirken generell verboten – Stillegung umweltbelastender Industrieanlagen	1,80 mg je m³ Luft

Smog-Gebiete mit Verkehrs-sperr-bezirken

* 3-Stunden-Mittelwert – weitere Grenzwerte gelten für NO_2-, CO- und Schwebstaub-Konzentration

ZAHLENBILDER

© Erich Schmidt Verlag GmbH   126 320

	Car Travel OK	Some Restrictions On Car Travel	Car Travel Prohibited
Duisburg Essen Dortmund Düsseldorf Köln			

AKTIVER WORTSCHATZ 2

Substantive

das Benzin	*gasoline*
der Fortschritt, -e	*progress*
das Gebäude, -	*building*
das Hochhaus, ¨ -er	*high-rise building*
die Sanierung	*restoration, renewal*
der Verkehr	*traffic*

Verben

ab·reißen, riß ab, abgerissen	*to tear down*
leben	*to live*
planen	*to plan*
retten	*to save*

sanieren	*to restore, renovate*
verbessern	*to improve*
verbringen, verbrachte, verbracht	*to spend* (time)
versuchen	*to try, attempt*

Andere Wörter

menschenfeindlich	*inhumane*
menschenfreundlich	*humane*
negativ	
positiv	
von jetzt ab	*from now on*
wahrscheinlich	*probably, probable*

> And don't forget:
> Subordinating conjunctions, Seite 310

Gestern und heute

Kommunikationsziele	■ Talking about customs, traditions, and major life events ■ Expressing congratulations and good wishes ■ Narrating and recalling past events ■ Indicating sequences and talking about dates ■ Talking about when something took or takes place ■ Reading poetry and graffiti
Bausteine	■ Simple past of regular and mixed verbs ■ Simple past of irregular verbs ■ Ordinal numbers ■ Als, wenn, wann
Land und Leute	■ Feiern in deutschsprachigen Ländern ■ Wer sind die Deutschen?

EINFÜHRUNG

Customs ## Bräuche° und Feste

Traditionen, Feiern und besondere Erlebnisse in der Familie spielen in jedem Land eine große Rolle.

Bevor Sie sich zwei Seiten aus einem Familienalbum ansehen, beantworten Sie das folgende:

1. Welche Bräuche und Feste waren für Sie in der Vergangenheit wichtig?

2. Welche Traditionen sind für Sie heute noch wichtig?

house-raising celebration

to our health

finished

Birgit und Stefans Hochzeit am 5. September 1956

Unser Richtfest.° Prost! Die Zimmerleute tranken auf unser Wohl.° Bald danach wurde unser Haus fertig.° Den 17. August

Wir haben geheiratet
am 5. September 1956

Birgit Luther geb. Wegner
Stefan Luther
Reststrauch 72b, 4050 Mönchengladbach 3

day at school

candy-filled cone

Susanne am ersten Schultag. Das war ein großartiges Erlebnis! Sie war so stolz auf die Zuckertüte... Den 31. August 1951

turtle doves

Grete Maaß

geb. Otte

* 14.11.1910   †27.7.91

hat uns völlig unerwartet in Hamburg für immer verlassen.

Es trauern tief:
ihre Kinder
Ingrid und Reinhard mit Rita
die geliebten Enkelkinder
Kerstin und Kevin
ihr Bruder Willi
und Schwager Walter

Clayallee 311
Waldhüterpfad 31
1000 Berlin 37

Die Trauerfeier und Urnenbeisetzung ist am Dienstag, dem 9. September 1991, um 12.30 Uhr auf dem Zehlendorfer Friedhof, Onkel-Tom-Straße 30, 1000 Berlin 37.

Im Cowboy — Kostüm feiern Karl - Heinz und Georg den Fasching! (Hinter ihnen Susanne mit der Maske.) Den 15. Februar.

Wir freuen uns über die Geburt unseres Sohnes
Patrick
26.8.91, 3.320 g, 52 cm
Petra und Josef Gisbertz

Hallo, Ihr Turteltauben°!

Zum **30** Hochzeitsjubiläum
wünschen wir alles Gute.
Liane und Manfred

Am 27. 7. 91 starb unsere liebe Oma; am 26. 8. 91 ist Petra und Josefs Sohn zur Welt gekommen.

Die Glückwunsch — Anzeige von unseren lieben Freunden.

Fragen zum Text

1. Zu den Fotos: Welche der vier Erinnerungen an die Vergangenheit wären (*would be*) auch in einem Familienalbum in Ihrem Land zu finden?
   a. eine Hochzeit
   b. ein Richtfest
   c. der 1. Schultag
   d. ein Faschingsfest

2. Zu den Anzeigen: Welche der vier Anzeigen wären in einer Zeitung bei Ihnen zu finden?
   a. die Hochzeitsanzeige
   b. die Todesanzeige
   c. die Geburtsanzeige
   d. die Hochzeitsjubiläumsanzeige

3. Was macht man in Ihrem Land am ersten Schultag? Bekommen die Kinder etwas?

4. Wann trägt man in Ihrem Land Masken und Kostüme?

FUNKTION

So können Sie auf Erinnerungen an die Vergangenheit reagieren:

Ich kann mich gut an . . . erinnern.	*I can remember well . . .*
Ich erinnere mich gut/gar nicht daran.	*I remember it well/not at all.*
. . . war für mich ein schreckliches/peinliches/lustiges Erlebnis.	*. . . was a horrible/embarrassing/ funny experience for me.*
. . . war phantastisch/großartig.	*. . . was fantastic/marvelous.*
Ich habe darüber gelacht/geweint.	*I cried/laughed about it.*
Das habe ich total vergessen.	*I've completely forgotten that.*
. . . werde ich nie vergessen.	*I'll never forget . . .*

So können Sie über spezifische Traditionen und Bräuche sprechen:

Wir haben . . . immer bei . . . gefeiert.	*We always celebrated . . . at . . .*
Als ich . . . Jahre alt war, . . .	*When I was . . . , . . .*
Als Kind fand ich . . . sehr wichtig.	*As a child I found . . . very important.*

So gratuliert man oder drückt Wünsche aus:

Alles Gute!	*Best wishes!*
Gute Besserung!	*Get well soon!*
Herzlichen Glückwunsch!	*Congratulations!*
Ich gratuliere!	
Ich gratuliere zum Geburstag/zur Hochzeit/zur Verlobung.	*Congratulations on your birthday/ wedding/engagement.*
Viel Glück!	*Good luck!*
Herzliches Beileid!	*My deepest sympathy.*

A. **Raten Sie den Anlaß!** (*Guess the occasion!*) Was paßt zu was?

BEISPIEL   Karte b: zum Namenstag

1. zum Geburtstag
2. zur Verlobung
3. zur Hochzeit
4. zu Weihnachten
5. zur Geburt eines Kindes
6. zum Namenstag
7. zu einer Reise
8. zum Hochzeitsjubiläum

B. Was sagt man?

1. zu Weihnachten
2. zu Silvester (31. Dez.)
3. zum Geburtstag
4. zur Hochzeit
5. zum Hochzeitsjubiläum
6. zu Ostern
7. am Heiligen Abend (24. Dez.)
8. zu Neujahr
9. zur Geburt eines Kindes
10. wenn man eine Reise macht
11. zur Verlobung
12. vor einem Examen
13. wenn man krank ist

Vorschläge

Herzlichen Glückwunsch!
Alles Gute!
Fröhliche Ostern!
Fröhliche Weihnachten!
Viel Glück im neuen Jahr!
Gute Reise!
Ich gratuliere!
Viel Glück!
Gute Besserung!
Viel Spaß!
Prost Neujahr!

C. **Partnerarbeit:** Erinnerungen an die Vergangenheit. Was ist Ihre Reaktion auf die folgenden Erlebnisse? Benutzen Sie die Ausdrücke in der Funktion auf Seite 322. Geben Sie auch Gründe für Ihre Reaktion.

BEISPIEL   zu einer neuen Schule gehen
Das war großartig. Ich fand es toll, neue Leute kennenzulernen.
Das war für mich ein schreckliches Erlebnis. Ich hatte große Angst
vor der Lehrerin und den anderen Kindern.

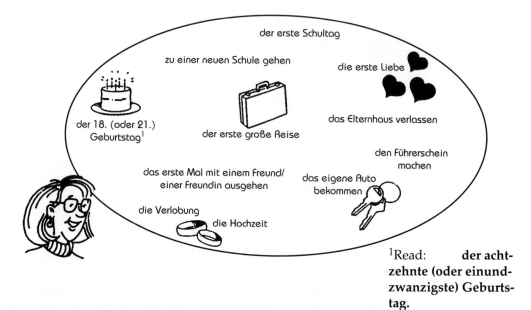

der erste Schultag

zu einer neuen Schule gehen

die erste Liebe

der 18. (oder 21.) Geburtstag[1]

der erste große Reise

das Elternhaus verlassen

den Führerschein machen

das erste Mal mit einem Freund/ einer Freundin ausgehen

das eigene Auto bekommen

die Verlobung

die Hochzeit

[1]Read: der achtzehnte (oder einundzwanzigste) Geburtstag.

AKTIVER WORTSCHATZ 1

Substantive

der Brauch, ¨ e	*custom*
die Erinnerung, -en	*memory*
das Erlebnis, -se	*experience*
der Fasching	*carnival*
die Feier, -n	*celebration*
der Führerschein, -e	*driver's license*
den Führerschein machen	*to pass the driver's test; to get one's license*
die Hochzeit, -en	*wedding*
die Hochzeitsfeier	*wedding celebration*
das Jubiläum	*anniversary*

die Liebe	*love*
das Ostern	*Easter*
der Schultag, -e	*day at school, school day*
die Vergangenheit	*past*
das Weihnachten	*Christmas*

Verben

sich erinnern an (+ acc)	*to remember*
erleben	*to experience*
feiern	*to celebrate*
gratulieren (+ dat)	*to congratulate*
heiraten	*to marry*
lachen (über + acc)	*to laugh* (about)

passieren, ist passiert	to happen
sterben, starb, ist gestorben, stirbt	to die
weinen (über + acc)	to cry (about)

Andere Wörter

bedeutungsvoll	meaningful
deprimierend	depressing
eigen	own
fröhlich	merry, happy, joyous
großartig	great, marvelous

lustig	funny, merry
peinlich	embarrassing
stolz	proud

Ähnliche Wörter

das Familienalbum
das Kostüm, -e
die Maske, -n
phantastisch
total
die Tradition, -en

And don't forget:
Funktion, Seite 322
Gratulationen und gute Wünsche auf Seite 323

Land und Leute ✦ ✧ ✦ ✧ ✧

Feiern in deutschsprachigen Ländern

Christkindlmarkt in Nürnberg

Traditionen wie das Passionsspiel in Oberammergau und der Christkindl-

Christmas market markt° in Nürnberg und Wien sind wichtige Elemente in der Identität einer Stadt oder Region. Feiertage wie Weihnachten oder der Tag der Arbeit am 1. Mai haben nationale Bedeutung. Man feiert auch viele private Festtage inner-halb der Familie oder mit Freunden. Religiöse Festtage und Bräuche haben ei-

Christians
celebrate nen wichtigen Platz im Leben deutschsprachiger Christen:° Protestantische Gegenden in der Bundersrepublik begehen° den offiziell arbeitsfreien Buß-

Day of Atonement All Saints' Day und Bettag,° katholische Gegenden das Fest der Allerheiligen.° Konfirmation
significance und Erstkommunion sind auch von großer religiöser Bedeutung.° Viele Ka-
saint whose tholiken feiern ihren Namenstag, das Fest des Heiligen,° dessen° Namen sie haben. An diesem Tag bekommen die Kinder oft mehr Geschenke als zum Ge-burtstag! Auch die Jahreszeiten und ihre Bedeutung für die Menschen sind Grund zum Feiern: z.B. man feiert den Anfang des Sommers mit dem Fest der

summer solstice harvest festival Sonnenwende° und den Anfang vom Herbst mit dem Erntedankfest.° In der Schweiz und in Süddeutschland feiert man das Ende des Winters mit der Fast-

Shrove Tuesday origin nacht.° Die wilden Kostüme und grotesken Masken haben ihren Ursprung° in
drive away der vorchristlichen Zeit und sollen die Dämonen des Winters vertreiben.°

In katholischen Gegenden gibt es auch den Fasching, oder Karneval, der um 11 Uhr 11 am 11. November beginnt und ungefähr 20 Wochen dauert! Im Januar und Februar gibt es viele Maskenbälle, und man

bereitet . . . vor
prepares bereitet° sich auf den
climax Höhepunkt°—die letzten sechs Tage vor Aschermitt-woch—vor.° Am Rosenmon-tag kommt das normale Leben zum Stillstand. In Köln, zum Beispiel, feiert die ganze Stadt —von Bankdirektoren zu Taxi-fahrern—die tollen Tage mit Paraden, Partys und Maskera-den, aber am Aschermittwoch°

Ash Wednesday ist diese freie und wilde Zeit
over vorbei.°

Basler Fastnacht: eine Schweizer Tradition

BAUSTEIN 1

NARRATING PAST EVENTS

Simple past of regular and mixed verbs

**SITUATION
Das war
peinlich!**

Hans-Jürgen amüsiert sich mit den alten Fotos seiner Frau.

Trudes Tanzstunde

HANS-JÜRGEN	Ach, die junge Trude bei ihrer Tanzstunde! Das war ein lustiger Abend!
TRUDE	Erinnere mich nicht daran. Die Situation war mir so peinlich . . .
HANS-JÜRGEN	Warum peinlich? Wir lernten uns gerade kennen und tanzten doch so schön zusammen. Es war Liebe auf den ersten Blick!° Dein früherer Freund ärgerte sich sehr über uns. Aber du und ich . . .
TRUDE	Ich amüsierte mich gar nicht! Und hör doch auf mit „der Liebe auf den ersten Blick"! Ich hatte dich zuerst eigentlich gar nicht so gern . . .

first sight

---

sich amüsieren to have fun   **erinnern an (+ acc)** to remind of
auf·hören to stop, quit   **eigentlich** actually

The simple past tense is sometimes called the narrative past because it is the tense most frequently used for oral or written narration of past events. It is therefore used in telling stories or anecdotes, in newspaper and magazine reporting, in written accounts of past events, and in literary writings.

A. Although the present perfect tense is generally used in conversation, the simple past tense is preferred in the following instances.

- With the verbs **sein, haben,** and the modal verbs:

Das war ein großartiges Erlebnis.	*That was a great experience.*
Sie hatten schöne Erinnerungen an die Vergangenheit.	*They had beautiful memories of the past.*
Ich mußte ihnen gratulieren.	*I had to congratulate them.*

- When a sentence has several verbs in a series:

Wir sangen, tanzten und feierten bis spät in die Nacht.	*We sang, danced, and celebrated until late into the night.*

- With the subordinating **als** (*when*), which you will learn in **Baustein 11.4.**

This is how the simple past of regular verbs is formed:

stem + **t** + ending

Note that the endings are the same as those used for the simple past of modal verbs. To aid pronunciation, an **-e-** is added to verb stems that end in **-d** or **-t**.

simple past of **lachen**	stem: **lach-** + **t**
ich lach**te**	wir lach**ten**
du lach**test**[1]	ihr lach**tet**
er/sie/es lach**te**	sie lach**ten**
Sie lach**ten**	

Sie weinte über die alten Fotos.	*She cried about the old photos.*
Opa erinnerte sich an seine erste Liebe.	*Grandpa remembered his first love.*
Wir arbeiteten nicht zu Weihnachten.	*We didn't work on Christmas.*
Sie heirateten vor 10 Jahren.	*They got married 10 years ago.*

---

[1] Because the simple past is used primarily for narration, the **du, ihr,** and **Sie** forms are not encountered as frequently as the other forms.

Separable prefix verbs in the simple past behave as they do in the present tense.

> Sie **probierten** ihre Kostüme **an.** (Prefix at the end of the independent [main] clause)
> Ich weiß, daß sie ihre Kostüme **anprobierten.** (Prefix attached in dependent [subordinate] clause)

B. The simple past of mixed verbs is formed by adding **t** + the past-tense endings to an irregular past-tense stem.

Infinitive	Past-tense stem
bringen	brach-
(mitbringen)	
(verbringen)	
denken	dach-
kennen	kann-
(erkennen)	
wissen	wuß-

> Wir **verbrachten** einen Tag auf dem Oktoberfest.
>
> *We spent a day at the Oktoberfest.*
>
> **Dachtest** du an deinen ersten Schultag?
>
> *Were you thinking of your first day of school?*
>
> Wir **kannten** den Brauch nicht.
>
> *We didn't know the custom.*
>
> Ich **wußte** die Antwort.
>
> *I knew the answer.*

Schritte zur Kommunikation

A. **Aber er . . .** Herr König ist bei seinen Angestellten (*employees*) nicht sehr beliebt, und in letzter Zeit beschweren sie sich oft über ihn. Was sagen sie?

BEISPIEL   Gestern mußten wir arbeiten. (mit seinem Computer spielen)
   . . . aber er spielte mit seinem Computer.

1. Seine Frau hatte am Mittwoch Geburtstag. (sich nicht daran erinnern)
2. Arno und Petra heirateten letzten Monat. (nicht zum Hochzeitsfest gehen wollen)
3. Ich habe einen neuen Arbeitsplan gemacht. (keine Zeit dafür haben)
4. Jutta und ihr Mann feierten ihr Hochzeitsjubiläum. (ihnen nicht gratulieren)
5. Am Freitag arbeiteten wir bis spät in die Nacht. (sich bei einer Geburtstagsfeier amüsieren)
6. Ich sagte etwas Lustiges. (nicht lachen)
7. Wir kauften ihm zum Geburtstag ein schönes Geschenk. (uns gar nicht dafür danken)
8. Ich erzählte die deprimierende Geschichte von meinem Hund. (nicht aufhören zu lachen)

B. **Vor der Hochzeit.** Die Freunde von Heinz and Christa überraschten (*surprised*) sie am Abend vor ihrer Hochzeit mit einem Polterabend.[2] Heinz erzählt jetzt darüber. (First complete the sentences using the simple past. Then rearrange them in a logical sequence to tell the story.)

1. natürlich!/unser- lieb- Freunde/planen/ein- Polterabend
2. all-/gratulieren/uns/und wir danken ihnen
3. wir/sich ärgern über/d- Lärm/aber/dann/wissen/wir d- Grund
4. mein/früherer Zimmerkamerad/mitbringen/sein- Gitarre/und spielen für uns
5. am Abend/vor d- groß- Tag/hören Christa und ich/Lärm/hinter d- Haus
6. Christa und ich/denken an/d- nächst- Tag/und sich freuen darauf
7. sie/aufmachen/d- Tür/und/anmachen/d- Licht
8. wir/diskutieren/sich amüsieren/und feiern/bis spät in d- Nacht
9. Christa/wollen wissen/was/das/sein
10. sie/bringen/Essen und Getränke/und viel- nett- Geschenke

C. Spielen Sie Detektiv! Ihre Aufgabe ist, sich einige Fotos anzuschauen, und sich Notizen (*notes*) über die verschiedenen Aktivitäten der Verdachtsperson (*suspect*), Herrn Spitz, zu machen. Was schreiben Sie? Benutzen Sie das Präteritum (*simple past tense*).

BEISPIEL   **Um 7 Uhr rasierte er sich.**

Fortsetzung. . .
to be continued. . . .

 *R*ollenspiel.   Sprechen Sie mit Ihrem Partner oder Ihrer Partnerin über Ihre Kindheit (wo Sie wohnten, was/wo/mit wem Sie spielten, usw.).

[2] A **Polterabend** (**poltern** means to make a loud noise) is a party organized by friends of the wedding couple on the eve of the ceremony. The high point arrives when the bride smashes piles of old plates and dishes. The noise from the crashing pottery is supposed to chase away evil spirits and thus bring good luck.

BAUSTEIN 2

RECALLING PAST EVENTS

Simple past of irregular verbs

◆ **1. Welches Service bietet diese Anzeige an?**

SITUATION Frau Barlach hat schöne Erinnerungen an vergangene Weihnachtszeiten. Ihre
Eine Frage Tochter aber sieht die Dinge ein wenig anders!
der
Perspektive. MUTTER   Ach, hier sind die Bilder von der Weihnachtszeit 1973. Als der
  Nikolaus kam, hast du für ihn ein Lied gesungen. Das . . .

  AGNES   Einen Moment! Ich mußte versprechen, ein Lied zu singen.
  Aber ich tat es nicht. Ich hatte nämlich Angst. Ich weiß noch
  ganz genau . . .

  MUTTER   Und in den Tagen vor Weihnachten hast du gedacht, daß das
  Christkind[3] im Wohnzimmer war. Du warst dann immer be-
well-behaved sonders lieb,° weil . . .

keyhole   AGNES   Das stimmt gar nicht, Mutti. Ich hab' doch durchs Schlüsselloch°
decorated gesehen, wie du und Papa den Weihnachtsbaum schmückten!°
  Aber da lagen so schöne Geschenke darunter; ich mußte lieb
  sein!

---

das Lied, -er song
versprechen, versprach, versprochen, verspricht to promise
genau exact; exactly

---

[3] Traditionally, St. Nicholas visits the children on Dec. 6th, rewarding those who have been good
with treats. On Christmas Eve, the **Christkind** decorates the tree and leaves presents.

Struktur

In **Kapitel 6** you learned that irregular verbs change their stem vowel in the simple past and perfect forms (**gehen** ⟶ **ging** ⟶ **gegangen**).[4] The simple past tense of irregular verbs consists of the simple past-tense stem plus an ending. Note that the first- and third-person singular do not add an ending.

gehen	Past stem: **ging-**
ich ging	wir ging**en**
du ging**st**	ihr ging**t**
er/sie/es ging	sie ging**en**
	Sie ging**en**

Vor **15 Jahren**, am **15. Dezember 1974**: Deutsch wird UN-Sprache.

Ich **ging** zu einer Faschingsparty.	*I went to a Fasching party.*
Das **war** mir sehr peinlich.	*That was really embarrassing.*
Das Kind **versprach**, lieb zu sein.	*The child promised to be good.*
Wir **gaben** zu viel Geld für Geschenke aus.	*We spent too much money on presents.*

A listing of the irregular verbs used in this textbook is in Appendix III.

Schritte zur Kommunikation

A. **Die Faschingszeit.** Willi and Roberta erinnern sich an den vergangenen Fasching. Was sagen sie? Benutzen Sie das Präteritum.

BEISPIEL   die Party: um acht Uhr beginnen
Die Party begann um acht Uhr.

1. die Party: in einem großen Hotel sein
2. die Gäste: verschiedene Kostüme tragen
3. dein Napoleon-Kostüm: ja großartig aussehen
4. ich: meine Maske zu Hause vergessen
5. dein Chef: versprechen, nie wieder ein Josephine-Kostüm zu tragen!
6. wir: Freunde sehen und zusammen an einem Tisch sitzen
7. unsere Freunde: bis früh am Morgen dort bleiben und lustige Lieder singen
8. wir aber: gegen Mitternacht ein Taxi nach Hause nehmen
9. wir: unsere Freunde am nächsten Tag anrufen
10. sie aber: noch schlafen!

---

[4] It is useful to know that many verbs that are irregular in English (e.g., *drink* ⟶ *drank* ⟶ *drunk*) have irregular equivalents in German (**trinken** ⟶ **trank** ⟶ **getrunken**).

B. **Na, wie war's denn?** Schauen Sie sich den Cartoon an.

    1. Beschreiben Sie die Sequenz der Bilder im Präteritum.

Vorschläge

VATER	Tür aufmachen/an der Tür stehen/fragen/wissen wollen/sich ärgern/nicht verstehen, warum . . .
TOCHTER	in die Wohnung hereinkommen/sagen/antworten/ins Wohnzimmer gehen/sich aufs Sofa setzen/ihren Freund anrufen/viel sprechen/ nicht wissen, was sie zuerst erzählen soll

    2. Und jetzt stellen Sie sich vor, Sie sind die Tochter! Erzählen Sie über das interessante Faschingsfest. Beginnen Sie mit: Ich weiß gar nicht, was ich zuerst erzählen soll! Danach erzählen Sie im Präteritum.

Vorschläge

Anne/viele Freunde einladen/es viel zu essen und zu trinken geben/tolle Musik spielen/viel tanzen und singen/Carsten aussehen, wie . . . usw.

    3. Was ist lustig an dieser Bildgeschichte? Was ist typisch für junge Leute und ihre Eltern?

C. **So war's bei uns.** Schreiben Sie ein kurzes Essay, in dem Sie sich an einen Brauch, einen Feiertag oder ein Familienfest erinnern.

BEISPIEL   ein großes Familienfest sein: was?
Weihnachten 1985 war für uns ein besonders großes Familienfest.

Vorschläge

1. einladen: wen?
2. Gerichte kochen: was?
3. schmücken (*decorate*): was? wie?
4. Lieder singen: welche?
5. Geschenke bekommen: was für Geschenke? von wem?
6. eine wichtige Tradition sein: was?
7. in die Kirche oder in die Synagoge gehen: wann? mit wem?
8. ein Erlebnis sein: was für ein?
9. ?

D. **Die Spitz-Geschichte geht weiter!** Continue your account of Herr Spitz's whereabouts from p. 330. Add your own conclusion to the final frames.

BEISPIEL   Von 17.00–17.15 stand er an der Haltestelle der Linie 28.

Rollenspiel.   Stellen Sie sich vor, Sie sind älter, und Ihr Sohn/Ihre Tochter möchte, daß Sie über Ihre Studentenjahre sprechen. Beschreiben Sie Ihr Leben (Freizeit, Universitätsleben, Aktivitäten, Freunde, Familie, usw.)

BAUSTEIN 3

INDICATING SEQUENCES AND TALKING ABOUT DATES

Ordinal Numbers

SITUATION Die Gerlichs spielen mit ihren Freunden die österreichische Version von "Trivial **Weißt du's?** Pursuit."

Trival Pursuit
Mastergame-Genius-Ausgabe
weitere
Ersatzfragen-Sets
erhältlich
STATT 999.-
869.-

RUDI   O.K., die nächste Frage. Thema: Technologie. Was passierte im Jahr 1886?

ALF   Hm, Ende des 19. Jahrhunderts . . . Man fuhr zum ersten Mal mit dem Zug?

JUTTA   Nee, das stimmt nicht. Das war ja fünfzig Jahre früher. Warte mal . . .

RUDI   Gebt ihr auf? Das erste Auto! Am 29. Januar, 1886 bekam Karl Benz das Patent dafür. So ein wichtiges Datum,° und ihr habt das nicht gewußt!?

date

---

das Jahrhundert, -e century   **zum . . . Mal** for the . . . time

---

Struktur

Ordinal numbers (first, second, third, etc.) from 1 to 19 are formed by adding **-t** to the cardinal number; from 20 to 100 an **-st** is added. Note the irregular forms **erst-, dritt-,** and **siebt-.**

1. **erst-**	9. neunt-	40. vierzigst-
2. zweit-	10. zehnt-	50. fünfzigst-
3. **dritt-**	11. elft-	100. hundertst-
4. viert-	12. zwölft-	101. hundert(und) erst-
5. fünft	13. dreizehnt-	102. hundert(und) zweit-
6. sechst-	20. zwanzigst-	1000. (ein)tausendst-
7. **siebt-**	21. einundzwanzigst-	
8. acht-	30. dreißigst-	

A. You know that cardinal numbers (**eins, zwei, drei,** etc.) have no endings, except for **eins** (e.g. **ein Buch, eine Landkarte**). Ordinal numbers however, take the same endings as attributive adjectives: **der erste Schultag, das zweite Kind, die fünfte Straße links**.

Manfreds **erste** Liebe war sein Motorrad.
Sie hat ihr **erstes** Auto zum **achzehnten** Geburtstag bekommen.

A period indicates an ordinal number when figures are used.

der 7. Oktober	der **siebte** Oktober
unser 25. Hochzeitsjubiläum	unser **fünfundzwanzigstes** Hochzeits-jubiläum
in der 4. Straße links	in der **vierten** Straße links

B. Dates are expressed with ordinal numbers.

- When figures are used to express the date, the day precedes the month.
  31.3.82 der einunddreißigste März 1982
  2.7.75 der zweite Juli 1975
- To say that something happened on a certain date, the contraction **am** is used.
  Wann hat Katharina Geburtstag? **Am** zweiten Juli.
  Wann feiern Ihre Eltern ihr Hochzeitsjubiläum? **Am** siebten Juni.

Schritte zur Kommunikation

A. **Die Fußball-Champions.** Sehen Sie sich die Graphik an. Welches Land war in welchem Jahr an erster Stelle (d.h., Weltmeister)? an zweiter (d.h., Vizeweltmeister)?

Die Fußball-Champions seit 1930

Weltmeister...

Deutschland	Italien	Brasilien	Argentinien	Uruguay	England
1954	1934	1958	1978	1930	1966
1974	1938	1962	1986	1950	
1990	1982	1970			

...und Vizeweltmeister

Deutschland	Argentinien	Niederlande	CSFR	Ungarn	Italien	Schweden	Brasilien
1966	1930	1974	1934	1938	1970	1958	1950
1982	1990	1978	1962	1954			
1986							

INDEX FUNK 4349

BEISPIEL 1930
Im Jahr 1930 war Uruguay an erster Stelle, Argentinien an zweiter.

  1. 1938 1954 1966 1970 1974 1982 1990
  2. Wer steht am öftesten an erster Stelle? An zweiter?

B. **Was passierte wann?** Sehen sie sich die Anzeigen an, um die folgenden Fragen zu beantworten.

  1. Wann heirateten Michael Rönneper und Marion Schulte? Wann war ihr Polterabend?
  2. Wann feierten die Marburger Studenten ihr großes Fest? Wie konnte man sich da amüsieren?
  3. Wann ist Andreas Flesch zur Welt gekommen?
  4. Wann erst soll man die Weihnachtsbriefe und -karten aufmachen?

Wir heiraten am 19. September 1992, 14 Uhr
im Nikolauskloster, 4053 Jüchen-Damm

Michael Rönneper   Marion Schulte

Heintzmannstraße 23
4300 Essen 1

Gepoltert wird am 12. September *1992*
ab 19.00 Uhr in Essen.
Anschließend feiern wir im Zwickelkeller
der Dampfbierbrauerei in Essen-Borbeck.

Weihnachtspost!
Bitte erst
am 24. Dezember
öffnen

Freitag, 29. Juni 1992, 18.00 Uhr
Universitäts-Sommerfest
Audimax und Festgelände, Biegenstraße

Madam I'm Adam - Back to the 50's - Hammerorchester
Uschi Flacke - Pretty Show Company - Candela
Antares - Travelling Blues - Flair - Kreisjazzwerkerschaft
Disco
Abendkasse 6,– DM
Karten sind erhältlich bei allen bekannten Vorverkaufsstellen

Vielfältiges gastronomisches Angebot
Bewirtschaftung: Firma E. Bubenheim, Marburg

UNSER MARBURGER
DARAUF SIND WIR STOLZ!

Wir freuen uns über die Geburt
unseres Sohnes

Andreas
26. 8. 92, 3. 120 g, 50 cm

Hans-Peter und Marlene Flesch
geb. Pitzen

C. **Griesbachs Kalender.** Die Griesbachs verbrachten einen sehr aktiven September! Sehen Sie sich ihren Kalender an und sagen Sie, was die Familienmitglieder an den folgenden Tagen gemacht haben. Benutzen Sie das Präteritum.

BEISPIEL Was machte Frau Griesbach am 9.9.?
Am neunten September rief Frau Griesbach Onkel Berndt an.

September

Montag	Dienstag	Mittwoch	Donnerstag	Freitag	Samstag	Sonntag
				1 Geschenk für Großmutter bestellen	2 Die Nachbarn zum Kaffee einladen	3 mit den Schulzes ins Kino gehen
4 Großmutters Geburtstag feiern	5 Tag bei den Kremlings verbringen	6 den Nachbarn im Garten helfen	7	8 Hänschen zum Zahnarzt bringen	9 Onkel Berndt anrufen	10 für das Familienfest einkaufen
11 Onkel Berndt am Bahnhof treffen	12 Familienfest	13	14 Bücher zur Bibliothek zurückbringen	15 Karten für die Spanienreise bezahlen	16	17 Geschenk für Petras Hochzeit kaufen
18 Karte zu Michaels Namenstag schicken	19 Gerd und Petra heiraten in Hamburg	20	21	22	23	24

Was machte(n) . . .

1. Hänschen am 14.9.?
2. Hänschen und Dorothee am 5.9.?
3. Frau Griesbach am 10.9.?
4. Herr und Frau Griesbach am 1.9.?
5. Gerd und Petra am 19.9.?
6. die Familie am 4.9.?
7. Herr Griesbach am 6.9.?
8. Dorothee am 8.9.?
9. Herr und Frau Griesbach am 3.9.?
10. Herr Griesbach am 18.9.?
11. Frau Griesbach am 15.9.?
12. Die ganze Familie am 11.9.?

D. **Fünfter sein.** Ernst Jandls Gedicht (*poem*) beschreibt eine Situation, die wir alle kennen: Man sitzt im Wartezimmer und wartet darauf, den Arzt zu sehen. Der Sprecher des Gedichts erzählt mit Humor von einer universalen Situation in einer schönen kompakten Form.

fünfter sein

tür auf
einer raus
einer rein
vierter sein

tür auf
einer raus
einer rein
dritter sein

tür auf
einer raus
einer rein
zweiter sein

tür auf
einer raus
einer rein
nächster sein

tür auf
einer raus
selber rein
tagherrdoktor
Ernst Jandl

1. Lesen Sie das Gedicht laut vor, während vier andere Studenten eine Pantomime davon machen.

2. Schreiben Sie eine Prosafassung (*prose version*) von diesem Gedicht. Bleiben Sie bei Jandls Grundsituation—das Wartezimmer—und schreiben Sie einen Paragraphen über alles, was Sie sehen, denken und fühlen, während Sie warten.

 *R*ollenspiel.   Using an appointment calendar similar to the one in Activity C. on p. 338, write real or fictitious events covering two weeks' time. With another student, act out one of the following: **a)** a phone conversation between two very busy people trying to make a date for some event (dinner, tennis, business meeting, etc.) Each time one person suggests a date, the other declines because of a commitment; **b)** a persistent caller who wants to get together and someone who invents excuses not to.

BAUSTEIN 4

TALKING ABOUT WHEN SOMETHING TOOK OR TAKES PLACE

Als, wenn, wann

Erinnerung an die Schultage

SITUATION
Das Klassenfest.

Bei ihrem Klassentreffen (*class reunion*) sprechen Horst und Beate über die guten alten Tage.

grade	HORST	Ich werde nie vergessen, als wir in der 10. Klasse° waren. Unser Biologielehrer . . . wie hieß er?
hardly	BEATE	Ach ja, Herr Ziegel! Wenn er in das Klassenzimmer kam, lief er immer sofort zur Tafel. Er sagte kaum° „Guten Morgen" zu uns.
frogs	HORST	Aber der andere Biologielehrer war noch lustiger. Ich weiß nicht mehr, wann wir ihn hatten. . . . Der hörte doch nie auf, über seine lieben Frösche° zu sprechen.
	BEATE	Genau. Das war Herr Rosenheimer! Es war uns immer ganz peinlich, wenn er seine Froschgeschichten erzählte.

Struktur

The subordinating conjunctions **als**[5], **wenn**, and **wann** correspond to the English *when.*

A. **Als** refers to a one-time occurrence in the past, or to a single extended period of past time. It means *when, at the point in time when.* Note that sentences with the conjunction **als** are often in the simple past tense, even in conversational German.

Das Kind hat gelacht, **als** ich in das Zimmer kam.	*The child laughed when I came into the room.*
Als sie jünger war, freute sie sich sehr auf Weihnachten.	*When she was younger, she really looked forward to Christmas.*

B. **Wenn** means *when* or *whenever.* It is used to refer to past or present recurring events or to the future.

Sie bringt Süßigkeiten, **wenn** sie uns besucht.	*She brings candy when(ever) she visits us.*
Das Kind weinte immer, **wenn** ich ins Zimmer kam.	*The child cried whenever I came into the room.*
Jutta bekommt ein Auto, **wenn** sie den Führerschein macht.	*Jutta will get a car when she gets her driver's license.*

Wenn also corresponds to the English *if* (stating a condition).

Wenn du uns einlädst, kommen wir zu deiner Party.	*If you invite us, we'll come to your party.*
Wenn das Wetter schlecht ist, bleiben wir zu Hause.	*If the weather is bad, we'll stay at home.*

C. The interrogative (question word) **wann** is used to inquire about an event in the past, present, or future.

Wann habt ihr geheiratet?	*When did you get married?*
Wann feiern die Schweizer Fastnacht?	*When do the Swiss celebrate Fastnacht?*

When it introduces a dependent clause, **wann** functions as a subordinating conjunction.

Weißt du, **wann** die Gäste kommen?	*Do you know when the guests are coming?*
Ich habe vergessen, **wann** das passiert ist.	*I forgot when that happened.*
Fragen Sie Ihre Eltern, **wann** sie geheiratet haben.	*Ask your parents when they got married.*

---

[5] You have used the word **als** in the comparison of adjectives and adverbs (**Ich habe Geburtstage lieber als Namenstage**). You also have encountered it to mean **as** (**als Kind**). In addition, it can be used as a subordinating conjunction.

Schritte zur Kommunikation

A. Beim Klassenfest. Frühere (*former*) Klassenkameraden erinnern sich an ihre Klassenausflüge (*class trips*). Was sagen sie? Kombinieren Sie die Sätze mit **als, wenn,** oder **wann.**

BEISPIEL   Wir machten eine Reise. Mein jüngerer Bruder wollte immer mitkommen.

Wenn wir eine Reise machten, wollte mein jüngerer Bruder immer mitkommen.

or **Mein jüngerer Bruder wollte immer mitkommen, wenn wir eine Reise machten.**

1. Wißt ihr? Wir machten unseren ersten Klassenausflug.
2. Ja, wir waren in der 5. Klasse. Wir fuhren nach Nürnberg.
3. Erinnert ihr euch? Andrea wurde im Zug sehr krank.
4. Ja, sie wurde immer krank. Ich saß neben ihr!
5. Warst du dabei? Wir fuhren an den See.
6. Klar. Ich war immer dabei. Wir machten einen Ausflug.

B. Als ich ein Kind war . . . Schreiben Sie Ihre Autobiografie oder wenigstens das Vorwort (*preface*) davon! Oder: Schreiben Sie eine interessante kleine Geschichte über Ihr Leben.

Vorschläge

Die Vergangenheit
Ich bin . . . (wann?) in . . . (wo?) geboren (*born*).
Als ich ein Kind war . . .
Ich hatte immer Angst, wenn . . .
Ich freute mich immer, wenn . . .
Ich lernte viele interessante Leute kennen, als . . .

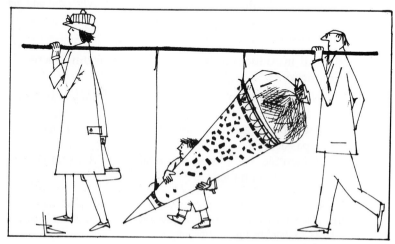

Zeichnung: Büttner

Die Gegenwart (*present*)
Meine Familie ist glücklich, wenn . . .
Wenn meine Familie Feste (Bräuche, Familientraditionen) feiert, . . .
Wenn mir etwas Peinliches (Schreckliches, Schönes) passiert, . . .

C. **Tradition, mal anders (*differently*) gesehen.** Die zwei Cartoons zeigen eine
Szene von einer sehr netten Tradition. Was ist aber anders? Sehen Sie sich
das Bild in der Einführung dieses Kapitels noch einmal an und vergleichen
Sie.

1. Wann bekommt ein deutschsprachiges Kind eine Zuckertüte?
2. Was soll eigentlich in einer Zuckertüte sein, der Tradition nach?
3. Was passiert im ersten Bild? Beschreiben Sie die Szene. Was soll das
   Bild damit sagen?
4. Was passiert im zweiten Bild? Beschreiben Sie die Szene. Was kritisiert
   der Cartoon?

*R*ollenspiel.   Wählen Sie vier oder fünf interessante oder lustige Fotos
aus einem Magazin oder einer Zeitung und machen Sie ein „Familienalbum"
daraus. Zeigen Sie es Ihrem Partner/Ihrer Partnerin und sprechen Sie darüber.
Erzählen Sie die „Familiengeschichten," die zu den Bildern passen (*go with*),
und beantworten Sie die Fragen, die Ihr(e) Partner(in) zu diesen Bildern und
Ihrer Geschichte hat.

PERSPEKTIVEN

Vor dem Lesen

1. Bevor Sie den Text lesen, überlegen Sie sich, wie Sie die folgenden historischen Perioden in Ihrem Land charakterisieren würden. Geben Sie Stichwörter (*key words*) für die zwanziger Jahre (*the 20s*), die dreißiger Jahre, usw. Danach lesen Sie den Text.

2. Während Sie den Text lesen, schreiben Sie Stichwörter für jede Periode auf, wie sie die Deutschen charakterisieren: d.h., was war wichtig für die Zeit?

	IHRE STICHWÖRTER	DIE DEUTSCHEN
die 20er Jahre	_____	_____
die 30er Jahre	_____	_____
die 40er Jahre	_____	_____
die 50er Jahre	_____	_____
die 60er Jahre	_____	_____
die 70er Jahre	_____	_____
die 80er Jahre	_____	_____

Jugend damals—Jugend heute: Ein Zeitvergleich

Eine Zeitschrift lud die Leser ein, zu diesem Thema beizutragen. Aus hunderten von Leserbriefen wählte man die folgenden sechs:

Frau Greta Müller, 88, schreibt:

Wenn ich es mir richtig überlege, gab es zu meiner Zeit auch Proteste gegen die ältere Generation. In den zwanziger Jahren, als ich ein junges Mädchen war, versuchte man auch, sich vom Elternhaus zu lösen und gegen die doppelte Moral der Gesellschaft zu kämpfen. Ich war Mitglied der Jugendbewegung „Wandervogel." Obwohl wir gar nicht politisch waren, waren wir wohl die Vorläufer der heutigen „Grünen."[6] Anstatt aber auf den Straßen zu demonstrieren, gingen wir in die Natur. Wir wanderten, spielten unsere Gitarren und sangen. Unser Motto war „Eigene Bestimmung, eigene Verantwortung, innere Wahrhaftigkeit." Das denkt wohl die heutige Jugend

auch, nur hat sie andere Methoden, diese Werte zu erreichen. Wer kann sagen, was besser ist?

Herr Bruno Meiers, 69, meint:

Die Erinnerungen an meine Jugend sind weniger angenehm. Die dreißiger Jahre produzierten eine stark

1938: Die Hitlerjugend

---

[6] In the 1980s a coalition of environmentalists, peace activists, and other activist groups formed a national political party called "The Greens."

politisierte Generation junger Menschen. Als die Nazis an die Macht kamen, gehörten fast alle jungen Leute im Alter von 10 bis 18 der „Hitlerjugend" und dem „Bund deutscher Mädchen" an. Fahnen, Uniformen, körperliches Training und vormilitärische Ausbildung sollten zur politischen Gleichförmigkeit führen. Ich denke nicht gern daran.

Frau Angelika Ofenscheid, 52, schreibt:

In den fünfziger Jahren ging es uns gut. Man sprach vom Wirtschaftswunder und Wohlstand. Unsere Generation ging zur Schule, lernte einen Beruf oder studierte, bekam einen Job, verdiente Geld und gab es aus—und so weiter. Für Politik und Weltprobleme interessierten wir uns nicht. Charakteristisch für die „Elvis Generation": Tanzen, die Musik und die Mode aus den USA. Und Mopeds! Manchmal denke ich mit Nostalgie an diese Zeit zurück; alles schien so unkompliziert.

1954: Musik, Mode und Mopeds

Maria Krug, 44, sagt:

Wenn ich mich an die sechziger Jahre erinnere, denke ich an Generationskonflikt, Studentenunruhen und Kritik an der Gesellschaft. Das Jahr 1968 war der Höhepunkt: Meine Freunde und ich protestierten gegen das Establishment, gegen die Macht der Massenmedien und gegen die Konsumwelt. Wir

dachten wirklich, daß wir die Welt verbessern könnten! Demonstrationen wurden für uns ein Teil des normalen demokratischen Lebens. Damals glaubte ich: „Traue keinem über dreißig" und „Macht kaputt, was Euch kaputt macht." Da ich jetzt schon lange über dreißig bin, sehe ich die Dinge etwas anders!

Joseph Lehmann, 35, schreibt:

Nach den „rebellischen 60er Jahren" rückte unsere Generation heran! Wir waren jedenfalls leiser und nahmen die Politik weniger ernst. In den 70er Jahren erwarben so viele Leute wie nie zuvor höhere Qualifikationen. Das versprach mehr Spaß an der Arbeit und mehr Geld. Und was wurde daraus? In den letzten Jahren waren mehr als 200.000 Jugendliche arbeitslos. Und wenn man an die Zerstörung der Umwelt denkt . . . Trotzdem bin ich eigentlich nicht pessimistisch. Jede Generation junger Menschen hat wohl ihre eigenen Probleme und Träume.

Markus L., 23, meint:

Arbeit und Beruf spielen eine große Rolle. Von einer „Null Bock-Generation" kann man nicht mehr sprechen. Wir arbeiten hart, um später einen interessanten Job zu haben. Aber „interessant" bedeutet nicht Geld, sondern kreativ und selbständig zu sein. Die Angst vor Arbeitslosigkeit ist immer noch groß. Das Privatleben—Liebe, Partnerschaft, Freundschaft—steht an erster Stelle. Die Politik ärgert die meisten. Wir sind nicht unpolitisch, aber wir können mit den Parteien und ihren Politikern wenig anfangen.

Ich brauch keinen BOSS

1992: Selbständigkeit

---

damals then **Zeitschrift** magazine **beizutragen** contribute **sich...lösen** to break away **Bewegung** movement
Vorläufer forerunners **heutigen** today's **Bestimmung** self–determination **Wahrhaftigkeit** truth **Werte** values
Macht power **Bund** union **Fahnen** flags **Ausbildung** training **Gleichförmigkeit** uniformity **führen** lead
Wirtschaftswunder economic miracle **Wohlstand** prosperity **schien** seemed **Unruhen** unrest
Massenmedien mass media **Konsumwelt** consumer society **Traue** trust **rückte...heran** took over **jedenfalls** in any cas'
erwarben acquired **Null Bock** critical **selbständig** independent **anfangen** make of

Fragen zum Text

1. In vielen der Briefe lesen Sie über ähnliche (*similar*) Themen. Benutzen Sie die Information im Text und die Liste von den folgenden Themen, um zwei oder mehr Generationen zu vergleichen (*compare*). Beginnen sie jeden Satz mit: **Die junge Generation der zwanziger (dreißiger, usw.) Jahre . . .**

BEISPIEL   Materialismus ⟶ Die junge Generation der fünfziger Jahre gab gern Geld aus. Die junge Generation der sechziger Jahre protestierte gegen die Konsumwelt.

    a. Musik

    b. Protest gegen die Gesellschaft

    c. Politik

    d. Studium (*studies*) und Beruf

    e. Welt- und Unweltprobleme

    f. Wirtschaft (*economy*)

    g. Generationskonflikt

2. Schauen Sie sich noch einmal die Liste mit Stichwörtern an, die Sie vor und während des Lesens gemacht haben. Welche Unterschiede zwischen Ihrer Charakterisierung und der der Deutschen sehen Sie?

3. Schreiben Sie ein Porträt von Ihrer Generation.

Vorschläge

    a. Wie amüsieren sich die jungen Leute? (in der Freizeit, im Berufsleben, im Studium, usw.)

    b. Was ist die Mode? Welche Musik ist beliebt? Was sind die Trends?

    c. Was für Berufe wählt man?

    d. Was sind die wichtigen Erlebnisse und historischen Ereignisse (*occurrences*)?

    e. Was sind die größten Probleme? Worüber diskutiert man?

    f. Was sind die Träume Ihrer Generation?

    g. Was hält Ihre Generation für wichtig? (Politik, Materialismus, Umwelt, usw.)

Land und Leute

Wer sind die Deutschen?

People attempt in many ways to present in written form their individual and cultural past and present, their identity, and their attitudes. In Germany, one unique form of such written reflection is **Konkrete Poesie**, concrete poetry in which the printed image is part of the poem's meaning. Another form is graffiti, which is often creative and quite provocative. Read these texts and try to form your own image of the individual author's identity.

empfindungswörter

aha die deutschen
ei die deutschen
hurra die deutschen
pfui die deutschen
ach die deutschen
nanu die deutschen
oho die deutschen
hm die deutschen
nein die deutschen
ja ja die deutschen

R.O. Wiemer

Ordnung

ordnung   ordnung
ordnung   ordnung
ordnung   ordnung
ordnung   ordnung
ordnung   ordnung
ordnung unordn g
ordnung   ordnung
ordnung   ordnung
ordnung   ordnung
ordnung   ordnung
ordnung   ordnung

Tim Ulrichs

Wir sind nicht auf der Welt,
um so zu sein,
wie andere uns haben wollen.

Ich geh' kaputt.
Kommst du mit?

Wenn Arbeit das Leben süß° macht,
versteh' ich nicht,
warum so viele Arbeiter sauer° sind.

Die beste Nation ist die Resignation.

Ordnung ist das halbe Leben.
Ich wohne in der anderen Hälfte.

Es gibt viel zu tun.

Schauen° wir es an.

Solange wir die Freiheit
haben zu träumen,
träumen° wir,
die Freiheit zu haben.

Rette die Bäume—iß Biberfleisch°

sweet

here: angry

to look at

to dream

Biber beaver

SYNTHESE

A. **Drei Generationen.** Use the suggestions below, or any you wish to add, to form sentences about the views of your parents' and grandparents' generations. Use these sentences as a basis for a class discussion. If you disagree with a statement someone has made, give your version and support it with examples from your own experience.

BEISPIEL   Die Generation meiner Großeltern hielt die Arbeit für sehr wichtig. Meine Generation hält die Arbeit für nötig, aber Freizeit ist auch wichtig.

Ich meine, das stimmt nicht/Ich sehe das anders/Da bin ich anderer Meinung/Das finde ich aber nicht/weil . . .

Die Generation	meiner Eltern meiner Großeltern	glaubte hielt war dachte	Bräuche für sehr wichtig daß ihre Eltern sie (nicht) verstanden nie an die Zerstörung der Umwelt eigentlich (nicht) materialistisch es ging ihnen besser/schlechter als ihren Eltern daß sie ihre eigenen Probleme lösen sollten die Politik für (un)interessant (nicht) immer optimistisch sie könnten die Welt verbessern stolz auf ihre Familientraditionen (nie) an die Gegenwart (*the present*) Arbeitslosigkeit für (k)ein großes Problem das Familienleben für am wichtigsten ziemlich idealistisch nur an Geld daß man mit Geld (nicht) alle Probleme lösen konnte stolz auf ihre Gegend die Arbeit für sehr (un)wichtig die Vergangenheit für so wichtig wie die Zukunft

aber meine Generation . . .

	Anfang
	Baby
	Creme
	Daumen
experience	Erfahrung°
	Fortschritt
	Grundschule
	Hauptschule
mistakes	Irrwege°
sins	Jugendsünden°
kisses	Küsse°
	Liebe
	Mann und Frau
newly rich	Neureich°
	Ordnung
	Posten
	Qualität
restlessness	Rastlosigkeit°
	Sommerhaus
	Traumreise
decline	Untergang°
	Veralten
	Warten
	X
	Y
main cemetery	Zentralfriedhof°
	Theo Weinobst

B. **Ein ganzes Leben: gestern, heute, morgen.** In diesem Gedicht haben wir die Chronologie eines Menschen vom Anfang bis zum Ende. Die Form des Gedichts zeigt, wie enorm viel man mit einem Wort sagen kann, denn jedes Wort ist offen, und in jedem Wort sehen wir die ganze Phase eines Lebens. Wählen Sie vier Wörter (Lebensphasen) in dieser Chronologie und schreiben Sie dazu drei bis vier Sätze, die das Bild komplett und konkret machen. Denken Sie an Ihre eigenen Erlebnisse in der Vergangenheit und auch daran, wie Sie sich Ihre Zukunft vorstellen!

BEISPIEL   Fortschritt
Man ist kein Baby mehr, sondern ein Kind. Das Kind kann laufen, fast alles verstehen und beginnt zu sprechen. Das Kind beginnt, für sich zu denken.

Hören wir zu!

Der Kölner Karneval. Familie Müller, die in der Nähe von Köln wohnt, hat ihren Freunden in Hamburg einen Brief über den diesjährigen Kölner Karneval geschrieben. Karin Meyer liest ihn jetzt vor. Kreuzen Sie an, was die Meinung der Müllers über die Aspekte dieses Festes sind.

	POSITIV	NEGATIV
Karneval, das Fest in der Altstadt	☐	☐
der Straßenverkehr	☐	☐
Hänschens Karnevalkostüm	☐	☐
Angelikas Karnevalskostüm	☐	☐
das Wetter	☐	☐

AKTIVER WORTSCHATZ 2

Substantive

die Gesellschaft, -en	*society*
das Jahrhundert, -e	*century*
die Jugend	*youth*
das Lied, -er	*song*
das Mal	*time*
das erste (zweite, usw.) Mal	*the first (second, etc.) time*
zum ersten (zweiten, usw.) Mal	*for the first (second, etc.) time*
die Mode, -n	*fashion*

Verben

sich amüsieren	*to have fun, have a good time*
auf·hören	*to stop*
bedeuten	*to mean*
erinnern an (+ acc)	*to remind of*

erreichen	*to reach, attain*
versprechen, versprach, versprochen, verspricht	*to promise*

Andere Wörter

als	*when, at the point in time when*
eigentlich	*actually*
endlich	*finally*
trotzdem	*in spite of that*
wann	*when, at what time*
wenn	*when, whenever, if*

Ähnliche Wörter

die Generation, -en
der Konflikt, -e
der Protest, -e

Entscheidungen

Kommunikationsziele	Expressing opinions about features of a university or college
	Discussing job criteria
	Expressing wishes and polite requests
	Explaining what you would do in a given situation
	Providing additional information and linking several ideas
	Supporting your point of view
Bausteine	Würde + infinitive
	Hätte/wäre
	Relative pronouns
	Indefinite relative pronouns
Land und Leute	Das deutsche Bildungssystem
	Wer sind die Alternativen?

EINFÜHRUNG

Studieren: Wo, was, warum?

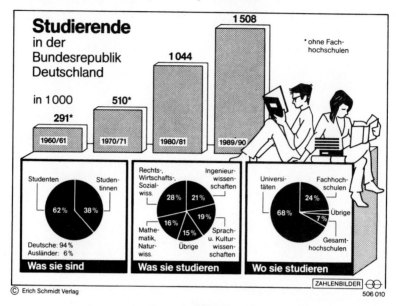

Fragen zum Text

A. Beantworten Sie die Fragen der Graphik nach.

   1. Wo wohnen die meisten deutschen Studenten, wo die wenigsten?

   2. Wofür geben deutsche Studenten das meiste Geld aus, wofür das wenigste?

3. Was studieren die meisten deutschen Studenten?

4. Wo studieren die meisten deutschen Studenten?

B. Wie ist es bei Ihnen?

1. Wofür geben Sie im Monat das meiste Geld aus? Wofür das wenigste?

2. Wo wohnen die meisten Studenten in Ihrem Land?

3. Was studieren die meisten Studenten an Ihrer Universität?

FUNKTION

So kann man über das Thema Studium sprechen:

Ich habe vor . . . mit dem Studium angefangen.	*I began my studies . . . ago.*
Ich habe mich entschieden, . . . zu studieren.	*I've decided to study . . .*
Ich bin mit meinen Kursen zufrieden.	*I'm satisfied with my courses.*
Nach dem Studium habe ich vor . . . (zu machen, werden, usw.)	*After graduation I plan to do (do, be etc. . . .)*
Für mich ist der persönliche Kontakt mit Professoren wichtig.	*It's important for me to have personal contact with professors.*
Diskussionsmöglichkeiten spielen für mich eine große Rolle.	*Possibilities for discussion are important to me.*
Ich schlage die folgenden Kurse vor . . .	*I suggest the following courses . . .*

So kann man über das Thema Beruf sprechen:

Ich wünsche mir/interessiere mich für eine Stelle bei/in . . .	*I wish for (would like)/am interested in a position with/in . . .*
Gute Mitarbeiter sind mir am wichtigsten.	*Good colleagues (co-workers) are most important.*
Gut verdienen ist mir weniger wichtig.	*Getting paid well is less important to me.*
Ich bereite mich auf einen Beruf vor, in dem ich . . .	*I'm preparing myself for a job in which I . . .*
An erster Stelle steht für mich . . .	*For me . . . is most important.*
. . . interessiert mich nicht.	*I'm not interested in . . .*

So können Sie Ihren Lebenslauf schreiben:

Ich wurde am . . . in . . . geboren.	*I was born on . . . in . . .*
Ich bin mit . . . Jahren auf die Schule gekommen.	*I started school at the age of . . .*
Die Grundschule besuchte ich . . . Jahre lang.	*I attended grammar school for . . . years.*
Als Schüler(in) war ich . . .	*As a student (pupil) I was . . .*
Im Alter von . . .	*At the age of . . .*
Seit einem Jahr (zwei, drei Jahren) studiere ich an . . .	*I have been a student at . . . for a year (two, three years)*
Ich bewerbe mich um . . .	*I am applying for . . .*

O/I/S/E

Zwei junge Schweizer Studenten
suchen nette Gasteltern
(geg. Bez.) für die Zeit vom
9. Juli – 28. Juli 1990
Nähere Auskünfte:
OISE SPRACHTRAINING (Deutschland)
M. Zänker · Tel. (06421) 31976

A. **Entscheidungen: das Studium.** Für amerikanische Studenten gibt es viele Gründe, warum sie eine bestimmte (*certain*) Universität wählen. Welche Kriterien sind wichtig für Sie? Geben Sie Gründe für Ihre Wahl.

BEISPIEL Sportmöglichkeiten
Das ist mir egal. Ich interessiere mich mehr für Studentenorganisationen.
or **Es kommt darauf an, welche Sportmöglichkeiten es gibt.**

1. Sportmöglichkeiten
2. Fremdsprachen als Pflichtkurse
3. Kontakt mit Professoren
4. interessante Vorlesungen und Seminare
5. praktische Vorbereitung auf den Beruf
6. schöner Campus
7. privates/staatliches College
8. Prestige, Image, Tradition

9. Studiengebühren
10. Stipendien
11. Co-ed Studentenheime
12. Studentenverbindungen (*sororities and fraternities*) und -organisationen
13. kulturelle Möglichkeiten
14. gute Bibliothek
15. akademischer Ruf (*reputation*) der Professoren
16. Jobmöglichkeiten an der Uni oder in der Stadt
17. Semester- oder Quartalsystem
18. die Stadt, in der die Uni sich befindet (*is located*)

B. **Wunschliste für den Beruf.** The following survey results reflect the employment criteria that Germans consider most important. Using the graph, make a list of the criteria that are important to you and give reasons for each. Compare your list with those of your classmates.

BEISPIEL **An erster Stelle steht für mich viel Freizeit.**
Ich treibe Sport gern und habe viele Hobbys.

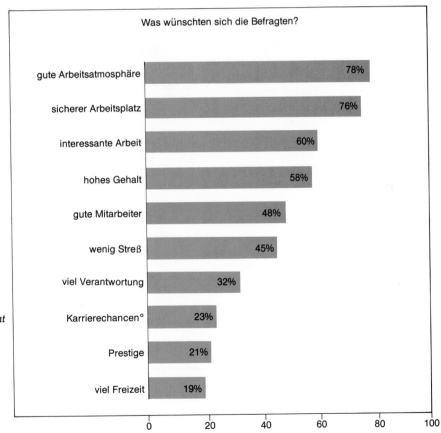

career advancement

Was wünschten sich die Befragten?

gute Arbeitsatmosphäre 78%
sicherer Arbeitsplatz 76%
interessante Arbeit 60%
hohes Gehalt 58%
gute Mitarbeiter 48%
wenig Streß 45%
viel Verantwortung 32%
Karrierechancen° 23%
Prestige 21%
viel Freizeit 19%

0 20 40 60 80 100

AKTIVER WORTSCHATZ 1

Substantive

Berufswahl

der Arbeitsplatz, ̈ e	*workplace*
das Gehalt, ̈ er	*salary, income, pay*
der Mitarbeiter, -	*co-worker, colleague* (male)
die Mitarbeiterin, -nen	*co-worker, colleague (female)*
die Möglichkeit, -en	*possibility*
die Stelle, -n	*position, place*
der Wunsch, ̈ e	*wish*

Studium

die Entscheidung, -en	*decision*
eine Entschei-dung treffen	*make a decision*
das Fach, ̈ er	*field* (of study)
die Fremd-sprache, -n	*foreign language*
der Kurs, -e	*course*
der Pflichtkurs, -e	*required course*
einen Kurs machen	*to take a course*
die Note, -n	*grade*
das Quartal, -e	*quarter*
der Schüler, -	*pupil, student [below university level]* (male)
die Schülerin, -nen	*pupil, student (female)*
das Stipendium, die Stipendien	*stipend, scholarship*
das Studium, die Studien	*studies*

die Studiengebühr, -en	*tuition*
die Vorlesung, -en	*lecture; course*

Verben

an·fangen, fing an, angefangen, fängt an	*to begin, start*
sich entscheiden, entschied, entschieden (für)	*to decide* (in favor of)
vorschlagen, schlug vor, vorgeschlagen, schlägt vor	*to suggest*
(sich) wünschen	*to wish for (oneself)*

Andere Wörter

(un)zufrieden	*(dis)satisfied, (dis)content*

Nützliche Ausdrücke

Es kommt darauf an.	*It depends . . .*
Das spielt (k)eine Rolle.	*That's (not) important.*

Ähnliche Wörter

der Campus
das College, -s
die Diskussion, -en
das Image
kulturell
die Organisation, -en
das Prestige
das Semester, -
das Seminar, -e

And don't forget:
Funktion, Seite 353.

Land und Leute ✦ ✦ ✦ ✦ ✧

Das deutsche Bildungssystem°

educational system

„Entscheidungen": das ist ein Konzept, das alle deutschen Schüler schon sehr früh lernen. Nach vier Jahren Grundschule haben die Zehnjährigen drei Möglichkeiten: Hauptschule, Realschule oder Gymnasium. Eltern, Lehrer, Prüfungen und Noten entscheiden, auf welcher der drei Schulen die Schüler ihre Ausbildung fortsetzen.° Jetzt haben viele Schulen zwischen dem 4. und 6. Jahr eine Orientierungsstufe.° Diese Stufe soll helfen, die Entscheidungen für die Zukunft leichter zu machen. Trotzdem meinen Kritiker des dreistufigen° Schulsystems: (1) die Schulen verlangen° wichtige Entscheidungen in einem zu frühen Alter; (2) im Fall° einer falschen Entscheidung ist es möglich, Schulen zu wechseln, aber nur mit Schwierigkeiten; (3) die extreme Konkurrenz° kann zur Schulangst führen.° Ein Experiment, das aber genauso viele Kritiker hat, ist die Gesamtschule, die die drei traditionellen Schulformen kombiniert.

education   continue
Stufe   Level
three-tiered
demand
in the case
competition
lead

Ein Grundschullehrer mit seinen Schülern

Mehr Abiturienten wollen jetzt studieren, und das bringt andere Probleme. Studenten bezahlen keine Studiengebühren und bekommen vom Staat Stipendien für die Lebenskosten.° Da aber manche Fächer wie Pharmazie, Medizin, Biologie, Psychologie und Architektur besonders populär sind, und es dafür nicht genug Studienplätze° gibt, mußten die Universitäten Zulassungs-

Living expenses

openings

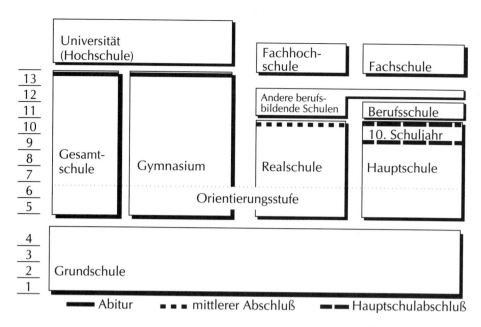

	Universität (Hochschule)	Fachhoch-schule / Fachschule

13
12
11
10
9
8
7
6
5

Gesamt-schule | Gymnasium | Andere berufs-bildende Schulen / Berufsschule
| | | 10. Schuljahr
| | Realschule | Hauptschule

Orientierungsstufe

4
3
2
1

Grundschule

━━━ Abitur   ■ ■ ■ mittlerer Abschluß   ━ ━ Hauptschulabschluß

Limitations of admission beschränkungen° (d.h., den Numerus clausus) einführen.° Für die 8% aller Studienplätze, die in den Numerus clausus-Fächern sind, entscheidet eine

distributes große Computerzentrale in Dortmund. Der Computer verteilt° die freien

mainly Plätze hauptsächlich° nach dem Kriterium des Notendurchschnitts.°

grade point average

BAUSTEIN 1

EXPRESSING WISHES AND POLITE REQUESTS

Würde + infinitive

SITUATION Kurt macht sich Sorgen um seine Prüfung in Biologie.

Streß im Studentenheim!

```
TEST FÜR MEDIZINISCHE STUDIENGÄNGE

(T M S)

Teil B

Testform (1, 2, 3, 4, 5, 6, 7 oder 8)




Name: ........................................

Vorname: ....................................

TMS-Nr.: ....................................

© 1989 Institut für Test- und Begabungsforschung, Bonn
```

KURT   Ich habe Angst! Wenn ich bei der Prüfung durchfallen würde . . .

What do you mean   GRETE   Wieso° durchfallen? Du machst doch jede Prüfung gut. Ich würde mir keine Sorgen darum machen.

after all   KURT   Ja, du! Biologie ist ja auch° dein Hauptfach! Du würdest sicher bestehen, aber ich?

GRETE   Aber du hast doch Biologie als Nebenfach gewählt. So schwierig kann das doch für dich nicht sein.

---

die Prüfung, -en test
durchfallen, fiel durch, ist durchgefallen, fällt durch (bei) to fail
eine Prüfung machen to take a test   **das Hauptfach, ¨er** major (field)
bestehen, bestand, bestanden to pass a test   **das Nebenfach, ¨er** minor
schwierig difficult

Struktur

Würden corresponds to English *would*. It is a special form of the verb **werden**.

würden	*would*
ich würde	wir würden
du würdest	ihr würdet
er/sie/es würde	sie würden
Sie würden	

A. The construction **würde** + infinitive is sometimes called the "conditional" and is equivalent to the English *would* + infinitive. As with the modal verbs and the future tense, the infinitive goes to the end of the main clause.

Würde sie im Studentenheim **wohnen**?   *Would she live in the dorm?*
Das **würde** ich nie **tun**.   *I would never do that.*

B. **Würde** + infinitive may be used:

- For making hypothetical conclusions.

Ich **würde** einen schönen Campus **wollen**.   *I would want a nice campus.*
Wir **würden** unsere Freunde **vermissen**.   *We would miss our friends.*

- For expressing polite requests.

Würdest du bitte ein wenig lauter **sprechen**?   *Would you please speak a bit louder?*

Würden Sie bitte mehr darüber **sagen**?   *Would you please say more about that?*

- For making wishes.
  To express wishes with the **würde**-construction, the conjunction **wenn** (*if*) and the word **nur** (*only*) are used.

Wenn sie **nur** anrufen würde!   *If only she would call!*
Wenn ich **nur** ein Stipendium bekommen würde!   *If only I would get a scholarship!*

Note: The **würde** + infinitive construction is generally not used with the verbs **haben, sein**, and the modal verbs.

Schritte zur Kommunikation

A. **Keine Prüfungsangst.** Karla und Manfred sprechen darüber, wie ihre Freunde reagieren würden, wenn sie Professor Nörgls Biologieprüfung machen müßten.

BEISPIEL   Inge: Tag und Nacht lernen
            Inge würde Tag und Nacht lernen.

1. Johann: die Prüfung machen
2. aber er: sie sicher schwer finden
3. Markus: sich große Sorgen darum machen
4. Else und Rolf: die Prüfung nicht bestehen
5. und du: bei der Prüfung auch durchfallen
6. aber ich: ein anderes Hauptfach wählen!

Lesesaal einer Universitätsbibliothek

B. **Am Arbeitsplatz.** Theo sollte zu seinen Mitarbeitern höflicher sein. Was soll er sagen?

BEISPIEL   Herr Friedrich, sprechen Sie langsamer!
            Würden Sie bitte langsamer sprechen?

1. Herr Schnitzler, sprechen Sie nicht immer über Ihr Gehalt!
2. Petra, hilf mir damit!
3. Herr Schmidt, sehen Sie sich diesen Brief an!
4. Gerhart, rauch nicht am Schreibtisch!
5. Frau Ebert, geben Sie mir die Telefonnummer der Firma!
6. Frau Meyer, schreiben Sie den Bericht!

C. **Wenn nur . . .** Jürgen und Gudrun sind müde, da sie den ganzen Tag Job-Interviews hatten. Jetzt besprechen sie die negativen Aspekte der möglichen Arbeitsplätze. Was sagen sie?

BEISPIEL   Man verbringt den ganzen Tag im Büro.
        Wenn man nur nicht den ganzen Tag im Büro verbringen würde!

1. Es gibt so wenig Freizeit.
2. Ich verdiene so schlecht.
3. Man macht im Winter Urlaub.
4. Ich arbeite immer am Wochenende.
5. Man reist so oft.
6. Wir wünschen uns so viel.

D. **Das Leben ist nicht immer leicht.** Wählen Sie von den Vorschlägen unten und sagen Sie, was Sie in den folgenden Situationen machen würden.

BEISPIEL   Schlechtes Essen in der Mensa? Ich würde zu Hause kochen.

AN DER UNIVERSITÄT	AM ARBEITSPLATZ	IN MEINER NACHBARSCHAFT
zuviel Bürokratie	zuwenig Gehalt	laute Nachbarn
Lärm in der Bibliothek	kein Prestige	zuviel Verkehr
inkompetente Professoren	ein aggressiver Chef	hohe Miete
schlechtes Essen in der Mensa	viel Streß	eine dunkle Wohnung
unfreundliche Zimmerkameraden	wenig Freizeit	zu viele Hunde
schwierige Prüfungen	Konflikte mit Mitarbeitern	unfreundliche Nachbarn
hohe Studiengebühren	uninteressante Arbeit	Müll
keine Studentenorganisationen	zuviel oder zuwenig Verantwortung	
nicht genug Parkplätze		

 Rollenspiel.   Was ist das Problem hier? Schreiben Sie zusammen einen Bildtext (*caption*), und dann eines der folgenden: (a) einen Dialog zwischen den Eltern, (b) einen Dialog zwischen dem Jungen und seinen Eltern, oder (c) was jede der drei Personen **denkt**, aber nicht sagt. Benutzen Sie **würde** in Ihren Sätzen, wenn möglich.

BAUSTEIN 2

EXPLAINING WHAT YOU WOULD DO IN A GIVEN SITUATION

Hätte/wäre

SITUATION
Keine Zeit.
Während sich Ingrid und Hans ein Kursverzeichnis¹ (*course schedule*) ansehen, gibt Ingrid Gründe dafür, warum sie im nächsten Semester einen weniger anspruchsvollen (*demanding*) Kurs machen will.

	Philosophie	
03 027 KO	Philosophie–Kolloquium Mo 18-20, WR B 311	**Peter Janich**
03 032 PS	Sextus Empiricus: Grundriß der pyrrhonischen Skepsis Di 11-13, HG 109	**Rudolf Lüthe**
03 033 HS	Sartre: Das Sein und das Nichts Mi 9-11, WR B 312	**Rudolf Lüthe**
03 034 SE	Hegels Geschichtsphilosophie Mi 14-16, WR B 312	**Rudolf Lüthe**
03 035 SE	Ethische Urteilsbildung in Erziehung und Unterricht Das Problem der „Werteerziehung" Fr 11-13, WR B 312	**Ludwig Schmitz**
03 036 VL	Das Leib-Seele-Problem Mi 18-20, WR B 312	**Holm Tetens**

INGRID Hm, Schopenhauer . . . Wenn ich mehr Zeit hätte, würde ich gern diesen Kurs machen. Aber man muß viele Arbeiten schreiben.

HANS Du meinst, wenn Noten nicht so wichtig wären! Ich habe gehört, dieses Seminar ist sehr schwierig.

INGRID Na ja, beides . . . ich hab' dieses Semester genug Streß.

HANS Stimmt. Du bereitest dich auf die Zwischenprüfung² vor. Da
really wäre dieser Kurs wirklich° zuviel für dich.

---

die Arbeit, -en paper   **eine Arbeit schreiben**   to write a paper
beid- both   **(sich) vorbereiten (auf + acc)**   to prepare (oneself) (for)

---

¹ The abbreviations in the schedule above stand for : **VL = Vorlesung; SE = Seminar; KO = Kolloquium; PS = Proseminar** (*"junior" level seminar*); **HS = Hauptseminar** (*"senior" level*).

² A German student takes a **Zwischenprüfung** after four semesters of study.

Struktur

As you have just learned, the **würde**-construction is not generally used with the verbs **haben** and **sein**. To express similar meanings, **haben** and **sein** are used in the subjunctive mood[3] instead.

Subjunctive of **haben**	
ich hätte	wir hätten
du hättest	ihr hättet
er/sie/es hätte	sie hätten
Sie hätten	

Subjunctive of **sein**	
ich wäre	wir wären
du wärest	ihr wäret
er/sie/es wäre	sie wären
Sie wären	

Ich **hätte** gern mehr Freizeit.
Das **wäre** eine schwierige Entscheidung für sie.

I would like to have more free time.
That would be a difficult decision for them.

A. Like the **würde**-construction, the subjunctive forms of **haben** and **sein** are used:

- To make hypothetical statements.

Ich **hätte** gern mehr Kontakt mit anderen Studenten.
Wir **wären** damit zufrieden.

I would like more contact with other students.
We would be satisfied with that.

- To express politeness.

Hätten Sie Zeit für mich?
Das **wäre** sehr nett von Ihnen.

Would you have time for me?
That would be very nice of you.

- To make wishes.

Wenn wir doch nur mehr Freizeit **hätten**!
Wenn das Studentenheim nur ruhiger **wäre**!

If only we had more leisure time!
If only the dorm were more quiet!

B. The subjunctive forms of **haben** and **sein** are frequently used as part of *if/then* statements. Note that the **würde**-construction is usually found in the *then*-clause.

Wenn er eine bessere Arbeitsatmosphäre **hätte, würde** er sich keinen anderen Job **suchen**.

If he had a better work atmosphere, he would not look for another job.

Wir **würden** uns freuen, wenn die Nachbarn freundlicher **wären**.

We would be happy if the neighbors were friendlier.

---

[3] Subjunctive forms exist for other verbs as well. These will be presented in Kapitel 13.

Schritte zur Kommunikation

A. **Welche Kurse?** Einige Studenten überlegen sich, welche Kurse sie nächstes Semester machen. Was sagen sie?

BEISPIEL   Dieses Seminar ist langweilig.
   Dieses Seminar wäre langweilig.

1. Diese Vorlesungen sind gut.
2. Ja, aber wir haben keine Zeit dafür.
3. Habt ihr genug Zeit für diesen Kurs?
4. Nein, der ist zu schwierig.
5. Bei Professor Klein sind die Prüfungen aber leicht.
6. Hm . . . Das hat doch Vorteile!

Schaufenster einer Universitätsbuchhandlung

B. **Ein Vergleich: Die Phillips-Universität in Marburg und Ihre Uni.**

1. Eine Studie (*research project*) von zwei Soziologen zeigte: Marburg ist für Studenten eine attraktive Stadt. Das positive Image der Stadt ist für viele der Studenten wichtiger als das Image der Universität; viele der Befragten zeigten sich mit dem Studium als solchem weniger zufrieden. Lesen Sie die Resultate.

2. Stellen Sie sich jetzt vor, eine deutsche Studentin würde von der Universität Marburg zu Ihrer Universität oder Ihrem College kommen. Wie würde es für sie bei Ihnen aussehen? Geben Sie Gründe dafür.

BEISPIEL Sie hätte hier genug (auch nicht genug) Kontakt mit Professoren und anderen Studenten, weil . . . Sie wäre mit der Mensa nicht (genau so) zufrieden, denn . . .

Es würde hier genug (auch nicht genug) Jobmöglichkeiten geben.

disciplinary

supportive services

lounges

education

research

trägt . . . bei *contributions*

STUDIUM

POSITIV
- fachliche° Qualifikation der Professoren
- Mensa
- die Universitätsbibliothek
- BAFöG-Amt Studentenwerk°

NEGATIV
- Nicht genug Kontakt mit Professoren und anderen Studenten
- überfüllte Hörsäle, Vorlesungen und Seminare
- nicht genug Diskussionsmöglichkeiten
- zuviel Theorie und nicht genug Praxis
- nicht genug Aufenthaltsräume°
- Uni tut nicht genug für die persönliche Bildung° und Entwicklung
- Die Forschung° an der uni trägt nicht genug zum sozialen Fortschritt bei°

local residents

DIE STADT MARBURG

POSITIV
- viele Möglichkeiten für Sport
- gute Einkaufsmöglichkeiten
- viele Kneipen
- gutes kulturelles Angebot
- Region landschaftlich schön
- Einwohner° studentenfreundlich

NEGATIV
- nicht genug Jobmöglichkeiten

C. **Das wäre (nicht) wichtig!** Imagine that a consultant made the following suggestions to the president of the university and to the mayor of Marburg. Based on the strengths and weaknesses listed in the survey above, decide whether each suggestion should be treated as **eine Priorität** or **keine Priorität**. Justify each of your decisions.

BEISPIEL Man soll mehr und bessere Geschäfte eröffnen.

Das wäre keine Priorität.

Die Studenten sind mit den Einkaufsmöglichkeiten in Marburg zufrieden.

Das würde nicht an erster Stelle stehen.
Das hätte keinen Sinn.
Ich wäre dagegen.

1. Man soll 1 Mio. Mark für neue Bücher für die Bibliothek ausgeben.
2. Man soll die Distanz zwischen Professoren und Studenten reduzieren.

---

⁴ There are no tuition charges at German universities. Financial assistance for room and board is available to qualified students through **BAFöG**, the federal financial aid fund.

3. Man soll vegetarisches Essen in der Mensa anbieten (*offer*).
4. Man braucht mehr Plätze an der Uni, wo sich die Studenten treffen können.
5. Man soll mehr Konzerte, Filme, und Kunstaustellungen (*art exhibits*) organisieren.
6. Professoren sollen weniger Vorlesungen und mehr Seminare und Diskussionsgruppen organisieren.
7. Man soll an der Uni eine neue Sporthalle bauen.
8. Man soll eine Aktion „Studenten als Nachbarn—Warum nicht?" in allen Marburger Zeitungen organisieren.

„Wenn ich nur mehr Zeit für meine für Keramik—Hobby hätte!"

D. **Wenn . . . Was sagen Sie?** Und warum?

BEISPIEL   Wenn ich Zeit hätte . . .
Wenn ich Zeit hätte, würde ich öfter ins Fitneß-Center gehen. Ich möchte gern Aerobik machen.

1. Wenn ich Zeit hätte . . .
2. Wenn ich zehn Jahre jünger wäre . . .
3. Wenn ich mehr/weniger Freizeit hätte . . .
4. Wenn ich mit meinem Studium unzufrieden wäre . . .
5. Wenn ich morgen eine große Prüfung hätte . . .
6. Wenn ich mehr Geld hätte . . .

Rollenspiel. Machen Sie eine Liste mit Gründen dafür, warum man einen spezifischen Kurs machen oder nicht machen soll (z.B., der Kurs ist zu schwierig, das Textbuch kostet zuviel, man lernt sehr viel, usw.). Mit einem Partner oder einer Partnerin spielen Sie dann das folgende: Sie Beide versuchen, einem/einer Studiumanfänger(in) zu sagen, warum er oder sie bestimmte (*certain*) Kurse machen soll und nicht andere. Für jeden Grund, den Sie geben, meint Ihr(e) Partner(in) das Gegenteil, und umgekehrt (*and vice versa*).

Eine Vorlesung an der Ruhruniversität in Bochum

Vorschläge

A	B
Ich würde _____ vorschlagen, weil . . .	Das würde ich nicht sagen.
Wie wäre es mit _____? Der ist . . .	Was? Der ist zu _____.
Ich würde _____ gut finden, denn . . . usw.	Es kommt darauf an, . . . usw.

BAUSTEIN 3

PROVIDING ADDITIONAL INFORMATION AND LINKING SEVERAL IDEAS

Relative pronouns

SITUATION Karl möchte seinen Beruf wechseln und läßt sich beraten (*is getting counsel*).
Bei der Berufsbera-tung.

„Ich meine, wo verdiene ich mehr, als Popsänger, Fußballspieler oder Zahnarzt?"

FRAU GERTH	Beschreiben Sie bitte, wie Sie sich Ihren idealen Beruf vorstellen.
KARL	Hm . . . Am Anfang meines Studiums entschied ich mich für einen Beruf, in dem ich selbständig arbeiten kann. Keine Chefs, keine Mitarbeiter, die mir sagen, was ich tun soll . . .
FRAU GERTH	Aber damit wären Sie jetzt nicht mehr zufrieden?
KARL	Nein. Ich wünsche mir einen Arbeitsplatz, der mich täglich in Kontakt mit anderen Menschen bringt, und in dem ich nicht so viel Verantwortung habe.

---

der Anfang, ⸚ e beginning   **am Anfang** in the beginning
selbständig independent, independently

Struktur

Relative pronouns (*that, which, who, whose,* or *whom*) introduce dependent clauses. The relative pronoun refers to an antecedent in the independent (main) clause, that is, to a person, thing, or idea previously mentioned: *Is that the woman who lives next door? The book that I gave you is from the library.*

The relative pronoun is sometimes omitted in English. *The man you saw is my brother.* It is never omitted in German. The relative pronouns in German are identical to the definite article, except for the dative plural and the genitive forms. Because they introduce dependent clauses, the relative pronouns require verb-last word order.

	Masculine	**Neuter**	**Feminine**	**Plural**
Nominative	der	das	die	die
Accusative	den	das	die	die
Dative	dem	dem	der	denen
Genitive	dessen	dessen	deren	deren

David machte einen Kurs, **der** sehr schwierig war.	*David took a course that was very difficult.*
Wo sind die Studenten, mit **denen** wir gesprochen haben?	*Where are the students with whom we spoke?*

A. Relative pronouns agree in gender and number with the antecedent. Their case is determined by their function in the sentence.

Der Man, **der** hier steht, ist mein Professor.
Der Mann, **dem** ich meine Arbeit gegeben habe, ist mein Professor.

Die Frau, **die** du hier siehst, ist meine Chefin.
Wir sprechen mit einer Frau, **deren** Tochter hier studiert.

As in English, the relative clause may follow the main clause, or it may be embedded within the main clause. In German, relative clauses are always set off by commas.

München ist eine Stadt, **die** eine berühmte Universität hat.
Der Streß, **den** die Mitarbeiter erlebten, war schrecklich.

B. Relative pronouns may also be used with prepositions. Unlike English, the preposition always precedes the relative pronoun.

Die Mitarbeiter, mit **denen** sie wenig Kontakt hatte, waren unfreundlich.	*The co-workers, with whom she had little contact, were unfriendly.*
Die Firma, bei **der** er arbeitet, hat eine gute Arbeitsatmosphäre.	*The company he's working for has a good work atmosphere.*
Ich mache einen Kurs, in **dem** die Studenten viel diskutieren.	*I'm taking a course in which the students have a lot of discussions.*

Schritte zur Kommunikation

A. **Wer sucht wen?** Sehen Sie sich die Anzeigen an und sagen Sie, welche Sätze für welche Firma zusammenpassen.

BEISPIEL   Wir suchen jemand, der gern Brot bäckt.
(Bäckerei Schmidt-Brot)

1. Wir suchen jemand,
2. Wir stellen eine Shop-Managerin ein,
3. Wir brauchen eine Mitarbeiterin,
4. Wir suchen jemand,
5. Wir sind ein Büro,
6. Wir sind ein Geschäft,

a. das eine Wurstverkäuferin braucht.
b. die Blumen liebt.
c. die jeden Nachmittag von 2–6.30 arbeiten kann.
d. das dreimal die Woche Putzpersonal braucht.
e. der in einem bekannten Lokal kochen will.
f. die zweisprachig ist.

B. **Bei der Berufsberatung.** Bilden Sie neue Sätze.

BEISPIEL Ich suche einen Arbeitsplatz, der freundliche Mitarbeiter hat. (Büro)
Ich suche ein Büro, das freundliche Mitarbeiter hat.

1. Ich habe einen Chef, der zu unflexibel ist. (Chefin)
2. Wir arbeiten in einem Büro, in dem jeder raucht. (Fabrik)
3. Ich wünsche mir eine Stelle, die mir Spaß macht. (Beruf)
4. Ich stelle mir eine Karriere vor, mit der ich zufrieden bin. (Job)
5. Die Organisation, für die du arbeitest, ist nicht sehr gut. (Geschäft)
6. Der Streß, den wir täglich erleben, ist unnötig. (Gefahr)

C. **Der erste Job.** Stefan Enz erzählt, warum er mit seinem ersten Job aufgehört hat und sich jetzt einen neuen sucht. Was sagt er?

BEISPIEL Die Firma Alster war der erste Arbeitsplatz. Ich habe <u>ihn</u> direkt nach dem Studium bekommen.
Die Firma Alster war der erste Arbeitsplatz, den ich direkt nach dem Studium bekommen habe.

1. Ich arbeitete drei Jahre an dem Arbeitsplatz. Ich war am Anfang <u>mit dem Arbeitsplatz</u> eigentlich ganz zufrieden.
2. Mir gefielen die Mitarbeiter. Ich hatte <u>mit ihnen</u> täglich Kontakt.
3. Ich hatte auch keine Probleme mit der Chefin. <u>Sie</u> war sehr freundlich und angenehm.
4. Ich freute mich auch über das Gehalt. <u>Es</u> war ziemlich hoch.
5. Aber, aber . . . Ich mußte auch an Wochenenden arbeiten. Ich wollte <u>sie</u> aber mit meiner Familie verbringen.
6. Es gab auch einen anderen Konflikt. Ich will <u>ihn</u> aber jetzt nicht beschreiben.
7. Ich will in der Zukunft auf keinen Fall bei einer Firma arbeiten. Ich habe <u>in der Firma</u> nicht genug Verantwortung.
8. Jetzt stelle ich mir einen Job vor. Ich bin <u>in dem Job</u> total selbständig.

D. **Was sagen Sie?** Ergänzen Sie die Sätze. Für einige der Vorschläge brauchen Sie eine Präposition.

BEISPIEL Ich möchte an einer Uni studieren, **an der** es keine Pflichtfächer gibt.

1. Ich möchte an einer Uni studieren,
   a. _____ ein Image hat.
   b. _____ es keine Pflichtfächer gibt.
   c. _____ meine Eltern auch besucht haben.
   d. _____ Name in der ganzen Welt berühmt ist.
2. Ich würde mich für einen Beruf entscheiden,
   a. _____ ich wenig Streß hätte.
   b. _____ ich viele nette Menschen kennenlernen würde.
   c. _____ viel Prestige hat.

3. Ich brauche einen Job,
  a. _____ gut bezahlt.
  b. _____ ich interessant finde.
  c. _____ mich in Kontakt mit anderen Menschen bringt.
  d. _____ ich mich nicht täglich vorbereiten muß.
4. Ich stelle mir ein Leben vor,
  a. _____ nie langweilig ist.
  b. _____ ich immer glücklich bin.
  c. _____ ich nicht arbeiten muß.
5. Ich wünsche mir Freunde,
  a. _____ mich akzeptieren, wie ich bin.
  b. _____ ich alles erzählen kann.
  c. _____ wissen, wie man richtig feiert.
6. Ich sehe mir am liebsten einen Film an,
  a. _____ spannend ist.
  b. _____ meine Freunde mir vorgeschlagen haben.
  c. _____ ich unterhaltend finde.
  d. _____ ich etwas lernen kann.

D. **Partnerarbeit.** So finden Sie Ihren Traum-Job! Diese Anzeige will einen Ratgeber (*"how-to" book*) verkaufen, der Ihnen zeigt, wie man sich bei einem Job-Interview richtig verhält (*conducts oneself*). Schreiben Sie Ihre eigene Version und geben Sie fünf Tips, über die man lachen kann!

BEISPIEL **Tragen Sie den Anzug, den Sie zu Ihrer Hochzeit getragen haben. Bringen Sie der Person, mit der Sie ein Interview haben, einen schönen großen Blumenstrauß.**

Zehntausende von Arbeitnehmern stehen im Laufe eines Jahres ratlos vor dem Problem; wie sie sich bei Bewerbungen richtig verhalten sollen. Dieser praxisorientierte Ratgeber leistet Hilfestellung bei Fragen, die immerhin über den künftigen Lebensweg entscheiden können. Dieses Buch von Michael Vass ist um S 168,— im Buchhandel erhältlich.

So finden Sie Ihren Traum-Job

***R**ollenspiel.* Stellen Sie sich vor, Sie sind im Arbeitsamt (*employment agency*) und haben ein Jobinterview. **1)** Bereiten Sie eine Liste vor, in der Sie angeben, was Ihre Qualifikationen, Wünsche, Interessen, und Fähigkeiten (*skills*) sind. **2)** Ihr(e) Partner(in) bereitet eine Liste von Fragen vor, die wichtig für das Interview sind. Er/sie zeigt die Stellenanbebote (*job vacancies*) auf Seite 372. **3)** Spielen Sie dann beide Rollen.

Vorschläge

A	B
Ich suche mir einen Job, der . . .	Hätten Sie gern einen Job, in dem Sie . . . ?
Ich wünsche mir eine Stelle bei . . .	Wie wär's mit . . .
Ich interessiere mich für . . .	Würden Sie gern als . . . arbeiten?
Das wäre nichts/etwas für mich, weil . . .	Hätten Sie gern Kontakt mit anderen Geschäftsleuten? Dann würde ich . . . vorschlagen.
Als . . . möchte ich (nicht) arbeiten, da . . .	

BAUSTEIN 4

SUPPORTING YOUR POINT OF VIEW

Indefinite relative pronouns

◆ **Was bedeutet die Graffiti? (Kies = Geld; mies = miserabel)**

SITUATION Martina und Hartmut haben da Meinungsunterschiede.
**Alternativer
Lebensstil.**

	HARTMUT	Du beschwerst dich immer über die Gesellschaft, was ich gar nicht verstehen kann.

after all
consumer   society

    MARTINA   Es gibt eben° vieles, was ich nicht akzeptiere. In unserer Konsumgesellschaft° gibt es zuviel Streß und Hektik, und wir müssen immer mehr materielle Dinge haben, um glücklich zu sein.

    HARTMUT   Alles, was du sagst, ist ja richtig. Aber ich meine, du . . .

    MARTINA   Ich habe mich entschieden, anders zu leben. Ich will kein monotones, anstrengendes Leben . . .

---

akzeptieren to accept   **anders** differently   **monoton** monotonous

Struktur

You have already learned that question words such as **was, wer,** or **wo** can introduce dependent clauses.

Ich weiß nicht, **was** du willst.
Können Sie mir sagen, **wo** die Mensa ist?
Weißt du, **wer** die Professorin ist?

The interrogatives **was, wer,** or **wo** may also function as relative pronouns. Because they are used when the antecedent is not specified, or when the gender of the antecedent cannot be determined from the independent (main) clause, they are called *indefinite relative pronouns.*

A. The indefinite relative pronoun **was** is used:

- With the words **nichts, etwas, wenig, viel,** or **alles.**

Glaube nichts, **was** du liest.	*Don't believe anything (that) you read.*
Das war alles, **was** sie hatten.	*That was everything (that) they had.*

- When the antecedent is the entire main clause.

Ich habe einen sicheren Arbeits- platz, **was** nicht jeder hat.	*I have job security, which not every- one has.*
Lea wollte nicht in Marburg stu- dieren, **was** ihren Eltern nicht gefiel.	*Lea didn't want to study in Marburg, which didn't please her parents.*

B. The indefinite relative pronoun **wo** is used with names of countries, cities, or place names.

Wir lebten in Luzern, **wo** wir viel Kontakt mit Schweizern hatten.	*We lived in Lucerne, where we had a lot of contact with the Swiss.*
Ich arbeitete bei Hertie,[5] **wo** ich ganz gut verdiente.	*I worked at Hertie's, where I was quite well paid.*

C. The indefinite relative pronoun **wer** is used if there is no antecedent. It has the meaning *anyone who* or *whoever.*

Wer diesen Job hat, muß viel arbeiten.	*Whoever has this job has to work a lot.*
Wer eine Uni mit Prestige will, soll in Tübingen studieren.	*Anyone who wants a university with prestige should study in Tübingen.*

---

[5] A chain of department stores in Germany.

Schritte zur Kommunikation

A. **Die Alternativen.** Eine Gruppe von Leuten, die sich für einen alternativen Lebensstil entschieden haben, sprechen über die gesellschaftlichen Probleme, die sie zu dieser Entscheidung gebracht haben. Was sagen sie?

BEISPIEL Das Großstadtleben wurde zu hektisch. <u>Das</u> war für unsere Kinder gar nicht gut.
Das Großstadtleben wurde zu hektisch, was für unsere Kinder gar nicht gut war.

1. Der „Fortschritt" zerstört die Umwelt. <u>Das</u> ist leider vielen Menschen egal.
2. Es gibt in den Städten zuviel Lärm und Verkehr. <u>Das</u> halte ich für menschenfeindlich.
3. Unsere Tochter hat zuviel Zeit vor dem Fernseher verbracht. <u>Das</u> fanden wir schrecklich.
4. Man versucht immer, Bürgerinitiativen zu organisieren. <u>Das</u> löst auch keine Probleme.
5. Manche Leute beschweren sich immer über den Streß. <u>Das</u> hilft ja gar nicht.
6. Das Leben in der Gesellschaft ist monoton und anstrengend. <u>Das</u> wollen wir nicht akzeptieren.

B. **Zum Thema Schule: Was meinen Sie?** Beantworten Sie diese Fragen.

1. Wie beschreibt der Autor das Schulsystem?
2. Als Sie Schüler(in) waren, haben Sie das auch gedacht??
3. Was ist das Gebet (*prayer*) eines Schülers oder Schülerin?
4. Was ist das Gebet eines Lehrers oder einer Lehrerin?
5. Wie finden Sie das, was der Autor hier sagt?

Wir sind Schüler von Heut, die in Schulen von gestern von Lehrern von vorgestern mit Methoden aus dem Mittelalter auf die Probleme von morgen vorbereitet werden.

getrennte *separate*
einrichten *establish*

Abendgebet eines Lehrers

Lieber Gott, recht gute Nacht,
weck mich morgen vor halb acht;
laß mich dann zur Schule gehn
und dort keine Schüler sehn.

Abendgebet eines Schülers

Lieber Gott, nun gute Nacht,
weck mich morgen kurz vor acht,
laß mich dann zur Schule gehn
und dort keinen Lehrer sehn.

(Wäre es da nicht besser, getrennte Schulen für Lehrer und Schüler einzurichten?)

Karlhans Frank

C. **Sprüche.** Viele deutsche Sprichwörter (*proverbs*) fangen mit „Wer" an. Was paßt zusammen? Und was bedeuten sie?

changes
for others/ditch
digs
improves
risks
agony
himself/in
…ares/at the same time
hunt
choice

1. Wer nicht kann, was er will, . . .
2. Wer viel ändert°, . . .
3. Wer andern° eine Grube° gräbt°, . . .
4. Wer zuletzt lacht . . .
5. Wer nicht wagt° . . .
6. Wer viel anfängt . . .
7. Wer nicht hören will . . .
8. Wer sucht . . .
9. Wer zwei Hasen° zugleich° will jagen°, . . .
10. Wer die Wahl° hat, . . .

a. wird keinen davon nach Hause tragen.
b. muß fühlen.
c. findet.
d. endet wenig.
e. bessert° wenig.
f. muß wollen, was er kann.
g. hat die Qual°.
h. fällt selbst° hinein°.
i. lacht am besten.
j. gewinnt nicht.

ANTWORTEN 1. f 2. e 3. h 4. i 5. j 6. d 7. b 8. c 9. a 10. g

*R*ollenspiel. Fast jeder beschwert sich einmal darüber, daß die tägliche Arbeitsroutine langweilig und monoton ist. Spielen Sie und andere Studenten die folgenden Rollen.

BEISPIEL **Kellner: Ich muß den ganzen Tag hungrige Gäste und schmutzige Teller ansehen, was ich total langweilig finde.**

Was würde . . . sagen?

ein(e) Lehrer(in)
ein(e) Eisverkäufer(in)
ein(e) Verkehrspolizist(in)
ein(e) Professor(in)
ein Koch/eine Köchin

ein(e) Schüler(in)
ein Arzt/eine Ärztin
ein(e) Busfahrer(in)
ein(e) Student(in)
ein(e) _____?_____

PERSPEKTIVEN

Vor dem Lesen

1. Ein alternativer Lebensstil bedeutet für verschiedene Menschen verschiedene Dinge. Was bedeutet er für Sie? Machen Sie eine Liste von vier Punkten.

BEISPIEL weniger materielle Dinge

2. Das Wiener Werkstätten- und Kulturhaus (WUK)[6] ist ein Experiment eines alternativen Lebensstils. Es ist ein Kollektiv von 150 Gruppen, die ein altes, verlassenes Gebäude revitalisierten und jetzt dort an vielen verschiedenen Projekten arbeiten. Was diese 150 Gruppen wollen ist: Autonomie, Demokratie und Mitbestimmung (*a voice in decision-making*). Wichtig ist, daß jeder seine eigene Kreativität entwickelt, selbst organisiert, adaptiert und verwaltet (*manages*), ohne die Interessen und Probleme der anderen zu vergessen. Kooperation und Koordination sind also wichtige Aspekte dieser Selbstverwaltung (*self-governing*). Lesen Sie jetzt die Broschüre dieses Vereins. (As you read, try to form a mental picture of WUK. What kind of place is it? What kind of people belong to it? Why are they there?)

Entscheidung zum Andersleben

Das Wiener
Werkstätten- und Kulturhaus

Das WUK ist ein selbstverwaltetes Kulturzentrum mit Gruppen und Aktivitäten in *areas visual* den fünf Bereichen° Theater und Bewegung, bildende° Kunst, Musik, Handwerk und Kunsthandwerk, pädagogische und sozialpolitische Initiativen. Die Selbstverwaltung besteht aus einem System von fünf Bereichsgruppen, die gewählte *representatives* Vertreter/innen° in den Delegiertenrat entsenden.

Das WUK ist eine *public facility* gemeinnützige° Einrichtung.° Es wird aus Mitgliedsbeiträgen, *contributions* Spenden° und Subventionen finanziert. Besonders in den Anfangszeiten des WUK *all* wurden sämtliche° Arbeiten im Haus freiwillig, das heißt: *done* unbezahlt, geleistet.° Die

Ein WUK-Konzert

only recently Gruppen adaptierten die Räume auf eigene Kosten. Nach und nach erst° ist es *employ* gelungen, für die Hausorganisation bezahltes Personal zu beschäftigen.°

Das WUK ist ein Kommunikationszentrum für jung und alt, von der Kleinkindergruppe bis zum Seniorenzentrum, für kulturell, sozial und politisch Aktive, für Ausländer/innen und Östereicher/innen, für Frauen und Männer. Im WUK gibt's ein Beisl, viele Veranstaltungen, viele Gruppenräume, viele Aktivitäten *appears* und Diskussionen. Und monatlich erscheint° das WUK-INFO mit vielen Artikeln und dem WUK-Programm.

---

[6] The pronunciation of WUK rhymes with English *book*.

WUK: Das Wiener Werkstätten- und Kulturhaus

Bereich: Werkstätten

Austria Filmmakers Cooperativ

Mit dem Namen AFC begann der Verein bereits 1968 die Interessen österreichischer Filmemacher zu vertreten, so weit sich deren Arbeiten im experimentellen und avant gardistischen Filmbereich befanden. Mittlerweile veranstaltete die Coop eine Reihe von Filmvorführungen im In- und Ausland und trat als Gruppe bei diversen Festivals auf.

Offene Keramik

Der Zustrom in der Offenen Keramik ist eine Bereicherung. Viele sind gekommen, haben mit uns gearbeitet, manche sind geblieben. Wir haben zwei Ausstellungen im WUK organisiert. Ständige Mitarbeiter/innen: Leslie Demelo, Liesi Hof, Elfriede Baumgartner, Thomas Reidinger.

Fotolabor

Unser gemeinsames Interesse ist die im weitesten Sinne experimentelle und kreative Fotografie und Laborarbeit, die wir auch in Gruppenprojekten verwirklichen wollen. Kontakt: Bruno 46 69 983 Herta 31 29 653

Fahrradwerkstatt

Sie ist eine Selbsthilfewerkstatt, wo jede/r selbst ihre/seine Hand daran legen kann. Kontakt: Heinz Buchegger, 85 84 423.

Glaswerkstatt

Kontakt: Martin Suritsch: 65 10 705. Werkstatt für künstlerische Flachglasgestaltung in der Tiffany-Technik. Wir fertigen nach eigenen Entwürfen Bilder, Lampen, Leuchten, Spiegel, etc.

Textil-Gruppe

Kontakt: Ingrid Heumer: 75 63 025; I. Scharmann: 42 90 505. Wir, Judith Gold, Ingrid Huemer, Monika Bledl, Ulrike Schedler, Ingrid Scharmann sind Studentinnen an der Akademie der bildenden Künste. Wir beschäftigen uns mit textiler Gestaltung, sowohl im bildnerischen Bereich (textile Objekte, Fassaden- und Raumgestaltungen) als auch im angewandten Bereich (Mode, Schmuck).

Video/Filmgruppe »Banzai«

Kontakt: WUK. Jeder ist herzlich eingeladen, bei uns mitzumachen. Er (oder besser Sie) wird uns sein Leben lang nicht vergessen.

Bereich: Soziales/Initiativen/Pädagogik

Verein »Gemeinsam Lernen« Schülerschule

Kontakt: Tel.: 48 20 39 Die Schülerschule ist eine Gesamtschule, eine Ganztagsschule ohne Noten und Zwangsstrukturen.

Schulkollektiv Wien

Kontakt: Sissi: 92 48 804; Sylvia: 63 64 10 Wir sind eine Alternativ-Volksschule, in der unsere Kinder ohne Angst und Druck lernen, ihre individuelle Persönlichkeit entfalten können.

Greenpeace

Kontakt: Tel.: 48 55 01, 597 30 46-0 täglich 9-17 Uhr. Mit direkten und gewaltfreien Aktionen und durch intensive Öffentlichkeitsarbeit macht GREENPEACE Umweltprobleme bekannt. Ziel ist nicht, nicht nur einige Tierarten zu retten oder einen bestimmten Mißbrauch an der Umwelt zu verhindern, sondern den Menschen eine neue, umweltbewußtere Denkweise zu vermitteln.

Kinderinsel Kindergruppe IV

Kontakt: WUK. Die von uns vor ca. zwei Jahren gegründete autonome Kindergruppe besteht derzeit aus neun Kirdern im Alter von drei bis fünf Jahren. Als wesentlichen Grundsatz sehen wir eine angstfreie Erziehung unserer Kinder an.

Unterstützungskomitee Für Politisch Verfolgte Ausländer

Kontakt: Tel.: 48 42 10. Wir beraten Asylwerber und Asylanten in sozialen und rechtlichen Fragen. Wir versuchen gemeinsam Eure Probleme zu lösen.

Wiener Senioren Zentrum

Es gibt keine Mitgliedschaft, die Gruppe ist überparteilich, die Anstöße für die Aktivitäten kommen von den Besuchern selbst. Es soll kein »Tratschklub mit Kipferlausgabe« werden, das Hirn soll nicht verrosten, sondern aktiviert werdern.

Fragen zum Text

1. Was sind die fünf Bereiche, in denen die Mitglieder und Aktivitäten des WUK organisiert sind?
2. Von den zwei Bereichen, die Sie in der Broschüre sehen, machen Sie eine Liste von den Aktivitäten, für die Sie sich interessieren würden.
3. Was für Information bekommen Sie über . . .
   a. die Finanzierung von WUK?
   b. das Gehalt der Mitarbeiter?
4. Nennen Sie drei Gruppen von Menschen, die sich in diesem Kommunikationszentrum treffen.
5. Schreiben Sie ein kurzes Essay über diesen Verein. Schließen Sie die folgenden Punkte ein:
   a. eine Zusammenfassung (*summary*) der wichtigsten Punkte (**wo, wer, warum, was**)
   b. Ihre Meinung zu diesem Verein (gut/nicht gut finden, usw.)
   c. ähnliche (*similar*) Vereine in Ihrem Land/Ihrer Stadt

Land und Leute ✧ ✧ ✧ ✧ ✧

Wer sind die Alternativen?

Die Alternativen-Szene in der Bundesrepublik, der Schweiz und Österreich ist groß aber nicht leicht zu definieren, weil es so viele verschiedene Gruppen und Tendenzen gibt: z.B., Umweltschützer, Atomkraftgegner,° Friedensgruppen, Feministen, Bürgerinitiativen. Typisch für alle aber ist die Entscheidung, neue Denk-, Lebens- und Arbeitsformen zu finden. Die Berliner Alternativen-Szene ist ein besonders gutes Beispiel.

Gegner *opponents*

In der Bundesrepublik gibt es mehr als 300 alternative Zeitungen, aber seit 1980 ist die Tageszeitung, die *TAZ*, die wichtigste. Sie ist nicht nur für ihre faire und kritische Reportage bekannt,° sondern auch für ihr demokratisches Arbeitsklima. Alle Mitarbeiter —vom Koch zum Redakteur°—bekommen dasselbe°

known

editor   the same

Redaktionskonferenz bei der Berliner TAZ

Gehalt. Die Reporter haben absolute Freiheit, ihre Meinung zu schreiben; kein Redakteur darf ihre Artikel ändern.° Es gibt auch wenig Werbung, weil die *TAZ* meint, daß Werbung eine Zeitung unfrei und von den Werbern abhängig° macht.

change
dependent on

1979 gründeten° Berliner Arbeitslose und Studenten einen Verein, dessen Treffpunkt° eine alte Fabrik war. Heute wohnen und arbeiten mehr als 50 „Fabrikies" in der UFA (Unabhängig°—Frei—Autark°) Fabrik, und viele andere haben ihren Arbeitsplatz da. Es gibt einen Bio-Laden,° eine Bio-Bäckerei, ein Café, Werkstätten, ein Kino, ein Theater, und den berühmten UFA-Zirkus. Im Zirkus machen alle Fabrikies mit: man tanzt, erzählt, singt und jongliert.° In der UFA-Fabrik gibt es harte Arbeit, aber ohne Chefs und Vorschriften.° Es gibt ein Leben zusammen in Freundschaft, ohne Zwang° und Ideologie.

founded
meeting place
independently self-sufficient
health food store

juggles

regulations

coercion

Die UFA-Familie: ein Leben zusammen in Freundschaft

SYNTHESE

A. **Studienfächer.** Schauen Sie sich die Tabelle an, um dann die folgenden Fragen zu beantworten.

Die meistgewählten Studienfächer in der Bundesrepublik[7]	
Studenten	**Studentinnen**
1. Rechtswissenschaft (*law*)	1. Germanistik (*German literature and language*)
2. Medizin	2. Medizin
3. Maschinenbau (*mechanical engineering*)	3. Rechtswissenschaft
4. Elektrotechnik/Elektronik	4. Anglistik/Englisch (*English literature and language*)
5. Wirtschaftswissenschaften (*economics*)	5. Erziehungswissenschaften (*education*)
6. Betriebswirtschaftslehre (*business administration*)	6. Biologie
7. Ingenieurbau (*civil engineering*)	7. Betriebswirtschaftslehre
8. Mathematik	8. Mathematik
9. Physik	9. Psychologie
10. Germanistik/Deutsch	10. Sozialarbeit

1. Spekulieren Sie, wie die Tabelle in Ihrem Land aussehen würde, d.h., was wäre an erster Stelle usw.
2. Was sind die drei beliebtesten Studienfächer an Ihrer Uni oder Ihrem College? Warum? (Zum Beispiel: sie bieten vielleicht gute Berufsmöglichkeiten; die Professoren sind gut; die Vorlesungen und Seminare haben einen guten Ruf, usw.)

B. **Gruppenarbeit: Ein Handbuch für neue Studenten.** Schreiben Sie ein Handbuch (*guide*) für Ihre Universität oder Ihr College, das Studienanfängern helfen würde. Stellen Sie es der Klasse vor (**vorstellen** *to present*). Schließen Sie das folgende ein:

1. eine Beschreibung von Ihrem Campus
2. einen Plan, der zeigt, wo die Wohnheime, die Mensa, die Bibliothek usw. liegen
3. eine Beschreibung der Stadt, in der sich Ihre Institution befindet
4. welche Kurse man wählen soll und warum
5. Wohnmöglichkeiten; pro und contra (eigenes Zimmer, mit Zimmerkameraden, eine Wohngemeinschaft, usw.)

---

[7] From **Bildung im Zahlenspiegel.** The fields of study are listed in their descending order of popularity for each group.

6. Studentenorganisationen; welche gut, welche zu vermeiden (*avoid*) sind
7. Dienstleistungen (*services*); z.B., wo man essen und einkaufen kann
8. Unterhaltung (Kinos, Theater usw.)

C. **Ein Bewerbungsbrief** (*Letter of application*). Sie haben in einer Zeitung ein Stellenangebot gesehen, das Sie sehr interessiert. Schreiben Sie jetzt einen Bewerbungsbrief, in dem Sie Ihr Interesse an dieser Stelle beschreiben. (Wählen Sie ein Stellenangebot auf Seite 372, oder finden Sie eines in einer deutschsprachigen Zeitung). Hier ist der Anfang und das Ende eines Bewerbungsbriefs. Vervollständigen Sie den Rest des Briefs.

```
                                        Datum

     An:                        Ihr Name und Ihre Adresse

     Name Ihres Korrespondenten/Ihrer
     Korrespondentin
     Adresse

     Sehr geehrter Herr _____ (Sehr geehrte Frau
     _____ )!
     Mit großem Interesse habe ich Ihr Stellenangebot
     für _____ in der Zeitung gelesen. Hiermit möchte
     ich mich um die Stelle bewerben und mich vorstellen.

     Hochachtungsvoll!

     Unterschrift (Signature)
```

Hören wir zu!

Bei uns. Ein deutscher Schüler erzählt Ihnen über seine Schulerlebnisse. Schauen Sie sich zuerst seinen Stundenplan an, dann hören Sie zu. Was für Information bekommen Sie im Hörtext?

1. Eine Definition von „Nachhilfestunden" wäre:
   a. Der Lehrer, den du für die Klasse hast, hilft dir nach der Schule.
   b. Deine Eltern helfen dir mit den Aufgaben.
   c. Eine andere qualifizierte Person hilft dir gegen Bezahlung.
2. Dieser Schüler braucht Nachhilfestunden für das folgende Fach:
   a. Englisch

      b. Mathematik

      c. Physik

  3. Dieser Schüler hat es nicht gern, daß . . .

      a. das Essen in der Schule so schlecht ist.

      b. die Lehrer so viele Hausaufgaben aufgeben.

      c. er am Samstag in die Schule muß.

  4. Dieser Schüler macht am liebsten seine Schularbeiten

      a. am Abend

      b. vor der Schule

      c. am Nachmittag

□ STUNDENPLAN □

Harald Müller   *Klasse 9c*

Zeit	Montag	Dienstag	Mittwoch	Donnerstag	Freitag	Samstag
7.45 - 8.30	Geschichte	———	Latein	Englisch	Geschichte	Mathemat.
8.35 - 9.20	Deutsch	Deutsch	Latein	Mathemat.	Englisch	Französ.
9.25 - 10.10	Englisch	Latein	Physik	Deutsch	Französ.	Physik
10.30 - 11.15	Mathemat.	Mathemat.	Kunst	Deutsch	Biologie	Chemie
11.20 - 12.05	Französ.	Erdkunde	Kunst	Chemie	Religion	Musik
12.10 - 12.55	Religion	Englisch	Deutsch		Französ.	
15.00 - 16.30			Sport			

AKTIVER WORTSCHATZ 2

Substantive

der Anfang, ⸚ e	*beginning*
am Anfang	*in the beginning*
die Arbeit, -en	*paper*
eine Arbeit schreiben	*to write a paper*
das Hauptfach, ⸚ er	*major (field)*
das Nebenfach, ⸚ er	*minor (field)*
die Prüfung, -en	*test*
eine Prüfung machen	*to take a test*

Verben

akzeptieren	*to accept*
beschreiben, beschrieb, beschrieben	*to describe*
bestehen, bestand, bestanden	*to pass (a test)*
durchfallen, fiel durch, ist durchgefallen (bei)	*to fail, flunk*

Andere Wörter

anders	*differently*
beid-	*both*
hoffentlich	*hopefully*
selbst	*-self, -selves*
selbständig	*independent(ly)*
schwierig	*difficult*
(sich) vorbereiten (auf + acc)	*to prepare (oneself) (for)*

Verwandte Wörter

monoton
das Problem, -e

> And don't forget:
> Relative pronouns, Seite 371

Öffentliche und persönliche Meinung

EINFÜHRUNG

Wir sind das Volk

Die folgenden Zitate (*quotations*) und Cartoons aus der Presse zeigen einige Perspektiven der Vereinigung der beiden deutschen Staaten am 3. Oktober 1990. Während Sie sie lesen, überlegen Sie sich, welche Meinung und Mentalität hier gezeigt werden.

currency

voices

Stimmen° zur Einheit

disconcerted

«Wir wollen deutsche Europäer und europäische Deutsche sein.»
Bundeskanzler Helmut Kohl

■ ■ ■ ■ ■ ■ ■

come about
transformation

«DieVereinigung hätte nicht zustande kommen° können ohne die demokratischen Umgestaltungen° in den östlichen Ländern.»
Michail Gorbatschow

■ ■ ■ ■ ■ ■ ■

«Europa ist wieder rund und ganz geworden.»
«*The Independent*», London.

«Mensch, bin ick denn hiet uff'm anderen Planeten?»
Ein fassungsloser° *Bürger der DDR* nach einer Visite auf dem Ku'damm.

■ ■ ■ ■ ■ ■ ■

«Wozu braucht man 86 verschiedene Sorten Salami?»
Ostberliner Hausfraw in Westberliner Kaufhaus.

■ ■ ■ ■ ■ ■ ■

«Wir machen Geschichtsunterricht, live.»
Schüler einer Ostberliner Klasse an der offenen Mauer.

Zeichnung: Helmut Jaček

Fragen zum Text

1. Ein Cartoon stand in einer westdeutschen Zeitung und zeigt eine westdeutsche Perspektive. Welcher? Und was ist die Perspektive?
2. Welcher Cartoon will zeigen, daß die Demokratisierung auch die Kommunikation zwischen Menschen verbessert?
3. Zwei Cartoons standen in einer ostdeutschen Zeitung und zeigen etwas wie Schock über den Kontakt mit dem Konsumparadies im Westen. Welche? Welche „Stimmen zur Einheit" drücken das aus?
4. Viele Menschen sagen, man kann und soll an die deutsche Einigung in ihrem europäischen Kontext denken. Welche Stimmen zeigen dieses Denken?

FUNKTION

So können Sie Ihre persönliche Meinung zu verschiedenen Themen ausdrük-ken: (Sehen Sie sich auch die Ausdrücke in der Funktion von Kapitel 10 auf Seite 292 noch einmal an.)

Zweifel und Ungewißheit	*Doubt and uncertainty*
Vielleicht . . .	
Wirklich?	*Really?*
Ich bin mir nicht sicher, aber . . .	*I'm not sure, but . . .*
Ich glaube (nicht), daß . . .	
So viel ich weiß . . .	*As far as I know . . .*
Ich würde sagen, daß . . .	
Es scheint mir, daß . . .	
Gewißheit	*Certainty*
Es ist ja klar, daß . . .	
Es/das ist eine prima Sache!	*It/that's great!*
Das ist doch Unsinn!	*That's nonsense!*
Ich bin (nicht) damit einver-standen.	*I'm (not) in agreement with that.*
. . . sollte verboten sein.	*. . . should be forbidden.*
Ich bin (nicht) überzeugt, daß . . .	*I'm (not) convinced that . . .*
Ich finde, wir müssen . . .	
Ich bin da ganz anderer Meinung.	*I'm of a different opinion.*
Es stört mich/ärgert mich, wenn . . .	*It bothers me when . . .*
Ich kann mir nicht vorstellen, daß . . .	
Spinnst du?	*Are you crazy?*
Das stimmt ja gar nicht!	
Genau! Das wollte ich gerade sagen!	
Eine Schlußfolgerung ziehen	*Drawing conclusions*
Darum/daher/deswegen . . .	*Therefore . . .*
Aus diesem Grund . . .	*For that reason . . .*

A. **Partnerarbeit: Und wie ist's in Ihrem Land?** Einer der großen Meinungs-unterschiede in Deutschland ist die Frage eines Tempolimits (Geschwin-digkeitsbegrenzung). Bis jetzt gibt es kein Tempolimit auf den deutschen Autobahnen, sondern nur eine Richtgeschwindigkeit (*suggested speed*) von 130 km pro Stunde.

1. Lesen Sie die neueste Meinungsumfrage mit Ihrem Partner und beantwor-ten Sie dann die folgenden Fragen mit richtig oder falsch. Korrigieren Sie die falschen Aussagen (*statements*). Neue Wörter: die Bremse: hier -Limit,

Geschwindigkeitsbegrenzung; sich wehren gegen: dagegen sein; sich aussprechen für: dafür sein

a. Über zwei Drittel der Bürger wollen ein Tempolimit von 130 auf den Autobahnen.
b. Ein Viertel der Bürger will kein Tempolimit.
c. Mehr Frauen als Männer sind für eine Begrenzung.
d. Über die Hälfte der Jugend ist gegen ein Tempolimit.

Auf den Autobahnen

3 von 4 Bundesbürgern wollen eine Tempo–Bremse

Bonn (dpa). 71 Prozent der Bundesbürger sind für eine Geschwindigkeitsbegrenzung auf Autobahnen. Nur 25 Prozent wollen kein generelles Tempo-Limit, ermittelte das Geschäftsreise-Magazin *Profitravel.*

53 Prozent sind für eine Beschränkung auf Tempo 130, 18 Prozent für Tempo 100.

75 Prozent der Frauen und 67 der Männer wünschen sich eine Geschwindigkeitsbegrenzung.

37 Prozent der 14- bis 29jährigen wehren sich gegen jegliche Einschränkung, bei den über 60jährigen sind es dagegen nur noch 14 Prozent. In dieser Altersklasse und bei den 50- bis 59jährigen sprechen sich jedoch jeweils 77 Prozent für eine Begrenzung aus.

resist

Seit Jahren schwelt der Steit um die Tempobegrenzung auf den deutschen Autobahnen.

---

2. Was für eine Meinung drückt der Cartoon aus?
3. Was ist Ihre Meinung zu dem Tempolimit in Ihrem Land? Reagieren Sie auf die folgenden Aussagen mit:
   Es ist doch klar, daß . . .
   Es scheint mir, daß . . .
   Ich kann mir (nicht) vorstellen, daß . . .

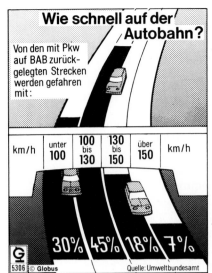

Wie schnell auf der Autobahn?

Von den mit Pkw auf BAB zurückgelegten Strecken werden gefahren mit:

km/h	unter 100	100 bis 130	130 bis 150	über 150	km/h
	30%	45%	18%	7%	

5306 © Globus   Quelle: Umweltbundesamt

a. Es muß auf den "highways" ein Tempolimit geben.
b. Das jetzige Limit ist zu hoch. Man sollte eigentlich noch langsamer fahren, um die Anzahl der Unfälle (*accidents*) zu reduzieren.
c. Es gibt hier zu viele Gesetze für die Autofahrer. Wir sollten selbst entscheiden können, wie schnell wir fahren.
d. Die meisten Amerikaner hätten auch gern kein Tempolimit.

B. **Was ist Ihre Meinung?** Bilden Sie Sätze, die Ihre Meinung ausdrücken. Andere Studenten reagieren dann darauf mit den Ausdrücken in der Funktion auf Seite 389. Man soll auch Gründe dafür geben.

BEISPIEL **Es ist doch klar, daß wir nicht genug für die Umwelt tun.**
Das stimmt ja gar nicht. In meiner Stadt gibt es viele Bürgerinitiativen. Und viele Politiker interessieren sich jetzt auch für die Umwelt.

Ich bin (nicht) überzeugt . . .		wir nicht genug für die Umwelt tun.
Es sollte (nicht) verboten sein . . .	daß	alle Studenten eine Fremdsprache lernen sollten.
Es stört mich (nicht)		es Lehrern und Ärzten verboten sein sollte zu streiken.
?		es verboten sein sollte, in Restaurants zu rauchen.
		Raucher auch Rechte haben sollten.
		es zu viele Gesetze gibt.
		daß man Dosen (nicht mehr) wegwerfen darf.
		?

C. **Zum Thema Gleichberechtigung der Frau.** Benutzen Sie die Ausdrücke in der Funktion, um auf die folgenden Aussagen zu reagieren. Fügen Sie noch einige Sätze der Erläuterung (*explanation*) hinzu.

BEISPIEL   Männer und Frauen sollten alle Pflichten im Haushalt teilen.
Das stimmt, aber ich meine, nur wenn die Frau auch berufstätig ist.

1. Männer und Frauen sollten alle Pflichten im Haushalt teilen.
2. Frauen bekommen immer „gleichen Lohn für gleiche Arbeit".
3. Berufstätige Frauen sollten keine Kinder haben.
4. Frauen müssen wählen: Karriere oder Ehe.
5. Hausfrauen sollten ein Gehalt bekommen.
6. Gleichberechtigung ist unrealistisch.
7. Männer verstehen nichts vom Haushalt.
8. Die Kindererziehung ist die Aufgabe beider Eltern.
9. Ein Vater kann genau so gut für die Kinder sorgen.
10. Es gibt in den 90er Jahren keine Frauenbewegung mehr.
11. Es gibt noch viele Vorurteile gegen Frauen.

AKTIVER WORTSCHATZ 1

Substantive

zum Thema DDR/BRD

die Freiheit	*freedom*
die Einheit	*unity*
die Mauer	*the (Berlin) wall*
die (Ver)einigung	*unification*
das Volk, ¨ er	*people*

andere Substantive

die Aufgabe, -n	*task*
die Bewegung, -en	*movement*
die Frauenbewegung	*women's movement*
die Ehe, -n	*marriage*
die Erziehung	*education, upbringing*
die Kindererziehung	*child-rearing*
das Gesetz, -e	*law*
die Gleichberechtigung	*equality*

die Hausfrau, -en	*housewife*
der Haushalt, -e	*homemaking; household*
der Lohn, ¨ e	*wages*
die Pflicht, -en	*duty*
das Recht, -e	*right*
das Vorurteil, -e	*prejudice*

Verben

sorgen für	*to take care of*
scheinen, schien, geschienen	*to seem, appear; shine*
stören	*to disturb, bother*
teilen	*to share; to divide*
überzeugen	*to convince*
verbieten, verbot, verboten	*to forbid*
(weg)werfen, warf (weg), (weg)geworfen	*to throw (away)*

Andere Wörter		klar	clear(ly)
berufstätig	employed	prima	great
gleich	equal	wirklich	real(ly)

> And don't forget:
> Funktion, Seite 389

Land und Leute ✦ ✦ ✦ ✦ ✦

Chronologie der Wiedervereinigung

| 1985 | ■ Michail Gorbatschow wird Staatschef der Sowjetunion und überall in Osteuropa beginnt ein Prozeß der Demokratisierung: die DDR aber geht auf Distanz zur Reformpolitik der Nachbarländer. |

1989, Mai — ■ Bei vielen DDR-Bürgern wächst der Ärger, und Oppositionsgruppen arbeiten noch intensiver. Der Grund: viele glauben, daß die Kommunisten bei den Maiwahlen° die Wahlresultate fälschten.

election

embassy

August — ■ DDR-Bürger, die in der Botschaft° der Bundesrepublik in Budapest Asyl suchten, dürfen ausreisen. Später auch von den Botschaften der BRD in Prag und Warschau.

DDR, 1989: Dissidenten treffen sich in einer Kirche in Leipzig.

Hungary *border*	September	■ Der große Treck durch Österreich beginnt: Zehntausende DDR-Bürger—auf Urlaub in Ungarn°—verlassen ihr Zuhause über die jetzt offene Grenze° zwischen Ungarn und Österreich.
expect	7. Oktober	■ Gorbatschow, zu Gast beim Jubiläumsfest in Ost-Berlin (40 Jahre DDR), macht klar, daß das Regime von den Sowjets keine Hilfe erwarten° kann und ihr eigenes Reformprogramm beginnen soll. Bei Demonstrationen gegen die offizielle 40-Jahr Feier gibt es brutale Konfrontationen mit der Polizei.
peaceful *order to shoot*	9. Oktober	■ Erste friedliche° Hunderttausender-Demonstration in Leipzig. Man lernt später, Ost-Berlin hätte den Schießbefehl° gegeben, aber Leipziger Politiker und Oppositionelle hätten ihn gestoppt. In den nächsten Wochen spontane Demonstrationen in der ganzen DDR.

© Erich Schmidt Verlag

552 800

4. November	■ Eine Million Bürger demonstrieren in Ost-Berlin für Reform.
9. November	■ Das Regime proklamiert ein neues Reisegesetz: Jeder darf frei und ungehindert reisen. In dieser Nacht besuchen Hunderttausende Ost-Berliner zum ersten Mal das nahe West-Berlin. Am Wochenende danach ist praktisch die ganze Grenze zwischen Ost- und Westdeutschland

geöffnet: Millionen von DDR-Bürgern besuchen den
Westen; die ganze Welt sieht im Fernsehen das fröhliche
Mauer-Happening am Brandenburger Tor.

4.11.89: Bürger demonstrieren in Berlin-Ost.

Dezember	■ Die Reisefreiheit kommt aber zu spät und ist nicht genug. Das Regime muß freie Wahlen akzeptieren, und in den nächsten Monaten gibt es die erste politische Kampagne zwischen freien politischen Parteien.
1990 März	■ DDR Wahlen: die konservative Koalition „Allianz für Deutschland" hat jetzt mit ihrem klaren politischen Programm—d.h. Einigung mit der BRD so schnell wie möglich—ein grünes Licht.
1. Juli	■ Wirtschafts-° und Währungsunion° zwischen der Bundesrepublik und der Noch-DDR.
September	■ Nach langen Diskussionen mit den USA, der Sowjetunion, Frankreich, Großbritannien und Polen bereitet man den Weg zur Einigung der zwei deutschen Staaten vor.
3. Oktober	■ Viele Millionen Menschen in West und Ost feiern den neuen nationalen Feiertag „Tag der deutschen Einheit". 45 Jahre nach dem Ende des Krieges wird Deutschland wieder ein souveräner Staat, und eine neue Epoche beginnt in Europa.

economic   currency

BAUSTEIN 1

EXPRESSING POLITENESS AND MAKING WISHES

Subjunctive mood; subjunctive of modal verbs

SITUATION Doris versucht, Simon zu überzeugen, einen der Kandidaten für Bürgermeister
Der (*mayor*) zu treffen.
Kandidat.

Die CDU lädt herzlich ein:
Dienstag, 6. November
KIRCHHAIN-Anzefahr
20.00 Mehrzweckhalle
Bundestags-
abgeordneter
FRIEDRICH BOHL

Ja zu Deutschland
Ja zur Zukunft
CDU
Die Zukunft

**Verantwortung
und Solidarität
statt nationalem Kitsch!**

So soll sie werden,
die neue Republik:
Europäisch, multikulturell,
sozialverantwortlich,
ökologisch, demokratisch.

Mit uns,
**DIE GRÜNEN
HESSEN**

SPD

Brigitte Lange lädt ein

**Unser Weg zum
modernen Deutschland**
mit
**Dr. Herta Däubler-
Gmelin**

**heute abend 20 Uhr
im Bürgerhaus Cappel**

SIMON   Walter Arndt als Bürgermeister? Ich glaube, du könntest mich
          nicht überzeugen . . .

DORIS   Du engagierst dich nicht für Politik, sonst müßtest du wissen,
          daß sich viel geändert hat.

SIMON   Ach ja? Zum Beispiel? Vor fünf Jahren war Arndt gegen eine
still   Fußgängerzone. Und heute gibt's immer noch° schreckliche Ver-
          kehrsunfälle in der Stadtmitte.

DORIS   Das war vor fünf Jahren. Arndt würde jetzt keine Autos dort
          erlauben. Du solltest ihn doch wenigstens einmal hören.

---

sich engagieren (für)   to be, get involved (in)   **sonst**   otherwise
(sich) ändern   to change   **der Unfall, ̈ e**   accident
erlauben   to allow, permit

Struktur

The subjunctive mood is generally used to make hypothetical statements, conjectures, or wishes, or to refer to things as they might, would, or could be (*contrary-to-fact conditions*). In contrast, the indicative mood is used for stating facts or asking questions about things as they are (*reality*). Up to this point, you have been using the indicative mood and have learned the subjunctive forms of the verbs **haben, sein, werden**, and **mögen**.

A. The subjunctive of modal verbs is identical in form to the simple past indicative, but an umlaut is added to all modals except **sollen** and **wollen**. Compare the meanings of the present-tense indicative and subjunctive forms of the modal verbs:

Indicative		Subjunctive	
dürfen	*may, to be allowed to*	dürften	*might, would be allowed to*
können	*can, to be able to*	könnten	*could, would be able to*
mögen	*to like*	möchten	*would like*
müssen	*must, to have to*	müßten	*would have to*
sollen	*to be supposed to*	sollten	*should*
wollen	*to want to*	wollten	*would want to*

B. The subjunctive of modals is used for the same functions you already know:

- For expressing politeness.

Könnten Sie bitte lauter sprechen?   *Could you please speak louder?*

- For making hypothetical statements.

Sie sollte gleiche Chancen haben.   *She should have equal opportunities.*

- For making wishes.

Wenn wir nur heiraten dürften!   *If only we were allowed to get married!*

- In if/then contrary-to-fact statements.

Wir könnten das tun, wenn wir müßten.   *We could do that if we had to.*

Bundeskanzler Dr. Helmut Kohl in Dresden

Schritte zur Kommunikation

A. **Höflicher bitte!** Was sollte Herbert, der in einem großen Geschäft arbeitet, sagen, um noch höflicher zu sein?

BEISPIEL   Kann ich Ihnen helfen?
Könnte ich Ihnen helfen?

1. Darf ich eine andere Farbe vorschlagen?
2. Wir können den Preis nicht ändern.
3. Soll ich Ihnen etwas anderes zeigen?
4. Können Sie Ihr Problem genauer beschreiben?
5. Wollen Sie mit dem Chef sprechen?
6. Darf ich fragen, wann Sie das gekauft haben?

B. **Warum ist Kandidat Arndt eigentlich nicht beliebt?** Was sagen Doris' Freunde?

BEISPIEL   Wir demonstrieren gegen ihn! (sollen)
Wir sollten gegen ihn demonstrieren!

1. Arndt wird nicht Bürgermeister. (sollen)
2. Du überzeugst mich nicht! (können)
3. Wer hört ihn denn? (wollen)

4. Er ändert seine politischen Meinungen. (müssen)
5. Er tut nichts für unsere Stadt. (können)
6. Das erlauben wir einfach nicht. (sollen)
7. Ich sage nicht, wie blöd er ist! (dürfen)
8. Warum engagiert ihr euch für ihn? (wollen)

C. **Ein kleines Gedicht.**

> Was man könnte,
> wenn man könnte,
> was man leider gar nicht kann,
> könnte man so manches können . . .
> Aber womit fängt man an?
> *Roswitha Fröhlich*

1. Was sagt die Autorin hier?
2. Was könnten Sie, wenn Sie könnten? Schreiben Sie vier Sätze!

BEISPIEL **Ich könnte jeden Winter in den Bergen verbringen, wenn ich ski-laufen könnte.**

3. Ändern Sie das Gedicht und benutzen Sie „dürfen". Was dürften Sie, wenn Sie dürften? Vier Sätze bitte.

D. **Situationen.** Wählen Sie für jede der folgenden Situationen, was Sie oder die anderen Personen tun würden, könnten, sollten, wollten oder müßten. Geben Sie Gründe für Ihre Wahl.

BEISPIEL Sport treiben
Der ältere Herr sollte Sport treiben. Er würde sich wenigstens fit fühlen. Und in einem Sportverein könnte er andere Leute kennen-lernen, und dann wäre er nicht so allein.

1. Ein älterer Herr wohnt in Ihrer Nachbarschaft. Er fühlt sich oft einsam (*lonely*), denn seine Frau ist gestorben. Da er nicht mehr arbeitet, hat er auch nicht viel Geld. Es scheint, daß er keine Familie hat.
   täglich besuchen/einkaufen gehen/einladen/sorgen für/anrufen/ Arbeit suchen/eine Fremdsprache lernen/Sport treiben
2. Sie schreiben eine große Prüfung, und Sie wissen eine wichtige Ant-wort nicht.
   eine schlechte Note bekommen/krank werden/das nächste Mal sich besser vorbereiten/eine lustige Antwort schreiben/darüber lachen
3. Sie sitzen im Restaurant und rauchen. Die Leute am nächsten Tisch scheinen sich darüber zu ärgern.
   aufhören/das Restaurant verlassen/stören/darüber lachen/verges-sen/nichts tun/ihnen eine Zigarette anbieten (*offer*)/sich darüber beschweren

4. Sie sind Präsident(in) einer großen Uni. Einige Studenten haben sich schon beschwert, daß die Radwege unsicher sind. Die Studenten haben Angst, daß es eines Tages einen Unfall geben wird.

sich engagieren für ———?——— / planen/für unnötig halten/damit einverstanden sein/zu Fuß gehen/die Räder verkaufen/das Radfahren auf dem Campus nicht erlauben/sich auch beschweren

5. Die Polizei hat den Führerschein Ihres Freundes genommen, weil er zu schnell gefahren ist. Der Freund fährt trotzdem. Jetzt will er, daß Sie mitfahren.

mitfahren/nein sagen/die Polizei anrufen/sagen, daß es unsicher ist/protestieren/einen Unfall haben/überzeugen, zu Fuß zu gehen

*R*ollenspiel.   Jetzt hab' ich aber die Nase voll! Person A spielt die Rolle eines Verkäufers/einer Verkäuferin in einem Lebensmittelgeschäft oder einem Kaufhaus. Person B spielt die Rolle eines Kunden/einer Kundin (*customer*), der/die sehr unhöflich ist, mit nichts zufrieden ist und immer anderer Meinung ist. Person A versucht, höflich zu bleiben und freundliche Vorschläge zu machen, bis es dann doch nicht mehr geht.

Vorschläge

A	B
Dürfte ich Ihnen . . . zeigen?	Was? So ein . . . würde ich nie . . .
Wie wär's mit . . . ?	Das könnte ich auch nicht . . .
Dann könnte ich . . . vorschlagen.	Das . . . !
Dann hätte ich . . .	Ich müßte . . .
Es tut mir leid, aber jetzt . . . !	Wie bitte?
Jetzt muß ich mich aber doch . . . !	Moment mal! . . .

BAUSTEIN 2

Subjunctive of regular and mixed verbs

1. Was ist hier ironisch?
2. Was ist Ihre Reaktion auf den Cartoon?

„Wieso gleicher Lohn? Der Mann hat doch viel größere Hände."

SITUATION Elisabeth und Hildegard sind anderer Meinung, wenn es zum Thema Karriere
Nicht nur und Familie kommt.
Frauensache.

after all	ELISABETH	Eine Frau muß sich eben° entscheiden: Kinder oder Beruf. Beides zusammen geht einfach nicht.
	HILDEGARD	Das ist doch Unsinn! Wenn die Gesellschaft akzeptierte, daß die Erziehung der Kinder nicht nur Frauensache ist . . .
	ELISABETH	Erklär mir mal. Du meinst, wenn der Vater für die Kinder sorgte?
joys	HILDEGARD	Wenn beide nur halbtags arbeiteten, verbrächten sie die gleiche Zeit mit den Kindern und teilten die Freuden° und Pflichten. Hoffentlich ändert sich das bald.

(die) Frauensache/Männersache women's/men's business
es geht (nicht) it will (won't) work **erklären** to explain
halbtags part-time

Struktur

You have already learned that the **würde** + infinitive construction is frequently used for making hypothetical statements, for expressing politeness, or for making wishes. Another way to express the same meanings is to use the subjunctive form of the verb.

Ich **würde** ein Wochenende dort **verbringen**.
Ich **verbrächte** ein Wochenende dort.
} *I would spend a weekend there.*

Würden Sie bitte daran **denken**?
Dächten Sie bitte daran?
} *Would you please think about it?*

Wenn sie sich nur dafür **engagieren würden**!
Wenn sie sich nur dafür **engagierten**!
} *If only they'd take an interest in it!*

A. The present-time subjunctive forms of regular verbs are identical with the simple past-tense indicative forms. The context of the sentence indicates that the verb is in the subjunctive mood.

Wenn er das nur akzeptierte!
Wenn das nicht so oft passierte, wäre es nicht so schlecht.

B. The present-time subjunctive forms of the mixed verbs are identical with the simple past forms of the indicative, except that an umlaut is added. Note that **kennte** and **nennte** are spelled with **e** instead of **ä**.

Infinitive	Simple past	Present subjunctive
bringen (mitbringen) (verbringen)	brachte	brächte
denken	dachte	dächte
kennen	kannte	kennte
nennen	nannte	nennte
wissen	wußte	wüßte

C. In forming *if/then* contrary-to-fact sentences, either the subjunctive form of the verb or the **würde** + infinitive construction may be used in the *then* clause, although the **würde** + infinitive construction is generally preferred.

Wenn er rauchte, würde es uns stören.
Wenn er rauchte, störte es uns.[1]

Wenn ich die Antwort wüßte, würde ich es sagen.
Wenn ich die Antwort wüßte, sagte ich es.

Schritte zur Kommunikation

A. **Tag der offenen Tür** (*town meeting*). Einige Bürger äußern ihre Meinung zu verschiedenen Themen. Andere sind derselben Meinung und wünschten, daß die Situation anders wäre. Was sagen sie?

BEISPIEL   Frau Weiner: Der Lärm von der Fabrik stört die Nachbarn.
            Wenn der Lärm von der Fabrik nur nicht die Nachbarn störte!

1. Herr Schulz: Das neue Rathaus kostet soviel.
2. Frau Schwarz: Die Kinder spielen immer auf der Straße.
3. Herr Lutz: Wir bauen so viele Hochhäuser.
4. Fräulein Götz: Der Bürgermeister verdient so viel!
5. Fräulein Stein: Der Bürgermeister ändert täglich seine Meinung.
6. Bürgermeister Jahn: Diese Diskussion dauert so lange.

---

[1] The **würde** + infinitive construction is preferred in sentences such as this, when it is not clear from the context whether the sentence is in the subjunctive or in the past-tense indicative.

B. **Herr Blüm wüßte alles!** Die Mitarbeiter des Instituts für Demoskopie (*statistical surveys*) machen sich Sorgen um ihren neuen Chef, der nicht so gut ist wie Herr Blüm, ihr früherer Chef. Was sagen sie?

BEISPIEL   Hoffentlich bringt er einen Kugelschreiber mit.
          Herr Blüm brächte einen Kugelschreiber mit.

1. Hoffentlich engagiert er sich für unsere Firma.
2. Hoffentlich entwickelt er einen guten Arbeitsplan.
3. Hoffentlich weiß er die Adressen.
4. Hoffentlich verbringt er genug Zeit mit den Leuten.
5. Hoffentlich stellt er die richtigen Fragen.
6. Hoffentlich dankt er den Leuten.
7. Hoffentlich wünscht er den Leuten einen angenehmen Tag.
8. Hoffentlich macht er die Arbeit gut.

Politische Poster der verschiedenen Parteien

C. **Wenn ich . . . wäre.** Was würden Sie tun, wenn Sie eine der folgenden Personen wären?

BEISPIEL   Wenn ich Bürgermeister(in) wäre . . .
          sorgte ich für die arbeitslosen Leute.

Wenn ich   Bürgermeister(in) wäre . . .
               Bürgermeister(in) von New York City
               Bürgermeister(in) von L.A.
               Bürgermeister(in) von _____?_____

im Stadtrat (*city council*)
Mitglied einer Bürgerinitiative
Politiker(in)
?

1. (nicht) viel über meine Stadt wissen
2. den Leuten alles erlauben
3. neue Industrien in die Stadt bringen
4. für Gleichberechtigung kämpfen
5. (nicht) nur halbtags arbeiten
6. für die arbeitslosen Leute sorgen
7. viele Cafés, Diskos und Kneipen aufmachen
8. viel reisen
9. in einer schönen eleganten Villa wohnen
10. viele Volksfeste für die Stadt planen
11. (nicht) alle Fragen der Bürger beantworten
12. Demonstrationen organisieren
13. weniger Zeit mit Diskussionen verbringen
14. ein gemütliches kleines Ferienhaus in den Alpen kaufen

 Rollenspiel. Machen Sie eine Liste von Argumenten für und gegen die Idee von „Beruf und Kind". Dann spielen Sie die Rollen von zwei Studenten, die zu heiraten planen und dann in einer Diskussion in ihrem Soziologiekurs herausfinden, daß beide völlig verschiedene Meinungen zu diesem Thema haben!

A	B
Wenn wir Kinder hätten, müßtest du . . .	Das wäre doch Unsinn!
	Wir könnten doch . . .
Ich bliebe . . .	Das tätest du nicht!
?	?

BAUSTEIN 3

TALKING ABOUT HYPOTHETICAL SITUATIONS

Subjunctive of irregular verbs

RAUCHEN

SITUATION
Rauchen
gefährdet
die
Gesundheit.

Doris möchte Max überzeugen, das Rauchen in der Öffentlichkeit aufzugeben.

DORIS   Du, Max, das Rauchen ist in diesem Gebäude verboten. Du solltest aufhören . . .

MAX   Was, hier auch? Bald wird man als Raucher gar keine Rechte mehr haben. Das fändest du doch auch nicht gut, oder?

DORIS   Na ja, es käme darauf an. Aber für deine Gesundheit hielte ich es auf alle Fälle für gut, wenn du . . .

MAX   Ja, ja, ich weiß. Wenn ich nicht mehr rauchen würde, ginge es mir besser. Und ja, der Umwelt auch. Ich wünschte nur,[2] es gäbe nicht so viele Gesetze . . .

---

die Öffentlichkeit   public (place)   **in der Öffentlichkeit**   in public

---

[2] In expressing wishes, **ich wünschte** and **ich wollte** are always followed by a sentence in the subjunctive or **würde** + infinitive.

Struktur

The present-time subjunctive of irregular verbs is formed by adding the following endings to the past-tense stem.[3] An umlaut is added to verbs with the stem vowels **a, o,** or **u**.

Subjunctive of **bleiben**	
ich bliebe	wir blieben
du bliebest	ihr bliebet
er/sie/es bliebe	sie blieben
Sie blieben	

Subjunctive of **kommen**	
ich käme	wir kämen
du kämest	ihr kämet
er/sie/es käme	sie kämen
Sie kämen	

The endings **-est** and **-et** are often contracted to **-st** and **-t: bliebest** $\longrightarrow$ **bliebst; bliebet** $\longrightarrow$ **bliebt**.

Schritte zur Kommunikation

A. **Was täten Sie?** Die Studenten in einem Soziologiekurs diskutieren darüber, wie sie auf verschiedene Situationen reagieren würden. Was antworten die folgenden Personen auf die Frage: „Was täten Sie, wenn Ihre Frau berufstätig sein wollte"?

BEISPIEL Erik: (das) einfach nicht gehen
Das ginge einfach nicht.
Jens: dagegen sprechen
Ich spräche dagegen.

Was täten Sie, wenn Ihre Frau berufstätig sein wollte?

1. Ulf: (das) für meine Frau verboten sein
2. Matthias: (das) darauf ankommen
3. Bruno: es natürlich gut finden
4. Walter: damit einverstanden sein
5. Benno: es als meine Aufgabe sehen, im Haushalt zu helfen
6. Ralf: (es) keine Probleme geben

Was täten Sie, wenn Ihr Mann keinen Beruf hätte und Hausmann sein wollte?

7. Nina: ihn sofort verlassen
8. Hedwig: auch zu Hause bleiben

---

[3] The subjunctive forms of the verbs **helfen (hülfe), sterben (stürbe),** and **(ver)stehen ([ver]stünde)** are rarely used. Instead, the **würde**-construction is used: **würde helfen, würde sterben, würde stehen.**

9. Dagmar: (das) zu weit gehen
10. Eva: (das) mir sehr gefallen
11. Adelheid: zum Mittagessen nach Hause kommen
12. Karin: das für eine tolle Idee halten
13. Jutta: direkt zum Rechtsanwalt gehen

see ya later

B. **In der Öffentlichkeit.** Stellen Sie sich vor, Ihr Stadtrat (*city council*) würde die folgenden Gesetze vorschlagen. Wählen Sie von der Liste möglicher Reaktionen und erzählen Sie, was Sie darauf sagen oder tun würden. Geben Sie Gründe für Ihre Reaktion.

BEISPIEL „Es ist verboten, in der Öffentlichkeit zu rauchen".
Das fände ich angenehm.
Das würde ich angenehm finden.

sich umziehen
dort trotzdem ein Picknick machen
mit dem Fahrrad fahren
vor (*of*) Hunger sterben
das Lokal um halb 9 verlassen
weniger ausgehen und mehr Sport treiben
es (un)angenehm finden
eine Bürgerinitiative organisieren
trotzdem später zu Hause ankommen
den „State Senator" anrufen

das für eine tolle (blöde) Idee halten
aufgeben
nicht in dieser Stadt bleiben
das brutal (phantastisch/ altmodisch/unmöglich) finden
damit (nicht) einverstanden sein
mit einem Motorrad auf den Rasen (*lawn*) des Bürgermeisters fahren
das mir (nicht) gefallen
?

1. „Am Wochenende sind keine Autos mehr im Stadtzentrum erlaubt".
2. „Hunde und Katzen dürfen nicht mehr auf der Straße sein".
3. „Alle jungen Menschen unter 21 Jahren müssen während der Woche um 10 Uhr abends zu Hause sein".
4. „Es ist verboten, im Stadtpark zu essen und zu trinken".
5. „Keine Rock-Konzerte dürfen in dieser Stadt stattfinden".
6. „Motorräder sind auf den Straßen verboten".
7. „Diskotheken und andere Lokale, wo sich junge Leute treffen, müssen um 9 Uhr abends zumachen".
8. „Man darf keine Schnellrestaurants mehr bauen, und die alten müssen zumachen".
9. „Man darf in der Öffentlichkeit keine Jeans tragen".
10. „Jeder muß wenigstens zwei Fremdsprachen lernen".

*R*ollenspiel. Stellen Sie sich vor, Sie sind in einer Situation, wo Sie jemanden überzeugen wollen, etwas nicht zu tun. Sie möchten höflich und freundlich bleiben, aber auch nicht Ihre Meinung darüber ändern. Wählen Sie eines der folgenden Themen und machen Sie eine Liste von Argumenten dafür und dagegen. Dann spielen Sie die Rollen dieser zwei Leute, die Meinungsverschiedenheiten haben. Benutzen Sie den Konjunktiv (*subjunctive*) so oft wie möglich, um Wünsche und Vorschläge auszudrücken.

Themen: das Rauchen in der Öffentlichkeit; Getränke in Wegwerfdosen; eine Frau als Präsidentin Ihres Landes; das Tempo-Limit auf den Autobahnen; ?

BAUSTEIN 4

MAKING HYPOTHETICAL STATEMENTS ABOUT PAST EVENTS

Past-time subjunctive

SITUATION Zwei Nachbarn treffen sich auf der Straße.

Juraseks haben in der Lotterie gewonnen!

HERR FÄCHER	Tag, Frau Detmer! Haben Sie gesehen, was für ein Auto die Juraseks fahren? So'nen teuren Mercedes, also nein, das ist ja 'ne Sache . . .
gigantic sum FRAU DETMER	Die haben doch in der Klassenlotterie eine Riesensumme° Geld gewonnen, haben Sie das nicht gehört?
HERR FÄCHER	Das darf doch nicht wahr sein! Also, mit dem Geld hätt' ich aber was ganz anderes gemacht. Nee, sich so'n Auto zu kaufen . . .
FRAU DETMER	Ja, Herr Fächer, dann sagen Sie mal: Was hätten Sie denn mit so viel Geld machen wollen?
HERR FÄCHER	Na, ich hätt' erst was auf die Bank gebracht, dann wär' ich mal nach Amerika gefahren . . .

---

die Sache, -n matter; event; issue; thing
Das ist eine Sache! That's really something!

Struktur

The past-time subjunctive consists of the subjunctive forms of **haben** or **sein** plus the past participle of the main verb.

Ich **hätte** das **gewußt**.   *I would have known that.*
Sie **wären** berufstätig **geblieben**.   *They would have remained employed.*

The double-infinitive construction is used for modal verbs.

Du **hättest** das nicht erlauben **sollen**.   *You shouldn't have allowed that.*
Wir **hätten** im Café nicht rauchen **können**.   *We wouldn't have been able to smoke in the café.*

The past-time subjunctive is used for the same language functions as the present-time subjunctive, except that it refers to past events:

● For making wishes or for expressing regrets.

Wenn wir nur dagegen **gesprochen hätten**!   *If only we had spoken against that!*
Ich wünschte, ich **wäre** dabei **gewesen**.   *I wish, I had been along.*

● For making hypothetical statements or comments about a past event that did not take place. In this context, the past-time subjunctive is equivalent to the English *would have* + participle.

Das **wäre** schrecklich **gewesen**!   *That would have been terrible.*
Das **hätte** nie passieren **sollen**.   *That never should have happened.*

● In contrary-to-fact *if/then* (*conditional*) statements.

Wenn wir besser **geplant hätten**, **wäre** das nie **passiert**.   *If we had planned better, that never would have happened.*
Wenn ich in der Lotterie **gewonnen hätte**, **hätte** ich jetzt Geld!   *If I had won the lottery, I'd have money now!*

Schritte zur Kommunikation

A. **Wenn ich das gewußt hätte . . . !** Man muß Anika daran erinnern, daß es Vorschriften (*regulations*) dafür gibt, was in den Müll geworfen werden darf. Anika erklärt sofort, daß sie alles anders gemacht hätte, wenn sie die Vorschriften nicht vergessen hätte! Was sagt sie?

BEISPIEL   das gar nicht tun
       Ich hätte das gar nicht getan.

1. die Flaschen nicht in den Müll werfen
2. sofort (*immediately*) damit aufhören

3. nicht so faul sein
4. sie zum Glascontainer bringen
5. Dosen zum Recycling Center fahren
6. keine Einwegflaschen[4] kaufen sollen

B. **Zehn Jahre später.** Was wird Ihre Meinung über die Jahre an Ihrer Universität sein, wenn Sie zurückblicken (*look back on*)? Spekulieren Sie!

BEISPIEL   Es wäre besser gewesen, wenn ich mehr Kontakt zu den Professoren gehabt hätte.

	Vorschläge
Es wäre besser gewesen, wenn . . .	mehr Leute kennenlernen
Ich hätte es schöner gefunden, wenn . . .	das Mensaessen besser sein
	ein Stipendium bekommen
	ein schöneres Zimmer/ein angenehmeres Wohnheim finden
	mehr Seminare machen
	die Prüfungen leichter sein
	meine Freunde und ich öfter ausgehen
	meine Eltern nicht in der Nähe wohnen

C. **Und Sie?** Wenn Sie, wie die Juraseks, in der Lotterie gewonnen hätten, was hätten Sie mit dem Geld gemacht? Erklären Sie warum.

---

[4] Even though nonreturnable bottles (**Einwegflaschen**) are not as common in German-speaking countries as they are in the United States, all cities have now set up Glascontainer in many neighborhood sites in order to make recycling convenient.

Ich hätte auch einen großen Mercedes gekauft.

Das war schon immer mein Traum. Es gefiele mir, so ein Auto zu haben.

Vorschläge

1. auch einen großen Mercedes kaufen
2. anstatt eines Mercedes einen Porsche kaufen
3. eine Reise um die Welt machen
4. für das Studium sparen
5. das Geld auf die Bank bringen
6. die ganze Summe für eine humanitäre Sache (z.B. Greenpeace, Amnesty International) ausgeben
7. die Summe mit der Familie/Freunden teilen
8. ein Viertel/ein Drittel/die Hälfte davon . . . geben
9. damit . . . bezahlen sollen, aber das nicht tun

D. **Wie wär's gewesen; wie wär's heute?** Vervollständigen Sie die Sätze. Überlegen Sie sich, ob Sie Konjunktiv Präsens oder Konjunktiv Vergangenheit (*present-time or past-time subjunctive*) dafür brauchen.

BEISPIEL Wenn es in den 60er Jahren keine Frauenbewegung gegeben hätte, **hätte es keine neuen Gesetze gegeben.**

. . . , **gäbe es heute nicht „gleichen Lohn für gleiche Arbeit"!**

1. Wenn es keine Frauenbewegung gegeben hätte, . . .
2. Wenn man das Auto nicht entwickelt hätte, . . .
3. Wenn die Techniker das Fernsehen nicht entwickelt hätten, . . .
4. Wenn Karl Marx in dieser Generation geboren wäre, . . .
5. Wenn Alexander G. Bell das Telefon nicht entwickelt hätte, . . .
6. Wenn die Brüder Wright Angst vor dem Fliegen gehabt hätten, . . .
7. Wenn Christopher Columbus Angst vor Wasser gehabt hätte, . . .
8. Wenn Levi Strauß die ersten Jeans nicht gemacht hätte, . . .
9. Wenn die Experten keine Computer entwickelt hätten, . . .
10. ?

PERSPEKTIVEN

Vor dem Lesen

1. Sie haben schon einige Gedichte (*poems*) gelesen. Jetzt lesen Sie eine Kurzgeschichte (*short story*). Was assoziieren Sie mit dem Wort „Tochter"? Was erwarten Sie von einer Geschichte, die den Titel „Die Tochter" hat?

BEISPIEL Eltern ⟶ Generationskonflikt

2. Welche Fragen haben Sie an den Text? Zum Beispiel, gibt es Unterschiede zwischen der Tochter und ihren Eltern?

3. Während Sie lesen, notieren Sie, . . .
   a. wann die Handlung stattfindet. (Handlung *plot, action*; stattfinden *to take place*)
   b. welche Tageszeiten genannt werden.
   c. ob es verschiedene Zeitrahmen (*time frames*) gibt und welche.
   d. wo die Handlung stattfindet.
   e. über welche anderen Plätze Sie hören.
4. Was etabliert der Autor im ersten Paragraphen?
   a. über Monika?
   b. über die Eltern?

Die Tochter

Abends warteten sie auf Monika. Sie arbeitete in der Stadt, die Bahnverbindungen° sind schlecht. Sie, er und seine Frau, saßen am Tisch und warteten auf Monika. Seit sie in der Stadt arbeitete, aßen sie erst um halb acht. Früher hatten sie eine Stunde eher° gegessen. Jetzt warteten sie täglich eine Stunde am gedeckten Tisch, an ihren Plätzen, der Vater oben, die Mutter auf dem Stuhl nahe der Küchentür, sie warteten vor dem leeren Platz Monikas. Einige Zeit später dann auch vor dem dampfenden° Kaffee, vor der Butter, dem Brot, der Marmelade. Sie war größer gewachsen als sie, sie war auch blonder und hatte die Haut,° die feine Haut der Tante Maria. „Sie war immer ein liebes Kind", sagte die Mutter, während sie warteten.

train connections

earlier

steaming

skin

In ihrem Zimmer hatte sie einen Plattenspieler, und sie brachte oft Platten mit aus der Stadt, und sie wußte, wer darauf sang. Sie hatte auch einen Spiegel° und verschiedene Fläschchen und Döschen, einen Hocker° aus marokkanischem Leder, eine Schachtel Zigaretten.

mirror   stool

Der Vater holte sich seine Lohntüte° auch bei einem Bürofräulein. Er sah dann die vielen Stempel° auf einem Gestell,° bestaunte° das sanfte Geräusch° der Rechenmaschine, die blondierten Haare des Fräuleins, sie sagte freundlich „Bitte schön", wenn er sich bedankte.

pay envelope
stamps   rack   admire
noise, sound

Über Mittag blieb Monika in der Stadt, sie aß eine Kleinigkeit, wie sie sagte, in einem Tearoom. Sie war dann ein Fräulein, das in Tearooms lächelnd Zigaretten raucht. Oft fragten sie, was sie alles getan habe in der Stadt, im Büro. Sie wußte aber nichts zu sagen.

Dann versuchten sie wenigstens, sich genau vorzustellen, wie sie beiläufig° in der Bahn ihr rotes Etui mit dem Abonnement° aufschlägt und vorweist,° wie sie den Bahnsteig° entlang geht, wie sie sich auf dem Weg ins Büro angeregt° mit Freundinnen unterhält, wie sie den Gruß eines Herrn lächelnd erwidert.°

casually   monthly pass
show   train, platform
lively, animated
reciprocates

Und dann stellten sie sich mehrmals vor in dieser Stunde, wie sie hereinkommt, die Tasche und ein Modejournal unter dem Arm, ihr Parfüm; stellten sich vor, wie sie sich an ihren Platz setzt, wie sie dann zusammen essen würden. Bald wird sie sich in der Stadt ein Zimmer nehmen, das wußten sie, und daß sie dann wieder um halb sieben essen würden, daß der Vater nach der

Arbeit wieder seine Zeitung lesen würde, daß es dann kein Zimmer mehr mit Plattenspieler gäbe, keine Stunde des Wartens mehr. Auf dem Schrank stand eine Vase aus blauem schwedischem Glas, eine Vase aus der Stadt, ein Geschenkvorschlag aus dem Modejournal.

„Sie ist wie deine Schwester", sagte die Frau, „sie hat das alles von deiner Schwester. Erinnerst du dich, wie schön deine Schwester singen konnte".

„Andere Mädchen rauchen auch", sagte die Mutter.

Sie wird auch heiraten, dachte er, sie wird in der Stadt wohnen.

Kürzlich° hatte er Monika gebeten:° Sag mal etwas auf französisch".— Recently requested

„Ja", hatte die Mutter wiederholt, „sag mal etwas auf französisch". Sie wußte aber nichts zu sagen.

Stenographieren kann sie auch, dachte er jetzt. „Für uns wäre das zu schwer", sagten sie oft zueinander.

Dann stellte die Mutter den Kaffee auf den Tisch. „Ich habe den Zug gehört", sagte sie.

Peter Bichsel

Fragen zum Text

1. What picture do you get of the parents? Look for words or phrases that provide information about them.
2. What picture do you get of Monika? What is her job? What are her interests? What does she look like?
3. What picture do the parents have of Monika? What do you infer from that? For example, do they have a realistic picture of what their daughter is like? Why or why not?
4. What might be the significance of the **Plattenspieler, Fläschchen** and **Döschen, Hocker aus marokkanischem Leder, Zigaretten** and **Vase aus blauem schwedischen Glas**?
5. What is the mood of the story? What is your response to it (i.e., what feelings does it invoke in you? What associations does it have to your own experiences?)
6. List three themes that you perceive in the story.
7. Give two sentences from the text that you perceive to be the key to understanding what the author might have intended with the story.
8. What more would you like to have in the story? (e.g., more description of . . . , more detail about . . .)
9. What expectations that you had before reading the text were met, which ones were not? What questions do you still have?

Nach dem Lesen

1. Schreiben Sie in einem Paragraphen (5–6 Sätze) die Geschichte weiter, damit sie ein anderes Ende hat. Beginnen Sie mit „Ich habe den Zug gehört", sagte die Mutter.
2. Machen Sie aus der Kurzgeschichte ein Theaterstück (*play*).

Land und Leute ✦ ✦ ✦ ✦ ✦

Die Schweiz: ein Bild der jungen Generation

punctuality precision
thrift

Viele Nichtschweizer und auch Schweizer sehen Pünktlichkeit,° Genauigkeit,° Sparsamkeit° und Arbeitsdisziplin als typisch schweizerische Charakteristiken. Nur so kann man es erklären, daß die Schweiz das reichste Land der Welt wurde. Eine neue Studie über Schweizer Jugendliche zwischen 20–26 zeigt

flux

aber, daß dieses Bild im Wandel° ist.

Schweizer Jugendliche

Über 90% der Jugendlichen sagten, daß sie mit der Arbeit, die sie im Moment machen, zufrieden sind. „Zufrieden" hat aber wenig mit materiellen Prioritäten wie Karriere und Gehalt zu tun, sondern mit innerer Befriedigung°

satisfaction
toward

und einer positiven Arbeitsatmosphäre. Viele sind auch skeptisch gegenüber° großen, bürokratischen und hochtechnologischen Organisationen. Das folgende Profil zeigt das ideale Persönlichkeitsbild der Befragten, d.h. das, was sie für wichtig im Leben halten.

Wenn Arbeitsdisziplin und Geld nicht so wichtig sind, welche Probleme

occupy

beschäftigen° dann die Jugend?

Bereich *area*   Verhältnis *relationship*   heutige *current*
Entwicklungsländern *developing countries*
Missbrauch *abuse*

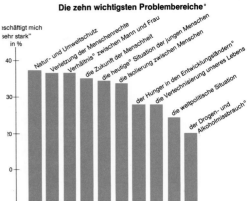

Die zehn wichtigsten Problembereiche°

›schäftigt mich
›ehr stark"
in %

Natur- und Umweltschutz
Verletzung der Menschenrechte
Verhältnis° zwischen Mann und Frau
die Zukunft der Menschheit
die heutige° Situation der jungen Menschen
die Isolierung zwischen Menschen
der Hunger in den Entwicklungsländern°
die Vertechnisierung unseres Lebens
die weltpolitische Situation
der Drogen- und Alkoholmissbrauch°

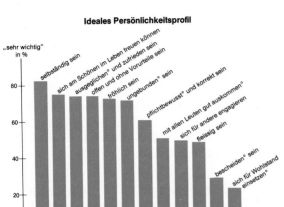

Ideales Persönlichkeitsprofil

„sehr wichtig"
in %

selbständig sein
sich am Schönen im Leben freuen können
ausgeglichen° und zufrieden sein
offen und ohne Vorurteile sein
fröhlich sein
ungebunden° sein
pflichtbewusst° und korrekt sein
mit allen Leuten gut auskommen°
sich für andere engagieren
fleissig sein
bescheiden° sein
sich für Wohlstand einsetzen°

ausgeglichen *well-balanced*   ungebunden *independent*
bewusst *conscious*   auskommen *get along with*
bescheiden *modest*   einsetzen *get ahead materially*

wealth   Diese Studie zeigt: die Schweizer von heute interessieren sich für mehr als Arbeit und Reichtum.° Die junge Generation geht ihren eigenen Weg, was natürlich das Bild ihres Landes ändern wird.

SYNTHESE

A. **Partnerarbeit: Junge Schweizer—junge Amerikaner: ein Vergleich.**
Schauen Sie sich das „Ideale Persönlichkeitsprofil" und „Die zehn wichtigsten Problembereiche" noch einmal an. Dann machen Sie eine Liste für (1) sich selbst und für (2) Ihre Generation junger Amerikaner. Was wären die Unterschiede? (1 = am wichtigsten, 10 = am unwichtigsten)

	Für Mich	Für Meine Generation
Ideales Persönlichkeits-Profil Die 10 Wichtigsten Problembereiche		

B. **Wie reagieren Sie?** Stellen Sie sich vor, zwei verschiedene Personen haben die folgenden Aussagen gemacht. Reagieren Sie auf jede Aussage zweimal, dementsprechend (*according to*) wer von den zwei Personen gesprochen hat. Sie dürfen natürlich anderer Meinung sein, aber unterstützen Sie Ihre Meinung.

BEISPIEL „Nichtraucher haben kein Recht, den Rauchern zu sagen, was sie tun dürfen". (der Präsident einer Tabakfirma; ein 12-jähriger Junge, der raucht)

Es kommt darauf an. In der Öffentlichkeit sollte das Rauchen verboten sein. Nichtraucher haben das Recht, gegen schlechte Luft zu sein.

Ich stimme damit absolut nicht überein. Du mußt einfach an deine Gesundheit denken. Ich weiß, du bist noch sehr jung und denkst nicht an die Zukunft. Aber du mußt den Ärzten glauben, wenn sie sagen, daß Zigaretten ungesund sind.

1. „Alkoholtrinken ist gefährlich—besonders für unsere Jugend. Es sollte jungen Leuten unter 21 verboten sein zu trinken. Alkoholtrinken ist keine Kindersache". (Ihre Eltern: ein 21-jähriger Freund)

2. „Was wollen die Leute, die sich für die Umwelt engagieren, damit erreichen, wenn sie die chemische Industrie kritisieren? Chemikalien haben doch oft nur Vorteile. Sie haben unser Leben verbessert. Ohne Chemikalien wäre das moderne Leben, wie wir es kennen, unmöglich". (ein Chemieprofessor; die Rechtsanwältin für SANDOZ)[5]

3. „Die Warnungen auf den Zigarettenreklamen geben den falschen Eindruck, daß Rauchen lebensgefährlich ist. Ich habe, seitdem ich mich erinnern kann, 3 Päckchen pro Tag geraucht, und ich bin gesünder als die meisten 20-Jährigen". (ein 80-jähriger Onkel; ein Fernsehstar in einer Reklame)

4. „Obwohl es natürlich Gefahren gibt—wo gibt's die nicht?—ist die Atomkraft die beste und billigste Energiequelle. Wenn es dieses Atomkraftwerk nicht gäbe, wären viele Leute in dieser Stadt arbeitslos". (Ein Mitarbeiter eines Atomkraftwerks; ein Politiker)

5. „Klar, viele Frauen müssen berufstätig sein. Aber wenn sie nur arbeiten, weil es ihnen Spaß macht, und ein Mann, der eine Familie unterstützen muß, aus diesem Grund keinen Arbeitsplatz hat—das finde ich falsch". (Eine Frau, deren Mann jetzt arbeitslos ist; eine 14-Jährige)

6. „Eine Fremdsprache müßte an allen Universitäten Pflichtfach sein". (Eine Deutschprofessorin; der Direktor einer internationalen Firma)

---

[5] A large Swiss pharmaceutical and chemical firm responsible for a catastrophic chemical spill in the Rhine in 1986.

Hören wir zu!

Als Kandidatin verspreche ich . . . Hören Sie einer Kandidatin zu, die während einer politischen Kampagne ein Gast auf einer Radio-Talkshow ist. Wie steht sie zu den Problemen und Fragen der Bürger? Kreuzen Sie an, wofür oder wogegen sie ist.

	Sie ist dafür.	Sie ist dagegen.
die neue Autobahn		
ein neues Bauprogramm		
das Sanierungsprojekt in der Altstadt		
die Informationskampagne für Frauen		

AKTIVER WORTSCHATZ 2

Substantive

der Junge, -n, -n	boy
das Mädchen, -	girl
die Öffentlichkeit	public (place)
in der Öffentlichkeit	in public, in a public place
die Sache, -n	matter; event; issue, thing
(die) Frauensache	women's business
(die) Männersache	men's business
der Unfall, ¨ e	accident

Verben

(sich) ändern	to change

(sich) engagieren für	
erklären	to explain
erlauben	to allow, permit

Andere Wörter

halbtags	part-time
meistens	mostly, most of the time
sonst	otherwise

Besondere Ausdrücke

es geht (nicht)	it will (won't) work
Das ist eine Sache!	That's something else!

BERLIN
TUT
GUT

EINS UND ALLES.
ENTDECKEN SIE DAS GROSSE, WIEDERVEREINIGTE BERLIN

Aus der Presse und Literatur

Kommunikationsziele	Expressing incredulity and surprise
	Expressing opinions and reactions
	Describing the weather
	Describing events and activities
	Writing about past events
	Describing and following procedures
	Reading literature
Bausteine	Passive voice
	Passive-voice tenses: simple past
	Passive-voice tenses: present perfect
	Passive voice vs. participial adjectives
Land und Leute	Berlin
	Das neue Europa

EINFÜHRUNG

Überregionale und lokale Nachrichten

Lesen Sie die Nachrichten aus verschiedenen deutschen Zeitungen kurz durch, um die wichtigste Information jedes Textes herauszufinden.

Überregionale Kurznachrichten

Nachrichten »in«, Talkshows »out«

München (AP). Die liebsten Fernsehsendungen der Deutschen sind laut einer Umfrage der Zeitschrift »Bild + Funk« nicht Spielfilme oder Krimis, sondern Nachrichten (71 Prozent). Nur geringes Zuschauerinteresse verzeichneten die Meinungsforscher für Musikshows, Talkshows und amerikanische Serien.

1

Optimismus in Ost und West

Bonn (AP). Die Jugend in Ost und West blickt trotz unterschiedlicher Interessen optimistisch in die Zukunft. Wie aus einer Umfrage des Computerkonzerns IBM hervorgeht, haben nur 23 Prozent der jungen Generation in Deutschland Angst vor der Zukunft. Umweltschutz und Wiedervereinigung waren die Haupt-Themen.

2

München (AP). Die Bundesbürger haben keine Zeit für den Büroschlaf. Nach einer Umfrage des Instituts für Demoskopie in Allensbach vertritt nur noch jeder vierte Bürger die Meinung, der gesündeste Schlaf sei der im Büro. Eine besonders deutliche Absage erteilten dem Nickerchen im Büro die Beamten.

3

Läuferfeld Unter den Linden während des ersten Gesamtberliner Marathons.

Start frei zum großen Rennen durch die Stadt

Heute ist Marathon-Tag. Pünktlich um neun Uhr beginnt das Rennen vor dem Brandenburger Tor. Man erwartet die Schnellsten nach 2:10 Stunden an der Gedächtniskirche, die Letzten werden wahrscheinlich kurz nach 14 Uhr das Ziel passieren. Nach London und New York ist Berlin der drittgrößte Marathon. Die 15 198 Teilnehmer—erzählen die Organisatoren mit Stolz—kommen aus 59 Nationen.

320 000 friedliche Fans erlebten in Berlin »The Wall«

Berlin (dpa/AP). Etwa 320 000 friedliche Fans wohnten in der Nacht zum Sonntag der Aufführung der Rockoper »The Wall« auf dem Potsdamer Platz, ehemaligem Niemandsland zwischen Ost- und West-Berlin, bei. In dem Stück wurde der Fall der Mauer künstlerisch nachvollzogen. Am Schluß fiel eine riesige Wand aus 2500 Styroporblöcken in sich zusammen. Die Polizei sprach von einer Veranstaltung mit »Happening-Charakter«.

Favoriten: Wer wird gewinnen?

Achten Sie einmal auf die Startnummern dieser Läufer, die eine gute Chance haben:

1: Christoph Herle Bundesrepublik. Die deutsche Bestzeit 2:09:23.

3: Gabriel Kamau Kenya. Er hat die zweitbeste Zeit — 2:10:04. Im letzten Jahr war er Dritter.

4: Suleiman Nyambui Tansania — 2:14:12.

8: Eddy Hellebuyk Belgien — 2:13:45.

Fragen zum Text

1. Zwei der drei überregionalen Kurznachrichten haben Schlagzeilen, die andere wurde weggelassen (*was omitted*). Schreiben Sie für diese eine kurze aber effektive Schlagzile.
2. Ja oder nein? Ist die folgende Information in den Texten?
   a. Mehr 15- bis 40 jährige arbeitslose Frauen rauchen als Männer.
   b. Amerikanische Fernsehserien sind der Meinungsumfrage nach beliebt.
   c. Junge Leute sind optimistisch über die Zukunft.
   d. Tausende von Berlinern demonstrierten auf dem Potsdamer Platz, wo früher die Mauer stand.
   e. Berlin ist der größte Marathon in Deutschland.
3. Schreiben Sie neue Schlagzeilen für jede der drei Berliner Nachrichten.

FUNKTION

Zum Thema Presse kann man sagen:

Ich lese (nicht) regelmäßig Zeitung.	*I (don't) read the newspaper regularly.*
Ich abonniere (k)eine Zeitschrift/ Zeitung.	*I (don't) subscribe to a magazine/ newspaper.*
Ich lese hauptsächlich nur die Schlagzeilen (die Leserbriefe, lokale/überregionale Nachrichten).	*I mainly only read the headlines (letters to the editor, local/national news).*

Ungläubigkeit/Überraschung ausdrücken:

Das gibt's doch gar nicht!	*That can't be. No way!*
Kaum zu glauben!	*(That's) hard to believe!*
Quatsch!	*Rubbish! Nonsense!*
Merkwürdig!	*Strange (peculiar)!*
Pfui!	

So kann man auf Nachrichten reagieren:

Höchste Zeit!	*It's about time!*
Klasse!	*Terrific!*
So was passiert immer!	*Something like that always happens!*
Imponierend!	*Impressive!*
Das ist ja gräßlich (zu sensationell, einfach verrückt, schlimm, schade).	*That's terrible/horrible (too sensational, simply crazy, very bad, too bad).*

A. **Partnerarbeit: Wie man sich informiert.** Fragen Sie einen Studenten oder eine Studentin:

1. was für ihn oder sie am interessantesten (am wichtigsten) in einer Zeitung ist.
2. ob er oder sie regelmäßig Zeitung liest, und wenn ja, welche.
3. ob er oder sie die Zeitung oder das Fernsehen lieber hat, um sich über die Ereignisse der Welt zu informieren.
4. was die Vorteile und Nachteile von Zeitungen als Informationsmedium sind.
5. was die Vorteile und Nachteile vom Fernsehen als Informationsmedium sind.

B. **Merkwürdige, schockierende, interessante Ereignisse . . .** Reagieren Sie auf die folgenden Schlagzeilen, die in der **Bild-Zeitung**[1] gefunden wurden, mit den Ausdrücken in der Funktion auf Seite 422.

angry/encounters

Professor wird
böse°—zerstört Fernseher

UFOs im Schwarzwald: 6 amerikanische Touristen an Bord genommen. Weitere Begegnungen° erwartet

fell

Gräßlichster Tod des Jahres: Einbrecher fiel° in die Wurstmaschine

Killer-Bakterien töten 3 Schüler

sneezes

Hatschi! Mädchen niest° 155 Tage

Michael Jacksons Kopf in Flammen

dachshund/wasps

Konstanz: Dackel° gewann 1,5 Millionen im Lotto

Horror-Wespen° stechen 100 000 Deutsche Hunderte im Krankenhaus Viele in Lebensgefahr

frozen

Poststreik: Keine Briefe/Pakete zu Weihnachten?

Schnee: Müllmann im Stehen erfroren°!

own/barricades

Frau stirbt an Elektroschock vom Haartrockner--Besitzen° Sie auch ein gefährliches Modell?

Der Smog Straßensperren° Chaos wie im Krieg

---

[1] **Bild-Zeitung** is one of a number of tabloids (**Boulevard Zeitungen**), whose mass appeal comes from their sensational headlines, splashy print, and heavy emphasis on scandal, catastrophe, sex, and sports.

C. **Das Wetter heute; das Wetter morgen.** Stellen Sie sich vor, Sie arbeiten im Pressedienst. Schreiben Sie einen „offiziellen" Wetterbericht für Ihren Bundesstaat (*state*). Zeichnen Sie auch eine Wetterkarte dafür. Benützen Sie die Wetterkarte unten als Beispiel und auch das Wettervokabular auf Seite 425.

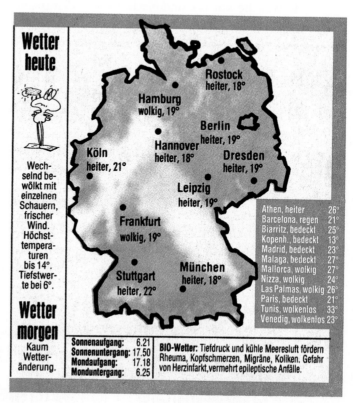

AKTIVER WORTSCHATZ 1

Für das Wetter

Substantive

der Frost	*frost*
das Gewitter, -	*thunderstorm*
(der) Grad	*degree*
der Himmel	*sky*
der Regen	*rain*
der Schauer, -	*shower*
der Schnee	*snow*
der Smog	
die Temperatur, -en	

Verben

erwarten	*to expect*
gewinnen, gewann, gewonnen	*to win*
hoffen	*to hope*
stehlen, stahl, gestohlen, stiehlt	*to steal*

Andere Wörter

hauptsächlich	*mainly, main*
(un)regelmäßig	*(ir)regularly, (ir)regular*

Für Richtungen

der Norden	north		der Süden	south
der Osten	east		der Westen	west

Ausdrücke

Es blitzt.	There's lightning.
Es donnert.	It's thundering.
Es regnet.	It's raining.
Es schneit.	It's snowing.

Andere Wörter

naß	wet
neblig	foggy
schwül	humid
sonnig	sunny
trocken	dry
windig	windy

Anderer Wortschatz

die Aufführung, -en	performance
der Einbrecher, -	burglar
das Ereignis, -se	event, occurrence
die Schlagzeile, -n	headline
die Zeitschrift, -en	magazine
das Ziel, -e	goal

And don't forget:
Funktion, Seite 422

Berlin mit seinen zwei Zentren

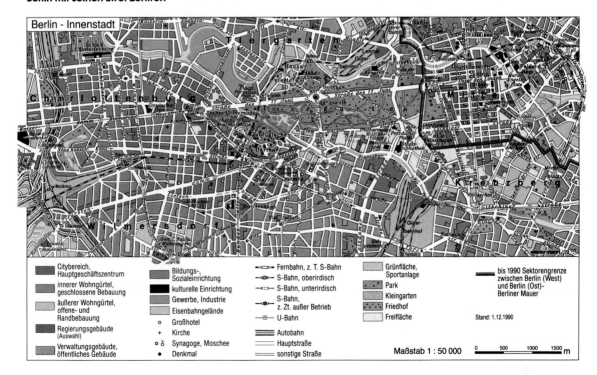

Berlin - Innenstadt

Legend:

- Citybereich, Hauptgeschäftszentrum
- innerer Wohngürtel, geschlossene Bebauung
- äußerer Wohngürtel, offene- und Randbebauung
- Regierungsgebäude (Auswahl)
- Verwaltungsgebäude, öffentliches Gebäude
- Bildungs-, Sozialeinrichtung
- kulturelle Einrichtung
- Gewerbe, Industrie
- Eisenbahngelände
- o Großhotel
- + Kirche
- ⚬ ☾ Synagoge, Moschee
- • Denkmal
- Fernbahn, z. T. S-Bahn
- S-Bahn, oberirdisch
- S-Bahn, unterirdisch
- S-Bahn, z. Zt. außer Betrieb
- U-Bahn
- Autobahn
- Hauptstraße
- sonstige Straße
- Grünfläche, Sportanlage
- Park
- Kleingarten
- Friedhof
- Freifläche
- bis 1990 Sektorengrenze zwischen Berlin (West) und Berlin (Ost)- Berliner Mauer
- Stand: 1.12.1990

Maßstab 1 : 50 000

0   500   1000   1500 m

Land und Leute ✦ ✦ ✦ ✦ ✧

Berlin

1486   ■ Die Dynastie von Brandenburg/Preußen wählt Berlin—7000 Einwohner°—als ihre Residenz. Unter dieser Dynastie wird Berlin später die Hauptstadt° des Königreichs Preußen.°

inhabitants
capital   *kingdom of Prussia*
emperor

1871   ■ Ein preußischer König, Wilhelm I., wird der Kaiser° des Zweiten Deutschen Reiches, und Berlin wird die Hauptstadt der jungen Nation.

1945   ■ Sowjetische, amerikanische, französische und britische Soldaten besetzen° Deutschland und Berlin. Vor dem Krieg hat Berlin 5 Millionen Einwohner, aber jetzt hat die mehr als 60% zerstörte Stadt nur 2,8 Millionen.

occupy

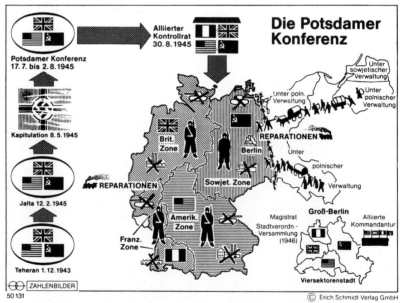

division   1948   ■ Die politische und ökonomische Teilung° der Stadt wird langsam Realität. Die Sowjetunion blockiert die Transitwege zwischen West-Berlin und der Bundesrepublik. Während dieser Blockade, die zehn Monate dauert, erhalten° die Amerikaner und Engländer Berlin durch die Luftbrücke° am Leben.

keep alive
airlift

suppresses   1953   ■ Am 17. Juni unterdrückt° das Regime und die sowjetische Armee eine politische Revolte in Ost-Berlin und der DDR.

1961   ■ Seit 1949 existieren zwei deutsche Staaten und die drei Sektoren West-Berlins bilden eine Insel in der Mitte der DDR. Für die meisten DDR-Bürger, die ihren Staat verlassen, ist die offene Grenze° zwi-

border

schen Ost- und West-Berlin der beste Weg in den Westen. Am 13. August schließt die DDR diesen letzten Weg durch den Bau° der Berliner Mauer. Berlin ist jetzt eine physisch geteilte Stadt und bleibt ein Objekt internationaler Konfrontation.

1962 ◼ Nach dem Mauerbau werden in West-Berlin Arbeiter gebraucht, und eine Immigration aus dem Ausland beginnt. Zehntausende von Türken, z.B., kommen als Gastarbeiter nach Berlin, und innerhalb einiger Jahre sind fast 8% der Einwohner keine Deutschen, sondern Ausländer.

1984 ◼ Die 60er und 70er Jahre waren harte Zeiten für West-Berlin. Die Stadt verlor Arbeitsplätze und Menschen, aber endlich sieht man positive Trends: über 20.000 Westdeutsche ziehen nach Berlin, neue High-Tech-Firmen machen die Stadt zum Zentrum der westdeutschen Hochtechnologie, und die alternative Szene blüht.

1989 ◼ Die Mauer fällt.

1992 ◼ Für Berlin, jetzt 755 Jahre alt, beginnt eine neue Lebensphase: die alte neue Hauptstadt hat wieder eine Zukunft.

Der Dom in Berlin

BAUSTEIN 1

DESCRIBING EVENTS AND ACTIVITIES

Passive voice

Automarkt

Liebhaberauto. Metallic-schwarz. BMW 326 Cabrio°. Baujahr 83. 60 000 Km. Topzustand . 58 39 34 6

Gesucht. Alte Mercedes und Sportwagen. 48 28 52 0

Achtung. Ich kaufe Unfall-Autos, hole Altwagen ab. 39 78 06 8

cleaning

Reparatur und Reinigung°
Ihr Klavier wird mit Garantie repariert. Pianofabrik May. 77 51 00 1

Firma Walter putzt Fenster und wäscht Vorhänge.

steam

Teppiche und Möbel werden mit Dampf°-Vacuum-Extraktion gereinigt. 92 28 50 2

collector

Restauration. Firma Krassnig und Sturm restauriert Ihre antiken Möbel. 62 35 30 0, 9.00-17.00 Uhr.

Verloren
Am 25.9. gegen 17.30 Uhr, Damenquarzarmbanduhr im Tiergarten verloren. Guter Finderlohn. 36 13 98 0

lenses

Am 11.9. gegen 23.30 Uhr eine Leica M5 Kamera mit brauner Ledertasche und 3 Objektiven° in der U-Bahn Linie 1 oder Buslinie 60 verloren. Finderlohn garantiert. 86 15 63 5

Wo ist unsere Maja? 5 J. alte, sehr freundliche Siamkatze ist am 18.9. in der Nähe vom Bahnhof gegen 21.00 Uhr weggelaufen. Wir bitten den Finder, das Tier bei A. Paul, Hornbacherweg 41,

animal shelter

oder im Tierheim° Süd abzugeben . Gute Belohnung.

An-und Verkauf

ROLEX-UHREN
15% unter Neupreis. Neu! Nie getragen! Tel. 71 88 70 5

HÖCHSTPREISE FÜR
Altgold

werden sofort bezahlt.
Verlangen Sie unser kostenloses Informationsmaterial. 22 48 37 2

Sammler° kauft alte Porzellanpuppen und Teddybären. 34 83 59 6

Gebrauchte Fahrräder. Firma Krause bietet gebrauchte Peugeot, Hercules, Huffy u.a. Wir verkaufen nicht nur, wir reparieren auch. Spandauer Damm 34.

Baumarkt
Wochenendhäuser in allen Größen gebaut. Firma Frank 87 47 90 1.

Nicht genug Platz in der Küche? Wir lösen das Problem mit unseren modernen Schränken aus Österreich. Baufirma Goebbel, Ebertstr. 59.

---

der Wagen,- car, automobile   **ab·holen**   to pick up
reparieren   to repair   **gebraucht**   used
verlieren, verlor, verloren   to lose

Struktur

In active-voice sentences the subject performs the action described by the verb. In passive-voice sentences the subject is acted upon. Compare the following:

5 Millionen Deutsche lesen die Bild-Zeitung.

Die Bild-Zeitung **wird** von 5 Millionen Deutschen **gelesen**.

5 million Germans read the Bild-Zeitung.

The Bild-Zeitung is read by 5 million Germans.

You can see that in the passive voice attention is focused on the receiver of the action (**Bild-Zeitung**) rather than on the agent (**5 Millionen Deutsche**). In conversational German, the active voice is used more often. In technical writing, newspaper reports, and in descriptions of procedures, where an impersonal style is more appropriate, the passive voice is frequently encountered.

A. In English, the passive voice is formed with the verb *to be* and a past participle. In German the passive voice is formed as follows:

> present tense of **werden** + past participle

Das Jubiläum **wird** nächste Woche **gefeiert**.	*The anniversary is being celebrated next week.*
Gäste aus 50 Ländern **werden erwartet**.	*Guests from 50 countries are expected.*

B. The agent indicating *who* or *what* is performing the action in the sentence is often not stated.

Neue Wohnheime **werden** dieses Jahr **gebaut**.	*New dormitories are being built this year.*
Viele Wälder **werden zerstört**.	*Many forests are being destroyed.*

When the agent is stated, however, it is introduced by the dative preposition **von**.

Neue Wohnheime **werden vom** Staat **gebaut**.	*New dormitories are being built by the state.*

When the agent is an impersonal force, or when the agent describes the means by which something is brought about, the accusative preposition **durch** is used.

Viele Wälder **werden durch** den sauren Regen **zerstört**.	*Many forests are being destroyed by acid rain.*

C. Note the construction of the passive voice with modal verbs:

> modal verb + past participle of main verb + **werden**[2]

The passive with modals is used mainly in the present and simple past tenses.

Neue Wohnheime **sollen gebaut werden**.	*New dormitories are supposed to be built.*
Die Wälder **mußten** nicht **zerstört werden**.	*The forests did not have to be destroyed.*

---

[2] The past participle of a verb plus **werden** is also called the passive infinitive. Compare the following: active infinitive **kaufen** (*to buy*); passive infinitive **gekauft werden** (*to be bought*).

D. Active-voice sentences using the pronoun **man** are often used as equivalents for the passive voice.

Man tut das einfach nicht.

Das wird einfach nicht getan.

⎫
⎬
⎭   *That simply isn't done.*

The pronoun **man** is never used as an agent in a passive-voice sentence.

Schritte zur Kommunikation

A. **Kleine Anzeigen.** Bilden Sie Sätze im Passiv.

BEISPIEL   **Antike Möbel anbieten**
Antike Möbel werden angeboten.

Antike Möbel	anbieten
Neue Rolex-Uhren	kaufen
Alte Porzellanpuppen	suchen
Höchstpreise für Altgold	reparieren
Die Katze Maja	bauen
Fahrräder	lösen
Guter Finderlohn	abholen
Altwagen	garantieren

In Berlin ist immer etwas los!

Hier wird die internationale Presse verkauft.

B. **Was gibt's Neues?** Vervollständigen Sie die Auszüge (*excerpts*) aus verschiedenen Zeitungen.

abreißen	diskutieren
erwarten	erreichen
machen	töten

1. Schauer und Gewitter können diese Woche ＿＿＿＿＿ ＿＿＿＿＿.
2. Der „saure Regen" ＿＿＿＿＿ endlich ＿＿＿＿＿.
3. Jedes Jahr ＿＿＿＿＿ Tausende auf den Autobahnen durch Autounfälle ＿＿＿＿＿.
4. Die alte Fabrik soll ＿＿＿＿＿ ＿＿＿＿＿.
5. Durch Zusammenarbeit kann viel ＿＿＿＿＿ ＿＿＿＿＿.
6. Eine Studie zeigt, daß die meiste Hausarbeit immer noch von Frauen ＿＿＿＿＿ ＿＿＿＿＿.

C. **Und Sie als Journalist?** Stellen Sie sich vor, Sie sind Redakteur(in) (*editor*) einer Zeitung. Schreiben Sie zehn Schlagzeilen für Ereignisse (wahre oder lustige!) auf Ihrem Campus oder in Ihrer Stadt. Vergleichen Sie sie mit denen von anderen Studenten.

D. **Aus der Literatur.** Lesen Sie die zwei Texte laut vor. Dann beantworten Sie die Fragen zum Text.

Gespräch	es ist Krieg
Zwei Männer sprachen miteinander.	Rede an ein Vorschulkind (1960)

Gespräch

Zwei Männer sprachen
  miteinander.
Na, wie ist es?
bad   Ziemlich schief.°
Wieviel haben Sie noch?
Wenn es gut geht:
  viertausend.
Wieviel können Sie mir
  geben?
Höchstens achthundert.
die   Die gehen drauf.°
Also tausend.
taste   berries   Danke.
Die beiden Männer
  gingen auseinander.
Sie sprachen von
goat   Menschen.
Es waren Generale.
Es war Krieg.
    Wolfgang Borchert[3]

es ist Krieg

Rede an ein
  Vorschulkind (1960)

in unserem Haus
regnet es durch
trink nicht das
  Regenwasser
iß nicht den Schnee
vor unserem Haus
regnet es durch
nimm nicht das Gras
  zwischen die Lippen
koste° die Beeren° nicht

aber die Kuh frißt das
  Gras
aber die Ziege° frißt die
  Beeren
soll ich keine Milch
  trinken
soll ich kein Fleisch
  essen
soll ich sterben
wenn gar kein Krieg ist

es ist Krieg
attic   vom Dachboden° des
  Himmels
regnet der Krieg.
    Helga Novak[4]

1. In beiden Texten wird von Krieg gesprochen. Es sind aber zwei verschiedene „Kriege", die hier beschrieben werden. Was für einen Krieg meint Borchert, was für einen Novak?
2. Das Slang-Wort „draufgehen" wird anstatt „sterben" benutzt. Warum benutzt Borchert wohl dieses Wort? Ist das effektiver?
3. Welcher Text ist für Sie und Ihre Generation relevanter? Warum? Wie reagieren Sie auf beide Texte?

---

[3] Während seiner Armeezeit von 1941 bis 45 kam Borchert oft in große Schwierigkeiten, weil er den Krieg und den Nazistaat stark kritisierte. 1947 starb er in der Schweiz. Er war nur 25 Jahre alt.

[4] Helga Novak verbrachte ihre Jugend in der DDR und wohnt seit 1967 in Frankfurt am Main.

BAUSTEIN 2

WRITING ABOUT PAST EVENTS

Passive-voice tenses: simple past

Theater
Woyzeck. Premiere um 20.00 Uhr im Schillertheater.

Konzerte
Werke von Haydn. Berliner Philharmonie Orchester.
Leitung Claudio Abbado. 20 Uhr Philharmonie.

Filme
Tahiti wurde 1767 entdeckt, und dieser Dokumentarfilm
Tahiti (1987) zeigt, wie dieses Paradies in den letzten 200
Jahren ruiniert wurde. Seniorenclub, Spandauer Rathaus
19 Uhr.

Ausstellungen

ICH UND DIE STADT
Mensch und Großstadt
in der Deutschen Kunst
des 20. Jahrhunderts
Martin-Gropius-Bau
Bis 22.11.87 · Täglich 10 – 19 Uhr
Freitags 10 – 22 Uhr
Keine Verlängerung möglich

750
JAHRE
BERLIN
1987

---

entdecken to discover   **malen** to paint

Fragen zum Text

1. Was wird im Schillertheater gezeigt?
2. Was wird vom Berliner Philhamonie Orchester aufgeführt (*performed*)?
3. Wessen Bilder werden in der Neuen Nationalgalerie gezeigt?
4. Was würden Sie am liebsten besuchen, wenn Sie in Berlin wären?

Struktur

The simple-past tense of the passive voice is formed as follows:

> past tense of **werden** + past participle

Eine neues Restaurant **wurde gestern** in Bonn eröffnet.	*A new restaurant was opened yesterday in Bonn.*
Ballons **wurden** auf dem Fest **verkauft**.	*Balloons were sold at the festival.*

Remember that when a modal is used in a passive construction, the modal is in the simple-past tense.

Benzin mußte gespart werden.   *Gasoline had to be conserved.*

"Jede Zeitung, ist sie auch noch so klein, ist ein Stückchen Freiheit und Individualität"

Schritte zur Kommunikation

A. **So wurde es bei uns gemacht.** Peter soll einen Bericht für eine internationale Schülerzeitschrift über die Traditionen in seiner Familie schreiben. Helfen Sie ihm mit seinen Notizen.

BEISPIEL   jeden Sonntag einen Spaziergang machen
             Jeden Sonntag wurde ein Spaziergang gemacht.

1. alle Geburtstage immer groß feiern
2. den Geburtstagstisch festlich decken
3. nach dem Frühstück die Geschenke aufmachen dürfen
4. am Nachmittag die Freunde zu einer Party einladen
5. zweimal im Jahr eine Familienreise machen
6. ein kleines Häuschen in den Bergen mieten
7. alle Kinder und Haustiere mitnehmen
8. die Fotos und Dias (*slides*) dann das ganze Jahr lang allen Freunden zeigen!

B. **Und Sie?** Schreiben Sie einen ähnlichen Bericht über Ihre Familien-traditionen.

Vorschläge
zu Thanksgiving
zu Weihnachten/Chanukah
an den Wochenenden
am ersten Schultag
?

C. **Deutsche in Amerika.** Seit 1683 kommen deutsche Immigranten in die Vereinigten Staaten. Wählen Sie ein Verb von der Liste und bilden Sie Sätze, die die Beiträge (*contributions*) der folgenden Deutsch-Amerikaner beschreiben.

BEISPIEL   1848 Gold in Kalifornien/Johann August Sutter
1848 wurde Gold in Kalifornien von Johann August Sutter entdeckt.

entwickelt	gegründet (*founded*)	geführt (*led*)
gebaut	gemacht	gemalt
gestartet (*launched*)	angefangen	entdeckt

1642   die erste Bierbrauerei in den Kolonien/Eberhard Pels
1683   Germantown/Franz Pastorius
1777   amerikanische Truppen im Revolutionskrieg/Baron von Steuben
1836   eines der bekanntesten Luxushotels in New York City/Johann Jakob Astor
1848   Gold in Kalifornien/Johann August Sutter
1849   eine Optik-Firma/Johann Bausch und Heinrich Lomb
1853   die ersten Jeans/Levi Strauß
1853   die Steinway Klavierfabrik/Heinrich Steinweg
1869   eine Lebensmittelfirma/Heinrich Heinz
1887   die erste Schallplatte (*record*)/Emil Berliner
1953   die erste US-Rakete/Wernher von Braun
1958   das Seagram-Gebäude in New York City/Mies van der Rohe

D. **Partnerarbeit: Stimmt's oder stimmt's nicht?** Schreiben Sie ein Quiz mit richtigen und auch falschen Aussagen. Dann geben Sie es einem anderen Partnerteam zum Identifizieren und Korrigieren.

BEISPIEL   **Hawaii wurde 1868 von Capt. James Cook entdeckt. Stimmt nicht. Es wurde 1768 entdeckt.**
Vincent Van Goghs berühmtes Selbstporträt wurde 1890 gemalt. Stimmt.
Gestern wurden 4.575 Pizzas in der Mensa serviert.
?

BAUSTEIN 3

DESCRIBING PAST EVENTS

Passive-voice tenses: present perfect

KURZ BERICHTET

Stradivari-Violine in Erfurt entdeckt

violin maker

Eine Violine (Foto) des berühmten Geigenbauers° Anton Strativari (1644–1737) ist von einem Strassenbahnfahrer in Erfurt entdeckt worden. Der Fund überraschte Experten von der Musikhochschule in Weimar, die meinen, daß die Geige 1736 in der Strativari-Werkstatt gebaut worden ist.

Kaum zu glauben: Fahrer nur leicht verletzt

junk

a traffic light

Der blaue Porsche 928 ist nur noch Schrott°: In der Potsdamerstraße fuhr Rainer G. (31) mit seinem neuen Auto gegen eine Ampel°. Er: „Ich bin nur leicht verletzt worden, was bei dem Tempo kaum zu glauben ist. Nie wieder."

überraschen to surprise   **verletzen** to hurt

Struktur

A. The present-perfect tense of the passive voice is formed as follows:

> present tense of sein + past participle + **worden**[5]

---

[5] **Worden** is a contracted form of the participle **geworden**. It is used only in the passive voice.

Die Geige ist in der Stradivari-Werkstatt gebaut worden.	*The violin was built in the Stradivari workshop.*
Sie ist von einem Straßenbahnfahrer entdeckt worden.	*It was discovered by a streetcar driver on a streetcar.*

B. As in active-voice sentences, the simple past and the present perfect of passive-voice sentences are equivalent in meaning.

Der Schmuck **wurde** gestern **gestohlen**.	*The jewelry was stolen yesterday.*
Der Schmuck **ist** gestern **gestohlen worden**.	

In Berlin gibt es mehr als 200 S-und U-Bahnstationen.

Schritte zur Kommunikation

A. **Ein Einbrecher in der Nachbarwohnung.** Was wurde gesagt?

BEISPIEL   Von wem _____ alles _____ _____? (entdecken)
            Von wem ist alles entdeckt worden?

1. _____ von den anderen Nachbarn nichts Merkwürdiges _____ _____? (hören)
2. Man sagt, daß der Einbrecher von Frau Nettelbeck _____ _____ _____. (sehen)
3. Der Einbrecher _____ von ihr hinter dem Haus _____ _____. (überraschen)
4. _____ Frau Nettelbeck _____ _____? (verletzen)
5. Die Polizei berichtet, daß Winters' Möbel und Bilder _____ _____ _____. (zerstören)
6. Ihr Fernseher und Videorecorder _____ auch _____ _____. (stehlen)

B. **Was man nicht in der Zeitung liest!** Wem ist was passiert? Bilden Sie Sätze. Ein(e) andere(r) Student(in) reagiert darauf mit den Ausdrücken aus der Funktion auf Seite 422.

BEISPIEL **Bambi ist von der Polizei fotografiert worden.**
Bambi wurde von der Polizei fotografiert.
Was? Das gibt's doch gar nicht!

Mein(e) Zimmerkamerad(in)	auf dem Campus	verloren
Bambi	in meinem Zimmer	getötet
Ich	in der Mensa	verletzt
Unser(e) Professor(in)	in einem UFO	gehört
Die Titanic	in der Bibliothek	gesungen
Die Rolling Stones	von der Polizei	gefunden
Der (Die) Präsident(in)	von einem Popstar	gesehen
unserer Uni		
Deutsche Lieder	auf Tahiti	überrascht
Gold	in einem Unfall	entdeckt
Kakerlaken (*cockroaches*)	in einem Schneesturm	fotografiert
?	?	?

C. **Aus der Literatur.** Lesen Sie die folgende Geschichte von Franz Hohler. Dann beantworten Sie die Fragen zum Text.

Eine kurze Geschichte

Kommst du den Kindern noch gute Nacht sagen? rief die Frau ihrem Mann zu, als sie um acht Uhr aus dem Kinderzimmer kam.

Ja, rief der Mann aus seinem Arbeitszimmer, ich muß nur noch den Brief zu Ende schreiben.

Er kommt gleich, sagte die Mutter zu den Kindern, die beide noch aufgerichtet in ihren Betten saßen, weil sie dem Vater zeigen wollten, wie sie die Stofftiere angeordnet hatten.

Als der Vater mit dem Brief fertig war und ins Kinderzimmer trat, schliefen die Kinder schon.

Franz Hohler

---

1. Wählen Sie, welcher Satz wohl am besten die Pointe der Geschichte ausdrückt (*expresses*).
   a. Die Pflichten der Kindererziehung sollten von Vater und Mutter geteilt werden.
   b. Es ist traurig, daß dem Vater die Arbeit so wichtig ist, daß er keine Zeit für seine Kinder hat.
   c. Es ist verständlich (*understandable*), daß der Brief zu Ende geschrieben werden mußte, aber es ist schade, daß der Vater seinen Kindern nicht gute Nacht sagen konnte.
2. Stellen Sie sich jetzt vor: Es ist der nächste Abend, und es ist Zeit, daß die Kinder ins Bett gehen. Schreiben Sie Ihre Version von der nächsten Episode in dieser Familiengeschichte.

BAUSTEIN 4

DESCRIBING AND FOLLOWING PROCEDURES

Passive voice vs. participial adjectives

soft

broth

puree
zerdrücken *to mash*
umrühren *to stir*

schneiden, schnitt, geschnitten   to cut   **fertig**   finished, ready, done

Struktur

You have learned that the passive voice describes an activity or a process, that is, it expresses the act of doing something to the subject.

Das Museum **wurde** gestern
  früher **geschlossen**.

Die Wohnung **wird** von den
  Besitzern **verkauft**.

*The museum was closed earlier
  yesterday.*

*The apartment is being sold by the
  owners.*

When you want to express the condition or state of the subject that is the result of an activity or process, the past participle of a verb may be used as a predicate adjective after **sein**. The word **schon** is often present in sentences of this type to show that an action has been completed.[6]

Das Museum **war** gestern **geschlossen**.	*The museum was closed yesterday.*
Die Wohnung **ist** schon **verkauft**.	*The apartment is sold already.*

Schritte zur Kommunikation

A. **Kochvideo.** Larry schaut sich eine Vorführung (*demonstration*) der Dr. Oetker Kochschule (die Betty Crocker Deutschlands) an und macht sich Notizen. Sagen Sie auf englisch, was er geschrieben hat.

BEISPIEL   Das Fleisch wird dann in kleine Stücke geschnitten.
The meat is then cut into small pieces.

1. Zuerst werden die Kartoffeln gewaschen.
2. Wenn sie geschält sind . . .
3. . . . werden sie geschnitten.
4. . . . und ins kalte Wasser gegeben.
5. Fertig! jetzt sind sie gekocht!
6. Das Fleisch ist schon gegrillt.
7. Jetzt wird das Essen serviert . . .
8. . . . und von den hungrigen Gästen gegessen. Guten Appetit!

B. **Jetzt sind Sie in der Küche!** Demonstrieren Sie für die anderen Studenten, wie Sie Ihr Lieblingsgericht kochen. Es darf aber auch ein phantasievolles Gericht sein; d.h. etwas ganz Lustiges oder Merkwürdiges. Sie brauchen vielleicht die folgenden Wörter:

Kleines Kochlexikon

backen, backte, gebackt, bäckt	*to bake*
braten, briet, gebraten, brät	*to roast, fry*
grillen	*to grill, barbecue*
mischen	*to mix*
rühren	*to stir*
schälen	*to peel*
schlagen, schlug, geschlagen, schlägt	*to beat*
zu·bereiten	*to prepare*

---

[6] Note that the **sein** + participle construction occurs in the active voice.

PERSPEKTIVEN

Vor dem Lesen

1. Was erwarten Sie von einer Geschichte mit dem Titel „Volksgarten[7]"? Was assoziieren Sie mit diesem Wort?
2. Lesen Sie die ersten zwei Sätze der Kurzgeschichte. Welche Information bekommen Sie jetzt schon über die Hauptfiguren?
3. Was assoziieren Sie mit dem Wort „Ballon"?
4. Lesen Sie jetzt die Geschichte einmal durch. Notieren Sie in Stichwörtern (key words) das folgende:
   a. was wir über den Ballon hören.
   b. was wir über die Menschen hören.
      das erste Mädchen
      das zweite Mädchen
      die Erwachsenen (adults)
   c. wie sich Rosamundes Haltung gegenüber (attitude towards) den Ballons ändert.
      Anfang
      Mitte
      Ende
5. Lesen Sie jetzt die Geschichte ein zweites Mal und überlegen Sie sich, . . .
   a. was der Autor wohl damit sagen will.
   b. was Ihre eigenen Eindrücke (impressions) sind.

Im Volksgarten

„Ich möchte einen blauen Ballon haben! Einen blauen Ballon möchte ich haben"!

„Da hast du einen blauen Ballon, Rosamunde"!

Man erklärte ihr nun, daß darinnen ein Gas sich befände,° leichter als die atmosphärische Luft, infolgedessen° etc. etc.

is contained

therefore

„Ich möchte ihn auslassen°—"!

let go

„Willst du ihn nicht lieber diesem armen Mäderl° dort schenken"?!?

Austrian: Mädchen

„Nein, ich will ihn auslassen—"!

Sie läßt den Ballon aus, sieht ihm nach, bis er verschwindet° in den blauen Himmel.

disappears

„Tut es dir nun nicht leid, daß du ihn nicht dem armen Mäderl geschenkt hast"?!?

„Ja, ich hätte ihn lieber dem armen Mäderl geschenkt".

„Da hast du einen anderen blauen Ballon, schenk ihr diesen"!

---

[7] The **Volksgarten** is a large park in the city center of Vienna. The author of this story, Peter Altenberg (1859–1919), was an Austrian writer who depicted reality through impressions.

„Nein, ich möchte den auch auslassen in den blauen Himmel—"!
Sie tut es.

Man schenkt ihr einen dritten blauen Ballon.

Sie geht von selbst° hin zu dem armen Mäderl, schenkt ihr diesen, sagt: *on her own accord*
„Du lasse ihn aus"!

„Nein", sagt das arme Mäderl, blickt den Ballon begeistert° an.°   blickt . . . an *glances*   *with fascination*

Im Zimmer flog er an den Plafond,° blieb drei Tage lang picken,° wurde   *ceiling*   *stuck*
dunkler, schrumpfte ein, fiel tot herab als ein schwarzes Säckchen.

Da dachte das arme Mäderl: „Ich hätte ihn im Garten auslassen sollen,
in den blauen Himmel, ich hätte ihm nachgeschaut, nachgeschaut—"!

Währenddessen° erhielt das reiche Mäderl noch zehn Ballons, und ein-   *In the meantime*
mal kaufte ihr der Onkel Karl sogar dreißig Ballons auf einmal.° Zwanzig ließ   *all at once*
sie in den Himmel fliegen und zehn verschenkte sie an arme Kinder. Von da
an hatten Ballons für sie überhaupt° kein Interesse mehr.   *whatsoever*

„Die dummen Ballons—", sagte sie.

Und Tante Ida fand infolgedessen,° daß sie für ihr Alter ziemlich fortge-   *consequently*
schritten sei!°   *advanced*

Das arme Mäderl träumte: „Ich hätte ihn auslassen sollen, in den
blauen Himmel, ich hätte ihm nachgeschaut und nachgeschaut—"!

Peter Altenberg

Im Wiener Volksgarten

Fragen zum Text

1. In English, write a "response statement" in two paragraphs by answering
   the following questions.
   a. What do you think the story is about?
   b. What is your response to the story? What in the story shapes your feel-
      ings and perceptions? Share this statement with others in the class.

2. The author uses a lot of punctuation marks to emphasize statements and questions. Why?
3. We learn very little about the second girl. What effect does that have?
4. What questions do you still have about the story?

Land und Leute ✧ ✧ ✧ ✧ ✧

Das neue Europa

representatives

Im Jahr 1990 fanden überall in Europa Wahlen statt: die zwölf Länder der Europäischen Gemeinschaft (EG) wählten ihre Abgeordneten° zu dem Europa Parlament. Dieses internationale Parlament existiert eigentlich schon seit den 50er Jahren, aber erst 1979 durften die 320 Millionen Bürger der Mitgliedsstaaten direkt die Vertreter ihrer Länder wählen.

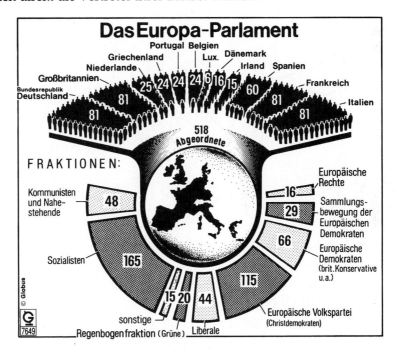

hostilities   *replace*

Das Europa-Parlament in Straßburg ist eine weitere wichtige Phase auf dem Weg zur europäischen Integration und Kooperation. Mit der Zerstörung im Zweiten Weltkrieg wuchs auch der europäische Wille, zusammenzuarbeiten, um solche Katastrophen in der Zukunft zu vermeiden. Alte Feindschaften° durch neue Freundschaften ersetzen°—so ein europäisches Denken führte auch zur Suche nach neuen internationalen Strukturen in Fragen der Politik, Wirtschaft und Kultur.

MACH' ES GUT FEST! ES IST NOCH EIN SEHR WACKELIGES GEBILDE!

EUROPA NACH 1992

ZEMENT

Die Abgeordneten des EG-Parlaments sind davon überzeugt, daß die Gemeinschaft für ein stabiles, sicheres und ökologisch-gesundes Europa notwendig ist. Obwohl die Gemeinschaft schon viel erreicht hat—z.B. die wirtschaftliche Union im Jahr 1992—gibt es immer noch viel zu tun. Wegen der harten Probleme von heute und der nationalen Interessen der zwölf Mitgliedsländer gibt es immer noch Hindernisse auf dem Weg zu einem vereinten Europa.

SYNTHESE

A. **Wer will mich kennenlernen?** Fast jede deutschsprachige Zeitung und Zeitschrift hat die Rubrik für Bekanntschaften (*personal ads*). Nehmen Sie das folgende als Beispiel und schreiben Sie eine Anzeige für sich oder eine(n) Freund(in).

B. **Schreiben Sie einen Zeitungsartikel!** Wählen Sie zwei von den Schlagzeilen aus der Bild-Zeitung auf Seite 423 und schreiben Sie passende Texte dazu.

is tired of
good-looking / guy

Rechtsanwältin, 27, sportlich, fröhlich, sexy (Hobbys Tanzen, Schwimmen, Tennis) sucht einen netten Freund bis 30 J. Zuschrift bitte mit Bild unter 8853.
Tarzan, 29, sucht **Jane** bis 35 J. Zuschrift unter 6670.

Frau, 36, hat Direktkontakte satt° und möchte einen netten, gutaussehenden° Typ° kennenlernen. Sollten Sie mir schreiben, dann bitte mit Bild. Unter 8962.
Er(63) relativ gut aussehend, kein Opatyp, sucht eine Frau mit Hirn, Herz und Humor. Ihr Brief mit oder ohne Bild unter 6792

C. **Pro und Contra.** Viele Zeitungen machen es den Lesern möglich, die eigene Meinung zu einem lokalen Thema auszudrücken. Wählen Sie ein Thema von Ihrem Campus oder Ihrer Stadt, das sehr kontrovers ist. Schreiben Sie dann einen Leserbrief (*letter to the editor*) an die Zeitung, in dem Sie Ihre Meinung argumentieren.

Hören wir zu!

Rufen Sie doch an! Die Wiener Kurier-Zeitung hat ein neues Service: Leser können anrufen, wenn sie Sorgen oder Ärger haben. Es wird dann versucht, ihnen zu helfen. Kreuzen Sie an, ob die folgenden Aussagen richtig oder falsch sind.

Das KURIER-Telefon
ist immer frei:

Sagen Sie uns, was Sie ärgert!

0 660 150

	RICHTIG	FALSCH
1. Der Sprecherin ist ein Autounfall passiert.	☐	☐
2. Die Straße, auf der der Unfall passiert ist, ist immer gefährlich, aber an diesem Tag war es noch schlimmer.	☐	☐
3. Die Sprecherin kennt die Person, mit der sie einen Unfall hatte.	☐	☐
4. Die Sprecherin mußte ins Krankenhaus gebracht werden.	☐	☐
5. Die Polizei wurde gerufen, und ein Protokoll (ein Bericht) wurde geschrieben.	☐	☐
6. Das Fahrrad konnte repariert werden.	☐	☐
7. Herr Krenz nimmt keine Verantwortung für den Unfall.	☐	☐

AKTIVER WORTSCHATZ 2

Substantive

der Wagen, -   *car, automobile*

Verben

ab·holen	*to pick up*
entdecken	*to discover*
malen	*to paint*
reparieren	*to repair*

schneiden, schnitt, geschnitten	*to cut*
überraschen	*to surprise*
verletzen	*to hurt*
verlieren, verlor, verloren	*to lose*

Andere Wörter

fertig	*finished, ready, done*
gebraucht	*used*
reich	*rich*

Appendices

Das Alphabet

Buchstabe	Name auf deutsch	Buchstabe	Name auf deutsch
a	ā	n	ĕn
b	bē	o	ō
c	tßē	p	pē
d	dē	q	kū
e	ē	r	ĕr
f	ĕf	s	ĕß
g	gē	ß	ĕßtßĕt
h	hā	t	tē
i	ī	u	ū
j	jŏt	v	fau
k	kā	w	wē
l	ĕl	x	īkß
m	ĕm	y	ūpßilŏn
		z	tßĕt

Kapitel 1: Aussprache

The German vowel system differs from the English system in significant ways. Some German vowel sounds do not exist in English; others are similar to English vowels but are pronounced in a slightly different way.

Tenseness—the amount of muscular energy given to the pronunciation of vowel sounds—is an important factor in learning to pronounce the German vowels. Generally, German vowels are pronounced with more muscular energy than English vowels, and they are not glided or diphthongized as are most English vowels. Compare, for example, the pronunciation of the German word **geht** with that of the English word **gate**.

A. To become familiar with the German vowel sounds and their most common spellings, listen to your instructor or the tape, and repeat the words below. Note that in stressed syllables German tense vowels are distinctly longer than their lax counterparts.

tense /i/   spielen die Sie Sabine Biologie wie Musik ihr nie Chemie

lax /ɪ/	Kind Bleistift Bild Professorin Studentin Studentinnen ist ich bitte nicht interessant finden wichtig zwanzig
tense /y/	Tür Bücher Stühle Physik
lax /ʏ/	fünf fünfzehn
tense /u/	du gut Buch Stuhl Kugelschreiber Fußball Student Musik
lax /ʊ/	null minus und Nummer unwichtig
tense /e/	zehn er der sehr geht Wiedersehen
tense /ɛ:/	Käse (*cheese*) Universität (*university*)
lax /ɛ/	gern es Herr Tennis schlecht selten lernen Fenster Wände Männer
tense /ø/	Französisch hören
lax /œ/	zwölf
tense /o/	Professor so Oper
lax /ɔ/	besonders Rockmusik oft Volleyball Golf Computerspiele
tense /ɑ:/	na ja Tag Fragen aber gar Tafel
lax /ɑ/	acht das was Volleyball Schach machen Mann danke Land
unstressed /ə/	reise gehe besonders Karten bitte aber lieber

B. Three German vowel sounds have a distinct glide. Pronounce the words after your instructor or the tape, noting the spelling of the vowel sounds.

/ae/   heißen eins Bleistift reisen leicht Bayern (*Bavaria*)
/ao/   auf Frau auch Umlaut
/ɔø/   Fräulein Leute Deutsch Europa

C. Repeat the following sentences, paying special attention to the vowel sounds.

1. Die zwölf Professoren hören oft Oper und Rockmusik.
2. Sabine findet Biologie und Chemie wichtig, aber nicht interessant.
3. Bitte, wi heißen Sie?
4. Frau Mayer and Fräulein Müller lernen Französisch und Deutsch.

Kapitel 2: Aussprache

The rounded front vowels, or *umlauts*, do not exist in English. The vowel pairs /y/ and /ʏ/ are pronounced as the vowels /i/ and /ɪ/, as in **Sie** and **bitte**, except that the lips are rounded and protruded to the front. The vowels /ø/ and /œ/ are pronounced as the vowels /e/ as in **geht** and /ɛ/ as in *es* with lip rounding.

A. Listen to your instructor or the tapes, then repeat the following words. Note the contrasted vowel sounds.

/i/ vs. /y/   /ɪ/ vs. /ʏ/   /e/ vs. /ø/   /ɛ/ vs. /œ/

Biene Bühne sticke Stücke lese löse kennen können Kien kühn Lifte Lüfte sehne Söhne Stecke Stöcke

B. Listen to your instructor or the tape, then repeat the following words.

/y/ für Zürich über natürlich Bücher Physik
/ʏ/ Düsseldorf fünf fünfzehn
/ø/ schön höflich Französisch hören Österreich blöd
/œ/ zwölf Köln

C. Repeat the following sentences, paying close attention to the rounded front vowel sounds.

1. Natürlich sind die Bücher für Sie.
2. Wir hören viel über Zürich und Düsseldorf, aber wenig über Köln.
3. Günter und Jörg finden Physik blöd.

Kapitel 3: Aussprache

A. The following consonant sounds exist in both German and English, but their spelling is not always the same. Listen to your instructor or the tape, then repeat the words. Pay particular attention to their spellings.

/f/ für fleißig Fenster Beruf viel von Vater aktiv Verkäufer
/v/ wir was warum Wien wiedersehen wichtig Krankenschwester Schweiz
/z/ so seit sehr sauber sagen sein sechzehn Musik reisen organisiert besuchen
/s/ es das groß Haus aus realistisch ernst Großeltern Grüße
/ts/ Magazin kompliziert Pflanze siebzehn Katze ganz zu Zeit zufrieden Zimmer ziemlich

B. Repeat the following words.

/t/ Tag Stadt nett Thomas Theater Hund gesund Kind Geld
/t/—/d/ Hund—Hunde England—Engländer Kind—Kinder Rad—Räder Geld—Gelder Bild—Bilder Freund—Freundin Wand—Wände
/g/ gut Geld gehen Angelika aggressiv Berge Tage
/k/ Klavier Onkel glücklich genug Berg Tag
/k/—/g/ Tag—Tage Berg—Berge sag'—sagen frag'—fragen
/b/ bitte bist Beruf schreiben Problem
/p/ Platte Camping Computer Schreibmaschine lieb hab'
/p/—/b/ lieb—lieber hab'—haben

C. Read aloud the following sentences.

1. Was sagst du, Großvater?
2. Viele fleißige Verkäufer arbeiten seit siebzehn Tagen in Wien.
3. Mein Zimmer ist ziemlich sauber und organisiert.
4. Der Engländer bringt sein Rad und seinen Hund von England nach Kanada.

Kapitel 4: Aussprache

Listen to your instructor or the tape, then practice the following consonant sounds. Notice their spellings.

A.

/ç/ ich nicht ziemlich Österreich Kirche Grieche Chemie Rechtsanwalt möchte lebendig traurig richtig

/x/ brauchen auch nach ach machen

B.

/ʃ/ schön Entschuldigung schnell Schwimmbad schicken typisch Mensch realistisch

/ʃt/ Straße Stadt Student

/ʃp/ Sport Spaß sprechen Spiel

/st/ Post Restaurant Instrument Kunst realistisch

C. Practice pronouncing the following sentences.

1. Ach, ich brauche dich nicht.
2. Die Studenten stehen vor der Post und sprechen über Sport und Spiele.

Kapitel 5: Aussprache

The two basic **r** sounds in German, the uvular trill /ʀ/ and the tongue-tip trill /r/, are very different from the American **r** sound. Regional, dialectal, and individual differences determine which one will be used.

A. Listen to your instructor or the tape, then practice the following words. Note how the **r** sound changes in combination with other sounds. /ʀ/ is a voiced uvular trill; /ʁ/ is the unvoiced counterpart.

/ʀ/ or /r/ Rathaus rufen Rock Reisebüro rechts Rindfleisch

/ʁ/ or /r/ Brücke Krankenhaus Brot Fräulein Trauben schreiben Straße Herr preiswert Park März warte Jahr Januar wahr ihr Bier hier sehr Tür

B. Contrast and practice the following sounds.

/ər/ or /ɛʁ/ Butter teuer dieser später aber Winter Eier

/ə/ bitte welche Größe Gemüse Hose Seife

/ə/—/ər/ or /ɛʁ/ welche—welcher diese—dieser bitte—bitter jede—jeder manche—mancher

C. Pronounce the following sentences.

1. Herr und Frau Schneider brauchen Brot, Butter, Bier und Eier.
2. Fräulein Müller trifft eine Freundin vor dem Krankenhaus.
3. Das Bier hier im Rathaus ist teuer.
4. Die Kirche und das Reisebüro sind rechts vor der Brücke.

Kapitel 6: Aussprache

A. The German l sound is distinctly different from the America l. Listen to your instructor or the tape, then practice the following words, paying particular attention to the l sounds.

/l/   Million eigentlich Milch will vielleicht Lebensmittel gefällt schnell Kleid Fleisch leicht Problem Rolf Schule alles Klavier Hallo mal Mantel Apfel manchmal

B. The **schwa** sound /ə/ occurs in unstressed syllables in German. Repeat the following words.

/ə/   beginnen Bericht berühmt habe gesehen Geschichte gefallen geblieben gerade

C. Read the following sentences aloud.

1. Rolf will eigentlich schnell berühmt werden.
2. Vielleicht wollen Sie Italienisch lernen.
3. Diese Geschichte beginnt gerade mit einem Bericht.

Kapitel 7: Aussprache

Listen to your instructor or the tape, then pronounce the following words.

A. Consonants

/ŋ/   Sendung Wohnung Werbung Kleidung langweilig langsam eng Vorhang

/ng/   angenehm angekommen angerufen angedreht

/ɪç/—/ɪg/   wenig—weniger langweilig—langweiliger billig—billiger wichtig—wichtiger schmutzig—schmutziger ruhig—ruhiger

B. Vowels

/o/—/ø/   groß—größer hoch—höher Boden—Böden

/ɔ/—/œ/   oft—öfter Tochter—Töchter

/ɑ/—/ɛ/   Land—ländlich lang—länger alt—älter verlassen—verläßt Vorhang—Vorhänge Schrank—Schränke Nacht—Nächte Apfel—Äpfel

/ao/—/ɔø/   Traum—Träume Haus—Häuser laufen—läuft Baum—Bäume

/u:/—/y:/   Fuß—Füße

/ʊ/—/ʏ/   kurz—kürzer jung—jünger muß—müssen wurden—würden Mutter—Mütter

C. Repeat the following sentences.

1. Deine Wohnung ist schmutzig, aber meine Wohnung ist schmutziger.
2. Beim Haus meiner Träume gibt's viele Bäume.
3. Ihre Töchter sind jünger als unsere Tochter.

Glossary of Grammar Terms

As you use *Sprechen wir Deutsch!*, you may encounter terms in English that are not familiar to you. This glossary is a reference list of terms and definitions with examples. These terms are used in the grammar explanations of this textbook. If any term is unfamiliar to you, it will be helpful to refer to this list.

accusative case   In German, used when the noun or pronoun is the direct object in a sentence; used with accusative prepositions; used with two-way prepositions when the verb expresses movement toward a particular location.

adjective   A word used to modify, define, or specify a noun:

attributive adjective precedes the noun it modifies (*small* house);

descriptive adjective provides description and can function as either an attributive or a predicate adjective;

possessive adjective indicates possession (*our* house);

predicate adjective follows the verbs to be or to become and modifies the subject (*The house is small.*).

In German, attributive adjectives have endings that correspond to the gender, number, and case of the nouns they modify, and to the article that precedes them. Attributive adjectives not preceded by **der-** or **ein-**words take the same endings in the nominative, accusative, and dative cases as **der-**words. Possessive adjectives have the same case endings as the indefinite article **ein**.

adverb	A word used to qualify or modify a verb, adjective, another adverb, or some other modifying phrase or clause (*soared* **gracefully, rapidly** *approaching train*).
article	One of several types of words used before a noun: **definite article** limits, defines, or specifies (**the** *town*); **indefinite article** refers to a nonspecific member of a group or class (**a** *town*, **an** *arrangement*).
auxiliary	A verb or verb form used with other verbs to construct certain tenses, voices, or moods (*She* **is** *leaving. He* **has** *arrived. You* **must** *listen.*).
clause	A group of words consisting of a subject and a predicate and functioning as part of a complex or compound sentence, rather than as a complete sentence; **dependent** or **subordinate** clause modifies and is dependent upon another clause (*We don't know* **when she is coming**.); **independent or main clause** is capable of standing independently as a complete sentence (*If all goes well,* **the plane will depart shortly**.).
cognate	A word resembling a word in another language (*music* and **Musik** in German).
comparative	Level of comparison used to show an increase or decrease of quantity or quality or to compare or show inequality between two items (*higher prices, the more beautiful of the two pictures, less diligently, better than*).
comparison	Modification of the form of an adjective or adverb to show change in the quantity or quality of an item or to show the relationship between the items.
conditional	A verb construction used in statements expressing hypothetical conclusions, polite requests, and wishes (*I* **would** *never do that.* **Would** *you speak a little louder? If only you* **would** *listen!*).
conjugation	A set of verb forms that indicates changes of person, number, tense, mood, and voice.

conjunction	A word used in link or connect sentences or parts of sentences.
	In German a coordinating conjunction is used to connect two independent clauses and does not affect word order. A subordinating conjunction introduces a dependent clause; verb-last word order is used.
contraction	An abbreviated or shortened form of a word or word group (*can't, we'll*).
dative case	In German, used when the noun or pronoun is the indirect object of a sentence; used with dative prepositions; used with two-way prepositions when the verb expresses location.
gender	The classification of a word by sex. In English, almost all nouns are classified as masculine, feminine, or neuter according to the biological sex of the item named; in German, a word is classified as masculine, feminine, or neuter primarily on the basis of its linguistic form or derivation.
genitive case	In German, used when the noun expresses possession or some other close relationship between two nouns; used with genitive prepositions.
idiom	An expression that is grammatically or semantically unique to a particular language (*I caught a cold. Happy birthday!*).
imperative	A verb form used for giving commands and instructions, and for making suggestions or requests (*Walk to the park with me.*).
	In German, there are three ways to form the imperative, because of the distinction between formal and informal forms of address.
indicative	See *mood*.
infinitive	The basic form of the verb, and the one listed in dictionaries, with no indication of person or number; it is often used in verb constructions and as a verbal noun, usually with "to" in English, and with *-en* or *-n* in German.
interrogative	Used to ask about a person or thing (*Who? How? How often? What?*).
	In German, question words also function as subordinating conjunctions when they introduce dependent clauses.

mood	The form and construction of a verb that express the manner in which the action or state of being takes place:

indicative mood the form most frequently used, usually expressive of certainty and fact (*I **walk** to the park every afternoon.*);

subjunctive mood used in expression of possibility, doubt, or hypothetical situations (*I wish you **were** here.*).

nominative case	In German, used if the noun or pronoun is the subject in a sentence:

predicate nominative a noun that completes the meaning of the words *to be* and *to become*.

noun	A word that names something and usually functions as a subject or an object (*child, country, family*).

number	The form a word or phrase assumes to indicate singular or plural (*light/lights, mouse/mice, she has/they have*):

cardinal number used in counting or expressing quantity (*1, 25, 7,394*);

ordinal number refers to sequence (*first, nineteenth, forty-second*).

object	A noun or noun equivalent:

direct object receives the action of the verb (*The woman bought the **book**.*);

indirect object is affected by the action of the verb (*He wrote **me** several letters.*).
    In German, the direct object is in the accusative case, the indirect object is in the dative case.

participle	A verb form used as an adjective and in forming tenses:

past participle relates to the past or a perfect tense and takes the appropriate ending (***written** proof, the door has been **locked***).
    In German, past participles may be used as predicate adjectives to describe the condition or state of being of the subject.

passive	See *voice (passive)*.

person	Designated by the personal pronoun and/or by the verb form:

first person the speaker or writer (*I, we*);

second person the person(s) addressed (*you*);

In German, there are two forms of address: the familiar and the formal.

third person the person or thing spoken about (*she, he, it, they*).

phrase A word group that forms a unit of expression, often named after the part of speech that it contains or forms, e.g., an infinitive phrase.

preposition A connecting word used to indicate a spatial, temporal, causal, affective, directional, or some other relation between a noun or pronoun and the sentence or a portion of it (*We waited **for** six hours. They are going **to** the concert.*).

pronoun A word used in the place of a noun:

demonstrative pronoun refers to something previously mentioned in context (*If you need gloves, I recommend **these**.*);

impersonal pronoun denotes a nonspecific class or item (*one, someone, no one*);

object pronoun functions as a direct, an indirect, or a prepositional object (*Three persons saw **her**. Write **me** a letter. The flowers are for **you**.*);

reflexive pronoun refers back to the subject (*They introduced **themselves**.*);

relative pronoun introduces a dependent clause and refers to the person, thing, or idea mentioned in the main clause (*Here is the child **that** I met.*);

subject pronoun functions as the subject of a clause or sentence (***She** left a while ago.*).

question word See *interrogative.*

reflexive construction See *pronoun (reflexive).*

sentence A word group, or even a single word, that forms a meaningful and complete expression.

subject A noun or noun equivalent acting as the agent of the action or the person, place, thing, or abstraction spoken about (*The **fishermen** drew in their nets. The **nets** were filled with the day's catch.*).

superlative	The level of comparison used to express the utmost or lowest level or to indicate the highest or lowest relationship in comparing more than two items (**highest** prices, the **most** beautiful, **least** diligently).

tense
The form a verb takes to express the time of the action, state, or condition in relation to the time of speaking or writing:

future tense relates to something that has not yet occurred (*It **will** exist. We **will** learn.*);

present tense relates to now, the time of speaking or writing, or to a general, timeless fact (*It **exists**. We **learn**. Fish **swim**.*)

In German, the preposition **seit** is used with time expressions and the present tense to express an action or condition that started in the past but is continuing in the present;

present-perfect tense refers, in German, to an occurrence in the past, whether it is completed (the English past) or not completed (the English present perfect). It is the tense most frequently used in spoken German for talking about past events;

simple-past tense relates to an occurrence that began and ended in the past.

In German, the simple past tense and the present perfect tense both express the same meaning;

progressive refers to an action that is, was, or will be in progress or continuance (*It **is happening**. It **was happening**. It **will be happening**.*).

In German, the progressive does not exist.

verb
A word that expresses action or a state or condition (*walk, be, feel*):

intransitive verb no receiver is necessary (*The light **shines**; I **walk***);

transitive verb requires the receiver or an object to complete the predicate (*She **throws** the ball.*).

voice
The verb form that indicates the relationship between the expressed action or state and the subject:

active voice indicates that the subject is the agent of the action (*The child **sleeps**. The professor **lectures**.*);

passive voice indicates that the subject does not initiate the action but that the action is directed toward the subject (*I **was contacted** by my attorney. The road **got** slippery from the rain.*).

word order   The sequence of words in a clause or sentence.
In German:

verb-first word order used for yes/no questions and for the imperative;

verb-last word order used in dependent clauses;

verb-second word order used in all other instances.

APPENDIX III

Grammatical Reference

PRONOUNS									
Personal Pronouns									
Nominative	ich	du	er	sie	es	wir	ihr	sie	Sie
Accusative	mich	dich	ihn	sie	es	uns	euch	sie	Sie
Dative	mir	dir	ihm	ihr	ihm	uns	euch	ihnen	Ihnen

Reflexive Pronouns							
Nominative	ich	du	er/sie/es	wir	ihr	sie	Sie
Accusative	mich	dich	sich	uns	euch	sich	sich
Dative	mir	dir	sich	uns	euch	sich	sich

Interrogative Pronouns		
Nominative	wer	was
Accusative	wen	was
Dative	wem	
Genitive	wessen	

Relative Pronouns	**Masculine**	**Neuter**	**Feminine**	**Plural**
Nominative	der	das	die	die
Accusative	den	das	die	die
Dative	dem	dem	der	denen
Genitive	dessen	dessen	deren	deren

Definite Articles and *Der*-Words

	Masculine	Neuter	Feminine	Plural
Nominative	der	das	die	die
	dieser	dieses	diese	diese
Accusative	den	das	die	die
	diesen	dieses	diese	diese
Dative	dem	dem	der	den
	diesem	diesem	dieser	diesen

The **der**-words are **dieser, jeder, mancher, solcher, welcher**, and **alle**.

Indefinite Articles and *Ein*-Words

	Masculine	Neuter	Feminine	Plural
Nominative	ein	ein	eine	—
	mein	mein	meine	meine
	kein	kein	keine	keine
Accusative	einen	ein	eine	—
	meinen	mein	meine	meine
	keinen	kein	keine	keine
Dative	einem	einem	einer	—
	meinem	meinem	meiner	meinen
	keinem	keinem	keiner	keinen
Genitive	eines	eines	einer	—
	meines	meines	meiner	meiner
	keines	keines	keiner	keiner

The **ein**-words are **kein** and the possessive adjectives **mein, dein, sein, ihr, unser, euer**, and **Ihr**.

Masculine N-Nouns

	Singular	Plural
Nominative	der Student	die Studenten
Accusative	den Studenten	die Studenten
Dative	dem Studenten	den Studenten
Genitive	des Studenten	der Studenten

Masculine **n**-nouns are indicated in the end vocabulary as follows: der **Herr, -n, -en**; der **Tourist, -en, -en**.

Adjective Endings After *Der*-Words and *Ein*-Words

	Masculine		Neuter		Feminine		Plural	
Nominative	(der)	**-e**	(das)	**-e**	(die)	-e	(die)	-en
	(ein)	**-er**	(ein)	**-es**	(eine)		(keine)	
Accusative	(den)	-en	(das)	**-e**	(die)	-e	(die)	-en
	(einen)		(ein)	**-es**	(eine)		(keine)	
Dative	(dem)	-en	(dem)	-en	(der)	-en	(den)	-en
	(einem)		(einem)		(einer)		(keinen)	
Genitive	(des)	-en	(des)	-en	(der)	-en	(der)	-en
	(eines)		(eines)		(einer)		(keiner)	

Unpreceded Adjectives

	Masculine	Neuter	Feminine	Plural
Nominative	heiß**er** Kaffee	heiß**es** Wetter	heiß**e** Milch	heiß**e** Tage
Accusative	heiß**en** Kaffee	heiß**es** Wetter	heiß**e** Milch	heiß**e** Tage
Dative	heiß**em** Kaffee	heiß**em** Wetter	heiß**er** Milch	heiß**en** Tag**en**
Genitive	heiß**en** Kaffees	heiß**en** Wetters	heiß**er** Milch	heiß**er** Tage

Prepositions

with Accusative	with Dative	with Accusative or Dative	with Genitive
durch	aus	an	(an)statt
für	außer	auf	trotz
gegen	bei	hinter	während
ohne	gegenüber	in	wegen
um	mit	neben	
	nach	über	
	seit	unter	
	von	vor	
	zu	zwischen	

Dative Verbs

antworten	gehören
danken	glauben
gefallen	helfen

CONJUGATION OF VERBS

Present Tense Auxiliary Verbs

	Haben	Sein	Werden
ich	habe	bin	werde
du	hast	bist	wirst
er/sie/es	hat	ist	wird
wir	haben	sind	werden
ihr	habt	seid	werdet
sie/Sie	haben	sind	werden

Regular Verbs, Verbs with Vowel Change, Mixed Verb

	REGULAR	VOWEL CHANGE		MIXED
	Sagen	Finden	Fahren	Wissen
ich	sage	finde	fahre	weiß
du	sagst	findest	fährst	weißt
er/sie/es	sagt	findet	fährt	weiß
wir	sagen	finden	fahren	wissen
ihr	sagt	findet	fahrt	wißt
sie/Sie	sagen	finden	fahren	wissen

Simple Past Tense

Auxiliary Verbs:	Haben	Sein	Werden
ich	hatte	war	wurde
du	hattest	warst	wurdest
er/sie/es	hatte	war	wurde
wir	hatten	waren	wurden
ihr	hattet	wart	wurdet
sie/Sie	hatten	waren	wurden

Regular, Irregular, and Mixed Verbs

	REGULAR **Sagen**	IRREGULAR **Fahren**	MIXED **Wissen**
ich	sagte	fuhr	wußte
du	sagtest	fuhrst	wußtest
er/sie/es	sagte	fuhr	wußte
wir	sagten	fuhren	wußten
ihr	sagtet	fuhrt	wußtet
sie/Sie	sagten	fuhren	wußten

Present Perfect Tense

	Haben		**Sein**		**Sagen**		**Fahren**	
ich	habe		bin		habe		bin	
du	hast		bist		hast		bist	
er/sie/es	hast	gehabt	ist	gewesen	hat	gesagt	ist	gefahren
wir	haben		sind		haben		sind	
ihr	habt		seid		habt		seid	
sie/Sie	haben		sind		haben		sind	

Future Tense

		Sagen
ich	werde	
du	wirst	
er/sie/es	wird	sagen
wir	werden	
ihr	werdet	
sie/Sie	werden	

Conditional

würde	
würdest	
würde	sagen
würden	
würdet	
würden	

Subjunctive Mood Present Time

	Haben	**Sein**	**Sagen**	**Fahren**
ich	hätte	wäre	sagte	führe
du	hättest	wär (e) st	sagtest	führ (e) st
er/sie/es	hätte	wäre	sagte	führe
wir	hätten	wären	sagten	führen
ihr	hättet	wär (e) t	sagtet	führ (e) t
sie/Sie	hätten	wären	sagten	führen

Subjunctive Mood Past Time

	Haben	Sein	Sagen	Fahren
ich	hätte	wäre	hätte	wäre
du	hättest	wär (e) st	hättest	wär (e) st
er/sie/es	hätte gehabt	wäre gewesen	hätte gesagt	wäre
wir	hätten	wären	hätten	wären
ihr	hättet	wär (e) t	hättet	wär (e) t
sie/Sie	hätten	wären	hätten	wären

Passive Voice with Anrufen

	Present	Simple Past	Present Perfect
ich	werde	wurde	bin
du	wirst	wurdest	bist
er/sie/es	wird angerufen	wurde angerufen	ist angerufen worden
wir	werden	wurden	sind
ihr	werdet	wurdet	seid
sie/Sie	werden	wurden	sind

Imperative

	Sein	Essen	Fahren	Arbeiten
informal singular	sei	iß	fahr	arbeite
informal plural	seid	eßt	fahrt	arbeitet
formal	seien	essen Sie	fahren Sie	arbeiten Sie

Principal Parts of Irregular Verbs

This list is limited to the active regular verbs used in this text. Verbs with separable prefixes are included only if the simple verb is not introduced in the text.

Infinitive	Simple Past	Past Participle	Present Third-Person Singular	
ab·reißen	riß ab	abgerissen		to tear down, demolish
an·fangen	fing an	angefangen	fängt an	to begin
an·rufen	rief an	angerufen		to call
(sich) an·ziehen	zog an	angezogen		to put clothes on, get dressed
(sich) aus·ziehen	zog aus	ausgezogen		to take clothes off, get undressed
beginnen	begann	begonnen		to begin
bekommen	bekam	bekommen		to get, receive
beschreiben	beschrieb	beschrieben		to describe
bestehen	bestand	bestanden		to pass (a test)
bieten	bot	geboten		to offer
bleiben	blieb	ist geblieben		to stay
ein·laden	lud ein	eingeladen	lädt ein	to invite
empfehlen	empfahl	empfohlen	empfiehlt	to recommend
(sich) entscheiden	entschied	entschieden		to decide
erfahren	erfuhr	erfahren	erfährt	to learn, experience
essen	aß	gegessen	ißt	to eat
fahren	fuhr	ist gefahren	fährt	to drive
fallen	fiel	ist gefallen	fällt	to fall
finden	fand	gefunden		to find
fliegen	flog	ist geflogen		to fly

geben	gab	gegeben	gibt	to give
gefallen	gefiel	gefallen	gefällt	to like
gehen	ging	ist gegangen		to go
gewinnen	gewann	gewonnen		to win
halten	hielt	gehalten	hält	to stop
heißen	hieß	geheißen		to be called
helfen	half	geholfen	hilft	to help
kommen	kam	ist gekommen		to come
laufen	lief	ist gelaufen	läuft	to run
lesen	las	gelesen	liest	to read
liegen	lag	gelegen		to lie
nehmen	nahm	genommen	nimmt	to take
scheinen	schien	geschienen		to seem, appear, shine
schlafen	schlief	geschlafen	schläft	to sleep
schneiden	schnitt	geschnitten		to cut
schreiben	schrieb	geschrieben	schreibt	to write
schwimmen	schwamm	ist gesch-wommen		to swim
sehen	sah	gesehen	sieht	to see
sein	war	ist gewesen	ist	to be
singen	sang	gesungen		to sing
sitzen	saß	gesessen		to sit
Sport treiben	trieb Sport	Sport getrieben		to engage in sports
sprechen	sprach	gesprochen	spricht	to speak
stehen	stand	gestanden		to stand
stehlen	stahl	gestohlen	stiehlt	to steal
sterben	starb	ist gestorben	stirbt	to die
tragen	trug	getragen	trägt	to carry, wear
treffen	traf	getroffen	trifft	to meet
trinken	trank	getrunken		to drink
tun	tat	getan		to do
um·ziehen	zog um	ist umgezogen		to move
verbieten	verbot	verboten		to forbid
vergessen	vergaß	vergessen	vergißt	to forget
verlassen	verließ	verlassen	verläßt	to leave
verlieren	verlor	verloren		to lose
versprechen	versprach	versprochen	verspricht	to promise
verstehen	verstand	verstanden		to understand
vor·schlagen	schlug vor	vorgeschlagen	schlägt vor	to suggest
wachsen	wuchs	ist gewachsen	wächst	to grow
(sich) waschen	wusch	gewaschen	wäscht	to wash
werden	wurde	ist geworden	wird	to become
werfen	warf	geworfen	wirft	to throw

Mixed Verbs and Modals

bringen	brachte	gebracht		*to bring*
denken	dachte	gedacht		*to think*
dürfen	durfte	gedurft	darf	*to be allowed to*
erkennen	erkannte	erkannt		*to recognize*
kennen	kannte	gekannt		*to know*
können	konnte	gekonnt	kann	*to be able to*
mögen	mochte	gemocht	mag	*to like to*
müssen	mußte	gemußt	muß	*to have to*
nennen	nannte	genannt	nennt	*to name, call*
sollen	sollte	gesollt	soll	*to be supposed to, ought to*
verbringen	verbrachte	verbracht		*to spend* (time)
wissen	wußte	gewußt	weiß	*to know*
wollen	wollte	gewollt	will	*to want to*

German-English Vocabulary

This vocabulary listing contains the words that appear in the **Einführung, Funktion, Baustein, Situation**, and **Perspektiven** sections with the exception of certain identical cognates, compound words whose meaning can be easily guessed, and the glossed vocabulary appearing in the **Land und Leute**. Chapter numbers are given in parentheses for words that appear on the active vocabulary lists.

Abbreviations

adj.	adjective	*gen.*	genitive
acc.	accusative	*inf.*	informal
coord. conj.	coordinating conjunction	*pl.*	plural
colloq.	colloquial	*sing.*	singular
dat.	dative	*subord. conj.*	subordinating conjunction

A

ab after; from; away from; **ab und zu** (8) now and then; **von jetzt ab** from now on

der **Abend, -e** (6) evening; **(guten) Abend** (E) (good) evening; **zu Abend essen** (6) to eat dinner

das **Abendessen, -** (6) dinner, evening meal

das **Abendgebet, -** evening prayer

abends (6) evenings, in the evening

das **Abenteuer, -** adventure

aber (1) but, however

ab·fahren, fuhr ab, ist abgefahren, fährt ab (6) to depart, drive away

der **Abfall, ̈e** garbage

ab·geben, gab ab, abgegeben, gibt ab to give away; to hand in

abhängig dependent

ab·holen (14) to pick up

das **Abitur** final qualifying exam at the end of the Gymnasium study

abonnieren (14) to subscribe to

ab·reißen, riß ab, abgerissen (10) to tear down, demolish

absolut (2) absolute, absolutely, totally

die **Abstammung** origin

acht (E) eight

achtzehn (E) eighteen

adaptieren to adapt

adieu! (E) farewell, bye

das **Adjektiv, -e** adjective

die **Adresse, -n** (E) address

der **Adventskranz** advent wreath

das **Ägypten** Egypt

ähnlich similar

die **Aktion, -en** action, initiative,

demonstration

aktiv (2) active, actively

aktuell current, up-to-date

akzeptieren (12) to accept

all- (5) all

allein (1) alone

allerdings indeed

alles (5) everything; **alles Gute!** (11) best wishes!

allgemein general; **im allgemeinen** in general, generally

der **Alltag** everyday life

alltäglich- everyday

als (7) than (*comparative*); (2) as; (11) when (*subord. conj.*), at the point in time when

also then, thus, therefore; **also gut** (1) well then

alt (2) old

das **Alter, -** (12) age; **im Alter von** at the age of

die **Alternative, -n** alternative

das **Altgold** old gold

altmodisch (7) old-fashioned

die **Altstadt** old part of the city

das **Amerika** America

der **Amerikaner,** die **Amerikanerin, -nen** (3) American

die **Ampel, -n** traffic light

das **Amt, ⁻er** office, public office

sich **amüsieren** (11) to have a good time

an (4) (*acc./dat.*) at, on, to

an·bieten, bot an, angeboten to offer

der **Anblick, -e** sight, view

ander- (9) other; **anderer Meinung sein** to be of a different opinion

(sich) **ändern** (13) to change

anders (12) different(ly)

die **Änderung, -en** change

der **Anfang, ⁻e** (12) beginning; **am Anfang** (12) in the beginning

an·fangen, fing an, angefangen, fängt an (12) to begin

anfangs initially, in the beginning

die **Anfrage, -n** inquiry

das **Angebot** offer, offering

das **Angeln** fishing

(un)angenehm (7) (un)pleasant

angeordnet arranged

die **Angst, ⁻e** fear; **Angst haben (vor** + *dat.*) (10) to be afraid (of)

an·kommen, kam an, ist angekommen (6) to arrive; **es kommt darauf an, . . .** (12) it depends . . .

der **Anlaß, ⁻sse** occasion

die **Anleitung, -en** instruction, direction, guidance

an·machen (6) to turn on

an·malen to paint

an·probieren (5) to try on

anregend exciting

an·rufen, rief an, angerufen (5) to call up

(sich) **an·schauen** to look at

anscheinend apparently

(sich) **an·schließen, schloß an, angeschlossen** to join

an·sehen, sah an, angesehen, sieht an (8) to look at, watch

anstatt (+ *gen.*) (7) instead of

der **Anstoß, ⁻sse** impetus, impulse

anstrengend (8) strenuous

der **Anthropologe, -n, -n,** die **Anthropologin, -nen** (3) anthropologist

antik of antiquity, ancient; antique

die **Antwort, -en** (4) answer

antworten (+ *dat.*) (3) to answer (a person)

die **Anzahl** number

die **Anzeige, -n** (7) ad, advertisement

(sich) **an·ziehen, zog an, angezogen** (8) to get dressed, put on (clothes)

der **Anzug, ⁻e** (5) suit

der **Apfel, ⁻** (5) apple

die **Apotheke, -n** (5) pharmacy

der **Appetit** appetite; **guten Appetit!** (9) enjoy your meal!; **Appetit haben (auf** + *acc.*) (9) to be in the mood for, feel like eating

der **April** (4) April

die **Arbeit** (6) work; (12) paper; **eine Arbeit schreiben** (12) to write a paper

arbeiten (1) to work

der **Arbeiter, -,** die **Arbeiterin, -nen** worker

die **Arbeitsatmosphäre** working atmosphere

arbeitsfrei holiday, without work

arbeitslos out of work, unemployed

die **Arbeitslosigkeit** (10) unemployment

der **Arbeitsplatz, ⁻e** (12) workplace

das **Arbeitszimmer, -** (7) study

die **Architektur** (1) architecture

sich **ärgern (über** + *acc.*) (8) to become angry, irritated (about)

ärgern (13) to irritate, anger

der **Arm, -e** (8) arm

die **Armbanduhr, -en** (14) wristwatch

die **Art, -en** type, kind

der **Artikel, -n** article

der **Arzt, ⁻e,** die **Ärztin, -nen** (3) doctor

der **Aspekt, -e** aspect

assoziieren to associate

das **Asyl** asylum, refuge

der **Asylant, -en, -en,** die **Asylantin, -nen** refugee

die **Atmosphäre** (9) atmosphere

die **Atomenergie** (10) atomic energy

die **Atomkraft** (10) nuclear power

das **Atomkraftwerk, -e** (10) nuclear power plant

der **Atomkrieg, -e** (10) nuclear war

der **Atommüll** nuclear waste

die **Attraktion, -en** attraction

(un)attraktiv (2) (un)attractive

auch (1) also, too

auf (4) (*acc./dat.*) on, on top of; **auf deutsch** (E) in German; **(auf) Wiedersehen** (E) goodbye; **(auf) Wiederhören** goodbye (telephone); **auf dem Land** (4) in the country; **aufs Land** (4) to the country; **auf keinen Fall** (9) no way; **auf die Idee kommen** (13) to have, get the idea; **auf einmal** at once, at the same time

die **Aufführung, -en** (14) performance

die **Aufgabe, -n** (13) task, assignment
auf·geben, gab auf, aufgegeben, gibt auf (10) to give up
aufgerichtet erect, straight up
auf·hören (11) to stop, cease
die **Auflage, -n** circulation
auf·machen (5) to open
auf·nehmen, nahm . . . auf, aufgenommen to receive
die **Aufrüstung** arms race
auf·schlagen, schlug auf, aufgeschlagen, schlägt auf to open (a book, etc.)
der **Aufstand, ̈e** uprising
auf·stehen; stand auf, ist aufgestanden (6) to get up
auf·wachsen, wuchs auf, ist aufgewachsen, wächst auf to grow up
das **Auge, -n** (8) eye; **Augen zu!** close your eyes
der **August** (4) August
aus (3) (+ *dat.*) out of, from
die **Ausbildung** education, training
aus·drücken to express
auseinander apart, separated
die **Ausfuhr** export
ausführlich detailed
die **Ausgabe, -n** expenditure; distribution; edition
aus·geben, gab aus, ausgegeben, gibt aus (10) to spend (money)
ausgeglichen well-balanced
aus·gehen, ging aus, ist ausgegangen (5) to go out
ausgezeichnet (9) excellent
aus·kommen, kam aus, ausgekommen (mit) to get along (with)
die **Auskunft, ̈e** (4) information (bureau)
das **Ausland** foreign country
der **Ausländer, -,** die **Ausländerin, -nen** (3) foreigner
ausländisch foreign
der **Auslandsbesuch, -e** travel abroad
aus·machen (6) to turn off
der **Auspuff** exhaust
die **Aussage, -n** statement, testimony

das **Aussehen** appearance
aus·sehen, sah aus, ausgesehen, sieht aus (8) to look, appear
außer (3) (+ *dat.*) except for, besides; **außer sich sein** to be beside oneself
außerdem besides
außerhalb (*gen.*) (7) outside of; at a distance from
äußerst highly
die **Ausstellung, -en** exhibit, exhibition
die **Auswahl** (7) choice, selection
(sich) **aus·ziehen, zog aus, ausgezogen** (8) to get undressed, to take off clothes
das **Auto, -s** (1) car, automobile
die **Autobahn, -en** superhighway
automatisch automatic, automatically
der **Automechaniker, -,** die **Automechanikerin, -nen** auto mechanic
die **Autonomie** autonomy
der **Autor, -en,** die **Autorin, -nen** (3) author
das **Autorennen** auto racing
der **Autoverkehr** automobile traffic

B

der **Bäcker, -,** die **Bäckerin, -nen** baker
die **Bäckerei, -en** (5) bakery
das **Bad** (7) bathroom
(sich) **baden** (8) to bathe, take a bath
das **Badezimmer, -** (das **Bad**) (7) bathroom
die **Bahn, -en** train; railroad
der **Bahnhof, ̈e** (4) train station
der **Bahnsteig, -e** platform
die **Bahnverbindung, -en** train connection
bald (5) soon
der **Balkon, -s** (7) balcony
die **Banane, -n** (5) banana
die **Bank, -en** (4) bank
der **Bankier, -s** banker
basieren (+ *auf*) to be based (on)
der **Bau, -ten** building, edifice, structure
der **Bauch, ̈e** (8) belly, stomach
das **Bauchweh** stomach ache

bauen (10) to build
der **Baum, ̈e** (7) tree
die **Baumwolle** cotton
das **Bauprogramm, -e** building program
der **Baustil -e** architectural style
bayerisch Bavarian
das **Bayern** Bavaria
der/die **Beamte** (noun declined like an *adj.*) officer; government official
beantworten (3) to answer (a letter, question)
bedenken to think about, consider
bedeuten to mean
die **Bedeutung, -en** meaning
bedeutungsvoll (11) meaningful
die **Bedienung** (9) service (at a restaurant)
die **Bedingung, -en** condition
sich **beeilen** (8) to hurry
der/die **Befragte, -n** interviewee (noun declined like an *adj.*)
die **Befriedigung** satisfaction
die **Begegnung, -en** meeting, encounter
der **Beginn** beginning
beginnen, begann, begonnen (6) to begin
die **Begrenzung, -en** bounds, limitation
der **Begriff, -e** concept
die **Behaglichkeit** comfort
beherrschen to master, be in command of
bei (3) (+ *dat.*) at the house of; near
beid- (12) both
das **Beileid** (11) condolence; sympathy; **herzliches Beileid!** my deepest sympathy!
das **Bein, -e** (8) leg
das **Beisel, -** (Austrian) restaurant, inn, tavern
das **Beispiel, -e** example; **zum Beispiel (z.B.)** (10) for example
beißen to bite
bei·tragen, trug bei, beigetragen, trägt bei to contribute
bekannt well-known
der/die **Bekannte, -n** acquain-

tance (noun declined like an *adj.*)

sich **beklagen** (**über** + *acc.*) to complain (about)

bekommen, bekam, bekommen (9) to get, receive

belasten to burden, strain

belegtes Brot, belegte Brote (9) sandwich

beliebt (8) popular

die **Belohnung, -en** reward

die **Bemühung, -en** (+ **um**) effort (toward)

benutzen to use

die **Benutzung** use

das **Benzin** (10) gasoline

beobachten to observe

(un)bequem (7) (un)comfortable

beraten, beriet, beraten, berät to give advice, advise

die **Beratung** advice

der **Bereich, -e** (1) field, area, domain

bereit ready

der **Berg, -e** (1) mountain

der **Bericht, -e** (6) report

berichten (14) to report

der **Beruf, -e** (3) profession, trade, occupation; **von Beruf** (3) by profession

beruflich professional

die **Berufschance, -n** career opportunity

das **Berufsleben** working world

die **Berufsqualifikation, -en** professional qualification

die **Berufsschule, -n** vocational school

berufstätig (13) employed

die **Berufswahl** choice of profession/career

berühmt (6) famous

(sich) beschäftigen (mit) to concern, occupy (oneself) (with)

bescheiden modest

beschließen, beschloß, beschlossen to decide

beschreiben, beschrieb, beschrieben (E) to describe

beschützen to protect

sich **beschweren** (**über** + *acc.*) (8) to complain (about)

besitzen, besaß, besessen to own, possess

der **Besitzer, -** owner

besonder- special

besonders (1) especially; **etwas Besonderes** something special

bessern to improve

die **Besserung** improvement, recovery; **gute Besserung!** (11) get well soon!

der **Bestandteil, -e** component

das **Besteck, -e** silver ware

bestehen, bestand, bestanden (12) to pass (a test); **bestehen auf** (+ *acc.*) to insist on

bestellen (9) to order

der **Bestellschein, -e** order blank

bestimmen to determine

bestimmt specific, certain, certainly, surely

bestreiten, bestritt, bestritten to bear; to cover; to challenge

der **Besuch, -e** visit

besuchen (2) to visit; attend

der **Besucher, -e**, die **Besucherin, -nen** visitor

sich **beteiligen** (**an** + *acc.*) to participate in

der **Beton** (10) concrete

Betriebsfeier, -n office party

(die) Betriebswirtschaftslehre business administration

das **Bett, -en** (7) bed

der **Beutel, -** bag

die **Bevölkerung** population

bevor (*subord. conj.*) (10) before

bewagen to move

bewältigen to overcome; to tackle

die **Bewegung, -en** (13) movement; die **Frauenbewegung** (13) women's movement

beweisen to prove

sich **bewerben** (**um**)**, bewarb, beworben** (12) to apply (for)

die **Bewerbung, -en** (12) application; application form

die **Bewerbungsunterlage, -n** application material

bezahlen (7) to pay

die **Beziehung, -en** connection, relation

der **Biber, -** beaver

die **Bibliothek, -en** (5) library

der **Bibliothekar, -**, die **Bibliothekarin, -nen** librarian

das **Bier, -** (5) beer

bieten, bot, geboten (7) to offer

das **Bild, -er** (E) picture

bilden to form

die **Bildung** education

die **Bildungschance, -n** training, educational opportunities

das **Bildungsprogramm, -e** educational program

billig (2) cheap, inexpensive

der **Billigpreis** low price

der **Biologe, -n, -n**, die **Biologin, -nen** biologist

die **Biologie** (1) biology

bis (6) (*acc. prep.*); (10) (*subord. conj.*) until; **bis gleich** (1) see you soon; **bis später** see you later

bisher previously

bißchen bit; **ein bißchen** a little, a bit

bitte (E) please; you're welcome

bitten, bat, gebeten to ask for, request

das **Blatt, ¨er** newspaper; sheet of paper; leaf

blau (E) blue

bleiben, blieb, ist geblieben (3) to stay, remain

bleifrei lead-free

der **Bleistift, -e** (3) pencil

der **Blick, -e** view, look; **Liebe auf den ersten Blick** love at first sight

blitzen to flash lightning; **es blitzt** (14) there's lightning

blockieren to block, blockade

blöd (1) stupid

blondiert bleached (hair)

die **Blume, -n** (2) flower

das **Blumengeschäft, -e** florist

die **Bluse, -n** (E) blouse

der **Bock, ¨e** he-goat

der **Boden, ¨** (7) floor, ground, earth

die **Bombe, -n** bomb

böse angry, mad; evil, wicked

das **Boulevardblatt, ¨er** boulevard press, yellow press

das **Brathähnchen, -** grilled chicken

die **Bratkartoffeln** fried potatoes

die **Bratwurst, ̈e** (9) sausage
der **Brauch, ̈e** (11) custom
brauchen (2) to need
braun (E) brown
brav well-behaved
die **BRD,** die **Bundesrepublik Deutschland** (1) Federal Republic of Germany
die **Bremse, -n** brake
der **Brennstoff, -e** fuel
die **Bre(t)zel, -n** pretzel
der **Brief, -e** (2) letter
bringen, brachte, gebracht (2) to bring
das **Brot, -e** (5) bread
das **Brötchen, -** (5) roll
der **Brotkorb** bread basket
der **Bruch** break, fracture; **Hals und Beinbruch!** break a leg! good luck!
die **Brücke, -n** (4) bridge
der **Bruder, ̈** (2) brother
die **Brüderlichkeit** brotherliness
die **Brutalität** (6) brutality
das **Buch, ̈er** (E) book
buchen to book a trip, make a reservation
der **Bücherschrank, ̈e** (7) bookcase
die **Bude, -n** (12) room (*colloq.*)
der **Bund, ̈e** union
der **Bundesbürger, -,** die **Bundesbürgerin, -nen** citizen of Germany
das **Bundesland, ̈er** (13) federal state
der **Bundestag** Federal German parliament
bunt colorful
die **Burg, -en** fortress, fortified castle
der **Bürger, -,** die **Bürgerin, -nen** (10) citizen
die **Bürgerinitiative, -n** (10) citizens' action group or initiative
der **Bürgermeister, -,** die **Bürgermeisterin, -nen** (13) mayor
das **Büro, -s** (3) office
der **Bus, -se** (3) bus
der **Busfahrer, -,** die **Busfahrerin, -nen** (3) bus driver
die **Butter** (5) butter

bzw. (beziehungsweise) respectively, or

C

ca., circa about
das **Cabrio** convertible
das **Café, -s** (4) cafe
der **Campingplatz, ̈e** (4) campground
der **Campus** (12) campus
die **Chance, -n** chance, opportunity
die **Charakteristik, -en** characteristic
charakteristisch characteristic, characteristically
der **Chef, -s,** die **Chefin, -nen** (3) boss
die **Chemie** (1) chemistry
die **Chemikalien** (*pl.*) (10) chemicals
der **Chemiker, -,** die **Chemikerin, -nen** chemist
chinesisch Chinese
der **Chor, ̈e** chorus, choir
die **Cola, -s** (5) cola
das **College, -s** (12) college
das **Comic-Heft, -e** (1) comic book
die **Compact Disk** (2) CD, compact disk
der **Computer, -** (2) computer
das **Computerspiel, -e** (1) computer game
der **Computertechniker, -,** die **Computertechnikerin, -nen** computer technician
die **Cordhose, -n** corduroy pants
die **Cousine, -n** (2) cousin (*female*)

D

d.h., das heißt (7) that is
da (3) here, there; (*subord. conj.*) (10) since, because, then
dabei with that; in that context; **dabei sein** to be part of
das **Dach, ̈er** (7) roof
dadurch thereby
daher (13) therefore, for that reason
damals then
die **Dame, -n** lady

damit (*subord. conj.*) (10) so that, in order that
danach after that, afterwards
das **Dänemark** Denmark
der **Dank** thanks; **vielen Dank** (4) thank you
danke (E) thank you, thanks
danken (+ *dat.*) (3) to thank; **nichts zu danken** (4) you're welcome
dann (3) then
darauf on it
darüber about that, about it
darum for this reason, therefore
das that, this; **das ist . . .** (E) this (that) is . . . ; **was ist das?** (E) what is that (this)?; **das heißt (d.h.)** (7) that is
daß (4) (*subord. conj.*) that
das **Datum,** die **Daten** date; facts, data
dauern (6) to last
der **Daumen, -** (8) thumb
die **DDR,** die **ehemalige Deutsche Demokratische Republik** former German Democratic Republic
decken (9) to cover; to set (a table)
definieren to define
dein (2) your (*inf. sing.*)
die **Demokratie, -n** democracy
demokratisch democratic
demonstrieren (10) to demonstrate
denken, dachte, gedacht (1) to think; **denken (an** + *acc.*) (4) to think (of)
der **Denkmalschutz** landmark preservation
denn (1) because; for; *also used as a flavoring word*
dennoch nonetheless
deprimierend (11) depressing
deprimiert depressed
derselbe, dasselbe, dieselbe the same (declined like an *adj.*)
deshalb for that reason
das **Deutsch** (1) German (language)
deutsch German; **wie sagt man das auf deutsch?** (E) how do you say that in German?

der **Deutsche, -n,** die **Deutsche,
-n** (3) German (*person*)
die **Deutsche Bundesbahn** German Federal Railroad
der **Deutschkurs, -e** (E) German course, class
das **Deutschland** (3) Germany
deutschsprachig German-speaking
die **Deutschstunde, -n** German class
der **Dezember** (4) December
der **Dialekt, -e** dialect
das **Dialysezentrum** dialysis center
dich (+ *acc.*) (2) you (*inf. sing.*)
dicht tight, close to
dick thick, fat
der **Dienst, -e** service
der **Dienstag** (4) Tuesday; **am Dienstag** (4) on Tuesday
dies- (5) this, these, that; (7) this one, these
das **Ding, -e** (2) thing, object
der **Direktor, -en,** die **Direktorin, -nen** director
der **Dirigent, -en, -en** conductor (of an orchestra)
dirigieren to direct, conduct
die **Diskussion, -en** (12) discussion
diskutieren (9) to discuss
divers various
doch (1) yes; (2) after all; *flavoring word, suggests: why don't you?*
der **Dokumentarfilm, -** (6) documentary film
der **Dolmetscher, -,** die **Dolmetscherin, -nen** (3) translator
der **Dom, -e** (4) cathedral
dominieren to dominate
donnern to thunder; **es donnert** (14) it's thundering
der **Donnerstag** (4) Thursday; **am Donnerstag** (4) on Thursday
doppelt double; die **doppelte Moral** double standard
das **Dorf, ̈-er** (6) village, town
dort there, over there; **dort drüben** (4) over there; **von**

dort aus from there on
die **Dose, -n** (5) can
dran (daran) thereon, thereby; **ich komme dran** it's my turn
drei (E) three
dreizehn (E) thirteen
drinnen inside
das **Drittel, -** third
Drittes Programm Channel three
die **Drogen** drugs
die **Drogerie, -n** (5) drugstore
der **Druck** pressure
drucken to print
drücken to press, squeeze
du (1) you (*inf. sing.*)
dunkel (7) dark
durch (+ *acc.*) (2) through, by
durchfallen, fiel durch, ist druchgefallen, fällt durch bei (12) to fail, flunk
durchgehend continuous, continuously
der **Durchschnitt, -e** average
dürfen, durfte, gedurft, darf (5) to be permitted to, may; **was darf's sein?** (5) may I help you? (said by salesperson)
der **Durst** thirst; **Durst haben** (9) to be thirsty
die **Dusche, -n** (7) shower
sich **duschen** (8) to shower
das **DV-System (Datenverarbeitungssystem)** data-processing system

E

eben exactly, precisely; after all; just
echt real, genuine
die **Ecke, -n** (4) corner
egal: das ist mir egal (10) it's all the same to me; I don't care
die **Ehe, -n** (13) marriage
ehemalig former
ehrenemtlich honorary; volunteer
das **Ei, -er** (5) egg
eigen (11) own
das **Eigenheim** home of one's own
die **Eigenschaft, -en** characteristic; trait
eigentlich (6) actually, really

die **Eigentumswohnung, -en** condominium
einander each other, one another
ein·bauen to install, build in
der **Einbrecher, -** (14) burglar
der **Eindruck, ̈-e** (13) impression
einfach (8) simple, simply
die **Einführung, -en** introduction
die **Einheit** (13) unity
einige (5) a few, a couple
sich **einigen** to agree
die **Einigung** unification
einjährig year-old
der **Einkauf** purchase, purchasing
ein·kaufen (5) to shop; **einkaufen gehen** (5) to go shopping
die **Einkaufsmöglichkeiten** (*pl.*) opportunities for shopping
das **Einkaufszentrum,** die **Einkaufszentren** shopping center
ein·laden, lud ein, eingeladen, lädt ein (5) to invite
einladend inviting
einmal (6) one time, once; an order of (food or drink); **noch einmal** (E) one more time; **auf einmal** at once
ein paar (5) a few
eins (E) one
einsam lonely
einschließlich including
sich **ein·setzen (für)** to be in support of; appoint
ein·steigen, stieg ein, ist eingestiegen to get on
der **Eintritt** entry
einverstanden sein mit (13) to be in agreement with
die **Einwegflasche, -n** nonreturnable bottle
der **Einwohner, -,** die **Einwohnerin, -nen** (12) inhabitant
einzeln individual, particular, single, isolated; **einzelne Regenschauer** scattered showers
ein·ziehen, zog ein, ist eingezogen to move in

einzig only, single
einzigartig unique
das Eis (9) ice cream
die Elektrizität electricity
(die) Elektronik electronics
(die) Elektrotechnik electrical engineering
elf (E) eleven
die Eltern (2) parents
die Emanzipation (13) emancipation
emanzipiert emancipated
empfehlen, empfahl, empfohlen, empfiehlt (9) to recommend
empfinden, empfand, empfunden to perceive
das Ende, -n (6) end; zu Ende at an end
endlich (11) finally
die Energie, -n (10) energy
die Energiekrise, -en (10) energy crisis
die Energiequelle, -n (10) energy source
die Energieverschwendung wasting of energy
die Energieversorgung energy supply
eng tight, narrow, close(ly)
sich engagieren (für) (13) to get involved (in)
der Engländer, -, (3) Englishman; die Engländerin, -nen (3) Englishwoman
das Englisch (1) English (language); auf englisch in English
das Enkelkind, -er grandchild
enorm enormous, enormously
entdecken (14) to discover
entlang (4) down, along
(sich) entscheiden, entschied, entschieden (für) (12) to decide (on)
entscheidend decisive
die Entscheidung, -en (12) decision; eine Entscheidung treffen (12) to make a decision
entschuldigen to excuse entschuldigen Sie! (4) excuse me!

Entschuldigung! (4) Excuse me!
sich entspannen (8) to relax
die Entspannung, -en easing of tension, relaxation
die Enttäuschung, -en diappointment
entwickeln (10) to develop
die Entwicklung, -en development
der Entwicklungshelfer, -, die Entwicklungshelferin, -nen development aid, volunteer
das Entwicklungsland, ¨er developing country
der Entwurf, ¨e design, sketch, plan, draft
er (1) he, it
erbeten requested
die Erbse, -n pea
die Erdbeere, -n strawberry
das Erdgas, -e natural gas
das Erdgeschoß, -sse ground floor
das Ereignis, -se (14) event
die Erfahrung, -en experience
erfinden, erfand, erfunden to discover
der Erfinder, - inventor
der Erfolg, -e (13) success
erfolgreich successful
erfreuen to please, give pleasure to
erfüllen to fulfill
ergänzen to complete, add
erhalten, erhielt, erhalten, erhält to receive, get; to preserve, keep
erinnern (an + acc.) (11) to remind (of)
sich erinnern (an + acc.) (11) to remember
die Erinnerung, -en (11) memory
sich erkälten (8) to catch a cold
die Erkältung, -en (8) cold
erkennen, erkannte, erkannt to recognize
erklären (13) to explain, declare
die Erklärung, -en explanation
erlauben (13) to allow, permit
erleben (11) to experience
das Erlebnis, -se (11) experience
ermitteln to ascertain, find out; to establish

die Ernährung nutrition, food
erneuern to replace, restore
ernst (2) serious(ly); ich meine es ja gar nicht ernst I'm just kidding
eröffnen (14) to open, start, launch
errechnen to compute, calculate
erreichen (11) to reach, attain
erscheinen, erschien, ist erschienen (+ auf) to appear (in)
ersetzen to replace
erst (3) first; not until; erst richtig really; erst nach only after
erstaunlich amazing
Erstes Programm Channel one
der Ertrag, ¨e income, proceeds, profits
erwarten (14) to expect, await
erwecken to awaken
erweitern to expand
erwerben, erwarb, erworben, erwirbt to acquire
erzählen (6) to tell
erzeugen to produce
die Erziehung (13) education, upbringing; die Kindererziehung (13) child-rearing; die Erziehungswissenschaften education
es (1) it; es geht (E) so-so; es gibt (4) there is, there are; (es) tut mir leid (4) (I'm) sorry
das Essen (9) meal, food
essen, aß, gegessen, ißt (1) to eat; zu Mittag (Abend) essen (6) to eat lunch (dinner)
das Eßzimmer, - (7) dining room
die Etage, -n floor, story (of a house)
etliche some, several, a few
etwa approximately
etwas (2) something; somewhat, rather
euer (2) your (inf. pl.)
das Europa Europe
ewig eternal, eternally
die Ewigkeit eternity
das Examen, - test, exam
existieren to exist
der Exportartikel, -n export

item, article
exzentrisch eccentric

F

die **Fabrik, -en** (6) factory
das **Fach, ⸚er** (12) field of study
die **Fachabteilung, -en** specialist
  department, technical
  department
fachlich professional
die **Fachhochschule, -n** technical
  college
die **Fahne, -n** flag
fahren, fuhr, ist gefahren, fährt
  (1) to drive, go by vehicle
der **Fahrer, -,** die **Fahrerin, -nen**
  (3) driver
die **Fahrkarte, -n** (6) ticket
das **Fahrrad,** das **Rad, ⸚er** (2)
  bicycle
die **Fahrradwerkstatt, ⸚e** bicycle
  repair shop
die **Fahrt, -en** (6) trip
das **Fahrzeug, -e** vehicle
der **Fall, ⸚e** case; **auf keinen Fall**
  (9) by no means, no way
fallen, fiel, ist gefallen, fällt to
  fall
falls in case
falsch (E) false, wrong
die **Familie, -n** (2) family
das **Familienalbum** (11) family
  album
die **Familienangelegenheit, -en**
  family matter, affair
die **Farbe, -n** (E) color
dar **Farbfernseher, -** color television set
der **Fasching** (11) carnival
das **Faß, ⸚sser** keg, barrel; **vom**
  Faß on tap
fast (6) almost; **fast nur** almost
  exclusively
faszinierend fascinating
faul (2) lazy
der **Februar** (4) February
fehlbar offending; fallible
fehlen to fail; to be wrong; to
  lack, be wanting; **was**
  fehlt . . . (+ *dat.*)? (8)
  what's wrong with . . . ?
die **Feier, -n** (11) celebration
feiern (11) to celebrate

der **Feiertag, -e** holiday
fein fine, cultivated
feindlich enemy (*adj.*), hostile
die **Feinkost** delicatessen
der **Feinschmecker, -** gourmet
das **Fenster, -** (E) window
die **Ferien** (*pl.*) (3) vacation; **in**
  den Ferien (3) on/during
  vacation
fern distant, far
fern·sehen, sah fern, fernge-
  sehen, sieht fern (6) to
  watch TV
das **Fernsehen** (6) television (the
  medium); **im Fernsehen** (6)
  on TV
der **Fernseher, -** (2) television
das **Fernsehspiel, -e** television
  play
fertig (14) finished, done; **fertig**
  werden mit to cope with,
  manage
fest firm
das **Fest, -e** (9) festival,
  celebration
der **Festsaal,** die **Festsäle** party
  room, banquet room
fettig greasy
das **Fieber** (8) fever
der **Film, -e** (1) film, movie
der **Filmregisseur, -e** film
  director
der **Filmstar, -s** (3) movie star
finanziell financial, financially
finden, fand, gefunden (1) to
  find
der **Finderlohn, ⸚e** (14) reward
der **Finger, -** (8) finger
die **Firma,** die **Firmen** (7) company, firm
der **Fisch, -e** (1) fish
die **Flasche, -n** (5) bottle
das **Fleisch** (5) meat
fleißig (2) diligent, industrious
fliegen, flog, ist geflogen (3) to
  fly
der **Flohmarkt, ⸚e** flea market
der **Florist, -en** die **Floristin,**
  -nen florist
der **Flughafen, ⸚** airport
der **Flugpilot, -en, -en,** die **Flug-**
  pilotin, -nen airline pilot
das **Flugzeug, -e** (3) airplane

der **Fluß, ⸚sse** (6) river
folgen, ist gefolgt (+ *dat.*) to
  follow
folgend following
das **Folgende, -n** the following
förden to advance, promote; to
  stimulate
die **Forderung, -en** demand
die **Forelle, -n** trout
die **Forschung, -en** research
der **Fortschritt, -e** (10) progress
fort·setzen to continue
das **Foto, -s** (2) photo, picture
das **Fotoalbum,** die **Fotoalben**
  (11) photo album
die **Frage, -n** (3) question
der **Fragebogen, -** questionnaire
fragen (2) to ask; **sich fragen** to
  ask oneself, wonder
der **Franken, -** (5) Swiss franc
das **Frankreich** (3) France
der **Franzose, -n** (3) Frenchman;
  die **Französin, -nen** (3)
  Frenchwoman
das **Französisch** (1) French
  (language)
französisch French (*adj.*)
die **Frau, -en** (E) woman, Mrs.,
  Ms., wife
die **Frauenbewegung** (13)
  women's movement
die **Frauensache** (13) women's
  business
das **Fräulein, -** (E) Miss, young
  lady; **Fräulein!** (9) Waitress!
frei (7) free, open; **im Freien**
  outdoors
die **Freiheit** (13) freedom
der **Freitag** (4) Friday; **am Freitag**
  (4) on Friday
die **Freizeit** (6) leisure time
fremd (4) foreign, strange, new
die **Fremdsprache, -n** (12) foreign
  language
fressen, fraß, gefressen, frißt to
  eat (for animals); (slang for
  humans) to gobble up
die **Freude, -n** joy, pleasure; **eine**
  Freude machen to please,
  bring happiness to; **Freude**
  an . . . pleasure in . . .
freuen to make (someone)
  happy, be happy; **freut mich**

(E) glad to meet you; **sich freuen** to be happy; **sich freuen auf** (+ *acc.*) (8) to look forward to; **sich freuen über** (+ *acc.*) (8) to be happy about
der **Freund, -e,** die **Freundin, -nen** (2) friend
(un)freundlich (2) (un)friendly
die **Freundschaft, -en** friendship
der **Frieden** (12) peace
friedlich peaceful
frisch (5) fresh, freshly
die **Frische** freshness
froh glad
fröhlich (11) merry, happy, joyous
der **Frosch, ⸚e** frog
der **Frost** (14) frost
früh (6) early; **früher** (6) earlier, former(ly)
der **Frühling** (4) spring
der **Frühlingsstrauß** spring bouquet
das **Frühstück** (6) breakfast
(sich) fühlen (8) to feel
führen to lead
der **Führerschein, -e** (11) driver's license; **den Führerschein machen** (11) to pass the driver's test; to get one's license
fünf (E) five
fünfzehn (E) fifteen
für (2) (+ *acc.*) for; **was für ein . . . ?** (9) what kind of . . . ?, what a . . . !
der **Fuß, ⸚e** (8) foot; **zu Fuß gehen** (4) to walk, go on foot
der **Fußball** (1) soccer, football
die **Fußgängerzone, -n** (4) pedestrian zone

G

die **Gabel, -n** (9) fork
ganz (6) quite; (6) whole, entire; **ganz gut** (E) pretty well
gar nicht (1) not at all
die **Garage, -n** (7) garage
die **Garantie, -n** guarantee
garantiert guaranteed
der **Garten, ⸚** (2) yard, garden
der **Gärtner, -,** die **Gärtnerin, -nen** gardener

der **Gast, ⸚e** (9) guest, customer in a restaurant
das **Gasthaus, ⸚er** restaurant, inn, tavern
der **Gasthof, ⸚e** hotel, inn, tavern
die **Gaststätte, -n** (7) restaurant, tavern, pub
die **Gattin, -nen** wife, spouse
das **Gebäude, -** (10) building
geben, gab, gegeben, gibt (3) to give; **es gibt** (+ *acc.*) (4) there is, there are; **das gibt's doch gar nicht!** (14) that just doesn't happen!, that's just not so!
das **Gebiet, -e** area
geboren (12) born
gebrauchen to use, utilize
gebraucht (14) used
die **Geburt, -en** birth
der **Geburtstag, -e** (4) birthday
geeignet suitable, suited
die **Gefahr, -en** (10) danger
gefährden to endanger
gefährlich (10) dangerous
gefallen, gefiel, gefallen, gefällt (+ *dat.*) (3) to like; **es gefällt mir** (3) I like it
das **Gefängnis, -se** prison
das **Gefühl, -e** feeling
gegen (2) (*acc.*) against, toward; (6) around, about (with time expressions)
die **Gegend, -en** (7) region, area
der **Gegensatz, ⸚e** contrast, opposition
gegenüber (3) (*dat.*) across from; toward
die **Gegenwart** present
gegründet founded
das **Gehalt, ⸚er** (12) salary income, pay
gehen, ging, ist gegangen (1) to go; **zu Fuß gehen** (4) to walk, go on foot; **einkaufen gehen** (5) to go shopping; **es geht (nicht)** (13) it works (doesn't work)
gehören (+ *dat.*) (3) to belong to
die **Geige, -n** violin
der **Geigenbauer, -** violin maker
gelangen to reach
gelb (E) yellow

das **Geld** (2) money
der **Geldbeutel, -** wallet
die **Geldstrafe** fine
die **Gelegenheit, -en** opportunity
die **Gemeinschaft, -en** association; community
gemischt (9) mixed
das **Gemüse** (5) vegetables
(un)gemütlich (7) (not) cozy, comfortable
die **Gemütlichkeit** coziness, congeniality, friendliness
genau (3) exact, exactly
die **Genauigkeit** precision
genauso exactly
die **Generation, -en** (11) generation
genug (2) enough, sufficient
geöffnet open
gepflegt well cared for, immaculate; elegant
gerade (7) just; (8) just now; straight
geradeaus (4) straight ahead
geräuchert smoked
geräumig roomy, spacious
das **Geräusch, -e** sound
das **Gericht, -e** (9) food, dish; court
gering little, small (amount)
die **Germanistik** German literature and language studies
gern gladly
gern (1) (+ *verb*) to like to; gladly; **gern haben** (2) to like (someone or something)
geröstet toasted (bread), roasted
die **Gesamtschule, -n** comprehensive secondary school
das **Geschäft, -e** (3) store, business
die **Geschäftsfrau, -en** (3) businesswoman
die **Geschäftsleute** (3) business people
der **Geschäftsmann, ⸚er** (3) businessman
geschätzt estimated
das **Geschenk, -e** (3) present, gift
die **Geschichte, -n** (6) story; history
das **Geschirr** dishes
geschlossen closed

der **Geschmack** taste
geschmacklos (7) in bad taste
geschmackvoll (7) tasteful
die **Geschwindigkeits-
  begrenzung, -en** speed limit
die **Geschwister** (2) brothers and
  sisters
die **Geselligkeit** companionship,
  sociability
die **Gesellschaft, -en** (1) society;
  social gathering, party
gesellschaftlich societal
das **Gesetz, -e** (13) law
das **Gesicht, -er** (8) face
das **Gespräch, -e** talk,
  conversation
gestalten to shape, form
gestehen to admit
das **Gestell, -e** rack, stand, shelf
gestern (6) yesterday; **gestern
  abend** (6) last evening; **gestern morgen** (6) yesterday
  morning; **gestern nachmittag** (6) yesterday afternoon;
  gestern nacht (6) last night
(un)gesund (8) (un)healthy
die **Gesundheit** (8) health
geteilt divided
das **Getränk, -e** (9) beverage
getrennt separate(ly)
das **Gewicht, -e** (9) weight;
  Gewichte heben to lift
  weights
gewinnen, gewann, gewonnen
  (14) to win
gewiß certain
das **Gewitter, -** (14)
  thunderstorm
sich **gewöhnen an** (+ *acc.*) (8) to
  get used to
das **Gewohnheitstier** creature of
  habit
gewöhnlich usual, usually
gewohnt accustomed
das **Gift, -e** (10) poison
die **Gitarre, -n** (1) guitar
das **Glas, ⁀er** (9) glass
der **Glascontainer, -** collection
  container for recycling used
  glass
glauben (+ *dat.*) (3) to believe;
  glauben an (+ *acc.*) (10) to
  believe in
gleich (13) equal; soon, right

away; **bis gleich** (1) see you
  soon
die **Gleichberechtigung** (13)
  equality
die **Gleichheit** equality
das **Glück** fortune, luck, happiness; **zum Glück** for-
  tunately; **viel Glück!** good
  luck!; **Glück haben** (7) to be
  lucky
(un)glücklich (2) (un)happy
der **Glückwunsch, ⁀e** (11) congratulations; **herzlichen
  Glückwunsch!** (11)
  congratulations!
gönnen to allow, grant, permit
die **Gotik** Gothic period
der **Gott, ⁀er** God, god
graben, grub, gegraben, gräbt
  to dig
der **Grad** (14) degree
das **Gramm** (5) gram
gräßlich (14) terrible, horrible
gratis free of charge
gratulieren (+ *dat.*) (11) to congratulate; **ich gratuliere!** (11)
  congratulations!
grau (E) gray
der **Grieche, -n,** die **Griechin,
  -nen** (3) Greek (person)
das **Griechenland** (4) Greece
griechisch Greek (*adj.*)
grillen (14) to grill, barbecue
das **Grillwürstchen, -** grilled
  sausage
die **Grippe** (8) flu
der **Groschen, -** Austrian coin
groß (2) big, large, tall, great
großartig (11) great
das **Großbritannien** (3) Great
  Britain
die **Großeltern** (2) grandparents
die **Größe, -n** (5) size
die **Großmutter, ⁀ (Oma)** (2)
  grandmother
die **Großstadt, ⁀e** (7) big city
der **Großvater, ⁀ (Opa)** (2)
  grandfather
großzügig generous
die **Grube, -n** ditch
grün (E) green
der **Grund, ⁀e** (8) reason; **aus
  diesem Grund** (13) for this
  reason

gründen to found, establish
Grundsatz, ⁀e principle; rule
die **Grundschule, -n** elementary
  school
die **Gruppe, -n** (4) group
der **Gruß, ⁀e** (2) greeting; **Grüß
  dich** (E) hi; **viele Grüße** (4)
  regards (letter closing)
günstig reasonable, favorable
gut (E) good, well; **Danke, gut**
  (E) Fine, thanks; **guten
  Abend** (E) good evening;
  guten Morgen (E) good
  morning; **guten Tag** (E)
  hello, good day; **mach's
  (macht's) gut** (4) take care;
  guten Appetit (9) enjoy your
  meal; **alles Gute!** (11) best
  wishes!
gutaussehend good-looking
der **Gutschein, -e** coupon
das **Gymnasium,** die **Gymnasien**
  secondary school
die **Gymnastik** exercise,
  calisthenics

H

das **Haar, -e** (8) hair
der **Haartrockner, -** hairdryer
haben, hatte, gehabt (2) to have;
  recht haben (2) to be right,
  correct; **Appetit haben (auf
  + *acc.*)** to be in the mood
  (for), feel like eating; **Durst
  haben** (9) to be thirsty; **Hunger haben** (9) to be hungry;
  Lust haben (9) to feel like
  (doing something); **Angst
  haben (vor + *dat.*)** to be
  afraid (of)
das **Hähnchen, -** (9) chicken
halb (6) half
Halbpension accommodation
  with two meals per day
  included
halbtags (13) part-time
Hallo (E) hi, hello; hey
der **Hals** (8) throat, neck
das **Halsweh** sore throat
halt just
halten, hielt, gehalten, hält (4)
  to stop; to last; to keep;
  halten (+ von) to think (of),
  have an opinion (of); **halten**

(+ **für**) (10) to consider
die **Haltestelle, -n** (4) streetcar/
bus stop
der **Hamburger, -** (1) hamburger;
person from Hamburg
die **Hand, ⸚e** (8) hand
der **Handel** trade, commerce
die **Handlung, -en** action, plot
der **Handschuh, -e** glove
das **Handwerk** handicraft
der **Handwerker, -** craftsman
harmlos harmless
hart hard
der **Hase, -en, -en** rabbit
häßlich (2) ugly
der, die, das **Haupt-** main
(+ *noun*)
das **Hauptfach, ⸚er** (12) major
(field)
das **Hauptgericht, -e** main
course, main dish
hauptsächlich (14) main(ly)
die **Hauptschule, -n** nine-year
secondary school
die **Hauptstadt, ⸚e** capital
das **Haus, ⸚er** (2) house; **nach
Hause** (3) home; **zu Hause**
(3) at home; **wo bist du zu
Hause?** (3) where do you
come from?
die **Hausaufgabe, -n** (E) assignment, homework
der **Hausbesitzer, -e,** die
Hausbesitzerin, -nen
homeowner
die **Hausfrau, -en** (13) housewife
hausgemacht (9) homemade
der **Haushalt, -e** (13) home-
making; household
häuslich domestic
der **Hausmann, ⸚er** (13)
househusband
das **Haustier, -e** (2) pet
die **Haut, ⸚e** skin
das **Heft, -e** (E) notebook
der **Heilige Abend** (11)
Christmas Eve
das **Heim, -e** home
die **Heimat** home, homeland
die **Heirat** marriage
heiraten (11) to marry
heiß (9) hot
heißen, hieß, geheißen to be
called, named; **Ich

heiße . . . (E) my name
is . . . ; **das heißt (d.h.)** (7)
that is
heiter clear; cheerful, merry
die **Heizung** heating
die **Hektik** hectic pace
helfen, half, geholfen, hilft
(+ *dat.*) (3) to help
hell (7) light, bright
der **Helm, -e** helmet
das **Hemd, -en** (E) shirt
her (9) this way, here (direction
toward the speaker); **wo
kommst du her?** (3) where
do you come from?
**heraus·geben, gab heraus,
herausgegeben** to publish
der **Herbst** (4) autumn
der **Herd, -e** (7) stove
**herein·kommen, kommt herein,
kam herein, ist hereinge-
kommen** (9) to come in
der **Herr, -n, -en** (E) gentleman,
Mr.; **Herr Ober!** (9) Waiter!
herrlich (9) wonderful, splendid
die **Herstellung, -en** production
herüber (9) here, over here
das **Herz, -ens, -en** (8) heart
herzlich cordial, sincere, heart-
felt; **herzlichen Glück-
wunsch!** (11) congratulations!; **herzliches Beileid!**
(11) my deepest sympathy!
heute (1) today; **heute abend** (6)
this evening, tonight; **heute
morgen** (6) this morning;
heute nachmittag (6) this
afternoon; **heute nacht** (6)
tonight
heutig today's, current
hier (2) here
der **Himmel** (14) sky
hin (9) (direction away from
speaker)
hinaus (9) out of
hinein (9) into
hinter (*acc./dat.*) (4) behind
der **Hintergrund, ⸚e** background
hinüber there, over there
das **Hirn, -e** brains, intellect
historisch (9) historic, historical
das **Hobby, -s** (1) hobby
hoch (6) high; **höchste Zeit!** (14)
it's about time!

das **Hochhaus, ⸚er** (10) high-rise
building
der **Höchstpreis, -e** highest price
die **Hochzeit, -en** (11) wedding
die **Hochzeitsfeier, -n** (11) wedding celebration
der **Hocker, -e** stool
hoffen (14) to hope
hoffentlich (12) hopefully
die **Hoffnung, -en** hope
hoffnungslos (10) hopeless
hoffnungsvoll (10) hopeful
(un)höflich (2) (im)polite,
(im)politely
der **Höhepunkt, -e** climax,
highlight
holen to get, fetch
das **Holland** Holland, the
Netherlands
das **Holz, ⸚er** (14) wood
hören (1) to hear, listen to; **hör
mal!** listen here!
der **Hörsaal,** die **Hörsäle** lecture
hall
die **Hose, -n** (E) pants
das **Hotel, -s** (3) hotel
hübsch pretty, nice-looking,
great
das **Huhn, ⸚er** chicken
der **Hund, -e** (2) dog
der **Hunger** hunger; **Hunger
haben** (9) to be hungry
hungrig hungry
der **Husten, -** (8) cough
der **Hustensaft, ⸚e** (8) cough
syrup

I

ich (1) I; **ich auch** (1) me, too
idealistisch (2) idealistic
die **Idee, -n** idea; **auf die Idee
kommen** (13) to have, get
the idea
Ihnen you (*dat.*); **und Ihnen?** (E)
and you? **wie geht es Ihnen?**
(E) how are you?
Ihr (2) your (*formal sing. and pl.*)
ihr (1) you (*inf. pl.*); **ihr** (2) her,
their
der **Imbiß, -sse** (9) snackbar; fast
food, snack
immer (1) always; (7) more and
more (with *comp. adj.*);

immer noch still; **immer
wieder** again and again
immer noch still
immerzu constantly
imponierend (14) impressive
importieren to import
improvisiert improvised
in (*acc./dat.*) (4) in, into, inside,
to
individuell individual,
individually
die **Industrie, -n** (6) industry
die **Information, -en** (4) information; information bureau
der **Ingenieur, -e**, die **Inge-
nieurin, -nen** (3) engineer
der **Ingenieurbau** engineering
innerhalb (7) (*gen.*) within
insgesamt altogether
(un)interessant (1)
(un)interesting
das **Interesse, -n** (1) interest
interessieren (7) to interest; **sich
interessieren für** (8) to be
interested in
der **Interviewer, -,** die **Inter-
viewerin, -nen** (12)
interviewer
irgendwie somehow
das **Italien** (3) Italy
der **Italiener, -,** die **Italienerin,
-nen** (3) Italian (*person*)
das **Italienisch** (1) Italian
(language)
italienisch Italian (*adj.*)

J

ja (E) yes; **ja schon** (3) well, yes
die **Jacke, -n** (E) jacket
das **Jahr -e** (2) year; **im
Jahre . . .** in (the
year) . . . ; **dieses (jedes,
nächstes) Jahr** (4) this (every,
next) year
die **Jahreszeit, -en** (4) season (of
the year)
das **Jahrhundert, -e** (11) century
der **Januar** (4) January
der **Japaner, -,** die **Japanerin,
-nen** (3) Japanese (*person*)
japanisch Japanese (*adj.*)
jawohl certainly
die **Jeans** (*pl.*) (E) jeans

jed- (5) each, every; every one,
every thing
jedenfalls in any case
jeglich any
jemand (9) somebody, someone
jetzig present, current
jetzt (3) now
das **Joghurt** (1) yogurt
das **Jubiläum** (11) anniversary
die **Jugend** (*sing.*) (11) youth
die **Jugendherberge, -n** (4) youth
hostel
der/die **Jugendliche, -n** youth,
young person (noun
declined like an *adj.*)
das **Jugoslawien** Yugoslavia
jugoslawisch Yugoslavian (*adj.*)
der **Juli** (4) July
jung (7) young
der **Junge, -n, -n** (14) boy
der **Juni** (4) June

K

der **Kaffee** (5) coffee; **Tasse
Kaffee** cup of coffee
der **Kaiser, -** emperor
der **Kaktus,** die **Kakteen** (2)
cactus
das **Kalbfleisch** veal
kalt (7) cold
die **Kamera, -s** (2) camera
der **Kamin, -e** (7) fireplace
(sich) **kämmen** (8) to comb (one's
hair)
das **Kammerorchester, -** chamber
orchestra
kämpfen (10) to fight
das **Kanada** (3) Canada
der **Kanadier, -,** die **Kanadierin,
-nen** (3) Canadian (*person*)
der **Kanarienvogel, ¨** canary
die **Kapazität, -en** capacity
kaputt (8) broken down, kaput
kaputt·gehen to break down,
collapse
die **Karikatur, -en** cartoon
die **Karotte, -n** carrot
die **Karriere, -n** career; **Karriere
machen** to be successful in a
career
die **Karrierechance, -n** career
advancement
die **Karte, -n** (1) card; chart;
ticket

die **Kartoffel, -n** (9) potato
das **Kartoffelpüree** mashed
potatoes
der **Käse** (5) cheese
die **Kasse, -n** box office
der **Kassettenrecorder, -** (2)
cassette recorder
die **Katastrophe, -n** (10)
catastrophe
katholisch Catholic
die **Katze, -n** (2) cat
kaufen (2) to buy
das **Kaufhaus, ¨er** (4) department store
kaum (14) hardly, scarcely; **kaum
zu glauben** (14) that's hard
to believe
die **Kaution, -en** security deposit
das **Kegeln** bowling; **Kegeln
gehen** to go bowling
kein (2) no, not a, not any;
keiner no one
keineswegs by no means, in no
way
der **Keller, -** (7) cellar, basement
der **Kellner, -,** (3) waiter, die
Kellnerin, -nen (3) waitress
kennen, kannte, gekannt (6) to
know, be acquainted with
kennen·lernen (5) to meet, get
to know someone, get
acquainted with
die **Kenntnis, -se** knowledge
die **Kernenergie** nuclear energy
die **Kerze, -n** (11) candle
das **KFZ (Kraftfahrzeug)** (11) car,
automobile
der **Kies** (*colloq.*) money
das **Kilo(gramm)** (5) kilogram
der **Kilometer, -** (5) kilometer
das **Kind, -er** (E) child
der **Kinderarzt, ¨e**, die **Kin-
derärztin, -nen** pediatrician
die **Kindererziehung** (13) child-
rearing
das **Kino, -s** (4) movie theater;
ins Kino gehen (4) to go to
the movies
der **Kiosk, -s** (4) newsstand
die **Kirche, -n** (4) church
die **Kiste, -n** crate
der **Kitsch** kitsch, junk, trash
klappen (*colloq.*) to work out, go
smoothly

die **Klammer, -n** clip; clamp; clasp

klar (13) clear(ly); **na klar** of course

die **Klasse, -n** class, grade; **Klasse!** (14) terrific!

der **Klassenkamerad, -en** die **Klassenkameradin, -nen** classmate

klassisch classical; **klassische Musik** (1) classical music

das **Klavier, -e** (1) piano

das **Kleid, -er** (E) dress

der **Kleiderschrank, ⁻e** (7) clothes closet

die **Kleidung** clothing, clothes

klein (2) little, small

die **Kleinigkeit, en** little something; a trifle

die **Kleinstadt, ⁻e** (7) small town

Klingen (7) to sound; **klingt gut** (7) sounds good (*colloq.*)

die **Klinik, -en** hospital, clinic

klug intelligent, smart

knapp scarce, in short supply

die **Kneipe, -n** (7) local bar, pub, hangout

der **Knoblauch** garlic

der **Knüller, -** big hit, gag, riot

der **Koch, ⁻e,** die **Köchin, -nen** cook

kochen (9) to cook

der **Koffer, -** (3) suitcase

der **Kollege, -n, -n,** die **Kollegin, -nen** colleague

kombinieren to combine

das **Komitee, -s** committee

kommen, kam, ist gekommen (3) to come; **kommen aus** (3) to come from; **es kommt darauf an . . .** (12) it depends . . . ; **auf die Idee kommen** (13) to have, get the idea

die **Komödie, -n** comedy

(un)kompliziert (2) (un)complicated

der **Komponist, -en, -en,** die **Komponistin, -nen** composer

der **Konditor, -** confectioner, pastries specialist

die **Konditorei, -en** pastry shop, confectioner's shop

die **Konferenz, -en** conference

der **Konflikt, -e** (11) conflict

der **König, -e** king, die **Königin, -nen** queen

das **Königreich** kingdom

die **Konkurrenz (um)** competition (for)

können, konnte, gekonnt, kann (5) to be able to, can; **können Sie mir sagen . . . ?** (4) can you tell me . . . ?

konsequent consistent

kontaktfreundlich likes contact with people, likes to be with people

die **Kontrolle, -n** control

das **Konzert, -e** (4) concert

kooperieren to cooperate

der **Kopf, ⁻e** (8) head

das **Kopfweh** headache

der **Körper, -** (8) body

die **Körperpflege** personal hygiene

die **Kosten** (*pl.*) cost, costs

kosten (5) to cost; to taste

kostenlos (14) free, without cost

das **Kostüm, -e** (11) costume

die **Kraft, ⁻e** power

krank (8) sick, ill

das **Krankenhaus, ⁻er** (4) hospital

der **Krankenpfleger, -** (3) nurse (*male*)

die **Krankenschwester, -n** (3) nurse (*female*)

die **Krankheit, -en** (8) illness, sickness

die **Krawatte, -n** necktie

die **Kreide** (E) chalk

der **Kreml** Kremlin

die **Kreuzung, -en** (4) intersection, crossing

der **Krieg, -e** (10) war

der **Krimi, -s** (6) detective story

die **Krise, -n** (10) crisis

das **Kriterium,** die **Kriterien** criterion

die **Kritik** criticism

der **Kritiker, -e,** die **Kritikerin, -nen** critic

kritisch critical, critically

die **Küche, -n** (7) kitchen; cuisine (*no pl.*)

der **Kuchen, -** (5) cake

der **Küchenschrank, ⁻e** (7) kitchen cupboard

der **Kugelschreiber, -** (E) pen

die **Kuh, ⁻e** cow

kühl cool

der **Kühlschrank, ⁻e** (7) refrigerator

die **Kultur, -en** (6) culture

kulturell (12) cultural(ly)

der **Kunde -n, -n** customer, client

die **Kunst** (1) art

der **Kunstschatz, ⁻e** art treasure

die **Kur, -en** cure, treatment

der **Kurort, -e** health resort

der **Kurs, -e** (12) course; **einen Kurs machen** (12) to take a course

die **Kurve, -n** curve

kurz (7) short(ly)

L

das **Labor, -s** (14) laboratory

lachen (über + *acc.*) (11) to laugh (about)

lächeln to smile

der **Lachs** salmon

die **Lage, -n** location, position; situation

die **Lampe, -n** (7) lamp

das **Land, ⁻er** (E) land, country; **aufs Land** (4) to the country; **auf dem Land** (4) in the country

dar **Landbau** agriculture, farming

landen, ist gelandet to land

das **Landhaus, ⁻er** country house

die **Landkarte, -n** (E) map

ländlich country, rural

die **Landschaft, -en** (6) landscape, countryside, scenery

landschaftlich scenic; referring to the landscape

die **Landstraße, -n** highway

lang (6) long; **wie lange** for how long

langsam slow, slowly

langweilig (1) boring

der **Lärm** (10) noise

lassen, ließ, gelassen, läßt to let; to have done; leave

das **Latein** Latin; **auf latein** in

Latin

laufen, lief, ist gelaufen, läuft (1) to run, walk

der **Läufer, -** runner

laut (2) loud, loudly; according to

das **Leben, -** (1) life; **am Leben erhalten** to keep alive

leben (10) to live

lebendig (2) lively

die **Lebenskosten** living expenses

der **Lebenslauf, ‥e** (12) resume

die **Lebensmittel** (*pl.*) (5) groceries, food

das **Lebensmittelgeschäft, -e** (5) grocery store

der **Lebensstandard** standard of living

die **Leber** liver

das **Leder** leather; die **Lederwaren** (*pl.*) leather goods

ledig single, unmarried

leer (14) empty

legen (9) to lay, put (horizontally); **sich legen** to lie down

lehren to teach (at a university)

der **Lehrer, -** die **Lehrerin** (3) teacher

leicht (1) easy, easily; light

leid: (es) tut mir leid (4) (I'm) sorry

leider (2) unfortunately

leise (2) quiet, quietly

leisten to perform, accomplish; **sich leisten** (8) to afford

die **Leistung, -en** performance, accomplishment; payment

leistungsfähig efficient, productive

die **Leitung** conducting, direction, administration

lernen (1) to learn, study, take a course

lesen, las, gelesen, liest (1) to read; **lesen (über** + *acc.*) (4) to read (about)

der **Leser, -,** die **Leserin, -nen** reader

der **Leserbrief, -e** (14) letter to the editor

letzt- (6) last; **letztes Jahr** (6) last year; **letzten Winter, (Sommer**, etc.) (6) last winter

(summer, etc); **letzte Woche** (6) last week

die **Leute** (*pl.*) (E) people

das **Licht, -er** light

lieb (2) dear; sweet; well-behaved, agreeable; **lieber (liebe)** (2) dear (letter greeting)

die **Liebe** (11) love **Liebe zu . . .** love for . . .

lieben (1) to love

lieber (1) (+ *verb*) to prefer to

liebevoll lovingly, tender

der **Liebhaber, -,** die **Liebhaberin -nen** fancier, fan

Lieblings- (+ *noun*) (6) favorite

am liebsten to like (+ *verb*) the best, the most

das **Lied, -er** (11) song

der **Liedermacher, -,** die **Liedermacherin, -nen** writer and performer of songs

liefern to deliver, supply

liegen, lag, gelegen (4) to lie, be located

lila (E) purple

die **Limonade, -n** (9) soft drink

die **Limone, -n** lime

links (4) left; **nach links** to the left

der **Liter, -** (5) liter

die **Literatur, -en** (1) literature

die **Litfaßsäule, -n** advertising column

der **Löffel, -** (9) spoon

der **Lohn, ‥e** (13) wages, pay

die **Lohntute, -n** pay envelope

das **Lokal, -e** (7) pub, tavern; **lokal** (14) local(ly)

los loose, free; **etwas ist los** something is happening

lösen (10) to solve

die **Lösung, -en** (10) solution

die **Luft** (10) air

die **Luftverschmutzung** (10) air pollution

lügen, log, gelogen to (tell a) lie

die **Lunge, -n** lung

lustig (11) funny, merry

M

machen (1) to make, do; **das macht Spaß** (1) that's fun;

eine Reise machen (3) to take a trip; **Urlaub machen** (3) to take a vacation; **mach's (macht's) gut!** (4) take care! **das macht zusammen . . .** (5) that comes to . . .

die **Macht, ‥e** power

mächtig powerful

das **Mädchen, -** (13) girl

das **Magazin, -e** (1) magazine

der **Magen, ‥** stomach

die **Mahlzeit** mealtime, meal; **Mahlzeit!** (9) enjoy your meal!

der **Mai** (4) May

mal just, once; (5) times; why don't you (we) . . . ? (*flavoring word*); **Moment mal** (2) wait a moment **hör mal** listen here; **schau mal** look here

das **Mal** (11) time; **das erste (zweite, usw.) Mal** (11) the first (second, etc.) time; **zum ersten (zweiten, usw.) Mal** (11) for the first (second, etc.) time

malen (14) to paint

der **Maler, -,** die **Malerin, -nen** (14) painter (artist)

man (1) one, they, you; **wie sagt man das auf deutsch?** (E) how do you say that in German?

manch- some; some of them

manchmal (1) sometimes

manipulieren to manipulate

der **Mann, ‥er** (E) man, husband, gentleman, Mr.

(die) Männersache (13) men's business

männlich male

die **Mannschaft, -en** team

der **Mantel, ‥** (E) coat

die **Mark** (5) German Mark

der **Markt, ‥e** (5) market

der **Marktplatz, ‥e** (4) market place

der **März** (4) March

der **Maschinenbau** mechanical engineering

die **Maske, -n** (11) mask

die **Massenmedien** mass media

die **Maßnahme, -n** measure,

step, action
materialistisch (2) materialistic
die **Mathematik** (1) mathematics
die **Mauer, -n** (13) wall
das **Maul, ¨er** mouth (animals),
(*slang*) trap
der **Mechaniker, -,** die **Mecha-
nikerin, -nen** (3) mechanic
das **Medikament, -e** medication
die **Medien** media
die **Medizin** medicine (field)
medizinisch medical
das **Meer, -e** ocean
mehr more; **nicht mehr** (7) no
longer
mehrer- several
mein (2) my; **mein Name
ist . . .** (E) my name is . . .
meinen (1) to mean, think, say;
**ich meine es ja gar nicht
ernst** I'm just kidding
die **Meinung, -en** (3) opinion;
meiner Meinung nach (6)
in my opinion; **anderer
Meinung sein** (13) to be
of a different opinion; **die
Meinung äußern** to voice
one's opinion
die **Meinungsumfrage, -n** opinion survey; questionnaire
meistens (13) mostly, most of the
time
die **Meisterschaft, -en**
championship
das **Meisterwerk, -e** masterpiece
die **Mensa,** die **Mensen** (9)
student cafeteria
der **Mensch, -en** (1) person,
human being
menschenfeindlich (10)
inhumane
menschenfreundlich (10)
humane
die **Menschheit** humanity
menschlich human, humanly
das **Menü, -s** daily special
(in a restaurant)
merken to notice
merkwürdig (14) strange,
peculiar
das **Messer, -** (9) knife
der **Meter, -** meter
der **Meteorologe, -n**
meteorologist

die **Methode, -n** method
die **Metzgerei, -en** (5) butcher
shop
der **Mexikaner, -,** die **Mexi-
kanerin, -nen** Mexican
(*person*)
das **Mexiko** Mexico
mich (*acc.*) (2) me
die **Miete, -n** (7) rent
mies (*colloq.*) miserable
mieten (7) to rent
der **Mieter, -,** die **Mieterin, -nen**
renter
die **Milch** (5) milk
die **Minderheit, -en** minority
mindestens at least
das **Mineralöl** petroleum
das **Mineralwasser** (5) mineral
water
die **Minute, -n** (6) minute
mischen to mix
die **Mischung, -en** mixture
der **Mißbrauch, ¨e** abuse
mißverstanden misunderstood
mit (3) (*dat.*) with; at the age of
der **Mitarbeiter, -,** die **Mitarbeiterin, -nen** (12) coworker,
colleague
die **Mitbestimmung** voice in
decision-making
**mit·bringen, brachte mit,
mitgebracht** (5) to bring
along
der **Mitbürger, -,** die **Mit-
bürgerin, -nen** fellow citizen
miteinander together, jointly
**mit·gehen, ging mit, ist
mitgegangen** (5) to go along
das **Mitglied, -er** (8) member
**mit·helfen, half mit,
mitgeholfen** to help, assist
**mit·kommen, kam mit, ist
mitgekommen** (5) to come
along
mit·machen to participate
**mit·nehmen, nahm mit,
mitgenommen, nimmt mit**
(5) to take along
der **Mittag, e-** (6) noon; **zu Mittag essen** (6) to eat lunch
das **Mittagessen, -** (6) lunch
die **Mittagspause, -n** lunch break
die **Mitte** middle
das **Mittel, -** means, agent,

remedy
das **Mittelalter** Middle Ages
das **Mitteleuropa** Central Europe
mitten in the middle of
die **Mitternacht** (6) midnight
der **Mittwoch** (4) Wednesday;
am Mittwoch (4) on
Wednesday
die **Möbel** (*pl.*) (7) furniture
(un)möbliert (7) (un)furnished
die **Mode, -n** (11) fashion
modisch fashionable
mögen, mochte, gemocht, mag
(5) to like to; **ich möchte** (3)
I would like to
(un)möglich (10) (im)possible
möglicherweise possibly
die **Möglichkeit, -en** (12)
possibility
der **Moment, -e** moment;
Moment mal! (2) wait a
moment!; **einen Moment**
just a moment
momentan at the moment
der **Monat, -e** (4) month; **diesen
(jeden, nächsten) Monat** (4)
this (every, next) month
der **Mond** moon
monoton (12) monotonous
der **Montag** (4) Monday; **am
Montag** (4) on Monday
die **Moral** morals, morality,
ethics; **die doppelte Moral**
double standard
morgen (4) tomorrow; **morgen
abend** (6) tomorrow eve-
ning, tomorrow night; **morgen früh** (6) tomorrow
morning; **morgen nachmittag** (6) tomorrow afternoon;
morgen nacht (6) tomorrow
night
der **Morgen, -** (6) morning;
(guten) Morgen (E) (good)
morning
morgens (6) mornings, in the
morning
das **Motorrad, ¨er** (2) motorcycle
müde (2) tired
der **Müll** (10) garbage, waste
der **Mund, ¨er** (8) mouth
das **Museum,** die **Museen** (1)
museum; **ins Museum
gehen** to go to the museum

die **Musik** (1) music; **die Musik von . . .** (1) the music of . . .
der **Musiker, -,** die **Musikerin, -nen** musician
das **Musikinstrument, -e** (2) musical instrument
die **Musikhochschule, -n** music conservatory
die **Musiksendung, -en** music program
müssen, mußte, gemußt, muß (5) to have to, must
das **Muster, -** model
die **Mutter, ⁝** (2) mother
die **Muttersprache, -n** native language

N

na ja (1) well; **na und?** (1) so what?; **na klar!** (6) but of course!
nach (3) (*dat.*) after (*time and place*), to (*name of a country or city*); **nach Hause** (3) home (*with verbs of motion*)
der **Nachbar, -n, n,** die **Nachbarin, -nen** (7) neighbor
die **Nachbarschaft, -en** (7) neighborhood
nachdem (*subord. conj.*) (10) after
nachdenken, dachte nach, nachgedacht to reflect on, think about
nachgeben, gab nach, nachgegeben, gibt nach to give in
die **Nachhilfestunde, -n** tutoring
der **Nachmittag, -e** (6) afternoon
nachmittags (6) afternoons, in the afternoon
die **Nachricht, -en** report, message; (6) (*pl.*) news
die **Nachspeise, -n** dessert
nächst- nearest, next
die **Nacht, ⁝e** (6) night
der **Nachteil, -e** (7) disadvantage
der **Nachtisch, -e** dessert
nachts (6) nights, at night
nah (an) (7) near, close (to)
die **Nähe** (4) vicinity; **in der Nähe (von)** (4) near (a place), nearby

der **Name,** (*acc.* and *dat.*) **-n, -n** (E) name **mein Name ist . . .** (E) my name is . . .
nämlich namely, that is to say
die **Nase, -n** (8) nose
naß (14) wet
die **Nationalität, -en** (3) nationality
die **Natur** (1) nature
natürlich (1) of course, naturally, natural
der **Nebel, -** fog
neben (4) (*acc./dat*) beside, next to
nebeneinander next to each other
das **Nebenfach, ⁝er** (12) minor (field of study)
die **Nebenkosten** additional expenses, extras
der **Nebenverdienst** additional income
neblig (14) foggy
nee (*colloq.*) no
negativ (10) negative
nehmen, nahm, genommen, nimmt (4) to take
nein (E) no
nervös (8) nervous
nett (2) nice
neu (2) new
das **Neujahr** (11) New Year; **Prost Neujahr!** (11) Happy New Year!
neun (E) nine
neunzehn (E) nineteen
der **Neupreis, -s** price for new merchandise
die **Neutralität** neutrality
nicht (1) not; **nicht wahr?** (1) isn't it?, doesn't he?, etc.; **nicht mehr** (7) no longer; **nicht nur . . . sondern auch** (9) not only . . . but also
der **(Nicht)raucher, -,** die **(Nicht)raucherin, -nen** (13) (non)smoker
nichts (2) nothing; **nichts zu danken** (4) you're welcome
nie (1) never; **noch nie** (9) not yet, never
die **Niederlande** the Netherlands
niemand (9) no one, nobody
niesen to sneeze

nirgendwo nowhere
noch (5) still, yet; **sonst noch etwas?** (5) anything else?; **noch nicht** (6) not yet; **noch** (+ *comparative*) even; **noch nie** (9) not ever before; **immer noch** still; **weder . . . noch** neither . . . nor
der **Norden** (14) north
normalisieren to normalize
das **Norwegen** Norway
die **Not** shortage, need
die **Note, -n** (12) grade
der **Notendurchschnitt, -e** grade point average
(un)nötig (10) (un)necessary
die **Notizen** (*pl.*) notes
die **Notunterkunft, ⁝er** emergency shelter
notwendig necessary
die **Novelle, -n** novella
der **November** (4) November
die **Nudel, -n** noodle
null (E) zero
der **Nulltarif** zero rate; **zum Nulltarif** free
die **Nummer, -n** (E) number
nun now
nur (1) only
nutzen to use
nutzlos useless

O

o.ä., oder ähnliches or something similar
ob (*subord. conj.*) (4) if, whether
oben at the top; above; upstairs
der **Ober, -** waiter; **Herr Ober!** (9) Waiter!
oberflächlich superficially
das **Objektiv, -e** lens
das **Obst** (1) fruit
obwohl (10) although, even though
die **Ochsenschwanzsuppe** oxtail soup
oder (E) or
offen (9) open(ly)
öffentlich public, publicly
die **Öffentlichkeit** (13) public (place); publicity; **in der Öffentlichkeit** (13) in public, in a public place
öffnen to open

die **Öffnungszeiten** business
hours
oft (1) often, frequently
ohne (*acc.*) (2) without
das **Ohr, -en** (8) ear
ökologisch ecological
ökonomisch economic
der **Oktober** (4) October
das **Öl** oil
der **Onkel, -** (2) uncle
die **Oper, -n** (1) opera; **in die
Oper gehen** to go to the
opera
optimistisch (2) optimistic,
optimistically
die **Orange, -n** (5) orange
das **Orchester, -** orchestra
die **Ordnung** order; **in Ordnung**
(5) okay
die **Organisation, -en** (12)
organization
organisieren (10) to organize
orientieren to orient, direct
der **Ort, -e** (4) place, spot
der **Osten** (14) east
das **Ostern** (11) Easter
das **Österreich** (1) Austria
der **Österreicher, -,** die **Öster-
reicherin, -nen** (3) Austrian
(*person*)

P

ein **paar** a few, a couple of
das **Paar, -e** (5) pair
packen (3) to pack
die **Packung, -en** (5) package
das **Paket, -e** (3) package
das **Papier, -e** (E) paper
das **Parfüm, -s** (2) perfume
der **Park, -s** (4) park
der **Parkettboden, ¨** parquet
floor
die **Parkmöglichkeit, -en** parking
available
der **Parkplatz, ¨e** (4) parking lot,
parking place
die **Partei, -en** political party
die **Partnerschaft, -en**
partnership
die **Party, -s** (6) party
der **Paß, ¨e** pass, passport
der **Passagier, -e** passenger
passen (5) to fit; to match
passieren, ist passiert (11) to

happen, occur; to pass
das **Pech** (7) bad luck; **Pech
haben** to be unlucky
peinlich (11) embarrassing
die **Person, -en** person
persönlich (1) personal(ly)
die **Persönlichkeit, -en**
personality
pessimistisch (2) pessimistic
der **Pfad, -e** path
der **Pfeffer** (9) pepper
der **Pfennig, -e** German penny,
pfennig
die **Pflanze, -n** (2) plant
pflegen to cultivate
die **Pflicht, -en** (13) duty
pflichtbewußt conscious of one's
duties, conscientious
der **Pflichtkurs, -e** (12) required
course
pfui (14) shame!
das **Pfund, -e** (5) half a kilogram;
pound
phantastisch (11) fantastic
der **Philosoph, -en, -en,** die **Phi-
losophin, -nen** philosopher
die **Philosophie** (1) philosophy
die **Physik** (1) physics
der **Physiker, -,** die **Physikerin,
-nen** (3) physicist
physisch physical, physically
das **Picknick** picnic
der **Pilz, -e** mushroom
die **Pizza** (1) pizza
der **Plan, ¨e** (2) plan
planen (10) to plan
die **Planung** planning
die **Platte, -n** (2) record
der **Platz, ¨e** (7) place, room,
space
plaudern to chat
plötzlich suddenly
PLZ, die **Postleitzahl** postal code
der **Politiker, -,** die **Politikerin,
-nen** politician
politisch (10) political, politically
die **Polizei** (14) police
der **Polizist, -en, -en,** (3) policeman; die **Polizistin, -nen** (3)
policewoman
der **Polterabend** a German wedding custom
die **Pommes frites** (9) French
fries

das **Porträt, -s** portrait
die **Porzellanpuppe, -n** porcelain
doll
positiv (10) positive, positively
die **Post** (4) post office; mail
die **Postkarte, -n** (2) postcard
(un)praktisch (2) (im)practical(ly)
der **Präsident, -en, -en,** die
Präsidentin, -nen president
die **Praxis** practice, custom,
application
der **Preis, -e** (5) price; prize
die **Preissenkung, -en** price
reduction
preiswert (5) a good value,
inexpensive
die **Presse** press, newspaper
das **Prestige** (12) prestige
prima (13) great
die **Priorität, -en** priority
probieren (5) to try, try out
das **Problem, -e** (12) problem
produzieren (10) to produce
der **Professor, -en,** die **Professorin, -nen** (E) professor
das **Programm, -e** (6) channel,
program, guide to TV
program
Prost! (11) Cheers!; **Prost Neujahr!** (11) Happy New Year!
der **Protest, -e** (11) protest
provozieren to provoke
das **Prozent, -e** (5) percent
prüfen to test
die **Prüfung, -en** (12) test, exam;
eine Prüfung machen (12) to
take a test
der **Psychologe, -n, -n,** die **Psychologin, -nen** (3)
psychologist
das **Publikum** (14) audience, the
public
der **Pullover, - (Pulli, -s)** (E)
sweater
der **Punkt, -e** point
pünktlich (6) on time, punctual
putzen (8) to clean; **sich die
Zähne putzen** (8) to brush
one's teeth

Q

das **Quadratkilometer, -** square
kilometer
die **Qual, -en** torture

die **Qualifizierung, -en** qualification

die **Qualität** quality

die **Quantität, -en** quantity

das **Quartal, -e** (12) quarter

der **Quatsch** (14) rubbish, nonsense

die **Quelle, -n** source, spring

R

radeln, ist geradelt to ride a bike

rad·fahren, fuhr Rad, ist radgefahren, fährt Rad (8) to bicycle, go bike riding

das **Radio, -s** (1) radio

der **Radler, -** bicyclist

der **Radweg, -e** bike path, bike route

der **Rahmen, -** frame, framework

die **Rakete, -n** rocket, missile

das **Rappen, -** centime (Swiss coin)

(sich) **rasieren** (8) to shave

der **Rat** advice; council

das **Rathaus, ¨er** (4) city hall

rauchen (1) to smoke

der **Raucher, -** smoker

der **Raum, ¨e** room, space, place, area

raus (*colloq.*) **heraus** (motion toward speaker), **hinaus** (motion away from speaker) out

reagieren (auf + *acc.*) (14) to react (to)

(un)realistisch (2) (un)realistic, (un)realistically

die **Realität, -en** reality

die **Realschule, -n** secondary school

die **Rechnung, -en** (9) check, bill

das **Recht, -e** (13) right

recht haben (2) to be right, correct

rechtlich legal, lawful

rechts (4) (on the) right

der **Rechtsanwalt, ¨e,** die **Rechtsanwältin, -nen** (3) lawyer

die **Rechtswissenschaft** law

rechtzeitig in time

der **Redakteur, -e** editor

reduziert reduced

die **Regel, -n** rule; **in der Regel** usually, as a rule

(un)regelmäßig (14) (ir)regular, (ir)regularly

der **Regen** (14) rain; **saurer Regen** (10) acid rain

die **Regie** direction

die **Regierung, -en** (10) government

der **Regierungssitz** seat of the government

der **Regisseur, -e** director (*film*)

regnen to rain; **es regnet** (14) it's raining

reich (14) rich

das **Reich, -e** state, realm, kingdom, empire

das **Reihenhaus, ¨er** row house

reinigen to clean

die **Reinigung, -en** (dry) cleaining

der **Reis** (9) rice

die **Reise, -n** (3) trip; **eine Reise machen** (3) to take a trip; **gute Reise** (3) have a nice trip

das **Reisebüro, -s** (4) travel agency

reisen, ist gereist (1) to travel, take a trip

der **Reisepaß, ¨sse** passport

das **Reiseziel, -e** travel destination

reiten, ritt, ist geritten (8) to ride (*horses*)

die **Reklame, -n** (5) commercial, advertisement

religiös religious, religiously

das **Rennen** race

renovieren to renovate

der **Rentner, -,** die **Rentnerin, -nen** retired person

die **Reparatur, -en** repair

reparieren (14) to repair

der **Reporter, -,** die **Reporterin, -nen** (3) reporter

repräsentieren to represent

das **Restaurant, -s** (1) restaurant

die **Restauration** restoration

restaurieren to restore

das **Resultat, -e** result

retten (10) to save

das **Rezept, -e** recipe; (8) prescription

sich richten (nach) to be directed (at)

das **Richtfest** house-raising celebration

richtig (E) right, correct, proper; real(ly)

riechen, roch, gerochen to smell

riesig gigantic

riskieren to risk

der **Roboter, -** (10) robot

der **Rock, ¨e** (E) skirt

die **Rockmusik** (1) rock music

die **Rolle, -n** (10) role; **das spielt (k)eine Rolle** (12) that's (not) important

der **Roman, -e** (1) novel

(un)romantisch (2) (un)romantic(ally)

rosa (E) pink

die **Rose, -n** (2) rose

rot (E) red

der **Rotkohl** red cabbage

die **Routine** (8) routine

rüber *colloq.* for **herüber** here, over here; *colloq.* for **hinüber,** there, over there

der **Rücken, -** (8) back

der **Ruf** reputation

der **Ruhetag, -e** day of rest, day off; **kein Ruhetag** open daily

ruhig (7) quiet, peaceful

die **Ruine, -n** (6) ruins

ruiniert ruined

rund round; **rund um** around

der **Russe, -n,** die **Russin, -nen** (3) Russian (*person*)

russisch (*adj.*) Russian

S

der **Saal,** die **Säle** room, hall

die **Sache, -n** (13) matter, thing; **zur Sache** get to the point

der **Saft, ¨e** (9) juice

sagen (1) to say, tell; **wie sagt man das auf deutsch?** (E) how do you say that in German?; **können Sie mir sagen . . . ?** (4) can you tell me . . . ?

die **Sahne** cream

der **Sakko, -s** sport coat

der **Salat, -e** (9) salad; lettuce

das **Salz** (9) salt

die **Salzkartoffeln** boiled
potatoes
sammeln to collect, gather
der **Sammler, -** collector
der **Samstag** (4) Saturday; **langer
Samstag** Saturday with extended shopping hours; **am
Samstag** (4) on Saturday
sämtlich all
sanieren (10) to restore, renovate
die **Sanierung** (10) restoration,
renewal
der **Sanitätsdienst** medical
service
satt full, satisfied; **satt haben** to
be tired of, fed up with
der **Satz, ¨e** sentence
sauber (2) clean
sauer sour; angry, mad; **saurer
Regen** (10) acid rain
der **Sauerbraten** marinated beef
das **Sauerkraut** (9) sauerkraut
die **S-Bahn (Schnellbahn)** rapid-
transit train
das **Schach** chess
die **Schachtel, -n** (5) box
schade (6) too bad
der **Schaden, ¨** damage
schaffen to create
die **Schallplatte, -n** record,
sound recording
scharf sharp; spicy
schauen look, look at; **schau mal**
(7) take a look, look here
der **Schauer, -** (14) shower
der **Schaufensterbummel**
window-shopping
der **Schaukelstuhl, ¨e** rocker
der **Schauspieler, -,** (6) actor, die
Schauspielerin, -nen actress
das **Schauspielhaus, ¨er** theater
scheinen, schien, geschienen
(13) to seem, appear; to
shine; **es scheint mir . . .**
(13) it seems to me . . .
schenken (3) to give (a gift)
schick (7) chic, fashionable
schicken (3) to send
das **Schiff, -e** (3) ship; **mit dem
Schiff** by ship
das **Schild, -er** sign
der **Schilling, -e** (5) Austrian
shilling
der **Schinken** ham

**schlafen, schlief, geschlafen,
schläft** (8) to sleep
das **Schlafzimmer, -** (7) bedroom
die **Schlagsahne** whipped cream
die **Schlagzeile, -n** (14) headline
schlapp (8) (*colloq.*) without energy, exhausted
schlecht (E) bad(ly), poor(ly), not
so well; **mir ist schlecht** (8) I
feel sick to my stomach
schließen, schloß, geschlossen
to close
schlimm (14) bad
das **Schloß, ¨sser** (3) castle
das **Schlüsselloch, ¨er** keyhole
das **Schlüsselwort, ¨er** key word
schmal narrow
schmecken (9) to taste;
. . . **schmeckt/schmecken
mir nicht** (9) I don't
like . . . (*with food and
drink*); **hat's geschmeckt?**
how was it? how did it
taste?
der **Schmerz, -en** (8) pain
der **Schmuck** jewelry
schmücken to decorate
der **Schmutz** dirt
schmutzig (2) dirty
der **Schnee** (14) snow; **es schneit**
(14) it's snowing
der **Schneesturm, ¨e** snowstorm
schneiden, schnitt, geschnitten
(14) to cut
schnell (E) fast, quickly; **mach
schnell!** (9) hurry up!
der **Schnitt, -e** cut
die **Schokolade, -n** (1) chocolate
schon (6) already; **schon einmal**
before; **ja schon** (3) well, yes
schön (1) beautiful, nice
die **Schönheit** beauty
schonen to protect
der **Schrank, ¨e** (7) closet,
cupboard
schrecklich (6) terrible, awful
schreiben, schrieb, geschrieben
(2) to write; **schreiben (an +
acc.)** (4) to write (to);
schreiben (über + *acc.*) (4)
to write (about); **eine Arbeit
schreiben** (12) to write a
paper
die **Schreibmaschine, -n** (2)

typewriter
der **Schreibtisch, -e** (E) desk
schriftlich written
der **Schritt, -e** step
der **Schrittmacher, -** pace-setter
schrumpfen to shrink
der **Schuh, -e** (E) shoe
die **Schulangst, ¨e** school
anxiety
die **Schule, -n** (6) school
der **Schüler, -,** die **Schülerin,
-nen** (12) pupil
das **Schulkind, -er** school child
der **Schultag, -e** (11) day at
school, school day
die **Schultüte, -n** large cone filled
with candy
der **Schulunterricht** school
curriculum
der **Schutz** protection
schützen (vor + *dat.*) (10) to
protect (from)
schwach (8) weak
schwarz (E) black
(das) **Schweden** Sweden
das **Schwein, -e** pig
der **Schweinebraten** roast pork
das **Schweinefleisch** pork
das **Schweinsschnitzel** pork
cutlet
die **Schweiz** (1) Switzerland
der **Schweizer, -,** die
Schweizerin, -nen (3)
Swiss (*person*)
schweizerisch Swiss
der **Schwefel** sulfur
schwelen to smoulder
schwer (1) difficult
die **Schwester, -n** (2) sister
schwierig (12) difficult
die **Schwierigkeit, -en** difficulty,
trouble
das **Schwimmbad, ¨er** (4) swimming pool
das **Schwimmbecken, -** swimming pool
**schwimmen, schwamm, gesch-
wommen** (1) to swim
schwül (14) humid
sechs (E) six
sechzehn (E) sixteen
der **See, -n** (3) lake
**segeln gehen, ging segeln, ist
segeln gegangen** to go

sailing
sehen, sah, gesehen, sieht (1)
to see
die **Sehenswürdigkeiten** sights
sehr (E) very; **sehr gut** (E) very
well
die **Seife, -n** (5) soap
sein (2) his, its
sein, war, ist gewesen, ist (2)
to be; **was darf's sein?** (5)
may I help you? (*said by a
salesperson*)
seit (3) since, for (+ *dat.*) (with
time expressions); ich bin
seit (+ *time*) (3) I have been
. . . for (+ *time*)
seitdem (*subord. conj.*) (10) since,
ever since (*time*)
die **Seite, -n** page, side; **auf der
anderen Seite** (6) on the
other hand
der **Sekretär, -e,** die **Sekretärin,
-nen** (3) secretary
der **Sekt, -e** champagne
selb- same; **zur selben Zeit** at
the same time
selber oneself, selves
selbst (12) -self, -selves
selbständig (12) independent(ly)
die **Selbständigkeit**
independence
die **Selbstantfaltung** personal
growth
das **Selbstbewußtsein** self-
confidence
selbstsicher self-assured
selbstverständlich (10) obvious,
that goes without saying
die **Selbstverwaltung** self-
administration
selten (1) seldom
seltsam strange
das **Semester, -** (12) semester
das **Seminar, -e** (12) seminar
die **Sendung, -en** (6) broadcast,
program
die **Seniorengruppe, -n** senior
citizens' group
der **September** (4) September
seriös serious
servieren (14) to serve
die **Serviette, -n** (9) napkin
der **Sessel, -** (7) armchair
sich **setzen** (9) to sit down

sicher (9) sure, safe; surely, for
sure; certain(ly)
die **Sicherheit** security, safety
sie (1) she, they, it
Sie (1) you (*form. sing.* and *pl.*)
sieben (E) seven
siebzehn (E) seventeen
das **Silvester** New Year's Eve
singen, sang, gesungen (1) to
sing
sinken, sank, ist gesunken to
sink, fall, decline
der **Sinn, -e** sense, meaning;
verstehen Sie den Sinn? do
you get the gist?
der **Sitz, -e** seat, place
sitzen, saß, gesessen (4) to sit
**ski·laufen, lief Ski, ist
skigelaufen, läuft Ski** (8)
to ski
das **Skiwandern** cross-country
skiing
so (1) so; **so ein** (2) such a;
so . . . wie (7) as . . . as; **so
viel ich weiß** (13) as far as I
know
sobald (*subord. conj.*) (10) as soon
as
die **Socke, -n** (E) sock
das **Sofa, -s** (7) sofa, couch
sofort (7) right away,
immediately
sogar (9) even
der **Sohn, ¨-e** (2) son
solange as long as
solch- such; such things
der **Soldat, -en, -en** soldier
der **Solist, -en,** die **Solistin, -nen**
soloist
sollen, sollte, gesollt, soll (5) to
be supposed to
der **Sommer** (4) summer
sondern (9) but, rather, on the
contrary; **nicht nur . . .
sondern auch** (9) not
only . . . but also
der **Sonnabend** (4) Saturday; **am
Sonnabend** (4) on Saturday
die **Sonne** sun
die **Sonnenenergie** (10) solar
engery
die **Sonnenterrasse, -n** sun deck,
balcony
sonnig (14) sunny

der **Sonntag** (4) Sunday; **am
Sonntag** (4) on Sunday
sonst (13) otherwise; **sonst noch
etwas?** (5) anything else?
die **Sorge, -n** worry, concern;
sich Sorgen machen (um)
(10) to worry (about)
sorgen für (13) to take care of;
provide
die **Sorte, -n** type
soviel so much; **so viele** so many
die **Sowjetunion (die UdSSR)** (3)
the Soviet Union
sozial social, socially
der **Sozialarbeiter, -,** die
Sozialarbeiterin, -nen social
worker
der **Soziologe, -n, -n,** die
Soziologin, -nen sociologist
die **Soziologie** sociology
sozusagen so to speak
das **Spanien** (3) Spain
der **Spanier, -,** (3) Spaniard, die
Spanierin, -nen (3) Spanish
woman
das **Spanisch** (1) Spanish
(language)
spanisch Spanish (*adj.*)
spannend (6) exciting
die **Spannung, -en** suspense
sparen (3) to save
der **Spargel, -** asparagus
die **Sparsamkeit** thrift
der **Spaß** fun; **das macht Spaß**
(1) that's fun; **viel Spaß!** (4)
have fun!
spät (5) late; **bis später** (5) see
you later; **wie spät ist es?** (6)
what time is it?
die **Spätzle** little dumplings
**spazieren·gehen, ging
spazieren, ist
spazierengegangen** (8) to go
for a walk
die **Speise, -n** dish, food
die **Speisekarte, -n** (9) menu
spekulieren to speculate
die **Spende, -n** donation
spenden to donate
der **Spezialist, -en,** die
Spezialistin, -nen specialist
die **Spezialität, -en** (9) specialty
speziell special, specially
die **Sphäre, -n** sphere

der **Spiegel, -** mirror
das **Spiel, -e** (1) game
spielen (1) to play; **das spielt
(k)eine Rolle** (12) that's (not)
important
der **Spielfilm, -e** feature film
der **Spielplatz, ̈-e** playground
das **Spielzeug, -e** toy
spinnen to be crazy, nuts;
spinnst du? (13) are you
crazy?, are you nuts?
der **Spion, -e,** die **Spionin, -nen**
spy
der **Sport** (1) sport, sports
**Sport treiben, trieb Sport, Sport
getrieben** (8) to do, take part
in sports
die **Sportart, -en** type of sport
der **Sportler, -,** die **Sportlerin,
-nen** (8) athlete
sportlich sporty
die **Sportsendung, -en** sport
program
der **Sportverein, -e** (8) athletic
club
die **Sprache, -n** (1) language
-sprachig having to do with languages; **dreisprachig** speaks
three languages
**sprechen, sprach, gesprochen,
spricht** (1) to speak;
sprechen (über + *acc.*) (4)
to talk (about)
der **Staat, -en** state
staatlich of the state
der **Staatschef, -s** head of state
stabil stable
die **Stadt, ̈-e** (3) city, town
der **Stadtführer, -** guide to the
city
die **Stadtmitte, -n** (4) downtown,
city center
der **Stadtplan, ̈-e** (4) city map
der **Stadtrat, ̈-e** city council
das **Stadtzentrum,** die **Stadtzent-
ren** city center, inner city
der **Stammgast, ̈-e** regular
customer
der **Stammtisch, -e** table reserved for regular customers
das **Standesamt** registry office
stark (8) strong; strongly
starten to launch, start

statt (*gen.*) (7) instead of
stattdessen instead
**statt·finden, fand statt, stattge-
funden** to take place,
happen
der **Stau, -s** (4) traffic jam
staunen to be surprised
stehen, stand, gestanden (4) to
stand, be located; **unter
Streß stehen** (8) to be under
stress
stehlen, stahl, gestohlen, stiehlt
(14) to steal
steigen, stiegen, ist gestiegen to
climb, rise, get on
steil steep
der **Stein, -e** stone, rock
die **Stelle, -n** (12) place
stellen (9) to put, place (*upright*);
eine Frage stellen to ask a
question
**sterben, starb, ist gestorben,
stirbt** (11) to die; **sterben
(** + **vor)** to die (of)
die **Stereoanlage, -n** (2) stereo
der **Stern, -e** star
die **Steuer, -n** tax
das **Stiftungsvermögen**
endowment
der **Stil, -e** style
die **Stimme, -n** voice
stimmen to be right, correct,
agree; **stimmt so** (9) keep
the change; **stimmen** (13) to
vote; **das stimmt (nicht)** (11)
that's (not) right
das **Stipendium,** die **Stipendien**
(12) stipend, scholarship
der **Stock, ̈-e** floor, story
(*of a house*); **im ersten Stock**
on the second floor
das **Stockwerk, -e** floor
stolz (11) proud
stoppen to stop
stören (13) to disturb, bother
der **Strand, ̈-e** beach
die **Straße, -n** (4) street; **in
der . . . Straße** (4)
on . . . Street
die **Straßenbahn, -en** (4)
streetcar
die **Straßenbahnlinie, -n** streetcar line

der **Straßenrand, ̈-er** street curb
der **Straßensperre, -n** roadblock
die **Straßenverkehrsordnung**
traffic control
die **Strecke, -n** stretch
streiken to strike
der **Streit, -e** dispute, fight
streng (10) strict
der **Streß** (8) stress
das **Stroh** straw
die **Struktur, -en** structure
das **Stück, -e** (5) piece
der **Student, -en,** die **Studentin,
-nen** (E) student
das **Studentenheim, -e** (7)
dormitory
die **Studentenunruhe, -n** student
unrest
die **Studentenverbindung, -en**
(12) fraternity
das **Studentenwerk** student support services
die **Studie, -n** study
der **Studienanfänger, -** die **Stu-
dienanfängerin, -nen** first-
year student
das **Studienfach, ̈-er** (12) field of
study
die **Studiengebühr, -en** (12)
tuition
der **Studienort** place of study
studieren (1) to study at a university; to major in
das **Studium,** die **Studien** (12)
studies
die **Stufe, -n** level
der **Stuhl, ̈-e** (E) chair
die **Stunde, -n** (6) hour, class
hour
die **Subvention, -en** subsidy
die **Suche** search; **auf der Suche**
in search of
suchen (3) to look for
das **Südamerika** South America
der **Süden** (14) south
die **Südfrüchte** tropical fruits
der **Südfrüchtehändler, -** tropical
fruit merchant
südlich southern
der **Supermarkt, ̈-e** (5)
supermarket
die **Suppe, -n** (9) soup
die **Süßigkeiten** (*pl.*) (1) sweets,

candy
sympathisch likeable
die **Synagoge, -n** synagogue
die **Szene, -n** scene

T

der **Tabak** tobacco
die **Tablette, -n** (8) tablet, pill
die **Tafel, -n** (E) blackboard; (5) bar (chocolate)
der **Tag, -e** (4) day; **(guten) Tag** (E) hi; **jeden Tag** (4) every day
die **Tagesschau** evening news program
die **Tageszeitung, -en** daily newspaper
täglich (8) daily
die **Tante, -n** (2) aunt; **Tante Emma Laden** neighborhood food store
tanzen (1) to dance
der **Tarif, -e** rate
die **Tasche, -n** (3) purse; pocket
der **Taschenrechner, -** (2) pocket calculator
die **Tasse, -n** (5) cup
die **Tat, -en** deed; **in der Tat** indeed
tatsächlich real, really, in fact, actually
die **Taube, -n** pigeon
tausend thousand
das **Taxi, -s** (4) taxi
der **Taxifahrer, -** die **Taxifahrerin, -nen** (3) taxi driver
die **Technik** technology
der **Techniker -,** die **Technikerin, -nen** (3) technician
technisch technical, technically
die **Technologie, -n** (10) technology
der **Tee** (5) tea
der **Teil, -e** (11) part
teilen (13) to share; to divide
der **Teilnehmer, -,** die **Teilnehmerin, -nen** participant
die **Teilung, -en** division
das **Telefon, -e** (E) telephone
die **Telefonnummer, -n** (E) telephone number
die **Telefonzelle, -n** phone booth

der **Teller, -** (9) plate
die **Temperatur, -en** (14) temperature
das **Tempo** speed
der **Teppich, -e** (7) rug, carpet
der **Teppichboden, ¨** (7) wall-to-wall carpeting
das **Termin, -e** date, appointment
die **Terrasse, -n** (7) terrace, balcony
der **Terrorismus** (10) terrorism
teuer (2) expensive
das **Theater, -s** (4) theater; **ins Theater gehen** (4) to go the theater
das **Thema,** die **Themen** (8) topic, theme
tief deep(ly)
das **Tier, -e** animal
der **Tierarzt, ¨e,** die **Tierärztin, -nen** (3) veterinarian
das **Tierheim, -e** animal shelter
das **Tierreich** animal kingdom
der **Tierschutz** prevention of cruelty to animals
der **Tierversuch, -e** animal testing, experimenting
der **Tip, -s** hint, piece of advice
tippen (14) to type
der **Tisch, -e** (E) table
die **Tischdecke, -n** (9) tablecloth
das **Tischtennis** ping pong
die **Tochter, ¨** (2) daughter
der **Tod, -e** death
tödlich fatal
das **Toilettenpapier** (5) toilet paper
tolerieren tolerate
toll (1) terrific, great
die **Tomate, -n** (5) tomato
der **Topf, ¨e** pot, kettle
der **Topzustand** top condition
die **Torte, -n** (9) layer cake, torte
tot (14) dead
töten (14) to kill
der **Totengräber, -** grave digger
der **Tourist, -en, -en,** die **Touristin, -nen** (3) tourist
die **Tradition, -en** (1) tradition
(un)traditionell (2) (un)traditional(ly)
tragen, trug, getragen, trägt (5)

to wear; to carry; **die Verantwortung tragen** (10) to take (bear) responsibility
trampen to hitchhike
das **Transportmittel, -** (3) means of transportation
der **Tratsch** gossip, tattle
die **Traube, -n** (5) grape
der **Traubensaft, ¨e** grape juice
trauen to trust
trauern to grieve
der **Traum, ¨e** (6) dream
träumen to dream
traurig (2) sad
treffen, traf, getroffen, trifft (5) to meet; to hit; to make (a decision, choice)
der **Treffpunkt, -e** meeting place
der **Trend, -s** trend
die **Treppe, -n** (7) staircase, stairs
die **Treue** fidelity
der **Trickfilm, -e** (6) cartoon
das **Trimester, -** trimester
die **Trimm-Dich Bewegung** physical fitness movement
sich **trimmen** to become physically fit
trinken, trank, getrunken (5) to drink
das **Trinkgeld, -er** tip
trocken (14) dry
trotz (*gen.*) (7) in spite of
trotzdem (11) in spite of that, anyway
die **Tschechoslowakei** Czechoslovakia
das **T-Shirt, -s** (E) T-shirt
tschüß (E) bye
tun, tat, getan (8) to do; **(es) tut mir leid** (4) (I'm) sorry
die **Tür, -en** (E) door
die **Türkei** Turkey
türkisch Turkish
turnen to do gymnastics
die **Turteltaube, -en** turtle dove
der **Typ, -en** type; character
(un)typisch (2) (a)typical(ly)

U

die **U-Bahn, -en** (4) subway
üben to practice
über (*acc./dat.*) (4) over, above, about, across

überall (9) everywhere
die Überbevölkerung overpopulation
überein·stimmen (mit) (13) to agree (with)
überfüllt overcrowded, packed
überhaupt at all; generally, after all
überleben to survive
sich **überlegen** (*dat. refl.*) (8) to think about, consider
übernachten (3) to stay overnight
die Übernachtung, -en lodging
überparteilich nonpartisan
überqueren to cross
überraschen (14) to surprise
die Überraschung, -en surprise
überregional (14) national
übersetzen to translate
überzeugen (13) to convince
üblich usual, customary
übrig left over, remaining; **zu wünschen übrig lassen** to leave much to be desired
übrigens (9) by the way, moreover
die Übung, -en exercise
die UdSSR (3) the Soviet Union
das Ufer, - bank (of a body of water)
die Uhr, -en (E) clock, watch; (6) **um . . . Uhr** at . . . o'clock; **wieviel Uhr ist es?** (6) what time is it?
um (2) around, at; (6) (*with time expressions*) at; **um . . . zu** (+ *inf.*) (10) in order to
die Umfrage, -n questionnaire, survey
um·geben, umgab, umgeben, umgibt to surround
um·rechnen to convert
die Umwelt (10) environment
umweltbewußt environmentally conscious
umweltfreundlich friendly to the environment
der Umweltschutz (10) environmental protection
der Umweltschützer, -, die Umweltschützerin, -nen environmentalist
um·ziehen, zog um, ist um-

gezogen (7) to move, change residence
unabhängig independent, independently
die Unabhängigkeit independence
unbesorgt without worries, carefree
und (E) and; **und Ihnen?** (E) and you?
unerträglich unbearable, unbearably
der Unfall, ¨e (13) accident
das Ungarn Hungary
ungebunden independent
ungefähr (10) about, approximately
ungestört undisturbed
ungewöhnlich unusual
unhöflich (2) impolite
die Universität, -en (die Uni, -s) (1) university
die Unkosten (*pl.*) expenses, costs
unmöglich impossible
unnötig unnecessary
unpersönlich impersonal, impersonally
uns (*acc. and dat.*) (2) us
unser (2) our
der Unsinn (13) nonsense; **das ist ja Unsinn** (13) that's nonsense
unter (*acc./dat.*) (4) under, below; among
unterhaltsam (6) entertaining
die Unterhaltung (6) entertainment
die Unterhaltungssendung, -en (6) variety show
die Untermiete sublet, rent a room
der Unterricht instruction, class
unterrichten (12) to teach
unterscheiden, unterschied, unterschieden to distinguish; **sich unterscheiden** to differ
der Unterschied, -e (7) difference
unterschiedlich varied, differing
unterschreiben, unterschrieb, unterschrieben to sign
die Unterschrift, -en signature
unterstützen (13) to support
die Unterstützung, -en support

die Untertasse, -n (9) saucer
unterwegs on the way, en route
unwichtig unimportant
die Urgroßmutter, ¨ greatgrandmother
der Urlaub, e (3) leave from work, vacation; **Urlaub machen** (4) to take a vacation
ursprünglich originally
usw. (und so weiter) and so on, etc.

V

die Vase, -n vase
der Vater, ¨ (2) father
der Vegetarier, -, die Vegetarierin, -nen vegetarian
vegetarisch (9) vegetarian
das Veilchen, - violet
Venedig Venice
verändern to change
veranlassen to cause, call forth
die Veranstaltung, -en event
die Verantwortung, -en (10) responsibility; **die Verantwortung tragen** (10) to take (bear) responsibility
der Verband, ¨e association
verbessern (10) to improve
die Verbindung, -en connection
verboten (13) forbidden, prohibited
der Verbrauch consumption
verbrauchen to use up, consume
verbringen, verbrachte, verbracht (10) to spend (time)
verbunden connected
verdienen (3) to earn
verdoppeln to double
der Verein, -e (8) club
vereinfacht simplified, simple
die Vereinigten Staaten (*pl.*) (3) the United States
die Vereinigung (3) unification
vereint united
die Vereinten Nationen United Nations
die Verfilmung, -en filming
die Vergangenheit (11) past
vergessen, vergaß, vergessen, vergißt (11) to forget
der Vergleich, -e comparison
vergleichen, verglich, verglichen to compare

vergrößern to enlarge
das Verhältnis, -se relationship
verheiratet (13) married
der Verkauf, "e sale, sales
verkaufen (3) to sell
der Verkäufer, -, die Ver-
    käuferin, -nen (3) salesclerk
der Verkehr (10) traffic
das Verkehrsmittel, - means of
    transportation
verkünden to announce
verlangen to demand, desire,
    ask for
verlassen, verließ, verlassen,
    verläß (6) to leave, to
    abandon
verletzen (14) to injure
die Verletzung damage, injury
verlieren, verlor, verloren (14) to
    lose
die Verlobung, - (11) engagement
vermeiden, vermied, vermieden
    (14) to avoid
vermieten (7) to rent (out); zu
    vermieten (7) for rent
vermissen (7) to miss
vermitteln to arrange, obtain,
    procure
die Vernichtung, -en destruction
veröffentlichen to publish
die Veröffentlichung, -en
    publication
die Verpackung, -en packaging
verrückt (14) crazy, insane
das Versandhaus mail-order
    house
versäumen to miss
verschieden (9) different, various
die Verschmutzung (10) pollution
verschwenden (10) to waste,
    squander
die Verschwendung waste
verschwinden, verschwand, ist
    verschwunden to disappear
die Verseuchung pollution
die Verspätung delay, lateness
versprechen, versprach,
    versprochen, verspricht
    (11) to promise
verstehen, verstand, verstanden
    to understand; ich verstehe
    das (nicht) (E) I (don't) un-
    derstand that; das versteht
    sich that's clear

der Versuch, -e attempt
versuchen (10) to try, attempt;
    versucht tempted
die Verteidigung defense
verteilen distribute
das Vertrauen confidence
vertreiben, vertrieb, vertrieben
    to drive away
vertreten, vertrat, vertreten, ver-
    tritt to represent
der Vertreter, -, die Vertreterin,
    -nen representative, agent
verursachen to cause, be the
    reason
vervollständigen to complete
verwalten to administer
die Verwaltung, -en
    administration
der/die Verwandte, -n relative
    (noun declined like an adj.)
verwenden to use, employ
verzeichnen to record, note
    down, specify
der Vetter, - (2) cousin (male)
viel (1) much, a lot; viel Spaß (4)
    have fun; viel Glück (11)
    good luck
viele (1) many; viele Grüße! (4)
    greetings!; vielen Dank (4)
    thank you
vielleicht (5) perhaps
vielseitig many-sided
vier (E) four
das Viertel, - (6) quarter, one-
    fourth; viertel nach (6) (a)
    quarter past (time); viertel
    vor (6) (a) quarter to (time)
vierzehn (E) fourteen
das Vitamin, -e (5) vitamin
das Volk, "er (13) people, nation
das Volksfest, -e (14) folk festival
voll (9) full, fully
völlig totally, completely
das Vollkorn, "er whole grain
von (dat.) (3) from, of;
    von . . . bis (6) from . . . to;
    von jetzt ab (10) from now
    on
vor (acc./dat.) (4) in front of; be-
    fore (with time expressions);
    (6) ago; vor allem especially,
    above all
vorbei past, over
(sich) vor·bereiten (auf + acc.)

(12) to prepare (oneself) (for)
die Vorbereitung, -en (auf +
    acc.) preparation (for)
das Vorbild standard, leader
vorgestern the day before
    yesterday
vor·haben, hatte vor, vorgehabt,
    hat vor (12) to have in mind,
    plan
der Vorhang, "e (7) curtain
der Vorläufer, - forerunner
die Vorlesung, -en (12) lecture
    (course)
vormilitärisch premilitary
vormittags midmorning
der Vorschlag, "e proposal,
    suggestion
vor·schlagen, schlug vor,
    vorgeschlagen, schlägt vor
    (12) to suggest
die Vorspeise, -n appetizer
sich vorstellen (+ dat.) (8) to
    imagine; (+ acc.) to intro-
    duce oneself
der Vorstellungsbeginn begin-
    ning of the performance
der Vorteil, -e (7) advantage
das Vorurteil, -e (13) prejudice,
    bias

W

wachsen, wuchs, ist gewachsen,
    wächst (12) to grow
wagen to risk, venture
der Wagen, - (14) car, automobile
die Wahl, -en choice; election
wählen (6) to choose, select; to
    elect, to vote
wahnsinnig (8) terrible
wahr (2) true
während (gen.) (7) during;
    (subord. conj.) (10) while,
    whereas
wahrscheinlich (10) probable,
    probably
die Währung, -en currency
der Wald, "er (7) woods, forest
die Wand, "e (E) wall
wandern, ist gewandert (1) to
    hike, go hiking
der Wanderschuh, -e hiking boot
der Wanderweg, -e hiking trail,
    path

wann (4) when; (11) (*subord. conj.*) when, at what time?

warm (7) warm

warten (auf + *acc.*) (4) to wait (for)

warum (1) why

was (1) what; **was darf's sein?** (5) may I help you? (*said by salesperson*); **was für ein . . .** (9) what kind of . . . ?, what a . . .

(sich) **waschen, wusch, gewaschen, wäscht** (8) to wash

das **Wasser** (9) water

das **WC** (4) restroom

wechseln (4) to change, exchange

wecken to wake(n); to rouse

der **Wecker, -** alarm clock

weder neither; **weder . . . noch** neither . . . nor

weg away

der **Weg, -e** way, path

wegen (*gen.*) (7) because of, on account of

weg·gehen, ging weg, ist weg-gegangen (6) to leave, depart

weg·werfen, warf weg, weg-geworfen (13) to throw away

die **Wegwerfflasche, -n** non-returnable bottle

weg·ziehen, zog weg, ist weg-gezogen to move away

sich **wehren** to defend oneself

weh tun (+ *dat.*) (8) to hurt

weiblich female

weich soft, tender

das **Weihnachten** (11) Christmas

der **Weihnachtsbaum, ¨e** (11) Christmas tree

weil (4) because

der **Wein** (5) wine

der **Weinbauer, -n** wine grower

der **Weinberg, -e** vineyard

die **Weinbergschnecke, -n** escargot, snail

weinen (über + *acc.*) (11) to cry, weep (about)

der **Weinkeller, -** wine cellar

die **Weinstube, -n** tavern, wine cellar

weiß (E) white

weit (4) far

weiter further; other; to continue to (+ *verb*)

welch- (5) which; which one(s)

die **Welt, -en** (9) world

weltberühmt world-famous

der **Weltkrieg, -e** world war

der **Weltmeister, -e,** die **Weltmeisterin, -nen** world champion

die **Weltmeisterschaft, -en** world championship

das **Weltraumschiff, -e** spaceship

wenig (6) few, little; **ein wenig** (6) a little

wenige (6) few

wenigstens (10) at least

wenn (11) (*subord. conj.*) if, whenever, when

wer (1) who

die **Werbung, -en** (5) advertising, advertisement

werden, wurde, ist geworden, wird (3) to become

werfen, warf, geworfen, wirft (13) to throw; **weg·werfen** (13) to throw away

das **Werk, -e** work

die **Werkstatt** workshop

die **Werkstätte, -n** workshop

der **Wert, -e** value

wertvoll valuable

wesentlich essential(ly)

die **Wespe, -n** wasp

wessen (7) whose

der **Westen** (14) west

westlich western, to the west

das **Wetter** (6) weather

der **Wetterbericht, -e** weather report

die **Wettervorhersage, -n** weather prediction

(un)wichtig (1) (un)important

der **Widerspruch** contradiction

wie (1) how, as, like; **wie geht es Ihnen?** (E) how are you?; **wie geht's?** (E) how's it going? **wie sagt man das auf deutsch?** (E) how do you say that in German?; **wie** such as; **wie oft** (1) how often; **wie lange** (4) how long; **wie viele** (5) how many

wieder (5) again; **schon wieder** once again

wiederholen to repeat

wieder·hören to hear again **(auf) Wiederhören** (1) goodbye (telephone)

das **Wiedersehen** reunion; **auf Wiedersehen** (E) goodbye

das **Wiener Schnitzel** breaded veal cutlet

wieviel (5) how much; **der wievielte ist heute? den wievielten haben wir heute?** what is today's date?; **wieviel Uhr ist es?** (6) what time is it?

willkommen welcome

windig (14) windy

die **Windung, -en** curve, winding

der **Winter** (4) winter

wir (1) we

wirklich (13) really

die **Wirklichkeit** reality

die **Wirkung, -en** effect

die **Wirtschaft, -en** economy

wirtschaftlich economic

das **Wirtschaftsrecht** business law

die **Wirtschaftswissenschaften** economics

das **Wirtschaftswunder** economic miracle

wissen, wußte, gewußt, weiß (1) to know (facts)

die **Wissenschaft, -en** science

der **Wissenschaftler, -,** die **Wissenschaftlerin, -nen** (3) scientist

wo (1) where

die **Woche, -n** (4) week; **diese (jede, nächste) Woche** (4) this (every, next) week; **letzte Woche** (6) last week

das **Wochenende -n,** (4) weekend; **am Wochenende** on the weekend; **dieses (jedes nächstes) Wochenende** (4) this (every, next) weekend

wöchentlich weekly

woher (3) from where; **woher kommen Sie?** (3) where do you come from?

wohin (3) where (to)

wohl (8) well; probably, no doubt

das **Wohl** welfare, well-being, prosperity; **auf . . . Wohl trinken** (11) to drink to someone's health

wohnen (1) to live, reside

die **Wohnform** interior design

die **Wohngemeinschaft, -en** residential collective

das **Wohnhaus, ̈er** apartment building

das **Wohnheim, -e** (7) dormitory, dorm

die **Wohnsituation, -en** living situation

die **Wohnung, -en** (2) apartment

der **Wohnungsmarkt** real estate

die **Wohnungsnot** housing shortage

das **Wohnzimmer, -** (7) living room

wollen, wollte, gewollt, will (5) to want to

das **Wort, ̈er** word

der **Wortschatz** (E) vocabulary

wunderschön beautiful

der **Wünsch, ̈e** (12) wish

(sich) **wünschen** (12) to wish

wurmig wormy, worm-eaten

die **Wurst, ̈e** (9) sausage, cold cuts

die **Wurstsorte, -n** type of sausage or cold cuts

Z

zäh tough

die **Zahl, -en** number

zahlen to pay

zählen to count

der **Zahn, ̈e** (8) tooth; **sich die Zähne putzen** (8) to brush one's teeth

der **Zahnarzt, ̈e,** die **Zahnärztin, -nen** dentist

die **Zahnbürste, -n** tooth brush

die **Zahnpasta** (5) toothpaste

die **Zahnschmerzen** (8) toothache

zehn (E) ten

zeigen (3) to show

die **Zeile, -n** line

die **Zeit, -en** (2) time; **Zeit haben** (2) to have time; **zur Zeit** at the present time

die **Zeitschrift, -en** (14) magazine, periodical

die **Zeitung, -en** (1) newspaper

der **Zeitunterschied, -e** time difference

das **Zelt, -e** tent

der **Zentimeter, -** centimeter

die **Zentralheizung** central heating

das **Zentrum,** die **Zentren** center

zerstören (10) to destroy

die **Zerstörung** (10) destruction

die **Ziege, -n** goat

ziehen, zog, ist gezogen (nach) to move (to)

das **Ziel, -e** (14) goal, destination

ziemlich (2) rather

die **Zigarette, -n** (9) cigarette

das **Zimmer, -** (E) room

der **Zimmerkamerad, -en, -en** die **Zimmerkameradin, -nen** (11) roommate

die **Zimmerleute** carpenters

der **Zirkus** circus

der/die **Zollbeamte, -n** customs official (noun declined like an *adj.*)

der **Zoo, -s** (4) zoo

zu (1) too; (*dat.*) (3) to; **zu Hause** (3) at home; **zu Fuß gehen** (4) to walk, go on foot; **zu Mittag (Abend) essen** (6) to eat lunch (dinner)

der **Zucker** sugar

die **Zuckerdose, -n** sugar bowl

die **Zuckertüte, -n** candy-filled cone

zuerst (3) first, at first

zufällig (4) by chance

(un)zufrieden (12) (dis)satisfied

der **Zug, ̈e** (3) train; **mit dem Zug** by train

die **Zugspitze** highest mountain in Germany

zu·hören to listen

die **Zukunft** (10) future

zu·machen (5) to close

zurück back

zurück·bringen, brachte zurück, zurückgebracht (5) to bring back

zurück·fahren, fuhr zurück, ist zurückgefahren (5) to drive back

zurück·geben, gab zurück, zurückgegeben (5) to give back, return

zurück·nehmen, nahm zurück, zurückgenommen, nimmt zurück (5) to take back

zusammen (9) together, altogether; **das macht zusammen . . .** (5) that comes to . . .

zusammen·arbeiten (10) to work together, cooperate

die **Zusammenfassung, -en** summary

zusammen·passen to fit, go together

der **Zuschauer, -,** die **Zuschauerin, -nen** spectator, onlooker

die **Zuschrift, -en** letter, correspondence

der **Zustand, ̈e** condition

der **Zustellbezirk, -e** delivery area

zuvor previous, previously, before

zuviel (8) too much

der **Zwang** coercion

zwanzig (E) twenty

der **Zweck, -e** end, purpose

zwei (E) two

die **Zwiebelsuppe** onion soup

zwischen (*dat./acc.*) (4) between

zwölf twelve

English-German Vocabulary

This list contains most of the words from the chapter active vocabulary sections. Those that do not appear can be found in the following categories on the pages indicated:

greetings, p.
introducing oneself and others, p.
classroom expressions, p.
clothing, p.
colors, p.
numbers 1–100, p.   ; numbers from 100 on, p.
family members, p.
nouns of countries and nationality, p.
nouns of profession, p.
times of the day, p.
days, months, seasons, p.
nouns for places and stores, p.

nouns for groceries and toiletries, p.
nouns for rooms in a house, p.
nouns for furniture, p.
parts of the body, p.
nouns for table service, p.
nouns for food and drink, p.
holidays and traditions, p.
ordinal numbers, p.
vocabulary pertaining to weather, p.
pronouns, p.
possessive adjectives, p.
coordinating conjunctions, p.
subordinating conjunctions, p.

A

to **be able to, can** können, konnte, gekonnt (can)
about über (+ *acc.*) **how . . . ?** wie wär's mit . . . ?
above über (+ *acc./dat.*)
absolutely absolut
to **accept** akzeptieren
accident der Unfall, ̈e
to **get accustomed to** (sich)

gewöhnen an (+ *acc.*)
ache der Schmerz, -en; **headache** die Kopfschmerzen (*pl.*)
across (from) gegenüber
active aktiv
actually eigentlich
to **be acquainted with** kennen, kannte, gekannt
ad (advertisement) die Anzeige, -n
address die Adresse, -n

advantage der Vorteil, -e
advertisement die Reklame, -n; die Werbung, -en
to **afford** sich (+ *dat.*) leisten
to **be afraid of** Angst haben vor (+ *dat.*)
after nach (+ *dat.*); (*conj.*) nachdem
again wieder
against gegen (+ *acc.*)

ago vor (+ *dat.* with time); **one week** . . . vor einer Woche

to **agree** einverstanden sein; **I agree with that** ich bin damit einverstanden

ahead; straight ahead geradeaus

air die Luft, ¨-e

air pollution die Luftverschmutzung

airplane das Flugzeug, -e

all alles, alle (*pl.*)

to **allow** erlauben; **to be allowed to** dürfen, durfte, gedurft (darf)

almost fast

alone allein

already schon

also auch

although obwohl

always immer

and und

angry böse; **to be . . . (about)** sich ärgern (über + *acc.*)

animal das Tier, -e

answer die Antwort; to . . . antworten (+ *dat.*), beantworten (+ *acc.*)

anything etwas; **anything else?** sonst noch etwas?

apartment die Wohnung, -en

to **appear (look alike)** aus·sehen, sah aus, hat ausgesehen (sieht aus)

apple der Apfel, ¨

application die Bewerbung, -en

area die Gegend, -en

arm der Arm, -e

around um (+ *acc.*)

to **arrive** an·kommen, kam an, ist angekommen

art die Kunst

as wie; als; **as . . . as** so . . . wie

to **ask** fragen

at an (+ *acc./dat.*); bei (+ *dat.*) . . . **o'clock** um . . . (Uhr); . . . **the house of** bei (+ *dat.*)

at all überhaupt

athlete der Sportler, -, die Sportlerin, -nen

athletic club der Sportverein, -e

at least wenigstens

atmosphere die Atmosphäre

to **attempt** versuchen

attractive attraktiv

author der Autor, -en, die Autorin, -nen

available frei; **is this seat available?** ist der Platz noch frei?

to **avoid** vermeiden, vermied, vermeiden

awful schrecklich

B

back zurück; **to come back** zurückkommen

bad schlecht; **too bad** schade

bag die Tasche, -n

bar (of chocolate) die Tafel, -n; . . . **(of soap)** das Stück, -e

to **be** sein, war, ist gewesen (ist)

banana die Banane, -n

bath das Bad, ¨-er; **to take a . . .** sich baden

beautiful schön

because weil; denn; . . . **of** wegen (+ *gen.*)

become werden, wurde, ist geworden, wird

bed das Bett, -en

beer das Bier, -e

before vor (+ *acc./dat.*); bevor

to **begin** beginnen, begann, begonnen; an·fangen, fing an, angefangen (fängt an)

beginning der Anfang, ¨-e; **in the beginning** am Anfang

behind hinter (+ *acc./dat.*)

to **believe** glauben (+ *dat.*); **to . . . in** glauben an (+ *acc.*)

to **belong** gehören (+ *dat.*)

below unter (+ *acc./dat.*); unten

beside neben (+ *acc./dat.*)

besides außer (+ *dat.*)

between zwischen (+ *acc./dat.*)

beverage das Getränk, -e

bicycle, bike das Fahrrad, ¨-er, das Rad, ¨-er; **to ride a . . .** rad·fahren, fuhr Rad, ist radgefahren (fährt Rad)

big groß

bill die Rechnung, -en

birthday der Geburtstag, -e; **for . . . birthday** zu(m) . . . Geburtstag

body der Körper, -

book das Buch, ¨-er; **notebook** das Heft, -e

boring langweilig

born geboren; **to be . . .** geboren sein

both beid-

bottle die Flasche, -n

boy der Junge, -n

breakfast das Frühstück, -e

bridge die Brücke, -n

bright hell

to **bring** bringen, brachte, gebracht; . . . **along** mit·bringen, brachte mit, mitgebracht

broadcast die Sendung, -en; **to . . .** senden

broken kaputt

brown braun

brush (one's teeth) sich die Zähne putzen

to **build** bauen

building das Gebäude, -; **high-rise . . .** das Hochhaus, ¨-er

burglar der Einbrecher, -

bus der Bus, -se

bus driver der Busfahrer, -, die Busfahrerin, -nen

but aber; **(rather)** sondern

to **buy** kaufen

by von (+ *dat.*)

by the way übrigens

C

cactus der Kaktus, die Kakteen

cafe das Café

cafeteria (*for students*) die Mensa; die Mensen

cake der Kuchen, -; die Torte, -n

to **call (on the phone)** an·rufen, rief an, angerufen; **to be . . . ed** heißen, hieß, geheißen

camera die Kamera, -s

can, to be able to können, konnte, gekonnt (kann)

can die Dose, -

candle die Kerze, -n

candy die Süßigkeiten

car das Auto, -s; der Wagen, -

card die Karte, -n

to **care for** sorgen für; **I don't care** Es ist mir egal

career die Karriere, -n

carpet der Teppich, -e; **wall-to-wall** . . . der Teppichboden, ¨

to **carry** tragen, trug, getragen (trägt)

cassette recorder der Kassettenrecorder, -

castle das Schloß, ¨er

cat die Katze, -n

to **catch a cold** sich erkälten

cathedral die Kathedrale, -n; der Dom, -e

to **celebrate** feiern

celebration das Fest, die Feier; **family** . . . die Familienfeier, -n

center das Zentrum; . . . **of town** das Stadtzentrum

century des Jahrhundert, -e

certain(ly) sicher

chair der Stuhl, ¨e

to **change** (sich) ändern; (sich) verändern; wechseln (*money*)

channel (TV) das Programm, -e

cheap billig

check (bill) die Rechnung, -en

chemicals die Chemikalien (*pl.*)

child das Kind, -er

to **choose** wählen

church die Kirche, -n

cigarette die Zigarette, -n

citizen der Bürger, -, die Bürgerin, -nen; . . . **'s action group** die Bürgerinitiative, -n

city die Stadt, ¨e; city council

city hall das Rathaus, ¨er

classical klassisch; **classical music** klassische Musik

clean sauber

to **clean** putzen

clear klar

climate das Klima

clock die Uhr, -en; **it is 5 o'clock** es ist 5 Uhr

close (by) nah, in der Nähe

to **close** zu·machen

closet der Schrank, ¨e

cloudy bewölkt

club der Verein, -e; der Klub, -s

coffee der Kaffee; **have** . . . Kaffee trinken

cold kalt; die Erkältung; **to catch a** . . . sich erkälten

college das College, -s

color die Farbe, -n

to **comb** kämmen; . . . **one's hair** sich kämmen, sich (*dat.*) die Haare kämmen

to **come** kommen, kam, ist gekommen; **to** . . . **from** kommen aus; **where do you come from?** woher kommen Sie? **to** . . . **along** mit·kommen, kam mit, ist mitgekommen; mit·gehen, ging mit, ist mitgegangen; **to** . . . **back** zurück·kommen; **to** . . . **by** vorbei·kommen

comfortable bequem

commercial die Reklame, -n

company die Firma, die Firmen

to **complain (about)** sich beschweren (über + *acc.*)

(un)complicated (un)kompliziert

computer der Computer, -; . . . **game** das Computerspiel, -e

conference die Konferenz, -en

conflict der Konflikt, -e

to **congratulate** gratulieren (+ *dat.*)

to **consider** halten, hielt, gehalten, hält für (+ *acc.*)

contact der Kontakt, -e

content zufrieden

to **convince** überzeugen

to **cook** kochen

correct richtig; **to be** . . . recht haben; stimmen; **that's correct** das stimmt

to **cost** kosten

costume das Kostüm, -e

country das Land, ¨er; **to the** . . . aufs Land; **in the** . . . auf dem Land

course der Kurs, -e; **required** . . . der Pflichtkurs; **to take a course** einen Kurs machen; **of course** natürlich, selbstverständlich

coworker der Mitarbeiter, -; die Mitarbeiterin, -nen

cozy gemütlich

crazy verrückt; **are you crazy?** spinnst du?

creative kreativ

cry weinen

cultural kulturell

cup die Tasse, -n

custom der Brauch, ¨e

to **cut** schneiden, schnitt, geschnitten

D

to **dance** tanzen

danger die Gefahr, -en

dangerous gefährlich

dark dunkel

date das Datum, die Daten

day der Tag, -e; **every** . . . jeden Tag, täglich; **once a** . . . einmal am Tag

to **decide** sich entscheiden, entschied, entschieden

decision die Entscheidung, -en; **to make a** . . . eine Entscheidung treffen

degree der Grad, -e

to **demonstrate** demonstrieren

to **depart** ab·fahren, fuhr ab, ist abgefahren (fährt ab)

to **depend** darauf ankommen; **it depends** es kommt darauf an

depressing deprimierend

to **describe** beschreiben, beschrieb, beschrieben

to **destroy** zerstören

destruction die Zerstörung, -en

to **develop** entwickeln

to **die** sterben, starb, gestorben (stirbt)

difference der Unterschied, -e

different verschieden; anders

difficult schwer, schwierig

dirt der Schmutz

dirty schmutzig

disadvantage der Nachteil, -e

to **discover** entdecken

to **discuss** diskutieren

discussion die Diskussion, -en

dish (food) das Gericht, -e; **dishes** das Geschirr

to **disturb** stören

to **divide** teilen

to **do** machen; tun, tat, getan

documentary der Dokumentarfilm, -e

dog der Hund, -e

door die Tür, -en
downtown die Stadtmitte; das Stadtzentrum
dress das Kleid, -er; **to get dressed** (sich) anziehen, zog an, angezogen
to **drink** trinken, trank, getrunken
drink das Getränk, -e
to **drive** fahren, fuhr, ist gefahren, fährt; **to drive along** mitfahren; **to drive by** vorbeifahren; **to drive there** hinfahren
driver's license der Führerschein, -e; **to pass the driver's test** den Führerschein machen
dry trocken
during während (+ *gen.*)
duty die Pflicht, -en

E

each jed-
early früh
easy, easily leicht
east der Osten
to **eat** essen, aß, gegessen (ißt)
embarrassing peinlich
employed berufstätig
end das Ende
energy die Energie; . . . **source** die Energiequelle, -n; . . . **crisis** die Energiekrise, -n; **solar** . . . die Sonnenenergie; **without** . . . **(tired)** schlapp
to **engage in sports** Sport treiben, trieb, getrieben
enough genug
entertaining unterhaltsam
entire ganz
environment die Umwelt; . . . **al protection** der Umweltschutz
equality die Gleichberechtigung
especially besonders
even sogar; . . . **though** obwohl, obgleich
evening der Abend, -e; **evenings** abends, jeden Abend
event das Ereignis, -se
ever je; . . . **since** (*conj.*) seitdem
every jed-; **every day** jeden Tag

everything alles
everywhere überall
exact(ly) genau
exam die Prüfung, -en
example das Beispiel, -e; **for** . . . zum Beispiel
excellent ausgezeichnet
except for außer (+ *dat.*)
exciting spannend
to **excuse** entschuldigen; **excuse me!** Entschuldigung!, entschuldigen Sie bitte!
to **expect** erwarten
expensive teuer
experience das Erlebnis, -sse
to **explain** erklären

F

to **fail (flunk)** bei einer Prüfung durch·fallen, fiel durch, ist durchgefallen
false falsch
family die Familie, -n . . . **celebration** die Familienfeier, -n
famous berühmt
fantastic phantastisch; toll
fashion die Mode, -n
fast schnell
fast-food restaurant das Schnellrestaurant, -s; der Imbiß (sse)
favorite Lieblings . . . (+ *noun*)
fear die Angst, ¨e; **to** . . . Angst haben (vor + *dat.*)
feel (sich) fühlen; **to** . . . **well** sich wohl fühlen; **to** . . . **like** Lust haben auf (+ *acc.*); **to** . . . **like eating** Appetit haben auf (+ *acc.*)
few wenige; **a** . . . einig-
field (of study) das Fach, ¨er
to **fight** kämpfen
finally endlich
to **find** finden, fand, gefunden
fine gut, toll, prima; **I'm fine** es geht mir gut
finished fertig
film der Film
first erst, **at** . . . zuerst; **in the first place** an erster Stelle
fish der Fisch, -e
fit fit; **to** . . . passen
floor der Boden, ¨

flower die Blume, -n
to **fly** fliegen, flog, ist geflogen
foggy neblig
food das Gericht, -e; das Essen; die Lebensmittel (*pl.*)
foot der Fuß, ¨e; **to go on** . . . zu Fuß gehen
for für (+ *acc.*); seit (+ *dat.*) (with time expressions)
to **forbid** verbieten, verbot, verboten
foreign fremd; . . . **language** die Fremdsprache, -n
foreigner der Ausländer, -; die Ausländerin, -nen
forest der Wald, ¨er
to **forget** vergessen, vergaß, vergessen (vergißt)
free frei
freedom die Freiheit
fresh frisch
friend der Freund, -e; die Freundin, -nen
(un)friendly (un)freundlich
from von (+ *dat.*); . . . **now on** von jetzt ab; . . . **to** von . . . bis
in front of vor (+ *acc./dat.*)
frost der Frost
fruit das Obst
full voll
fun der Spaß; **that's** . . . das macht Spaß **to have** . . . sich amüsieren; **have fun!** viel Spaß!
funny lustig
furnished möbliert
furnishings die Möbel (*pl.*)
future die Zukunft

G

game das Spiel, -e
garage die Garage, -n
garbage der Müll
garden der Garten, ¨
gasoline das Benzin
gentleman der Herr, -n, -n
to **get** bekommen, bekam, bekommen; **to** . . . **up** auf·stehen, stand auf, ist aufgestanden; **get well soon!** gute Besserung! **to** . . . **acquainted** kennen·lernen
gift das Geschenk, -e

girl das Mädchen, -
to **give** geben, gab, gegeben
  (gibt); **to . . . up** auf·geben,
  gab auf, aufgegeben
  to . . . a gift schenken; **to-**
  . . . back zurückgeben
gladly gern
to **go** gehen, ging, ist gegangen;
  to . . . out aus·gehen, ging
  aus, ist ausgegangen;
  to . . . for a walk spazieren·
  gehen
goal das Ziel, -e
good gut
government die Regierung, -en
grade die Note, -n
gram das Gramm
great großartig, prima, toll; groß
  (*size*)
greetings die Grüße (*pl.*) **greet-**
  ings viele Grüße
groceries die Lebensmittel (*pl.*)
to **grow** wachsen, wuchs, ist
  gewachsen (wächst)
guest der Gast, ¨e

H

hair das Haar, -e
half halb; die Hälfte, -n
to **happen** passieren, ist passiert
happy glücklich; **to be . . . about**
  sich freuen über (+ *acc.*)
hard hart; schwer
to **have** haben, hatte, gehabt
  (hat); **to . . . to** müssen,
  mußte, gemußt (muß)
headline die Schlagzeile, -n
health die Gesundheit
(un)healthy (un)gesund
to **hear** hören
to **help** helfen, half, geholfen
  (hilft) (+ *dat.*) **may I help**
  you (*in a store*)? Was darf's
  sein?
here hier; da
high hoch
to **hike** wandern, ist gewandert
history die Geschichte
historical historisch
hobby das Hobby, -s
home nach Hause; **at . . .** zu
  Hause; **. . . made**
  hausgemacht
homework die Hausaufgabe, -n

to do homework die
  Hausaufgaben machen
to **hope** hoffen; **I hope**
  hoffentlich
hopeful hoffnungsvoll
hopeless hoffnungslos
hospital das Krankenhaus, ¨er
hot heiß
hour die Stunde, -n
house das Haus, ¨er
how wie; **. . . much** wieviel;
  . . . many wie viele;
  . . . long wie lange;
  . . . often wie oft; **how**
  about . . . wie wär's
  mit . . . ; **how are you?** wie
  geht's (dir/Ihnen)?
human being der Mensch, -en,
  -en
humane menschenfreundlich
humid schwül
hunger der Hunger; **to be hun-**
  gry Hunger haben
to **hurry** (sich) beeilen
to **hurt (to be sore)** weh tun
  (+ *dat.*); **(to injure)**
  verletzen
husband der Mann, ¨er

I

if wenn; **(whether)** ob; **. . . only**
  wenn nur
illness die Krankheit, -en
image das Image
to **imagine** sich (+ *dat.*)
  vorstellen
important wichtig
impossible unmöglich
to **improve** verbessern
in in (+ *acc./dat.*); **. . . front of**
  vor (+ *acc./dat.*); **to**
  come . . .
  herein·kommen; **. . . spite**
  of trotz (+ *gen.*)
independent selbstständig
inexpensive preiswert
information die Information; die
  Auskunft
inn der Gasthof, ¨e; das Gasthaus, ¨er
inside in (+ *dat.*)
in spite of trotz (+ *gen.*)
instead of (an)statt (+ *gen.*)
instrument das Instrument, -e

interest das Interesse, -n; **to . . .**
  interessieren, **to be inter-**
  ested in sich interessieren
  für (+ *acc.*)
interesting interessant
international international
to **invite** ein·laden, lud ein,
  eingeladen (lädt ein)

J

job der Job, -s; die Arbeit -en;
  die Stelle, -n
just now gerade; **just a moment!**
  Moment mal!

K

to **know** wissen, wußte, gewußt,
  weiß; kennen, kannte,
  gekannt

L

lady die Dame
lake der See, -n
lamp die Lampe, -n
land das Land, ¨er
language die Sprache, -n; **for-**
  eign . . . die Fremdsprache
last letzt-; **to . . .** dauern
late spät
to **laugh** lachen
law das Gesetz, -e
to **lay (down), put** legen;
  hinlegen
to **learn** lernen
to **leave** verlassen, verließ, verlassen; weg·gehen; (*by means*
  of transportation) ab·fahren,
  weg·fahren; ab·fliegen
lecture die Vorlesung, -en
left links
leisure time die Freizeit
letter der Brief, -e
library die Bibliothek, -en
to **lie** (*location*) liegen, lag,
  gelegen: **. . . down** sich
  (hin)legen
life das Leben
light hell
lightning der Blitz, -e;
  there's . . . es blitzt
like wie; **to . . .** gefallen, gefiel,
  gefallen (gefällt) (+ *dat.*);
  mögen, mochte, gemocht;
  would . . . möchte; **to . . .**

(someone or something)
gern haben; **to like a lot**
sehr gern haben; **to . . . to**
gern + *verb*; **to feel . . .**
eating Appetit haben auf
to **listen (to)** hören
liter der Liter, -
literature die Literatur
little klein; wenig; **a . . .** ein
wenig; **too . . .** zu wenig
to **live** leben; wohnen (*reside*)
lively lebendig
long lang
look (appear) aus·sehen, sah
aus, ausgesehen (sieht aus);
. . . at sich (+ *dat.*) etwas
an·
sehen; an·schauen; **to . . .**
forward to sich freuen (auf +
acc.) **to . . . for** suchen
to **lose** verlieren, verlor, verloren
a lot viel
loud laut
love die Liebe; **to . . .** lieben
luck das Glück; **to be lucky**
Glück haben; **to have**
no . . . Pech haben

M

magazine das Magazin, -e; die
Zeitschrift, -en
major (field of study) das
Hauptfach, ¨er; **to . . . (in)**
studieren
mainly hauptsächlich
to **make** machen
man der Mann, ¨er
many viele; **how . . .** wie viele
marketplace der Marktplatz, ¨e
marriage die Ehe, -n
to **marry** heiraten
mask die Maske, -n
matter die Sache, -n;
women's . . . die Frauensache; **men's . . .** die
Männersache
may dürfen, durfte, gedurft
(darf)
meal das Essen, -; das Gericht, -e
to **mean** bedeuten; meinen
meat das Fleisch
medication das Medikament, -e
to **meet** treffen, traf, getroffen
member das Mitglied, -er

memory die Erinnerung, -en
menu die Speisekarte, -n
minor (field of study) das
Nebenfach,¨er
minute die Minute, -n
Miss das Fräulein, -
mixed gemischt
moment der Moment, -e; **just a**
moment! Moment mal!
money das Geld
monotonous monoton
morning der Morgen, -
month der Monat, -e
mood: in the . . . for (food)
Appetit haben auf (+ *acc.*)
more mehr
mostly meistens
motorcycle das Motorrad, ¨er
mountain der Berg, -e
to **move** um·ziehen, zog um, ist
umgezogen
movement die Bewegung,
-en; **women's . . .** die
Frauenbewegung
movie der Film; **to go to a movie**
ins Kino gehen
much viel; **how . . .** wieviel;
too . . . zuviel
music die Musik
must müssen, mußte, gemußt
(muß)

N

name der Name, -n; **what's your**
name? wie ist Ihr/dein
Name? wie heißen Sie/heißt
du? **to . . .** nennen, nannte,
genannt
to **narrate** erzählen
narrow eng
nationality die Nationalität, -en
natural(ly) natürlich
nature die Natur
near bei (+ *dat.*); in der Nähe;
nah
(un)necessary (un)nötig
to **need** brauchen
negative negativ
neighbor der Nachbar, -n, -n; die
Nachbarin, -nen
nervous nervös
never nie
nevertheless trotzdem

new(ly) neu; **nothing . . .** nichts
Neues
news die Nachrichten (*pl.*)
newspaper die Zeitung, -en
next nächst-; **. . . to** neben
(+ *acc./dat.*)
nice nett; schön
night die Nacht, ¨e; **at night**
nachts
noise der Lärm
nonsense der Unsinn
noon der Mittag; **at noon** mittags
no one/nobody niemand
north der Norden
not nicht; **. . . yet** noch nicht
notebook das Heft, -e
nothing nichts
novel der Roman, -e
now jetzt; **. . . and then** ab und
zu; **from . . . on** von jetzt ab
nuclear power die Atomkraft;
. . . plant das Atomkraftwerk, -e
number die Nummer, -n; die
Zahl, -en; **telephone num-**
ber die Telefonnummer

O

object das Ding, -e
occupation der Beruf, -e
o'clock: it's two o'clock es ist
zwei Uhr
of von (+ *dat.*)
of course natürlich; selbstverständlich; genau
to **offer** an·bieten, bot an, angeboten; bieten
office das Büro
often oft
old alt
on auf (+ *acc./dat.*) **. . . account**
of wegen (+ *gen.*); **. . . foot**
zu Fuß **. . . route**
unterwegs
once einmal
open offen; **to . . .** auf·machen,
öffnen
opera die Oper, -n
opinion die Meinung, -en; **to ex-**
press an . . . seine
Meinung äußern; **to be of**
the . . . der Meinung sein;
in my . . . meiner Meinung
nach

opposite das Gegenteil, -e
to **order** bestellen
in **order** to um . . . zu; in-
. . . **that** damit
organization die Organisation, -en
to **organize** organisieren
other ander-; sonst; **other plans**
andere Pläne
out (of) aus (+ *dat.*); . . . **side of**
außerhalb (+ *gen.*)
over über (+ *acc./dat.*);
. . . **there** dort (drüben)
own eigen

P

package das Paket, -e; die
Packung, -en
pain der Schmerz, -en
to **paint** malen
palace das Schloß, ⸚sser
paper das Papier, -e (academic)
die Arbeit, -en
parents die Eltern (*pl.*)
park der Park, -s
particularly besonders
partner der Partner, -, die Partnerin, -nen
part-time halbtags
party das Fest, -e; die Party, -s
to **pass (a test)** bestehen,
bestand, bestanden
past die Vergangenheit
to **pay** bezahlen
peace der Frieden; . . . **ful** ruhig
peculiar merkwürdig
pedestrian der Fußgänger, -, die
Fußgängerin, -nen
. . . **zone** die
Fußgängerzone, -n
pen der Kugelschreiber, -
pencil der Bleistift, -e
people die Leute (*pl.*); das Volk,
⸚er
pepper der Pfeffer
perhaps vielleicht
to **be permitted** erlaubt sein
person die Person, -en;
. . . **al(ly)** persönlich
pessimistic pessimistisch
pet das Haustier, -e
philosophy die Philosophie
phone das Telefon, -e; **to** . . .
an·rufen, rief an, angerufen;
telefonieren

photo das Foto, -s
piano das Klavier, -e
to **pick up** ab·holen
picture das Bild, -er
piece das Stück, -e
pill die Tablette, -n
place der Ort, -e; der Platz, ⸚e;
die Stelle, -n; **to** . . . stellen
(upright); legen (horizontally)
plan der Plan, ⸚e; **other plans**
andere Pläne; **to** . . .
planen
plane das Flugzeug, -e
plant die Pflanze, -n
to **play** spielen
pleasant angenehm
please bitte, bitte schön
pocket calculator der
Taschenrechner, -
poison das Gift, -e
police der Polizist, -en, -en, die
Polizistin, -nen; die Polizei
polite höflich
pollution die Verschmutzung;
. . . **pollution** die Luftverschmutzung; **environ-**
mental . . . die Umweltverschmutzung
pool das Schwimmbad, ⸚er
poor arm
popular beliebt; populär
position die Stelle, -n
positive positiv
(im)possible (un)möglich
possibility die Möglichkeit, -en
post card die Postkarte, -n
post office die Post; das Postamt,
⸚er
practical praktisch
to **prefer to** *verb* + lieber
to **prepare (oneself) for** (sich)
vorbereiten auf (+ *acc.*)
prestige das Prestige
price der Preis, -e
probable wahrscheinlich; **proba-**
bly vielleicht; wohl
problem das Problem, -e
to **produce** produzieren
profession der Beruf, -e
program die Sendung, -en; das
Programm, -e
progress der Fortschritt, -e
to **promise** versprechen, versprach, versprochen

(verspricht)
proud (of) stolz (auf + *acc.*)
protest der Protest, -e; **to** . . .
protestieren
punctual pünktlich
public die Öffentlichkeit; **in** . . .
in der Öffentlichkeit
pupil (*below university level*) der
Schüler, -, die Schülerin,
-nen
to **put** legen (*horizontally*), stellen
(*upright*), setzen; . . . **on**
(clothes) sich . . .
an·ziehen, zog an,
angezogen

Q

quarter das Quartal, -e; das
Viertel, -
question die Frage, -n
quick(ly) schnell
quiet leise, ruhig
to **quit** auf·hören
quite ziemlich; ganz; **quite sim-**
ple ganz einfach

R

radio das Radio, -s
rain der Regen; **acid** . . . der
saure Regen; **it's** . . . **ing** es
regnet
rare selten
rather ziemlich; **but** . . . sondern; to had . . . *verb* +
lieber
to **reach** erreichen
to **react** reagieren (auf + *acc.*)
to **read** lesen, las, gelesen, liest;
to . . . **about** lesen über
(+ *acc.*)
ready fertig
real(ly) wirklich
reason der Grund, ⸚e; **for**
this . . . aus diesem Grund,
daher, deswegen, deshalb
to **receive** bekommen, bekam,
bekommen
to **recommend** empfehlen, empfahl, empfohlen (empfiehlt)
record die Platte, -n
regards Grüße; **best** . . . viele
Grüße

region die Gegend, -en
(ir)regular (un)regelmäßig
relative der/die Verwandte, -n, (declined like *adj.*)
to **relax** sich entspannen
to **remember** sich erinnern an (+ *acc.*)
remembrance die Erinnerung, -en
to **remind** erinnern an (+ *acc.*)
to **repair** reparieren
report der Bericht, -e
rent die Miete, -n; **to . . .** mieten; **to . . . out** vermieten; **for . . .** zu vermieten
to **reside** wohnen
responsibility die Verantwortung, -en; **to take . . .** Verantwortung tragen
restaurant das Restaurant, -s; die Gaststätte, -n; das Lokal, -e; **fast-food . . .** das Schnellrestaurant, -s; der Schnellimbiß, -sse
restoration die Sanierung, -en
to **rescue** retten
to **restore** sanieren
resume der Lebenslauf, ¨e
rich reich
to **ride on horseback** reiten, ritt, geritten
right das Recht, -e; richtig; **on/to the . . .** rechts; **to be . . .** recht haben; **that's right** das stimmt
right away sofort, gleich
road der Weg, -e; **on the . . .** unterwegs
robot der Roboter, -
roof das Dach, ¨er
room das Zimmer, -; die Bude, -n (*coll.*)
roommate der Zimmerkamerad, -en, die Zimmerkameradin, -nen
to **run** laufen, lief, ist gelaufen (läuft)

S

sad traurig
safe sicher
salary das Gehalt, ¨er
salesperson der Verkäufer, -, die Verkäuferin, -nen

salt das Salz
to **sample** probieren
sandwich belegtes Brot, belegte Brote
(dis)satisfied (un)zufrieden
to **say** sagen
to **save** sparen; retten (**rescue**)
school die Schule, -n; **secondary . . .** das Gymnasium, Gymnasien; **. . . day** der Schultag, -e
scenery die Landschaft, -en
scholarship (stipend) das Stipendium, Stipendien
season die Jahreszeit, -en
seat der Platz, ¨e; **is this . . . available?** ist der Platz noch frei?
to **see** sehen, sah, gesehen (sieht)
to **seem** scheinen, schien, geschienen
to **select** wählen
to **sell** verkaufen
semester das Semester
seminar das Seminar, -e
to **send** schicken
to **set** setzen, stellen, legen
serving die Portion, -en
service (in restaurant) die Bedienung, -en
several einige; mehrere
to **share** teilen
to **shave** (sich) rasieren
to **shine** scheinen, schien, geschienen
shop das Geschäft, -e; **to . . .** ein·kaufen; **to go . . . ing** einkaufen gehen
short kurz
show (on TV) die Sendung, -en; **to . . .** zeigen
shower die Dusche, -n; **(rain)** der Schauer, -; **to . . .** sich duschen
siblings die Geschwister (*pl.*)
sick krank; **. . . ness** die Krankheit, -en
similar ähnlich
simple, simply einfach
since seit (+ *dat.*); (*conj.*) seitdem; (*conj.*) da; **ever . . .** seitdem
to **sing** singen, sang, gesungen

to **sit** sitzen, saß, gesessen; **. . . down** sich setzen
size die Größe, -n
to **ski** ski·laufen, lief Ski, ist skigelaufen (läuft Ski)
sky der Himmel
to **sleep** schlafen, schlief, geschlafen (schläft)
slow langsam
small klein
smart intelligent, klug
to **smoke** rauchen
snack(bar) der Imbiß, -sse
snow der Schnee; **it's . . . ing** es schneit
so so; **. . . that** damit; **so long!** mach's gut!, tschüß!
society die Gesellschaft, -en
solution die Lösung, -en
to **solve** lösen
someone jemand
something etwas; **. . . different** etwas Anderes
sometimes manchmal
song das Lied, -er
soon bald; **as . . . as** sobald
sore: . . . throat das Halsweh; **to be . . .** weh tun (+ *dat.*)
sorry: I'm sorry (Das) tut mir leid; Entschuldigung
space der Platz, ¨e
to **speak** sprechen, sprach, gesprochen (spricht)
specialty die Spezialität, -en
to **spend** aus·geben, gab aus, ausgegeben, gibt aus; **. . . time** verbringen, verbrachte, verbracht
spite: in . . . of trotz (+ *gen.*)
splendid herrlich
sport(s) der Sport, (*pl.*) die Sportarten; **to engage in . . .** Sport treiben, trieb, getrieben
staircase die Treppe, -n
to **stand** stehen, stand, gestanden
start der Anfang, ¨e; **to . . .** an·fangen, fing an, angefangen (fängt an); beginnen, begann, begonnen
to **stay** bleiben, blieb, ist geblieben; **. . . overnight**

übernachten

to **steal** stehlen, stahl, gestohlen (stiehlt)

stereo die Stereoanlage, -n

still noch

stop (bus or streetcar) die Haltestelle, -n; **to . . .** halten, hielt, gehalten (hält); auf·hören

store das Geschäft, -e

story die Geschichte, -n

straight ahead geradeaus

strange merkwürdig

street die Straße, -n; **along the street** die Straße entlang; **. . . car** die Straßenbahn, -en; **. . . address** die Hausnummer

strenuous anstrengend

stress der Streß

student (university) der Student, -en, die Studentin, -nen; der Schüler, -, die Schülerin, -nen (*below university*)

studies das Studium, Studien

to **study (at a university)** studieren; lernen

stupid blöd, dumm

subject (in school) das Fach, ¨er; **major . . .** das Hauptfach; **minor . . .** das Nebenfach

to **subscribe** abonnieren

subway die U-Bahn; **by . . .** mit der U-Bahn

success der Erfolg, -e

successful erfolgreich

such a so ein-

to **suggest** vor·schlagen, schlug vor, vorgeschlagen (schlägt vor)

suggestion der Vorschlag, ¨e

suitcase der Koffer, -

sun die Sonne

sunny sonnig

to **support** unterstützen

to **be supposed to** sollen

sure(ly) sicher; bestimmt

to **surprise** überraschen

to **swim** schwimmen, schwamm, geschwommen

swimming das Schwimmen; **. . . pool** das Schwimmbad, ¨er

T

table der Tisch, -e; **at the . . .** am Tisch; **to set the . . .** den Tisch decken **tablecloth** die Tischdecke, -n; **. . . ware** das Geschirr **(dishes)**, das Besteck **(silverware)**

to **take** nehmen, nahm, genommen (nimmt); **. . . along** mit·nehmen; **. . . back** zurück·nehmen; **. . . a walk** spazieren·gehen; **. . . care of** sorgen für **. . . part in sports** Sport treiben, trieb, getrieben

to **talk about** sprechen, sprach, gesprochen (spricht) über (+ *acc.*)

tall groß

task die Aufgabe, -n

to **taste** probieren; **that tastes good** das schmeckt

tasteful geschmackvoll

tasteless, in bad taste geschmacklos

tea der Tee

teacher der Lehrer, -, die Lehrerin, -nen

team die Mannschaft, -en

to **tear down** ab·reißen; riß ab, abgerissen

technology die Technologie

teeth die Zähne; **to brush one's . . .** sich die Zähne putzen

telephone das Telefon; **. . . number** die Telefonnummer; **. . . booth** die Telefonzelle, -n

television der Fernseher, -; das Fernsehen; **to watch . . .** fern·sehen, sah fern, ferngesehen (sieht fern); **. . . program** die Sendung, -en

to **tell** erzählen

temperature die Temperatur, -en

terrace die Terrasse, -n

terrible schrecklich

test die Prüfung, -en; der Test, -s

than (after *comparative*) als

to **thank** danken (+ *dat.*)

thanks danke, danke schön;

many . . . vielen Dank

that das; dies-; (*conj.*) daß; **so . . .** damit

theme das Thema, Themen

then dann; **now and . . .** ab und zu

there da, dort; **over . . .** dort (drüben); **. . . is, (are)** es gibt (+ *acc.*)

then dann; **now and . . .** ab und zu

therefore also, deshalb, deswegen; aus diesem Grund

thin dünn

thing das Ding, -e; die Sache, -n

to **think** denken, dachte, gedacht; **to . . . about** sich überlegen

thirst der Durst; **to be thirsty** Durst haben

this dies-; der, die, das; **this morning** heute morgen

through durch (+ *acc.*)

to **throw** werfen, warf, geworfen (wirft); **. . . away** weg·werfen

thunder der Donner; **. . . storm** das Gewitter, -; **it's . . . ing** es donnert

ticket die Karte, -n

time die Zeit, -en; **leisure . . .** die Freizeit; **to have a good . . .** sich amüsieren; **what . . . is it?** wieviel Uhr (wie spät) ist es?; **the first . . .** das erste Mal; **for the first . . .** zum ersten Mal

tired müde

to zu (+ *dat.*); **. . . (a country or city)** nach (+ *dat.*); in (+ *acc.*); an (+ *acc.*)

today heute

together zusammen

toilet das WC

tomorrow morgen; **. . . morning** morgen früh

tonight heute abend

too zu; **. . . bad** schade; **. . . little** zu wenig; **. . . much** zuviel; **(also)** auch

topic das Thema, Themen

total total

tour die Gruppenreise, -n
tourist der Tourist, -en, die Touristin, -nen
toward gegen (+ *acc.*)
town die Stadt, ⁻e
tradition die Tradition, -en; . . . **al** traditionell
traffic der Verkehr
train der Zug, ⁻e; . . . **station** der Bahnhof, ⁻e; **by** . . . mit dem Zug
to **travel** reisen
trip die Reise, -n; **to take a** . . . eine Reise machen
true wahr; **that's** . . . das stimmt
to **try** versuchen; probieren
tuition die Studiengebühr, -en
to **turn off** aus·machen
to **turn on** an·machen
twice zweimal
typical typisch

U

ugly häßlich
under unter (+ *acc./dat.*)
to **undress** (sich) aus·ziehen, zog aus, ausgezogen
to **understand** verstehen, verstand, verstanden
unemployment die Arbeitslosigkeit
unfortunately leider
unification die Vereinigung
unity die Einheit
university die Universität, -en, die Uni
until bis
upbringing die Erziehung
used gebraucht; **to get** . . . **to** sich gewöhnen an (+ *acc.*)

V

vacation die Ferien (*pl.*); der Urlaub; **to take a** . . . Ferien/Urlaub machen; **on** . . . in den Ferien, im Urlaub
vegetable das Gemüse
vegetarian vegetarisch

very sehr
vicinity die Nähe; **in the** . . . **of** in der Nähe von
village das Dorf, ⁻er
visit der Besuch, -e; **to** . . . besuchen
to **voice an opinion** die Meinung äußern

W

wages der Lohn, ⁻e
to **wait** warten; . . . **for** warten auf (+ *acc.*)
to **wake up** auf·wachen
walk der Spaziergang, ⁻e; **to go for a** . . . spazieren·gehen, ging spazieren, ist spazierengegangen
wall die Wand, ⁻e; die Mauer, -n; . . . **carpet** der Teppichboden, ⁻
to **want** wollen, wollte, gewollt (will)
war der Krieg, -e
warm warm
to **wash (oneself)** (sich) waschen, wusch, gewaschen (wäscht)
to **waste** verschwenden
watch die Uhr, -en; **to** . . . **TV** fern·sehen, sah fern, ferngesehen (sieht fern)
water das Wasser
way der Weg, -e; **by the** . . . übrigens
weak schwach
to **wear** tragen, trug, getragen (trägt)
weather das Wetter; . . . **report** der Wetterbericht
week die Woche, -n; **the whole** . . . die ganze Woche; . . . **end** das Wochenende, -n
well gut; wohl; **to feel** . . . sich wohl fühlen
west der Westen
wet naj
what was; . . . **kind of** was für; . . . **is your name?** wie

heißen sie? wie ist Ihr Name?
when (at what time) wann; **(whenever)** wenn; (*single action in past*) als; **(if)** wenn
where wo; **where (from)** woher; **where (to)** wohin
whether ob
who wer; **whom** wen (*acc.*), wem (*dat.*); **whose** wessen
which welch-
while während
whole ganz
why warum
to **win** gewinnen, gewann, gewonnen
window das Fenster, -
windy windig
wine der Wein, -e
wish der Wunsch, ⁻e **to** . . . **for (oneself)** (sich) wünschen
without ohne (+ *acc.*)
woman die Frau, -en
word das Wort, ⁻er
work die Arbeit; . . . **place** der Arbeitsplatz, ⁻e; **to** . . . arbeiten; **to** . . . **together** zusammen·arbeiten; **it will (won't)** . . . es geht (nicht)
world die Welt, -en
to **worry (about)** sich Sorgen machen (um)
would; I would like ich möchte
to **write** schreiben, schrieb, geschrieben; . . . **to** schreiben an (+ *acc.*); **to** . . . **about**
wrong falsch; **what's** . . . **?** was fehlt Ihnen?

Y

yard der Garten, ⁻
year das Jahr, -e
yes ja; doch; **well** . . . ja, schon
yesterday gestern
young jung
youth die Jugend; . . . **hostel** die Jugendherberge, -n

Index

Photo and Other Credits

xiv (top), Allgemeiner Deutscher Nachrichtendienst (ADN). xiv (bottom), Ringier Dokumentationszentrum. 1, Peter Menzel, 11, Ullstein. 11, Quelle und Meyer. 14, Gruner und Jahr. 16, Alfred Vollmer. 17, Ullstein. 19, Inter Nationes. 33, Ulrike Welsch. 22, Joachim Schuhmacher. 29, Ringier Dokumentationszentrum. 37, Ringier Dokumentationszentrum. 39, ADN. 25, Ullstein. 20, Gruner und Jahr. 27, Berliner Zeitung. 31, Manfred von Papen. 38, Globus Kartendienst. 38, Globus Kartendienst. 42, Peter Menzel. 43, *bundesdeutsche lyrik zur sache grammatik* Hammerverlag. 43, Tony Freeman. 44, Inter Nationes. 44, Inter Nationes. 45, MertzStock/Vee Sawyer. 49, ADN. 49, Österreichsiche Fremdenverkehrswerbung. 57, *Worte kann man drehen*. Beltz Verlag. 61, BMW of North America. 60, Folio Inc. 64, Foto Mahrtens. 64, Ulrike Welsch. 67, ADN. 67, Schweizerische Vehrkehrszentrale. 67, Ringier Dokumentationszentrum. 70, Ulrike Welsch. 75, Ullstein. 76, Globus Kartendienst. 79, Porsche AG. 82, Uli Stein. 84, Freundin/Burda Publications. 84, Folio Inc. 88, Eberhard Holz. 93, Deike Press International. 94, Globus Kartendienst. 95, Ulrike Welsch. 95, Beryl Goldberg. 98, Photo Edit/Tony Freeman. 100, The Image Bank/Peter Bowater. 104, Verkehrsamt Trier. 104, Jürgens Ost- und Europaphoto. 105, Erik Liebermann. 107, Photo Edit/Tony Freeman. 110, Inter Nationes. 118, Inter Nationes. 121, Monkmeyer Press. 123, Gruner und Jahr. 124, Kommunalverband Ruhrgebiet. 127, Inter Nationes. 128, Globus Kartendienst. 130, Erik Liebermann. 132, Ullstein. 134, Österreichische Fremdenverkehrswerbung. 138, Inter Nationes. 139, Foto Fuchs. 142, Jürgens Ost- und Europaphoto. 143, Gruner und Jahr. 146, A. Berndt and N. Koroll. 154, German Information Center. 155, Frankfurter Rundschau. 156, Frankfurter Rundschau. 157, Porsche AG. 157, Goethe Institut. 158, R. Jurasek. 160, Ullstein. 162, Zweites Deutsches Fernsehen (ZDF). 165, ZDF. 165, ZDF. 165, ZDF. 165, ZDF. 165, ZDF. 168, ZDF. 174, ZDF. 177, Inter Nationes 178, Erich Rauschenbach. 181, Gruner und Jahr. 188, Gruner und Jahr. 188, Photo Reporters Inc. 189, Porterfield/Chickering. 189, Verkehrsamt Trier. 190, Jürgens Ost- und Europaphoto. 194, Photo Edit Bruno Maso. 198, Ulrike Welsch. 200, German Information Center. 204, Schweizerische Verkehrszentrale. 208, Peter Menzel. 210, Peter Menzel. 211, Globus Kartendienst. 215, Wochenschau Verlag. 218, Elefanten Verlag. 219, Schwäbisch Hall. 221, Ullstein. 225, Ringier Dokumentationszentrum. 228, Kommunalverband Ruhrgebiet. 230, Kommunalverband Ruhrgebiet. 231, German Information Center. 232, Gruner und Jahr. 237, Süddeutscher Verlag. 239, Deutscher Sportbund. 240, ADN. 242, Peter Menzel. 245, Swiss National Tourist Office. 246, Elefanten Press. 247, Deutscher Sportbund. 249, Lappan Verlag. 251, Ringier Dokumentationszentrum. 252, Ringier Dokumentationszentrum. 253, Ringier Dokumentationszentrum. 257, Österreichische Fremdenverkehrswerbung. 260, Ullstein. 264, Erich Schmidt Verlag. 264, Fremdenverkehrsamt Trier. 266, Lappan Verlag. 269, Österreichische Fremdenverkehrswerbung. 270, Gruner und Jahr. 273, Ulrike Welsch. 275, Presseamt der Stadt Marburg. 276, Ullstein. 284, Österreichische Fremdenverkehrswerbung. 286, Folio Inc./Rhoda Baer. 288, Lappan Verlag. 290, Photoreporters Inc. 291, Bastei Luebbe Verlag. 291, Reinhold Löffler. 295, Inter Nationes. 296, Verlag Sauerländer. 296, Verlag Sauerländer. 296, Elefanten Presse. 299, Greenpeace. 300, Globus Kartendienst. 301, Automotor und sport. 304, Deutscher Sportbund. 305, Elefanten Presse. 306, Stock Boston/Dagmar Fabricius. 312, Reiner Lorenz. 315, R. Jurasek. 316, The Image Bank/Hans Wolf. 317, Erich Schmidt Verlag. 319, Photo Edit/John Neubauer. 325, Inter Nationes. 326, Swiss National Tourist Office. 327, R. Jurasek. 349, Titanic Verlag. 333, Eichborn Verlag. 339, Bastei Luebbe Verlag. 339, *der künstliche Baum.* Luchterhand Verlag. 340, R. Jurasek. 342, Berliner Zeitung. 343, Erik Liebermann. 344, Inter Nationes. 345, Inter Nationes. 347, *beispiele zur deutschen grammatik* Wolfgang Fietkau Verlag. 347, *Sponti Sprüche* Eichborn Verlag. 351, Ullstein. 352, Erich Schmidt Verlag. 352, Globus Kartendienst. 357, Ringier Dokumentationszentrum. 358, Beryl Goldberg. 361, Inter Nationes. 363, Elefanten Presse. 366, Inter Nationes. 368, Ulrike Welsch. 369, Manfred Vollmer. 376, Dorland Werbeagentur. 380, WUK. 382, Ullstein. 384, Ullstein. 386, ADN. 390, Motor Presse International. 391, Globus Kartendienst. 393, Ringier Dokumentationszentrum. 394, Erich Schmidt Verlag. 395, ADN. 398, Inter Nationes. 399, *Na hör mal* Ravensburger Buchverlag. 400, Quelle und Meyer. 401, Wochenschau Verlag. 403, Elefanten Press. 408, sehStern Verlag. 414, *Eigentlich möchte Frau Blum den Milchmann kennenlernen* Walter Verlag. 416, The Image Bank/Paul Trummer. 420, Ullstein. 421, Ullstein. 421, Ullstein. 424, Bild Zeitung. 425, Westermann Schulbuchverlag. 426, Erich Schmidt Verlag. 427, Carl Purcell. 430, Peter Menzel. 431, Inter Nationes. 432, *Wolfgang Borchert, Das Gesamtwerk*. Rowohlt Verlag. 432, *Helga Novak, Grünheide, Grünheide.* Luchterhand Verlag. 437, R. Jurasek. 437, Bildzeitung. 438, *111 einseitige Geschichten*. Luchterhand Verlag. 442, Österreichische Fremdenverkehrswerbung. 442, *Wie ich es sehe*. Fischer Verlag. 443, Globus Kartendienst. 444; Reinhold Löffler.